塩野崎信也
Shinya Shionozaki

〈アゼルバイジャン人〉の創出

民族意識の形成とその基層

Premiere
Collection

京都大学学術出版会

若い知性が拓く未来

　今西錦司が『生物の世界』を著して，すべての生物に社会があると宣言したのは，39歳のことでした。以来，ヒト以外の生物に社会などあるはずがないという欧米の古い世界観に見られた批判を乗り越えて，今西の生物観は，動物の行動や生態，特に霊長類の研究において，日本が世界をリードする礎になりました。

　若手研究者のポスト問題等，様々な課題を抱えつつも，大学院重点化によって多くの優秀な人材を学界に迎えたことで，学術研究は新しい活況を呈しています。これまで資料として注目されなかった非言語の事柄を扱うことで斬新な歴史的視点を拓く研究，あるいは語学的才能を駆使し多言語の資料を比較することで既存の社会観を覆そうとするものなど，これまでの研究には見られなかった溌剌とした視点や方法が，若い人々によってもたらされています。

　京都大学では，常にフロンティアに挑戦してきた百有余年の歴史の上に立ち，こうした若手研究者の優れた業績を世に出すための支援制度を設けています。プリミエ・コレクションの各巻は，いずれもこの制度のもとに刊行されるモノグラフです。「プリミエ」とは，初演を意味するフランス語「première」に由来した「初めて主役を演じる」を意味する英語ですが，本コレクションのタイトルには，初々しい若い知性のデビュー作という意味が込められています。

　地球規模の大きさ，あるいは生命史・人類史の長さを考慮して解決すべき問題に私たちが直面する今日，若き日の今西錦司が，それまでの自然科学と人文科学の強固な垣根を越えたように，本コレクションでデビューした研究が，我が国のみならず，国際的な学界において新しい学問の形を拓くことを願ってやみません。

第26代　京都大学総長　山極壽一

アゼルバイジャン人の創出

目　次

凡例

序章 ———————————————————————— 1

第 1 節　術語解説　6

1. コーカサス，カフカース　6
2. 南東コーカサス，アーザルバーイジャーン，アゼルバイジャン　7
3. イラン世界　10
4. トルコ，テュルク　11
5. 民族，ネイション，エトニ　12

第 2 節　先行研究　16

1. アゼルバイジャン国外の研究　16
2. アゼルバイジャン国内の研究　17

第 3 節　問題の所在と本書の構成　18

1. 本書の主題　18
2. 構成　20

第 1 章　南東コーカサス略史 ———————————————— 23

第 1 節　イラン世界の中の南東コーカサス　25

第 2 節　イスラーム化，テュルク化，シーア派化　29

1. アラブの征服とイスラーム化　29
2. セルジュークの西進とテュルク化　31
3. サファヴィー朝の支配とシーア派化　33

第 3 節　3 帝国の狭間で　37

1. サファヴィー朝の崩壊　37
2. ロシア帝国への併合　40

第 4 節　2 つの民族共和国とソヴィエト　48

第2章 〈アゼルバイジャン〉とは，どこか ─── 57

第1節 〈アゼルバイジャン〉の語源　59

第2節 〈アゼルバイジャン〉の定義　63
1. 地理書などに見る地理区分　63
2. ペルシア語辞典における〈アゼルバイジャン〉　80

第3節 現地住民の視点　85
1. 南東コーカサス地方史に見る地理認識　85
2. 詩人たちの「ふるさと」　90

補論1　ペルシア語史書に見る〈アゼルバイジャン〉の用法 ─── 95
1. イラン世界の北西方面を指す〈アゼルバイジャン〉　95
2. 〈アゼルバイジャン〉の北の端　99
3. 拡大していく〈アゼルバイジャン〉　101
4. 〈カフカース〉の普及　105

補論2　各言語の史料に見る〈アゼルバイジャン〉 ─── 109
1. オスマン語史料に見る〈アゼルバイジャン〉　109
2. 西欧語史料に見る〈アゼルバイジャン〉　112
3. ロシア語史料に見る〈アゼルバイジャン〉　116

第3章 新たな帰属意識の模索
　　　──近代歴史学の祖バキュハノフと〈東コーカサス地方〉── 121

第1節 バキュハノフの生涯と作品　123
1. バキュハノフの生涯　123
2. バキュハノフの作品群　125

第2節 バキュハノフと近代的歴史学　127
1. 『エラムの薔薇園』の文体の特徴　127

    2．バキュハノフの語る「歴史学」　129
    3．バキュハノフと新たなる学問　131

第3節　バキュハノフの歴史認識と地理認識　136

    1．〈東コーカサス地方〉　136
    2．バキュハノフの見た南東コーカサスの人々と言語　141

第4章　近代的民族意識の萌芽
──国民文学の父アーフンドザーデと〈イラン〉との間── 147

第1節　アーフンドザーデとその評価　150

    1．アーフンドザーデの生涯と作品　150
    2．評価と位置付け　155
    3．アーフンドザーデの民族主義分析のための史料　157

第2節　アーフンドザーデとイラン民族主義　159

    1．古代ペルシアの末裔としての〈イラン民族〉　159
    2．反アラブ　163

第3節　民族としての〈イスラーム〉　165

    1．イスラームのミッレト　165
    2．「我らの民族」としての〈イスラーム〉，〈イラン〉，〈トルコ〉　168
    3．「我らの民族」の後進性と文字改革　173

第4節　アーフンドザーデの地理認識と帰属意識　177

    1．〈カフカース〉　177
    2．〈タタール〉　179
    3．〈アゼルバイジャン〉　181

補論3　19世紀ヨーロッパにおける「民族」の理論　185

    1．フィヒテの民族観　185
    2．ミルの民族観　186

3．ルナンの民族観　187

第5章　変化していく「我々」の輪郭
　　　　——『種蒔く人』と民族としての〈カフカースのムスリム〉—— 189

第1節　ゼルダービーとその周辺　189
　　1．ゼルダービーの生涯　189
　　2．種蒔きの担い手たち　194
　　3．セイイト・エズィーム・シルヴァーニー　196

第2節　『種蒔く人』に見る帰属意識と啓蒙思想　197
　　1．民族としての〈ムスリム〉　197
　　2．西洋に倣え　202

第3節　南東コーカサスにおける〈カフカース〉　206
　　1．〈カフカース〉の普及　206
　　2．〈カフカース〉の指す領域　209

第6章　〈アゼルバイジャン人〉の出現
　　　　——ウンスィーザーデとティフリスの論客たち—— 213

第1節　1880年代，ティフリスにて　215
　　1．〈アゼルバイジャン語〉の受容　215
　　2．ウンスィーザーデ3兄弟　218

第2節　ケシュキュルに施されたもの　222
　　1．『ケシュキュル』における言語の呼称　222
　　2．『ケシュキュル』の民族観　224
　　3．民族の名は〈アゼルバイジャン〉　226

第3節　なぜ〈アゼルバイジャン人〉だったのか　231
　　1．シャーフタフティンスキーによる説明　231
　　2．ティフリスにおけるテュルク語の言論界　233

3. 冬の時代へ　234

補論 4　カーゼム＝ベクと〈アゼルバイジャン語〉 ─── 239

第 1 節　南東コーカサスの住民と言語の呼称　240
1. 住民の呼称　240
2. 言語の呼称　243

第 2 節　〈アゼルバイジャン語〉の登場と普及　246
1. 『トルコ・タタール語一般文法』と，言語名としての〈アゼルバイジャン〉　246
2. カーゼム＝ベクの生涯とカザン学派　248
3. 〈アゼルバイジャン・タタール語〉の普及　251

第 3 節　〈アゼルバイジャン語〉とは，いかなる言語か　253
1. なぜ〈アゼルバイジャン〉だったのか　253
2. 言語か，方言か　256

第 7 章　祖国〈アゼルバイジャン〉の形成
　　　　──『モッラー・ネスレッディーン』誌に見る帰属意識の変化── 261

第 1 節　アゼルバイジャン人民共和国への道　263
1. 20 世紀初頭の南東コーカサス　263
2. 民族意識の普及　265
3. ゴリ師範学校　269

第 2 節　メンメドグルザーデと『モッラー・ネスレッディーン』　273
1. メンメドグルザーデの生涯　273
2. 『モッラー・ネスレッディーン』に見る帰属意識　275

第 3 節　祖国としての〈アゼルバイジャン〉　279
1. 〈カフカース〉から〈アゼルバイジャン〉へ　279

2. 民族国家の成立と祖国の呼称　283
　　3. 祖国の呼称，民族の呼称　284

終　章　ニザーミーとハターイー
　　　　――〈アゼルバイジャン人〉とは，誰か―――――――― 291

第1節　〈アゼルバイジャン人〉としてのニザーミー　293
　　1.「イラン詩人」ニザーミーという「誤解」　293
　　2.「ふるさとの大詩人」から「民族の大詩人」へ　295

第2節　「アゼルバイジャン・サファヴィー朝国家」　298
　　1.「アゼルバイジャンの英雄」シャー・イスマーイール1世　298
　　2.「アゼルバイジャン・サファヴィー朝国家」の源流　302
　　3.「アゼルバイジャン・サファヴィー朝国家」の成立　304
　　4.「アゼルバイジャン・サファヴィー朝国家」の定着　308

第3節　拡大していく〈アゼルバイジャン〉　311
　　1. その後の「アゼルバイジャン・サファヴィー朝国家」　311
　　2.「アゼルバイジャン・サファヴィー朝国家」の変容　316
　　3. アラズ川を越えて　317

結　論　321
付録1　19世紀の南東コーカサスで著された歴史書・地誌　329
付録2　ロシア帝政期南東コーカサスにおけるテュルク語定期刊行物　340
付録3　バキュハノフ『エラムの薔薇園』前文及び序章　348
付録4　新聞・雑誌記事抄録　376
参考文献　385
あとがき　411
索　引　415
英文要旨　417

図版出典

- 図 1　筆者作成
- 図 2　筆者作成［Академия Наук Азербайджанской ССР, *Атлас Азербайджской советской социалистической республики*, Баку, 1963 などを参考にした］
- 図 3　［Kəşkûl: CXV. 307］
- 図 4　筆者撮影
- 図 5　筆者撮影
- 図 6　筆者撮影
- 図 7　筆者撮影
- 図 8　筆者撮影
- 図 9　筆者撮影
- 図 10　［塩川 2008: 9］を改変
- 図 11　筆者撮影
- 図 12　筆者撮影
- 図 13　筆者撮影
- 図 14　筆者撮影
- 図 15　筆者撮影
- 図 16　筆者撮影
- 図 17　筆者撮影
- 図 18　筆者撮影
- 図 19　筆者撮影
- 図 20　筆者撮影
- 図 21　［絵葉書］
- 図 22　［絵葉書］
- 図 23　［絵葉書］
- 図 24　［DVD のカバー］
- 図 25　［Fatullaev-Figarov 2013: 36］
- 図 26　［絵葉書］
- 図 27　筆者撮影［アゼルバイジャン国立歴史博物館］
- 図 28　筆者撮影［アゼルバイジャン国立歴史博物館］
- 図 29　筆者撮影
- 図 30　［http://heydar-aliyev-foundation.org/az/content/index/63/］
- 図 31　筆者撮影
- 図 32　筆者撮影
- 図 33　筆者撮影
- 図 34　筆者撮影
- 図 35　筆者撮影

図36　筆者撮影
図37　筆者撮影
図38　［Ibn Ḥawqal: 332］
図39　筆者作成
図40　［GE（ru）: 表紙裏］
図41　［GE M-49: 3b］
図42　［GE Б-2268: 3b］
図43　筆者作成
図44　［https://ochagsamara.wordpress.com/tag/%D0%BC%D0%B8%D1%80%D0%B7%D0%B0-%D1%84%D0%B0%D1%82%D0%B0%D0%BB%D0%B8-%D0%B0%D1%85%D1%83%D0%BD%D0%B4%D0%BE%D0%B2/］
図45　［MSI: 10］
図46　［http://karabakhmedia.az/main/1258-hesen-bey-zerdab-ornek-shexsyyet-ornek-fkrler.html］
図47　筆者作成
図48　筆者撮影［アゼルバイジャン国立歴史博物館］
図49　筆者撮影［アゼルバイジャン国立歴史博物館］
図50　［https://ru.wikipedia.org/wiki/%D0%9A%D0%B0%D0%B7%D0%B5%D0%BC%D0%B1%D0%B5%D0%BA,_%D0%90%D0%BB%D0%B5%D0%BA%D1%81%D0%B0%D0%BD%D0%B4%D1%80_%D0%9A%D0%B0%D1%81%D0%B8%D0%BC%D0%BE%D0%B2%D0%B8%D1%87］
図51　［https://az.wikipedia.org/wiki/C%C9%99lil_M%C9%99mm%C9%99dquluzad%C9%99#/media/File:Jalil_Mammadguluzadeh,_c._1920.jpg］
図52　［Mollâ（translit.）: II. 110］
図53　［Mollâ（translit.）: I. 57］
図54　［Azərbaycan Tarixi Muzeyi 2000: 59］
図55　［Mollâ: XVIII-4. 8］
図56　筆者撮影
図57　［Шаиз（тəр.）1941］
図58　筆者撮影

【凡例】

- 資料の引用箇所は角括弧を用いて，［資料略号: 巻-号. 頁］という形で示した。資料略号は，参考文献を参照。オスマン・トルコ語や古典アゼルバイジャン語の史料などで，ラテン文字への翻刻とアラビア文字原文の両方がある場合は，［原文（翻刻）］という形で示すことがある。また，事典類に関しては，［資料略号: "項目名"］という形で引用箇所を示している。

- 原語の表記を示す際には，丸括弧（ ）を用いた。なお，スラッシュ/を用いて2つ以上の言語の原綴を示すことがある。また，必要に応じて原綴の言語を示した略号が付される。その際に用いられる略号は，以下の通り。En.：英語，Fr.：フランス語，De.：ドイツ語，Ru.：ロシア語，Ar.：アラビア語，Pe.：ペルシア語，Ot.：オスマン語，Az.：アゼルバイジャン語（古典アゼルバイジャン語を含む），Tr.：現代トルコ語。

- 資料の引用中で，原文にない語を補う際や，補足説明を挿入する際には，亀甲括弧〔 〕を用いた。

- 一部の史料中の言葉に対して山括弧〈 〉が用いられることがある。その詳細な用法に関しては，7〜10頁を参照。

- 地名のカタカナ表記に際しては，現地の発音に可能な限り忠実な音写を心掛けた。すなわち，現在アゼルバイジャン共和国領内の地名はアゼルバイジャン語，ロシア連邦領内の地名はロシア語，イラン・イスラム共和国領内の地名はペルシア語に準拠している。ただし，バクー，テヘランなど慣例として既に定着しているものは例外とする。また，アルメニア共和国とジョージアの地名は，ロシア語に準拠している。

- ヒジュラ暦を示す際には，全角スラッシュ／を用いて西暦を並記した。また，西暦のみを記す場合で，ヒジュラ暦に対応する西暦が2年にわたる際には，「1121/2-1190」のような表記も用いる。

- 西暦の日付は，特に注記のない限り，帝政ロシアで用いられていたユリウス暦に準拠している。

【転写規則】

- 本論文では，ロシア語をキリル文字のまま引用している。ただし，旧正書法は新正書法に従って書き直した。
- アラビア文字で記される言語は，特殊な場合を除いて，全てラテン文字に転写した。アラビア語，ペルシア語，オスマン語，古典アゼルバイジャン語の各言語ごとに異なる転写規則を用いている。各子音字に対応するラテン文字は，表1の通りである。
- アラビア語の母音には a/ i/ u を用い，長母音には ā/ ī/ ū，二重母音には ay/ aw をあてた。アリフ・マクスーラは á とした。ター・マルブータは ah としたが，後続の語によって修飾される場合は at と転写した。
- ペルシア語の母音には a/ e/ o を用い，長母音には ā/ ī/ ū，二重母音には ey/ ow をあてた。語末の無音のヘーは，e と転写している。
- オスマン・トルコ語において，アラビア語・ペルシア語起源の単語の長母音を示す際には，â/ î/ û を用いた。
- 1920年代まで用いられていた古典アゼルバイジャン語（アラビア文字アゼルバイジャン語）には，確立した転写法が存在しない。本書ではオスマン語で多く用いられる転写法を土台にしつつ，現代アゼルバイジャン語との間に文字の相違が生じにくくなるように工夫した方法を用いている。なお，大きな文字の異動が生じる際には，「fā'ida（fāyda）」のように，（ ）内に現代アゼルバイジャン語の表記を付した。また，現代アゼルバイジャン語の原綴を示す際には，エザーフェの処理の方法など，こちらで修正を施した箇所もある。
- ソヴィエト時代に用いられていたキリル文字アゼルバイジャン語は，原綴のまま引用している。また20世紀前半には現在のものとは異なるラテン文字の正書法が用いられていたが，これは現代アゼルバイジャン語の綴りに転写した。

表1 アラビア文字の転写規則一覧

子音字	アラビア語	ペルシア語	オスマン語	アゼルバイジャン語
ء	ʼ	ʼ	ʼ	ʼ
ب	b	b	b	b
ت	t	t	t	t
ث	ṯ	s̱	s̱	s̱
ج	j	j	c	c
چ	――	č	ç	ç
ح	ḥ	ḥ	ḥ	ḥ
خ	ḫ	ḫ	ḫ	x
د	d	d	d	d
ذ	ḏ	ḏ	z	z
ر	r	r	r	r
ز	z	z	z	z
ژ	――	ž	ž	ž/ j
س	s	s	s	s
ش	š	š	ş	ş
ص	ṣ	ṣ	ṣ	ṣ
ض	ḍ	ż	ż	ż
ط	ṭ	ṭ	ṭ	ṭ
ظ	ẓ	ẓ	ẓ	ẓ
ع	ʻ	ʻ	ʻ	ʻ
غ	ġ	ġ	ğ	q̇/ ġ/ ğ
ف	f	f	f	f
ق	q	q	ḳ	q
ك	k	k	k	k
گ	――	g	g	g
ل	l	l	l	l
م	m	m	m	m
ن	n	n	n	n
و	w	v	v	v
ه	h	h	h	h
ي	y	y	y	y

図1 アゼルバイジャン共和国の位置
※地図中, 濃い灰色で塗りつぶした部分がアゼルバイジャン共和国の領土
※太枠で示した範囲が次頁の図2に対応

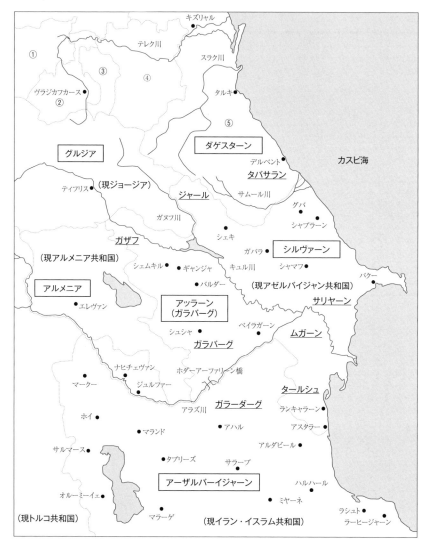

図2　アゼルバイジャン共和国とその周辺

※下線付きの地名は「地域」，枠入りの地名はより大きな地理区分である「地方」，点線は現在の国境線を示す

※①〜⑤は，現ロシア連邦　①カバルダ＝バルカル共和国，②北オセチア＝アラニア共和国，③イングーシ共和国，④チェチェン共和国，⑤ダゲスタン共和国

序　章

筆者の手許に，19世紀に刊行されていた古い新聞のコピーがある。誌名は『ケシュキュル』，紙面の大半はアラビア文字が占めているが，一部にキリル文字が混ざる。1890年11月16日に発行されたその第115号に，小説風の1本の記事が掲載されているのだが，その登場人物の会話の中に非常に興味深いやり取りが見られる。以下，引用しよう。

　　「あなたは，どの民族に属していますか？」
　　「私はムスリムです。」
　　「いや，私は，どの民族に属していますか，と尋ねたのです。」
　　「ムスリムだと言っています。」
　　「あのですね，民族と宗教とは，別のものなのです。あなたの宗教がイスラームなのは分かっています。ただ，あなたがどの民族なのかを知りたかったのです。」
　　〔中略〕
　　「恥ずかしながら，正直なところ，私は自分がどの民族に属しているのか分かりません。」[1]

　なお，問いを投げかけている方がヨーロッパの出身者（後にイタリア人であることが判明する），答えを返している方がアゼルバイジャンの住民という設定である。いまひとつ噛み合わない彼らの会話が到達した先は，「自分が属する民族が分からない」という，アゼルバイジャンの住民による何とも突飛な告白であった。なぜ，2人の会話は，このようなちぐはぐなものになってしまったのだろうか。
　ところで，上で筆者は断りなしに「アゼルバイジャン」という言葉を用いたが，そもそもこの語に馴染みがないという方が大半であろう。アゼルバイジャンとは，黒海とカスピ海とに挟まれたコーカサス地方の南東部に位置する，人口1000万人に満たない小国の名である。かつてはソヴィエト社会主義共和国連邦の構成国の1つであったが，1991年にアゼルバイジャン共和国（En. Republic of Azerbaijan / Az. Azərbaycan Respublikası）として独立した。

---

1) 『ケシュキュル』誌と本文で引用した記事に関しては，第6章で詳しく扱う。

図3 『ケシュキュル』115号の表題部

　アゼルバイジャン共和国の南の国境は，イラン・イスラム共和国の北西部と接している。実はこのイラン北西部もまた，「アゼルバイジャン」と呼ばれる地域である。ペルシア語の表記に忠実に「アーザルバーイジャーン（Āzarbāyjān）」と書かれることも多い。現在の行政区分としては，タブリーズ市（Tabrīz）を中心とする東アーザルバーイジャーン州，オルーミーイェ市（Orūmīye）を中心とする西アーザルバーイジャーン州，そして州と同名の市を中心とするアルダビール州（Ardabīl）に該当する。

　現在，地名としての「アゼルバイジャン」は，上で説明したような，2つの国にまたがる地域を指す。このうち，アゼルバイジャン共和国の領域は「北アゼルバイジャン」，イラン領の方は「南アゼルバイジャン」と呼称されることもある。南北アゼルバイジャンの境界にはアラズ川[2]が流れており，この川はアゼルバイジャン共和国とイランとの間の自然国境にもなってい

---

2)「アラズ川（Araz）」は，アゼルバイジャン語での呼称。ペルシア語では「アラス（Aras）」に近い発音になり，英語の表記もそれに準じた"Aras River"となる。トルコ共和国東部を水源とし，トルコとアルメニアの国境，アゼルバイジャン共和国とイランの国境を流れていく。最終的には，アゼルバイジャン共和国の国内でキュル川（第2章の注7を参照）と合流し，カスピ海に注ぐ。

る。

　南北アゼルバイジャン地方の主要な住人は，テュルク系のアゼルバイジャン人（Az. Azərbaycanlı / En. Azerbaijani）である。ペルシア語風にアゼリー人（Pe. Āzarī / En. Azeri）とも呼ばれる彼らは，大半がシーア派のイスラーム教徒であり，テュルク諸語に属するアゼルバイジャン語[3]を話す。南北の言語的差異もそれほど大きくはなく，また文化的な共通点も多い。そのため，国こそ違えど，南北のアゼルバイジャン人の間には，ある程度の同朋意識が存在している。2つのアゼルバイジャンは，国境を超えた一体の地域，連続性のある領域として認識されているのである。

　しかし，この地理認識は実のところ，比較的最近になって出現したものである。歴史的に「アゼルバイジャン」という地名が指していたのは，南アゼルバイジャンのみであった。一方の北アゼルバイジャンは，元来は「アッラーン（Az. Arran, Aran / Pe. Arrān）」や「シルヴァーン（Az. Şirvan / Pe. Šīrvān）」といった地方名で呼ばれ，アゼルバイジャンとは別の地域であると認識されていた。

　つまり，アゼルバイジャン共和国が位置する北アゼルバイジャンは，「元来のアゼルバイジャン」とは別の地域なのである。この地域に関して詳しくない人は，国家として独立している北アゼルバイジャンのほうが「主」，つまり「本来のアゼルバイジャン」，あるいは「アゼルバイジャンの中心」であるという感覚を抱くかもしれない。しかし，実際には逆なのである。少なくとも，「本来のアゼルバイジャン」と言えるのは，現在ではイランの一部である南アゼルバイジャンの方である。

　上で述べられたいくつかの事実からは，アゼルバイジャン，あるいはアゼルバイジャン人に関する非常に複雑で奇妙な状況が浮き彫りとなる。まず，その名を冠した民族国家が存在するにもかかわらず，その国外にも極めて多数のアゼルバイジャン人がまとまって居住する地域が存在している。イラン・イスラム共和国には，2000万人弱のアゼルバイジャン人がいると言われており，その人口はアゼルバイジャン共和国におけるそれをはるかに上

---

[3] アゼルバイジャン語はテュルク諸語の南西グループ（オグズ語群）に属し，トルコ語やトルクメン語に近い。

回っている[4]。それに加えて，冒頭で引用した記事である。19世紀も終わろうかという時代，アゼルバイジャンの住民は，いまだに自分たちが「アゼルバイジャン人」であることを知らなかった。

　本書は，これらの問題に関わる謎解きを通じて，「アゼルバイジャン」という地域がどのように形成され，「アゼルバイジャン人」という民族意識がどのように醸成されたのかを探るものである。それは，そもそも「民族」とはどのようなもので，どのようなものを土台として，どのように形成されるのか，あるいは，「国家」を生み出し，維持する原動力とは何か，などといったより大きな問題を考える上での，1つの事例を提供することとなろう。

第1節　術語解説

　ここでは，本書の内容を理解するための基礎となる，いくつかの概念を紹介する。そして，それらが本書においてどのような定義で用いられるのか，具体的な用例も示しながら解説する。

1. コーカサス，カフカース

　コーカサス地方は，黒海とカスピ海とに囲まれた回廊状の地域である。この地方の中央には険峻なコーカサス山脈が東西に延びており，その北側を「北コーカサス」，南側を「南コーカサス」と呼ぶ。現在では，北コーカサスは全体がロシア連邦に属し，南コーカサスにはジョージア[5]，アルメニア共和国，アゼルバイジャン共和国の3国が存在する。これらはいずれも，かつ

---

[4] アーザルバーイジャーン地方のみならず，首都テヘランなどで暮らすアゼルバイジャン人も多い。彼らはイランの全人口の4分の1程度を占めており，その政治的・経済的影響力も小さくない。

[5] 旧称グルジア。2015年4月22日，同国の要請に基づき，日本における呼称はジョージアに変更された。本論文では，今日の国家の呼称として言及する際にのみ「ジョージア」を用い，他の場合は「グルジア」の語を用いる。

てはソヴィエト連邦の一部であった。

　古来，様々な民族の往来があったこと，一方で全体的に山がちな地形であり，互いの連絡が困難であったことにより，コーカサス地方には非常に多種多様な民族が居住している。それ故に多くの民族紛争を抱えており，特にチェチェン問題などは我が国においてもよく知られている。

　コーカサス地方は，ロシア語での呼称に基づいて「カフカース（Кавказ）」とも呼ばれる。本書においては，ロシア語史料から引用する際，基本的に「カフカース」という表記を用いる。「カフカース総督府」など，帝政ロシア期の組織の名称に関しても，同様である。また，ペルシア語やテュルク語（アゼルバイジャン語）においてもロシア語から取り入れられたこの地名が使われるため，これらの史料から引用する際も「カフカース」を用いることとする。

　なお，「南コーカサス」は，「トランスコーカサス（Transcaucasia）」や「ザカフカース（Закавказье）」とも呼ばれる。ともに「コーカサス（山脈）の向こう側」を意味し，ロシアから見た同地方の位置付けを表している。また，日本語では，「裏コーカサス」と呼ばれることもある。このうち，本書では「ザカフカース」を用いる場合がある。その使用基準は「カフカース」の場合に準じる。

2. 南東コーカサス，アーザルバーイジャーン，アゼルバイジャン

　既に記したように，アゼルバイジャン共和国の領域，すなわち北アゼルバイジャンは，もともとは「アゼルバイジャン」とは呼ばれていなかった。本書では，この事実に関わるいくつかの混乱を避けるために，以後，北アゼルバイジャンを「南東コーカサス」と呼称する。また，南アゼルバイジャンのみを指す場合には，「アーザルバーイジャーン」を用いる。

　これらは，領域的な広がりに対する，あるいは地域を記述の対象とする場合の呼称である。史料中に登場する表現の訳語としては，一律〈アゼルバイジャン〉の語をあて，山括弧でくくった。また，必要に応じて原語を付しているが，その場合，煩雑さを避けるために原語表記を表す丸括弧は省略する。また，〈アゼルバイジャン〉に対比される史料上の言葉に対しても，同

図4 峻険なコーカサス山脈の光景

図5 同左

図6 フナルグ村（Xınalıq）

コーカサスの山中に点在する村々の中には，周囲から孤立し，独自の文化を育んだものも多い。アゼルバイジャン共和国北東部に位置するフナルグは，そういった村の代表。村民は，この村でしか使わない言語であるフナルグ語を話す。

図7　山中の村の少年
山深い地においては，現在でもウマやロバが最も優れた移動手段である。

図8　アゼルバイジャン中部の風景　　　図9　アゼルバイジャン南部の光景
アゼルバイジャンの国土は決して広くはないが，各地の気候は極めて多様である。それ故，少し場所が変わると，その光景も劇的に変化する。

様に山括弧を用いることとする。〈アゼルバイジャン人〉のような民族名，〈アゼルバイジャン語〉のような言語名も，これに準じた扱いとする。これらの語の具体的な用例を以下に示す。

【例】14世紀の地理書において，〈アゼルバイジャン Āzarbāyjān〉という地名は，アーザルバーイジャーンのみを指していた。南東コーカサスは〈アッラーン Arrān〉などと呼ばれ，〈アゼルバイジャン〉には含まれなかった。

なお，この場合問題となるのは，ナヒチェヴァン地方（Az. Naxçıvan / Pe. Nahjavān）を「南東コーカサス」に含めるか否か，である。現在では「ナヒチェヴァン自治共和国」として，アゼルバイジャン共和国の飛び地となっており，住民もアゼルバイジャン人が大半を占める地域である。しかし，ナヒチェヴァンは，シルヴァーンやアッラーンとは別の歴史をたどってきた地域であり，そのテュルク化も主に20世紀に進展したものである。

そこで，本書で用いる「南東コーカサス」は，ナヒチェヴァンを含まないものとする。ただし，本論でも触れるように，19世紀後半に〈アゼルバイジャン人〉意識が形成された際，彼らの想定する〈アゼルバイジャン人〉がナヒチェヴァンの住民（の一部）を含んでいたこと，またナヒチェヴァン出身の知識人たちも影響力のある言説を展開したことにも注意を払う必要がある。

3. イラン世界

現在，「イラン」という地名が指すのは，イラン・イスラム共和国の領域のことである。しかし，歴史的には，この地名はそれよりもはるかに広い領域を指していた。今日の国家で言えば，イラン・イスラム共和国を中心に，アフガニスタン，トルクメニスタン，ウズベキスタンの西部，アゼルバイジャン，アルメニア，ジョージア，イラク，トルコの東部に及ぶ広大な領域にあたる。

その起源は，サーサーン朝の領土であると言われる。彼ら自身は，この領域を「エーラーン・シャフル（イランのくに）」と呼んでいた。この地は，イスラーム化以降も，長らく「イーラーン・ザミーン（イランの地）(Īrān-zamīn）」と呼ばれてきた。また，現代の研究者たちが用いる分析概念である「歴史的イラン」，「イラン文化圏」，「ペルシア語文化圏」や "Persianate Society" なども，おおよそこの領域に一致すると言ってよい。本書では，この領域を「イラン世界」と呼ぶ。

4．トルコ，テュルク

　日本語を含むいくつかの言語において，「トルコ」と「テュルク」は，しばしば区別される。例えば，ロシア語においては，「トルコ人」に "турки" あるいは "турок"，「テュルク人」に "тюрк" という別の語があてられ，それぞれの形容詞形は "турецкий"，"тюркский" とされる。英語においても，「トルコ」の形容詞形が "Turkish"，「テュルク」のそれが "Turkic" となり，両者が区別される。

　このような区別をされる場合，前者は現在のトルコ共和国の主要民族である狭義の「トルコ人」を，後者は「テュルク系民族」全体を意味するのが通例である。テュルク系民族とは，西はトルコ共和国から，東は中国の新疆ウイグル自治区やロシア連邦のサハ共和国まで，中央ユーラシアの幅広い範囲に居住している集団である。テュルク系の諸民族のうち，トルコ人，アゼルバイジャン人，トルクメン人，ウズベク人，カザフ人，キルギス人などは民族国家を形成している。他に，ロシア連邦などに居住するタタール人やバシキール人，中国に居住するウイグル人などもいる。

　しかし，本書で扱う 19 世紀以前の史料においては，ロシア語のものにおいても，西欧諸言語のものにおいても，必ずしも「トルコ」と「テュルク」の区別が明確ではない。これらの語は常に厳密な定義で用いられるとは限らないし，一方で「タタール（Ru. татарин / En. tatar）」などの言葉が「テュルク」に近い意味で用いられる場合もある。同じ「トルコ」という語であっても，時代によって，言語によって，あるいは著者によって，文脈によって，異なる用法がされることもある。

　また，そもそも「トルコ」と「テュルク」を区別しない言語もある。例えば，ペルシア語ではどちらも "tork" であるし，トルコ語やアゼルバイジャン語でもどちらも "türk" である。そこで，本書では，これらを状況に応じ

て訳し分け，必要に応じて原語を付した。

　また，本論でも詳述する通り，現在「アゼルバイジャン語」と呼称されている言語は，当時この名では呼ばれていなかった。それ故，以後，この言語を指す際には，基本的に「テュルク語」を用いる。そして，他のテュルク諸語との区別が必要な際には，その都度説明を補うこととする。

5. 民族，ネイション，エトニ

　本書が扱うのは，「アゼルバイジャン人」という民族意識の成立過程である。この問題を扱うのであれば，そもそも「民族」とは何か，少なくとも本書で用いられる「民族」がどのような意味で用いられているのかを明白にしておかねばなるまい。

　このような作業が必要となる最大の理由は，「民族」という言葉の持つ多義性にある。実際，民族に関する分析を含む書物は，一般向けの概説書，専門的な研究書を問わず，ほぼ必ずその意味の曖昧さに言及する。そもそも「民族」という日本語に翻訳されうるヨーロッパ言語による概念が複数存在しているが問題となる。そのうち特に重要なのが，「ネイション」と「エトニ」である。

　英語の「ネイション（nation）」は，フランス語やドイツ語における同綴語，あるいはロシア語の"нация"に対応する言葉である。各言語によって，あるいは時代によって意味合いが異なる場合もあるが，一般に，独自の文化・伝統・歴史を共有する人間集団を示す言葉として用いられる。また，ネイションは，その居住する領域に単一の国家を形成する権利を有するものと考えられている。すなわち，ネイションとは人間集団を文化に基づいて分類する概念であると同時に，多分に政治的な意味合いを有する言葉なのである。

　対する「エトニ（ethnie）」はフランス語の単語であり，主に文化人類学の分野で発展してきた概念である。英語では"ethnic group"や"people"，ドイツ語では"Volk"などと呼ばれる。日本語では訳語が定まっておらず，「種族」，「民族集団」，「エスニック集団」，「エスニック・グループ」，「エトノス」なども用いられる。エトニはネイションと同じく文化的な特徴によって

人間の集団を分類する語であるが，一般的に政治的な意味合いを帯びない。すなわち，エトニは国家（state）の支配を求めていない，という点でネイションと峻別される［エリクセン 1993: 29］。

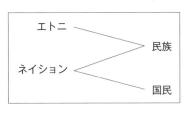

図10 「民族」関連語の対応関係

さて，本書が扱うのは主にネイションに関する話題であるが，この言葉自体がそもそも多義的である。このことは，英語の "nation" に該当する日本語として，「民族」以外にも，「国家」，そして国家の成員たる「国民」などがあることにも示唆されている。これは，ヨーロッパ言語においては，ネイション概念が「国家」と本質的に不可分であることを示唆している。ヨーロッパ言語と日本語における，これらの言葉の複雑な対応関係に関しては，塩川伸明が分かりやすい図を提示している（図10）［塩川 2008: 9］。

　文化人類学者の内堀基光は，「ネイション」という語を日本語に翻訳する過程で，その意味内容の多重性を別個に表現する道が選ばれたために「民族」，「国民」，「国家」という多様な訳語が生じたと指摘する。しかし，彼は，それ故に「民族」という語は，「ネイション・イデオロギーの中核部にある〔国民と民族の〕混同から自由になり得た」とし，日本語の「民族」が「ネイション」の本来持つ政治的な意味合いを失ったことをむしろ肯定的に捉える。そして，この語がネイションの1つの側面とエトニの概念の両方を覆うものとなってしまったことも，「ささやかな代償」としている［青木ほか（編）1997: 9-10］。

　筆者も内堀の意見に賛成である。本書には，ネイションかエトニかの区別をつけぬまま「民族」という語を用いている箇所が多くある。その背景には，ネイションとエトニの区別もまた曖昧であるという事情もある。この両者を峻別するための決定的な基準，あるいは多くの研究者によって共有される方法は存在しない。また，以下に記すように，一部の研究者は，エトニが時代とともにネイションへと変化する，と考えている。それが正しいとするならば，民族意識の形成と変遷の過程を扱う本書において，エトニとネイションの区別は，ますます困難になるだろう。それ故，本書では，ネイショ

ンとエトニの両方の意味を含む言葉として，あえて「民族」という曖昧な語を用いることにする。「ネイション」，「エトニ」は，特に意味を明確にする必要がある場合にのみ用いられる。

さて，民族に関する研究は，特に1980年代以降に進展してきた。その代表的な論者としては，アーネスト・ゲルナー，ベネディクト・アンダーソン，エリック・J・ホブズボーム，アンソニー・D・スミスといった名を挙げることができる。ここでは，彼ら4人の学説を簡単に紹介し，その共通点と相違点を確認する。

まずは，この分野の先駆者であるゲルナーの民族観を取り上げよう。民族主義（ナショナリズム）とネイションとの関係を考察した彼は，ネイションの存在が民族主義を引き起こすのではなく，逆に民族主義がネイションを生み出す，と考える。彼によると，ネイションとは「人間の信念と忠誠心と連帯感とによって作り出された人工物」である。そして，ネイションの根源は，産業社会の独特の構造的要件にあり，必然的に，ネイションは近代に独特なものであるとする。なぜならば，普遍的な読み書き能力，流動性，個人主義，政治的な中央集権化，同質的で標準化された教育システムなどの産業社会の様々な要素は，政治と文化の境界が一致する状況を強いる。その結果，「政治的単位と民族的な単位とを一致させようとする考え方及び運動」と彼が定義するところの民族主義が生じるのである［ゲルナー1983］。

アンダーソンも，ネイションが近代になって創出されたものであるというゲルナーの考えに同意する。彼は「想像された共同体（imagined community）」という，後に非常に有名になった言葉でもって，ネイションを定義した。彼によると，ネイションとは，その構成員が想像することで作り出した一種のフィクションであると同時に，1つの実体として確かに存在するものである。また，ネイションという共同体が想像されるに当たって決定的な役割を果たしたのは，「出版資本主義（print capitalism）」であるとし，ネイション形成に際して出版物とそれに用いられる言語，すなわち「出版語」の重要性を指摘した［アンダーソン1991］。

多くの著書を持つ歴史学者であるホブズボームも，ネイションは先験的に存在していたものではなく，その登場は18世紀以降であると述べる。彼に

よると，ネイションとは，国家が自身の領内における統治の正統性を主張するために，あるいは，民族主義を主張する集団が自身の国家を形成しようとする際に「創出」されるものである。一方で，彼は，ネイション成立の基盤となったものとして，それ以前に存在した集団的な帰属意識である「プロト・ナショナリズム」を想定する。「プロト・ナショナリズム」を生成するのは，言語，文化，宗教などの共通性，そして何よりも特定の政治実体に帰属している，あるいは帰属してきたという意識である［ホブズボーム 1990］。

スミスは，ネイションを必ずしも近代特有の産物とはみなさず，自身の師であるゲルナーらの考えを批判する。彼の主張によると，近代的なネイションは，前近代的なエトニを土台にして構築されるものである。エトニを核としないネイションもありうるが，その場合，ネイションは新たにエトニ的な核を作り出す必要がある。また，エトニは，「集団に固有の名前」，「共通の血統神話」，「共通の歴史」，「独自の文化」，「特定の領域（＝郷土）との結び付き」，「共同体内の強力な帰属意識と連帯感」という6つの構成要素を持つものとして定義される。そして，このエトニが経済，行政管理，文化・教育という3つの分野の革命を通じて中央集権化され，法的・経済的に統一されることでネイションが形成されるというのである［スミス 1986］。

このように，ネイションに関する理論は多種多様だが，これらはいずれかが正しいという質のものではないだろう。そもそも，大半の研究者が，民族に関する普遍的・包括的な定義方法は存在しないと考えている。シートン＝ワトソンによる「ネイションの『科学的定義』としては，どのようなものも考案することができないと結論付けるのも止むをえざるところである」という述懐は，その典型例である［Seton-Watson 1977: 4］。

とは言え，現在では多くの研究者が，ネイションとは「何か」を核に「形成」される「歴史的な」存在である，と考えているようである。そこで本書では，この大まかに合意されているところに従いつつも，特定のネイション形成モデルに依拠することは避ける。いずれかの理論に従って〈アゼルバイジャン人〉の事例を検証するのではなく，〈アゼルバイジャン人〉の場合には何がその民族形成の核となったのかを探る，ということだ。20世紀前半の歴史学者マイネッケが指摘しているように，あるネイションがどのように

誕生したのかを教えるのは,「一般的な経験法則ではなくて,ただ,具体的な個々の場合の研究だけ」なのである［マイネッケ 1928: 4］。

第 2 節　先行研究

1. アゼルバイジャン国外の研究

　〈アゼルバイジャン人〉アイデンティティの成立過程に関しては,既にある程度の研究が存在している。この分野における基礎的な文献としては,スウィトチョウスキーの一連の研究がまず挙げられる。彼は,アゼルバイジャン民族意識形成史の重点を 20 世紀初頭に置いている［Swietochowski 1985; Swietochowski 1995］。

　アルトスタットの研究は,19 世紀半ばから現代までを幅広く対象とする。彼女は,南東コーカサス,特にバクーの産業化と,後にアゼルバイジャン人となる人々を中心とする労働階層の形成と彼らによる労働運動を,民族主義高揚の 1 つの契機と考える。彼女もまた,アゼルバイジャン民族意識の本格的な形成は 20 世紀初頭以降とみなす［Altstadt 1992］。

　ロシア帝国の政策とアゼルバイジャン人との関係を扱ったモスタシャーリーは,南東コーカサスが持つ「辺境」という要素に着目する。その上で彼は,当地の知識人たちがイラン,オスマン帝国,ロシアに対する複雑で多層的な共感や忠誠心を抱いていたと論じている［Mostashari 2006］。

　アーザルバーイジャーン地方の状況に関しては,アタバキーの研究が参考になる。彼は,イラン立憲革命から第 2 次世界大戦後にタブリーズで成立したアゼルバイジャン自治政府までを通観し,アーザルバーイジャーン地方における民族主義の展開を示した［Atabaki 2000］。

　汎テュルク主義の文脈の中で,部分的にアゼルバイジャン人に関する言及を行っている研究もある。ロシア帝国における汎テュルク主義を扱ったゼンコーフスキーの研究は,この分野の古典的な著作の 1 つである［Zenkovsky 1960］。シスラーは,ロシア帝国とオスマン帝国の汎テュルク主義者を結ぶ

存在としてのアアオールに着目する［Shissler 2003］。メイヤーは，ヴォルガ・ウラル地域，南コーカサス，クリミア，オスマン帝国の汎テュルク主義者を比較した［Meyer 2007; Meyer 2014］。

我が国においてアゼルバイジャン人の民族意識に関して最もまとまった著述を行っているのは，北川誠一である。彼は，スウィトチョウスキーの研究などを引きながら民族意識の形成過程を概観しつつ，現代のアゼルバイジャン共和国における民族主義の状況に関して特に詳しく紹介している［北川 1983; 北川 1998］。伊藤順二は，20世紀初頭のバクーにおける労働運動と民族運動との関係を考察した。彼は，1905年に生じた民族衝突は「かえってアゼルバイジャン・ネイションの成立を遅らせた」と結論し，スウィトチョウスキーやアルトスタットを批判する［伊藤 1997］。八尾師誠は，イラン立憲革命期のアーザルバーイジャーンで活躍したサッタール・ハーンに関する著作の中で，イランとアゼルバイジャンの国民意識形成過程に関して，非常に分かりやすくまとめている［八尾師 1998］。他に，アーフンドザーデの民族主義を扱った藤井守男の研究，レスールザーデの民族観を扱った石原賢一や中嶌哲平による研究などがある［藤井 1984; 藤井 1986; 石原 2005; 中嶌 2009］。

2. アゼルバイジャン国内の研究

アゼルバイジャン人による研究や概説書も，特に共和国独立以降に多く出版されている［e.g. Балаев 1998; Xəlilli 2007; İbrahimov 2005: 24-111; Mahmudov 2008］。それらの中でも興味深い視点を提供しているのは，バーラーエフによる『19〜20世紀のアゼルバイジャンにおける民族言語の変遷』である。言語と民族意識との関係を扱った本書において彼は，テュルク語（アゼルバイジャン語）がアゼルバイジャン人民共和国以降に「国語」と位置付けられたことが，アゼルバイジャン人の民族意識に重大な影響を与えたと論じている［Балаев 2005］。

アリエヴァ＝ケンゲルリは，特にオスマン帝国のトルコ人たちとの紐帯を重視する。彼女は，20世紀初頭に活躍した南東コーカサスのロマン主義的民族主義者たちの「最終的な目標は，強力な共通テュルク文化（Umum Türk kültürü）の形成であった」と結論付けている［Aliyeva Kengerli 2006: 361］。

　19世紀後半以降の南東コーカサスにおける出版活動を扱ったアーシュルルやシャーフヴェルディエフの著作は，民族意識形成の過程を知る上でも価値が高い。ただし，彼らの研究そのものは，ともに新聞・雑誌の個別的な紹介に留まり，全体的な視点には欠けている［Aşırlı 2009; Aşırlı 2010; Şahverdiyev 2006］。

　歴史学以外の分野の研究では，現在のアゼルバイジャン共和国における教育と民族意識との関係を論じたガーディロヴァの著作が興味深い［Кадурова 2007］。

　しかし，アゼルバイジャン人による研究は，しばしば歴史的事実よりも民族主義的な主張を優先する。古代や中世にアゼルバイジャン民族形成史の重点を置いたスンバートザーデやゲイブッラエフの著作は，その典型例である［Сунбатзаде 1990; Qeybullayev 1994］。すなわち，彼らの作品には，アゼルバイジャン人の起源をより古く見積もろうとする傾向が見られるのである。利用する際には，これらの点に注意する必要がある。

第3節　問題の所在と本書の構成

1. 本書の主題

　さて，前節で紹介した様々な先行研究におおよそ共通する見解によると，アゼルバイジャン人の民族意識は，19世紀後半から20世紀初頭にかけて，当時はロシア帝国の支配下にあった南東コーカサスにおいて形成されたものである。そして，ロシア帝政時代の彼らは〈タタール人〉などと呼称されており，〈アゼルバイジャン人〉とは呼ばれていなかった。

　そうであるならば，彼らはどういった過程を経て，自分たちが〈アゼルバイジャン人〉であると自覚したのだろうか。そもそも，民族の名に「アゼルバイジャン」が選ばれた理由からして，明確ではない。先にも述べたように，〈アゼルバイジャン人〉アイデンティティ誕生の地である南東コーカサ

スは，もともと〈アゼルバイジャン〉とは呼ばれていなかったのである。また，当時の南東コーカサスはロシア領であり，「元来のアゼルバイジャン」であるアーザルバーイジャーン地方とは政治的に分断されていた。このような状況の中で，彼らは，なぜ〈アゼルバイジャン人〉と呼ばれるようになったのだろうか。

　この疑問に対する回答は，いまだ提示されていない。それは，先行研究が20世紀以降の分析に偏り，民族としての自覚が芽生え始める19世紀後半や，それに先行する時代の研究が手薄だからである。そこで，本書では，特に19世紀に分析の焦点をあてながら，以下の3点を解明することを目的とする。

（1）南東コーカサスとアーザルバーイジャーンは，どのような過程で一体の地域と認識されるようになったのか。

（2）〈アゼルバイジャン人〉という民族名は，どのような経緯で登場し，定着していったのか。

（3）〈アゼルバイジャン〉民族意識形成の基層には，何があったのか。すなわち，〈アゼルバイジャン人〉は，何を土台として生み出されたのか。

　これらの目的を達成するために，本書は，それぞれの時代を代表する知識人たちの言説に特に注目した。現地知識人層が「民族」をどのように理解し，どのように語るかが，民族意識の形成において極めて重要な役割を果たすことは，既に多くの研究者が指摘している通りである。さらに本書では，彼らの民族観の他に，歴史認識や地理認識も重視される。すなわち，彼らはどのように「自分たちの歴史」を語ったのか，また彼らはどのような領域を「祖国」として捉えたのか，といった分析を通じて，その帰属意識のあり方を探っていくこととなる。

　また，特に19世紀後半以降に関しては，雑誌や新聞などといった定期刊行物類に見られる言説が主な分析対象となる。それ故に，これらのメディアが民族意識の形成においてどのような役割を果たしたのかも，本書のテーマの1つとなる。

2. 構成

　ここで，本書の構成について説明する。

　第1章「南東コーカサス略史」では，本論に先立って，古代から現代に至る，この地域の歴史を概観する。

　第2章「〈アゼルバイジャン〉とは，どこか」が扱うのは，地方名としての〈アゼルバイジャン〉が示す領域の歴史的変遷である。イスラーム世界で書かれた地理書や辞典などを用いながら，地名〈アゼルバイジャン〉の用法が変化していく過程を追う。さらに補論1「ペルシア語史書にみる〈アゼルバイジャン〉の用法」，補論2「各言語の史料にみる〈アゼルバイジャン〉」によって，その結論の補強を試みる。

　その後の数章では，〈アゼルバイジャン〉民族意識に関する具体的な議論が行われる。まず，第3章「新たな帰属意識の模索」で，19世紀前半に活躍した知識人バキュハノフを取り上げ，彼の民族観，同朋意識のあり方などを探る。同時に，西洋的・近代的な知識の導入者としての彼にも，焦点をあてる。

　続く第4章「近代的民族意識の萌芽」では，バキュハノフの年少の友人でもあったアーフンドザーデの思想を扱う。多様な作品を残した彼であるが，本書で扱うのは，彼の民族主義に関する言説である。その分析を通じて，彼の複雑な自他認識を明らかにする。また，補論3「19世紀ヨーロッパにおける「民族」の理論」で，その当時，「民族」なる言葉が，どのような意味で捉えられていたかを確認する。

　第5章「変化していく集団の輪郭」では，バキュハノフやアーフンドザーデに続く世代の知識人ゼルダービーに焦点をあてる。彼が発行したテュルク語新聞『種蒔く人』を主要な史料としつつ，彼とその同時代人の自己認識であった〈カフカースのムスリム〉の実態に迫る。

　さらに第6章「〈アゼルバイジャン人〉の出現」では，南東コーカサス知識人の自己認識が〈カフカースのムスリム〉から〈アゼルバイジャン人〉へと変容していく過程を追う。分析の中心となるのは，その潮流の中心人物であったジェラール・ウンスィーザーデである。なお，彼の民族観の基礎と

なったのは,〈アゼルバイジャン語〉という言語の存在であった。この件に関わるいくつかの問題は,補論4「カーゼム=ベクと〈アゼルバイジャン語〉」において解決される。

　第7章「祖国〈アゼルバイジャン〉の形成」は,再び地名としての〈アゼルバイジャン〉の問題へと立ち返る。〈アゼルバイジャン人〉としての自覚に目覚めた南東コーカサスの人々が,そこから逆算的に,〈アゼルバイジャン〉という名の「祖国」をイメージするようになっていく過程を,20世紀初頭に活躍した知識人たち,特にメンメドグルザーデの言説を中心に分析する。

　そして,終章「ニザーミーとハターイー」で,アゼルバイジャン民族意識の1つの帰結点として,現在のアゼルバイジャン共和国における民族主義の実態について考察し,本論は結ばれる。

　なお,4つの補論は,いずれもその内容は細かく,得られる情報も補足的なものとなる。そのため,これらに関しては,まずは読み飛ばしていただき,必要に応じて参照していただくという形でも構わない。

　また,日本ではよく知られていない19世紀から20世紀初頭における南東コーカサス関連史料の解題,翻刻,翻訳などを付録とした。

第 1 章
南東コーカサス略史

ここでは，古代から現在に至る，南東コーカサスの歴史を概観する。なお，本章の記述は，アゼルバイジャン共和国で出版された通史［Əliyev və s. (red.) 2007; Алиярлы (ред.) 2009］や事典類［ACE; Mahmudov (red.) 2004; Mahmudov (red.) 2005］，アルトスタットの研究の冒頭に付された概説［Altstadt 1992: 1-26］，『イスラーム百科事典（第2版）』や『イラン百科事典』の該当項目［EI[2]: "Ādharbaydjān"; EIr: "Azerbaijan"］，西アジア史や中央アジア史，あるいはロシア史に関する日本語の概説書［小松（編）2000; 永田（編）2002; 和田（編）2002］などを主要な参考文献としている。煩雑を避けるため，これらを該当箇所ごとに毎回典拠として示すことはしていない。

第1節　イラン世界の中の南東コーカサス

　アゼルバイジャン共和国の首都バクー（Az. Bakı / Pe. Bākū）からカスピ海に沿って南西方向に約50 km行ったところに，ゴブスターン（Qobustan）と呼ばれる遺跡がある。旧石器時代から新石器時代にかけての遺跡であり，最も古い年代の遺構は1万年以上前のものであるという。2007年には，ユネスコの世界遺産にも登録された。現在では草木もほとんど生えない荒涼とした土地となっているが，かつては緑豊かな場所であったらしい。この地に数多く残された岩壁画の中に，舟で漕ぎ出す人々を描いたものがあることからも，過去に森林が存在していたことが窺える（図11）。太古の人々が描いたこれらの作品は，当時の生活や彼らの精神世界の一端を，我々に伝えてくれる。

　これら考古学的な遺跡を別にすると，南東コーカサスに関して我々が知りうる最古の記録は，古代ギリシア・ローマの著作家たちの作品に求められる。特に記述が豊富なのは，ローマ帝国期の地理学者ストラボン（ca. 63 B.C.-ca. 23）の『地理誌』である。この書物は，南東コーカサス周辺に居住する民族として，アルバニア族[1]，ウィティオイ（ウディ）族，カスピオイ（カスピ）族，アマゾネス（アマゾン）族，ガルガレイス族など様々な名を挙げている［飯尾（訳）1994: 32-33, 42-58］。特にアルバニア族に関しては，比較的

図11　ゴブスターン遺跡の岩壁画

図12　シェキ近郊の小村キシュ（Kiş）に残るアルバニア教会

1）現在のバルカン半島に位置するアルバニア共和国，及びその地に居住する民族と同名であるが，両者は無関係である．特に区別するために，「コーカサス・アルバニア（Caucasian Albania）」と呼ばれることもある．

図13 チラーグ城（Çıraqqala）　　　　　　図14 同左

バクーから北におよそ150km，カスピ海沿岸部の街道を睨む「チラーグ城」が建造されたのは，サーサーン朝時代の5〜6世紀のことらしい［Giyasi 1994: 26-27, 50-［51］］。なお，「チラーグ」は，ペルシア語で「ランプ」を意味する「チェラーグ（Čerāġ）」からの転訛。

情報が豊富である。彼らの王国は，隣接するアルメニアの影響で4世紀以降にキリスト教を受容したことでも知られる。ただし，この宗教の普及は緩やかなものであったようだ［EIr: "Albania"］。

　南東コーカサスの歴史は，南方のイラン高原との関係性を抜きにしては語ることができない。特に3世紀半ば，同地を支配していたアルバニア王国が，イラン高原を本拠とするサーサーン朝（224-651）に従属して以降，その傾向が顕著となる。5世紀半ばには王家が廃され，アルバニアはサーサーン朝に完全併合された。

　サーサーン朝への政治的な統合は，イラン文化の南東コーカサスへの流入を促進した。その1つが，宗教である。サーサーン朝の国教であったゾロアスター教が本格的に広まったのは，ヤズデギルド2世（r. 438-457）が自国領内のキリスト教徒に改宗を命じた勅令を公布した後のことであっただろう［EIr: "Albania", "Yazdegird II"］。なお，イスラーム化以降も，バクー近郊にはゾロアスター教徒が一部残り続け，インドなど他の地域のゾロアスター教徒

図15 アーテシュギャーフ
この寺院の中心で燃える「永遠の火」は，地面から漏れ出す天然ガスが何らかの原因で発火したものとされ，19世紀後半にガスが尽きてしまうまで，1度も消えることがなかったという。なお，現在残る寺院の建物は，17世紀にゾロアスター教徒のインド人商人によって建立されたものである。

も巡礼に訪れていた。バクー近郊のスラハヌ（Suraxanı）に残るゾロアスター教寺院「アーテシュギャーフ（Ateşgah）」[2]は，現在では観光名所となっている（図15）。

イラン文化の影響は，毎年春分の日に行われる「ノヴルーズ（Novruz）」の祝祭にも見て取ることができる。ペルシア語の「ノウルーズ（Nowrūz）」，すなわち「元日」を意味するこの祭りは，現在のアゼルバイジャン共和国においても盛大に祝われる（図16）。

このように，南東コーカサスがイラン高原との文化的な共通性を深めていったのは，サーサーン朝の時代のことであった。南東コーカサスは，この

---

2) ペルシア語「アーテシュガーフ（ātešgāh）」からの転訛。語義は「火の場所」であり，ゾロアスター教寺院を示す一般名詞としても用いられる。

図16 ノウルーズの町

時代に「イラン世界」の一部となった，と言い換えることもできるだろう。

第2節　イスラーム化，テュルク化，シーア派化

1. アラブの征服とイスラーム化

　7世紀前半に預言者ムハンマド（ca. 570-632）が登場して以降，急速に拡大していったアラブ・イスラーム国家が南東コーカサスを征服したのは，第2代正統カリフ，ウマル（r. 634-644）の時代のことである。以後，ウマイヤ朝（661-750），アッバース朝（749-1258）の時代を通じて，南東コーカサスでも，イスラーム化が徐々に進行していくこととなった。

　「ハザル人（Ḥazar）」と呼ばれる人々が活躍したのも，この時代のことである。7世紀以降にヴォルガ川河口を中心に興隆した彼らの国家は，イスラーム勢力と激しく対立していたことで知られる。南東コーカサスもしばしば彼らの侵入を受けた。その記憶は，現代でも残っており，ペルシア語やアゼルバイジャン語でカスピ海は彼らの名をとって「ハザルの海（Pe. daryā-ye Ḥazar / Az. Xəzər dənizi）」と呼ばれている。ハザル人は民族的にはテュルク系と考えられており，それ故に現在のアゼルバイジャン共和国では，彼らに対

するある程度の同族意識が存在する。

　さて，9世紀頃からアッバース朝のカリフ権力が弱体化すると，その領土の各地で地方政権が独立していくこととなる。イラン東部に興ったサッファール朝（861-1003）やサーマーン朝（873-999），エジプトからシリアを支配したトゥールーン朝（868-905）などがよく知られる。

　南東コーカサスでは，シルヴァーン地方を中心にマズヤド朝（861-1027）が自立した勢力を築いた。王朝の名は，王家の祖とされるヤズィード・ブン・マズヤド・アッ＝シャイバーニー（Yazīd b. Mazyad al-Šaybānī, d. 185/ 801-2）なる人物に由来する。彼は，アッバース朝第5代カリフであるハールーン・アッ＝ラシード（r. 786-809）が，ハザル人の侵略によって混乱が生じていたコーカサス方面の鎮圧に任じた人物である［Ашурбейли 1983: 53］。

　マズヤド朝王家の出自はアラブ系であったが，彼らが君主の称号として用いたのは「シルヴァーンシャー」であった。「シルヴァーンシャー」とは，サーサーン朝時代にこの地方の統治者に与えられていた称号であり，ペルシア語で「シルヴァーンの王」を意味する［EIr: "Šervānšahs"; cf. Ibn Ḫurdāḏbih: 17-18］。マズヤド朝君主は，サーサーン朝以来の伝統であるこの称号を用いることで，かつての帝国の権威を利用し，現地住民の支持を得ようと考えたのだった[3]。「シルヴァーンシャー」の称号は，後継のキャスラーン朝（1027-1382），デルベント朝（1382-1538）にも引き継がれる。王家の血統の点でも連続しているこれら3王朝は，君主の称号から「シルヴァーンシャー王朝」と総称される。

　ところで，現在のバクーは石油の町として知られているが，既にこの時代にはその存在が広く知られていた。早い例では，10世紀半ばに書かれたマスウーディーやイスタフリーの地理書が，その存在に言及している［TI: 60; Iṣṭaḫrī: 190］。また，10世紀後半の旅行者アブー・ドゥラフ（Abū Dulaf Misʿar b. al-Muhalhil al-Ḫazrajī al-Yanbūʿī, 10 c.）はバクーの石油を実際に目撃し，以下のように伝えている。

3）シルヴァーンシャーの王家には，マヌーチェフル（Manūčehr），ジャヴァーンシール（Javānšīr）といったイラン系の名を持つ者も多かった。

そしてバークーヤ〔＝バクー〕と呼ばれるシルワーン〔＝シルヴァーン〕の領域に属する場所に至った。私はそこで石油の泉を見いだした。その請負額は毎日1000ディルハムになる。またそのそばでジャスミン油のような白い石油を流出している別の泉があり，昼も夜も絶えることがない。その請負も同額に達している。［イスラーム地理書・旅行記研究会（訳注）1988: 12］

2. セルジュークの西進とテュルク化

　南東コーカサスのテュルク化は，セルジューク朝（1038-1194）の成立と密接に関係している。モンゴル高原を故地とするテュルク人は，徐々に西進し，8世紀後半頃には中央アジアに進出していた。西方のイスラーム勢力と接触した彼らの中から，集団規模でイスラーム教に改宗する者たちが現れたのは10世紀のこととされる。

　アラル海東方で遊牧生活を営んでいたセルジューク集団も，イスラーム教に改宗したグループの1つであった。テュルク人の中でも「オグズ」とか「トゥルクマーン」とか呼ばれる系統に属する彼らは，11世紀前半に西進してイラン世界へと勢力を拡大していく。当時のセルジューク集団の首領トゥグリル・ベク（r. 1038-1063）は，アッバース朝カリフから「スルターン（統治者）」の称号を与えられ，中央アジアからアナトリアに至る広い地域を支配する王朝を築き上げた。同時に，南東コーカサスを含むこれらの地域におけるテュルク化が急速に進展していった。

　しかし，11世紀末頃から王朝の支配力は低下し，王子の後見人であったアタベクが実質的な権力を掌握していった。職位とともに世襲された彼らの領地は独立性を強めていくこととなる。「アタベク王朝」と総称されるこれらの独立政権のうち，アーザルバーイジャーンを中心に勢力を誇ったのがイールドゴズ朝（Pe. Īldogoz / Az. Eldəniz, ca. 1135/ 6-1225）である。

　アタベク王朝が権勢を誇った時代，南東コーカサスからは，傑出したペルシア語詩人たちが幾人も輩出した。マスナヴィー詩『諸珍奇の封印 Ḫatm al-Ġarā'eb』[4]などの作品を残したハーガーニー・シールヴァーニー（Ḫāqānī Šīrvānī, 1127-1186/ 7 or 1199）の名は特によく知られているし，他にファラキー・

シールヴァーニー（Falakī Šīrvānī, first half of the 12 c.）なども有名である。

その中でもとりわけ重要な位置を占めるのが，ジャマール・アッ＝ディーン・アブー・ムハンマド・イルヤース・ブン・ユースフ，通称ニザーミー・ギャンジャヴィー（Jamāl al-Dīn Moḥammad Elyās b. Yūsof Neẓāmī Ganjavī, 1141-1209）である。彼は，当時イールドゴズ朝の支配下にあった南東コーカサス中西部の町ギャンジャ（Az. Gəncə / Pe. Ganje）に生まれ，生涯の大半をこの町で過ごした。その作品のうちで特に有名なのは，『神秘の宝庫 Maḫzan al-asrār』，『ホスロウとシーリーン Ḫosrow va Šīrīn』，『ライラーとマジュヌーン Leylā va Majnūn』，『七肖像 Haft peykar』，『イスカンダルの書 Eskandar-nāme』の5つの長篇叙事詩，通称「五大作（Ḫamse）」である。ニザーミーは，『王書 Šāh-nāme』のフェルドウスィー（934-1025）と並ぶペルシア語文学史上の最重要人物であり，現代のアゼルバイジャン共和国においても非常に重要視されている[5]。

13世紀には，チンギス・ハーン（r. 1206-1227）のモンゴル帝国がユーラシアの東西を席巻，各地を支配下に置いた。後に帝国はいくつかに分裂したが，その中で西アジアを支配したのが，アーザルバーイジャーン地方のタブリーズを都とするイルハーン朝（フレグ・ウルス）（1258-1353）である。南東コーカサスはイルハーン朝の領土の北端に位置し，国境を接するキプチャク・ハーン国（ジョチ・ウルス）との係争地となっていた。また，この時代，ムガーン（Az. Muğan / Pe. Moğān）やガラバーグ（Az. Qarabağ / Pe. Qarābāğ）といった南東コーカサスの地域が，イルハーン朝王家の重要な冬営地[6]となっていたことも知られている［本田 1991: 360-371］。また，南東コーカサスの東部を領土としていたシルヴァーンシャー王朝は，セルジューク朝やイル

---

4) この作品は，『両イラクの贈り物 Toḥfat al-'Erāqeyn』という別称でも知られる。また，マスナヴィー詩とは，イラン世界に独自の詩形の一種で，歴史や英雄伝などの叙事詩，恋愛物語，神秘主義的・倫理的主張の表現に適している［岩波イスラーム: "マスナヴィー"］。

5) 現在のアゼルバイジャン共和国における彼の評価については，終章で詳しく述べる。

6) 遊牧民は，年に2〜4度，牧地の移動を行う。その際の経路や移動先は，集団ごとにほぼ決まっている。それぞれの集団が夏に放牧を行う場所を「夏営地」，冬を過ごす場所を「冬営地」と言う［中央ユーラシア: "遊牧"］。

ハーン朝といった勢力に服属しつつ，地方政権として存続していた。

なお，この頃には既に，南東コーカサスの住民の大半をテュルク系の人々が占めるようになっていたと言われる。また，少なくとも口語の面では，主にテュルク語が用いられるようになっていた。一方で，文語としては，中央ユーラシアの広い領域で文章語・共通語として用いられたペルシア語が主に用いられた。この時代の南東コーカサスのエリートたちの多くが，テュルク語とペルシア語のバイリンガルであったと考えられる。また，イスラーム世界の他の地域と同様，アラビア語が宗教言語として引き続き重要な位置を占めていたことは言うまでもない。

3. サファヴィー朝の支配とシーア派化

南東コーカサスの歴史を語る際，アゼルバイジャン共和国の内外を問わずに非常に重要視されているのがサファヴィー朝（1501-1736）である。この王朝の歴史は，アーザルバーイジャーンの町アルダビール出身のサフィー・アッ＝ディーン・イスハーク（Ṣafī al-Dīn Esḥāq, 1252/3-1334）に遡る。スーフィズム[7]の修業を積んだ彼は，弟子たちとともに「サファヴィー教団」を設立する。この教団の教主の座は，彼の子孫によって引き継がれ，また教団が大きくなるにつれて，儀礼や弟子の位階制度が整備されていった。教団規模の拡大は，信徒の寄進の増加をもたらし，教団は大土地所有者となった。

土地経営によって莫大な財産の所有者となったサファヴィー教団においては，半ば必然的に，教主の座をめぐる争いが生じることとなる。15世紀半ば，叔父ジャァファルに敗れたジュナイド（d. 1460）は，アルダビールを出奔し，アナトリア東部からシリアの方面へと赴いた。当地のトゥルクマーン系遊牧部族に布教し，多くの信者を獲得したジュナイドは，アルダビールに帰還，教主の座をジャァファルから奪った。

このことは，教団の性質に決定的な変化をもたらしたと言われる。その教

7）修行によってアッラーとの合一を目指す思想。「修行者」を意味する「スーフィー（ṣūfī）」の語に由来する。スーフィーの修業においては師弟関係が重視されたため，導師を中心とする教団組織であるタリーカ（スーフィー教団）が各地で形成されることとなった［中央ユーラシア："スーフィズム"］。

図17 ゲレセン゠ギョレセン城(Gələsən-Görəsən qalası)

「ゲレルセン゠ギョレルセン城(Gələrsən-Görərsən qalası)」とも呼ばれる。シェキ近郊の山中に一部が残るこの要塞は,8～9世紀の建築という。その名は,テュルク語で「来たりて,見よ」を意味する[Giyasi 1994: 26-27, 154-155]。

図18 乙女の塔(Qız qalası)

現在のバクー市のシンボルである乙女の塔は,世界遺産にも指定されている。12世紀の建築。バクー旧市街の南端,カスピ海沿岸に位置する。全8層構造で,高さは28 mである[Əfəndi 2007: 33-34]。

第 1 章　南東コーカサス略史　35

図 19　シルヴァーンシャー宮殿（Şirvanşahlar sarayı）

シルヴァーンシャー王朝時代の建築物で，世界遺産。複数の建物から構成されるが，その多くが 15 世紀の建造である。

図 20　アルダビールのサフィー・アッ＝ディーン廟

義は，素朴な遊牧民たちに合わせた，彼らにとっても分かりやすいものへと変更された。シーア派的でありつつも，正統なイスラームの教えから逸脱する点も多く含むものであったその教義の1つが，サファヴィー教団の教主とマフディー[8]の同一視である。後に「キズィルバーシュ（Pe. Qezelbāš / Az. Qızılbaş）」[9]と呼ばれることとなる彼ら遊牧民たちは，マフディーの導きによって死をも恐れずに聖戦を遂行する戦士となったのだった。そして，彼らの軍事力を背景に，教団は世俗権力との軍事的な対決を志向するになっていった［羽田 1998: 294-304］。

　その試みは，最終的に，ジュナイドの孫であるイスマーイール（1487-1524）によって達成される。1501年，当時のイラン世界の西半分を支配していたアクコユンル朝（14 c.-1508）を破って，その首都であったタブリーズに入城した彼は，シャー・イスマーイール1世（r. 1501-1524）として即位した。後にイラン世界を広く支配するサファヴィー朝の成立である。当初の首都は，タブリーズに置かれた。

　南東コーカサスがサファヴィー朝の支配下に入るのは，イスマーイールのあとを継いだシャー・タフマースプ1世（r. 1524-1576）の時代のことである。1530年代後半以降に繰り返されたコーカサス方面への遠征の過程で，長らく南東コーカサスで存続していたシルヴァーンシャー王朝も滅亡した。以降，16世紀末から1603年まで一時的にオスマン帝国（1299-1922）の支配を経験しつつも，南東コーカサスは基本的に同王朝の支配下に置かれた。

　サファヴィー朝後期にあたる17世紀には，移住政策によってイラン系住民とテュルク系住民の混血が進んでいったと言われる。同時に，それまで大半がスンナ派であった南東コーカサスの住民の，シーア派への改宗が始まった。サファヴィー朝の統治下で生じたこのシーア派化・イラン化は，南東

---

8)「神意によって正しく導かれた者」の意で，終末の際に世に現れ，邪悪によって乱された社会の秩序をただし，真のイスラーム共同体を築くメシア，救世主を指す［岩波イスラーム: "マフディー"］。

9)「クズルバシュ」，「ゲゼルバーシュ」など様々な表記がある。テュルク語で「赤い頭」の意味。教団の信者たちが長い赤い棒の周りを12のひだを持つ白い布で囲んだターバンを身に付けていたことに由来する［岩波イスラーム: "キズィルバーシュ"］。

コーカサスとアーザルバーイジャーンの地域的・民族的統合の流れを決定付けたとして非常に重視されている [e.g. Altstadt 1992: 5; Shaffer 2002: 20; Atabaki 2000: 10; 北川 2000: 20]。

また、この王朝の支配層はテュルク系のキズィルバーシュであり、宮廷内の口語としてもテュルク語が用いられていた。この宮廷で用いられていたテュルク語は、現在で言うところのアゼルバイジャン語の原型となった。ただし、文語としては、依然ペルシア語が圧倒的な優位にあった。この状況は南東コーカサスにおいても同じで、テュルク語の作品が増えていくのは、19世紀半ば以降のことである。

第3節　3帝国の狭間で

1. サファヴィー朝の崩壊

1722 年、東方から進軍してきたアフガーン族によって首都エスファハーン（Eṣfahān）が占領され、サファヴィー朝は実質的に滅亡した。それと前後して、南東コーカサスにおいても混乱が生じている。シルヴァーン地方の中心都市であったシャマフ（Az. Şamaxı / Pe. Šamāḫī）では、ダゲスターン地方（Ru. Дагестан / Pe. Dāġestān）からやって来たレズギ人（Ru. лезгин / Az. ləzgi / Pe. lazgī）[10]の集団が掠奪を行い、同地に滞在していたロシア人商人もその被害に遭った [Axworthy 2006: 42, 62; Абдуллаев 1965: 11]。

この事件に対する懲罰とサファヴィー朝君主の支援を大義名分として、ロ

---

10) 主にロシア連邦ダゲスタン共和国南部からアゼルバイジャン共和国北部にかけて居住する民族。彼らに関する基本的な情報は、以下の文献を参照 [EI[2]: "Lezgh"; Арутюнов и др.（ред.）2002: 376-398]。

　ただし、18〜19世紀の史料に見られる「レズギ人」という語は、現在用いられる民族名としての「レズギ人」よりも広い意味を有しているようである。多くの場合、それは、「シルヴァーン地方北部からダゲスターン地方南部にかけての山岳地帯で暮らし、ペルシア語でもテュルク語でもない言語を話す人々」といった程度の意味で用いられているように思われる。

シア軍が南東コーカサスに侵攻する。また，これとほぼ同時期，オスマン帝国の軍勢もコーカサス地方に侵入し，その一部を支配下に置いた。1724年には，ロシア帝国とオスマン帝国との間で国境線を画定するイスタンブル条約が締結され，南東コーカサスは両国によって分割された。

しかし，それも長くは続かなかった。サファヴィー朝崩壊後のイラン高原で実権を握ったタフマースプ・ゴリー・ハーンは，1735年までに南東コーカサスを再征服し，自身の支配下に置いた。サファヴィー朝の旧領をほぼ統一した彼は，1736年にサファヴィー家の傀儡君主を廃し，自身がナーデル・シャー (Nāder Šāh, r. 1736-1747) として即位，アフシャール朝（1736-1796）を創始した。

しかし，1747年にナーデル・シャーが死亡すると，その統一は急速に崩壊し，イラン世界の各地で地方政権が自立していく[11]。これらの地方政権の多くは「ハーン」の称号を有する人物によって統治されたため，通例「ハーン国（En. khanate / Ru. ханства / Az. xanlıq）」と呼称される[12]。南東コーカサスでは，シャマフ，バクー，グバ（Az. Quba / Pe. Qobbe），デルベント（ru. Дербент / Pe. Darband），ガラバーグ，シェキ（Az. Şəki / Pe. Šakkī），ギャンジャなどにハーン国が成立した。彼らはサファヴィー朝時代の地方統治職であった「知事（ḥākem）」を自称し，自領の支配に対する正当性を主張していた[13]。

これらの中で最も重要なのは，北東部に位置したグバ・ハーン国である。1171／1757-8年にファトフ・アリー・ハーン（Fatḥ 'Alī Ḫān, r. 1758/9-1789）が父のあとを継いでグバ知事の地位に就くと，その勢力範囲は急速に拡大していった。1172／1758-9年にはデルベントが，1760年代半ばにバクーとシャマフが，1780年代にシェキやギャンジャが，次々と彼の支配下へと入っていった。また，彼は1770年代後半以降，北方のダゲスターン地方の大部分にも強い影響力を持つようにもなっていた。すなわち，最終的には，

---

11) それらの地方政権に関しては，小牧昌平の研究が一覧を提供している［小牧1987；小牧1990］。

12) ハーンは元来，テュルク・モンゴルの君主の称号。サファヴィー朝時代には，軍人に与えられる最高位の称号となっていた［Haneda 1987: 183］。

13) サファヴィー朝時代の地方統治に関しては，71〜72頁を参照。

第 1 章　南東コーカサス略史　39

図 21　シェキ・ハーン宮殿（Şəki xan sarayı）

図 22　同上

シルヴァーン及びダゲスターン地方の大半が彼の勢力範囲となったのである。しかし，彼が 1789 年に死亡すると，その統一は急速に崩壊していった [塩野崎 2010; Mustafazadə 2005: 101-152]。

　ファトフ・アリー・ハーンにとって最大の敵手となったのは，ガラバーグ・ハーン国のエブラーヒーム・ハリール・ハーン（Ebrāhīm Ḫalīl Ḫān, r. 1763-1806）であった。父の死を受けて 1763 年にガラバーグ知事となった彼は，東グルジアのカルトリ＝カヘティ王国と同盟を結び，ギャンジャ・ハーン国を実質的な属国とするなどして強勢を誇った。1783 年にカルトリ＝カヘティ王国がロシア帝国の保護国となった後は，ロシアとの関係も強化していく。一方で，彼はロシアとの間に，いかなる類の条約も結ぼうとはしなかった [Atkin 1979: 81-83]。

　分裂状態にあった南東コーカサスが再び中央政府の支配下に組み込まれるのは，18 世紀末のことである。1795 年，イランのほぼ全土をその支配下に置いたガージャール族のアーガー・モハンマド・ハーン（Āqā Moḥammad Ḫān, 1742-1797）は，大軍をもって南コーカサスに対する遠征を開始する。遠征軍は，ガラバーグのエブラーヒーム・ハリール・ハーンを屈服させた後，ティフリス[14]へと進軍し，同地を掠奪した。

　南東コーカサスの多くのハーン国は，アーガー・モハンマド・ハーンへの服従を条件に，その存続を許された [Atkin 1980: 19-21]。翌 1796 年，テヘランに戻った彼はシャーへの即位を宣言し，ガージャール朝（1796-1925）の初代君主アーガー・モハンマド・シャーとなった。

2. ロシア帝国への併合

　ガージャール軍による南東コーカサス征服とティフリスの破壊は，ロシアの女帝エカチェリーナ 2 世（r. 1762-1796）にとって看過できぬものであった。1796 年，ヴァレリアン・ズーボフ（Валериан Александрович Зубов, 1771-1804）率いる遠征軍が，南東コーカサスに派遣される。なお，彼は女帝の晩年の愛人として有名なプラトン・ズーボフ（Платон Александрович Зубов,

---

14）現在のジョージアの首都，トビリシ。本書は，ペルシア語やロシア帝政期の呼称に従って，ティフリス（Pe. Teflīs / Ru. Тифлис）と表記する。

図23 シェキ・ハーン宮殿

シェキの地方君主は，贅を尽くした宮殿を建設した。1797年に完成したこの「シェキ・ハーン宮殿」の内部は，ステンドグラスや壁一面に描かれた絵画で満たされ，非常に美しい。

図24 『フェテリー・ハーン』

ファトフ・アリー・ハーンの生涯は，1947年に『フェテリー・ハーン』の題で映画化されてもいる。

1767-1822)の弟である。

　それに対する各ハーン国の反応は様々であった。ファトフ・アリー・ハーンの息子でグバとデルベントの知事であったシェイフ・アリー・ハーン（Šeyḫ 'Alī Ḫān, r. 1790-1806）のように抵抗を試みた者もいれば，ガラバーグのエブラーヒーム・ハリール・ハーンのように，ロシアに服従し，その進軍に協力した者もいる。いずれにせよ，遠征軍は瞬く間に南東コーカサスを占領下に置いたのだった。

　しかし，彼らは突如遠征を中止し，引き上げていった。1796年11月6日にエカチェリーナ2世が死去したからである。あとを継いで即位したパーヴェル1世（r. 1796-1801）は，遠征軍の即時撤退を命じた。母であるエカチェリーナとの間に深刻な確執を抱えていた彼は，政策面においても，彼女の否定を基本路線としていたと言われる。

　このような事情により，1797年の春にアーガー・モハンマド・シャーが再び自ら軍を率いて南東コーカサスに到着した時，既に討伐すべきロシア軍はいなかった。彼の軍は，有り余るエネルギーをもって，離反した地元のハーンたちの懲罰を開始した。その最初の対象となったのが，ガラバーグ・ハーン国である。その中心都市シュシャ（Az. Şuşa / Pe. Šūše）は，ガージャール軍の大部隊の包囲下に置かれた。シュシャの人々は，エブラーヒーム・ハリール・ハーンを放逐し，アーガー・モハンマド・シャーに降服，開城した。

　ガージャール軍は，さらなる遠征の準備のために，しばらくシュシャ周辺に滞在した。しかし，その陣中で大事件が発生する。アーガー・モハンマド・シャーが，自身の召使いに殺害されたのである。これは政治的な背景を全く持たない，極めて個人的かつ偶発的な事情による暗殺事件であった。いずれにせよ，君主の突然の死によってガージャール軍は四散し，撤退していった。

　その後，一種の権力の空白状態が生じた南東コーカサスであったが，すぐに次の転機が訪れる。暗殺に斃れた父パーヴェルの後を受けて即位したアレクサンドル1世（r. 1801-1825）のもと，再びロシアは積極策に転じたのだった。1804年，ティフリスを経由してロシア軍が南東コーカサスに侵入する。

後に第1次イラン・ロシア戦争と呼ばれるこの戦争が始まると，南東コーカサスの各地は次々とロシア軍の占領下に置かれていった。それらは最終的に，1813年のゴレスターン条約によって，正式にロシア領となる。

その後，各ハーン国は漸次廃止され，ロシアの軍政へと移行していった。戦争開始直後の1804年に征服されたギャンジャ・ハーン国は，1805年，正式に廃止された。同時にギャンジャは当時の皇后の名をとり，エリザヴェートポリ（エリザヴェートの町）（Елизаветполь）と改称された。グバ・ハーン国が廃されたのも，戦争中の1806年のことである。その後，1819年にシェキ，1820年にシャマフ，1822年にはガラバーグのハーン国が廃止された［Əliyev və s.（red.）2007: IV. 100-105］。

1826年には，第2次イラン・ロシア戦争が始まる。緒戦はイラン側優勢に進み，南東コーカサスの大部分をガージャール朝の軍勢が占領する。しかし，間もなく形勢は逆転し，1827年10月にはタブリーズが陥落してしまう。その結果として1828年に締結されたトルコマンチャーイ条約では，ロシア帝国による南東コーカサス領有が追認された他，エレヴァン（Ru. Ереван / Pe. Īravān）やナヒチェヴァンなどがロシアに割譲されることとなった。

1844年には軍政が廃され，ヴォロンツォーフ（Михаил Семёнович Воронцов, 1782-1856）を初代総督として，カフカース総督府（Кавказское наместничество）が新設される。総督はカフカース地方（Кавказский край）[15]全体の民事・軍事の全権を掌握するものとされた。南東コーカサスも，全域がその統治下に入った。

総督府はカフカース地方の要衝であるティフリスに置かれた。当時から国際色豊かな多民族都市であったこの町には，グルジア人の他に多数のロシア人やアルメニア人が居住していたという。ロシア人にとっては「国内の異国」でもあったこの町は，マルリーンスキー（Марлинский）ことアレクサンドル・ベストゥージェフ（Александр Александрович Бестужев, 1797-1837）をはじめ，アレクサンドル・プーシキン（1799-1837），ミハイル・レールモントフ（1814-1841），レフ・トルストイ（1828-1910）といったロシア文学史を

---

15) ロシア帝国の行政区分の1つ。大まかに言って，その領域は南北コーカサスに該当する。

代表する作家たちが滞在したことでも知られる。デカブリストの乱[16]の参加者であったマルリーンスキーに代表されるように，彼らの多くが自由主義的な思想の持ち主であったことも注目される。もちろん，彼らのティフリス滞在は必ずしも同時期ではないし，またその期間や経緯も様々であるが，ティフリスは自由主義者たちの集結地でもあったのだ。

　文豪たちのいわゆる「カフカースもの」は，19世紀のロシア文学界において重要な位置を占めており，それらはロシア人の民族意識形成にも少なからぬ影響を与えたと言われる。この分野の嚆矢とされるのは，プーシキンの初期の作品の1つ「カフカースの虜（Кавказский пленник）」（1821年）である。この作品は，トルストイをはじめとする様々な作家がオマージュ作品，翻案作品を著したことでも知られる。トルストイによる「カフカースもの」としては，1904年の『ハジ＝ムラート Хаджи-Мурат』なども有名である［北川ほか（編）2006: 315-319］。

　ロシア帝国は，イスラーム教徒住民をはじめとする国内の異民族統治に際して，比較的寛容な政策を採ったことで知られる。それはカフカース地方においても同様で，基本的に現地社会の過度なロシア化などは行われず，旧来の制度・慣習がかなりの程度保持された。南コーカサス地方のイスラーム教徒を統治するため，1823年にシェイヒュルイスラーム（Ru. шейх-уль-ислам / Az. şeyxülislam），1835年にムフティー（Ru. муфтий / Az. müfti）という職位がティフリスに設置されたのも，そのような政策に基づいてのことである。前者はシーア派住民の，後者はスンナ派住民の宗教生活を統括するものとされていた。1872年にはザカフカース・シーア派宗務局，及びザカフカース・スンナ派宗務局（Закавказское Шиитское（Суннитское）Духовное Правление）という新たな行政機関がティフリスに設置され，シェイヒュルイスラームとムフティーは，それぞれの長と再定義された［İsmayılov 2004: 154-176; Məmmədli 2005: 17, 31-32］。

---

16) 1825年12月にロシア帝国で発生した武装蜂起事件。中心となったのは西ヨーロッパの自由主義の影響を受けた青年貴族将校であり，農奴の解放と皇帝専制の廃止が主張された。反乱は即座に鎮圧され，首謀者数名が死刑，他の参加者は辺境への流刑に処された［ロシア: "デカブリスト"］。

一方で，コーカサス地方は，対ロシア抵抗運動の激戦地でもあった。特に，北コーカサスのチェチェンやダゲスターン南部における「山岳民」の反乱はよく知られる。1785年から1791年にかけてのシェイフ・マンスール（Ru. Шейх Мансур / Ar. Šayḫ Manṣūr, 1748?-1794）の反乱を発端とするこの地の武力闘争は，1817年にロシア帝国が本格的な制圧に乗り出したことで激化の一途をたどっていった。「カフカース戦争」と呼ばれるこの戦いにおいて，現地の山岳民たちはナクシュバンディー教団[17]を中心に結集し，ロシアに対する「ジハード（聖戦）」を唱えて戦った。この運動の別称である「ミュリディズム（мюридизм）」は，スーフィー教団における「弟子」を意味するアラビア語「ムリード（murīd）」に由来している。

カフカース戦争における最重要人物は，1834年からミュリディズムを主導したシャミーリ（Ru. Шамиль / Ar. Šāmil, 1797?-1871）である。シャリーア（イスラーム法）を統治理念とした国家の形成を目指した彼の運動は，一時，ロシアからの事実上の独立を勝ち取るにまで至った。しかし，1856年にクリミア戦争が終結すると，コーカサス方面の軍を増強することが可能となった，ロシアが大攻勢に出る。結局，1859年にシャミーリが降伏すると，1864年までに北コーカサスの全域がロシア帝国に制圧され，カフカース戦争は終結した。

さて，世界の他の地域と同様，南東コーカサスの19世紀は，近代化が急速に進んだ時代でもあった。中でも，油田開発の進展と石油産業の発達によって急成長を遂げたのが，バクーである。バクーにおける最初の石油精製所は1858年，灯油プラントは1863年に建設された。その主体となったのは外国資本であり，後にノーベル兄弟[18]やロートシルト（ロスチャイルド）家

---

17) 1200年頃に中央アジアで興ったスーフィー教団。中央アジア地域などで大きな影響力を有してきた。イスラーム法の遵守を旨とする穏健な教義で知られ，在家主義的で一般の人々にも受け入れられやすいという特徴を持つ。北コーカサスには，本文で言及したシェイフ・マンスールによって伝えられた［中央ユーラシア: "ナクシュバンディー教団"］。

18) ノーベル兄弟石油会社（Ru. Товарищество нефтяного производства братьев Нобель / En. The Petroleum Production Company Nobel Brothers）は，ダイナマイトの発明で知られるアルフレッド・ノーベル（1833-1896）と，その兄たちによって設立された。

図25　1864年のバクー

図26　バクー油田

第 1 章　南東コーカサス略史　47

図 27　石油採掘道具

図 28　同上

が参入し、この地の油田開発に大きな貢献をしたことでも知られる。1884年にザカフカース鉄道（Закавказская железная дорога）がバクーに結ばれると、黒海沿岸のバトゥーミ（Батуми）[19]への大量輸送が可能となり、バクー油田の重要性はさらに増大していく。1872年には約1万4300バレルであった生産高は、1901年には7060万バレルとなり、バクーはロシア帝国随一の、そして世界でも有数の石油産業地域へと成長していった。この時代は、他にも、写真、電報（1860年代にティフリス－ギャンジャ－バクーを結ぶ）、電話（バクーでは1880年に電話網が構築）といった新技術が次々に南東コーカサスに紹介・導入され、新たな気風が醸成されていったのだった［Altstadt 1992: 21-23］。

第4節　2つの民族共和国とソヴィエト

　アゼルバイジャン民族主義運動は、19世紀後半以降盛んになっていった。その中心地はカフカース統治の中心地であるティフリス、工業都市バクー、またロシア帝国の外ではオスマン帝国の首都であるイスタンブルであった。特に1905年のロシア第1革命後、バクーにおけるテュルク語出版が盛んになると、〈アゼルバイジャン人〉という帰属意識が普及していくこととなった。この民族意識の形成過程においては、汎イスラーム主義、汎テュルク主義[20]、社会主義などが複雑に絡み合っている。

　他の多くの民族と同様、アゼルバイジャン人にとっても第1次世界大戦は大きな転機となった。1917年のロシア革命（2月革命、10月革命）を受けて、

---

19) 現在はジョージア領アジャリア自治共和国の首都。同国最大の港湾都市。トルコ国境に近い。

20) 汎イスラーム主義は、イスラーム世界の統一と協力を目指す思想、及び運動。アフガーニー（169頁参照）らによって唱導され、19世紀末以降のオスマン帝国の政策にも影響を与えた。一方の汎テュルク主義は、テュルク系諸民族の一体性を認め、その文化・政治・経済の統合を目指すイデオロギー。19世紀末のオスマン帝国とロシア帝国双方のテュルク系イスラーム教徒によって主張された［岩波イスラーム: "汎イスラーム主義"; 中央ユーラシア: "汎テュルク主義"］。

南コーカサスでは 1918 年 4 月、ザカフカース民主連邦共和国が成立した。しかし、この国は時を経ずして 3 つの民族国家に分裂する。グルジア、アルメニア、そしてアゼルバイジャン人民共和国（Ru. Азербайджанская Демократическая Республика / Az. Azərbaycan Xalq Cümhuriyyəti）である。その独立宣言は、1918 年 5 月 28 日のことであった。ただし、この時点で彼らは、南東コーカサスの全域を掌握してはいない。すなわち、最大の都市であるバクーが、アルメニア人の社会主義革命家ステパン・シャウミャン（シャフミヤン）（Степан Георгиевич Шаумян, 1878-1918）を中心とする「バクー・コミューン」の支配下にあったのである。エリザヴェートポリ（ギャンジャ）を当初の拠点としていた人民共和国の勢力が、オスマン帝国の軍事的支援を得てバクーを占領したのは、1918 年 9 月のことであった。

　アゼルバイジャン人民共和国において指導的な役割を果たしたのは、「国民会議議長（Ru. Председатель Национального Совета / Az. Milli Şuranın Sədri）」として国家元首の地位に就いたメヘンメト・エミーン・レスールザーデ（Məhəmməd Əmin Rəsulzadə, 1884-1955）、初代首相フェテリー・ハーン・ホイスキー（Fətəli xan Xoyski, 1875-1920）、国会議長アリーメルダーン・ベイ・トプチュバショフ（Əlimərdan bəy Topçubaşov, 1863-1934）らである。また、レスールザーデが率いた民族主義政党、ミュサーヴァート党（Müsavat partiyası）[21]の党員たちが各大臣をはじめとする多くの政府要職を占め、存在感を示した。

　しかしながら、1920 年、赤軍がバクーに進駐し、人民共和国は崩壊、レスールザーデも逮捕された。代わって成立したのが、アゼルバイジャン・ソヴィエト社会主義共和国（Ru. Азербайджанская Советская Социалистическая Республика / Az. Azərbaycan Sovet Sosialist Respublikası）である。この国家は、1922 年にアルメニア、グルジアのソヴィエト政権とともにザカフカース連邦共和国[22]を結成、ソヴィエト連邦の構成共和国となった。しかし、1936 年にザカ

21）1911 年、アッバースグル・カーズムザーデ（Abbasqulu Kazımzadə）らを中心にバクーで結成。党名は「平等」を意味する。1913 年、イスタンブルに亡命中であったレスールザーデがロマノフ王朝 300 周年を記念した恩赦によってバクーに帰還すると、同党に合流、主導権を掌握していった。

図29 バクー市のアルメニア教会跡
屋根の上に付いていたはずの十字架が取り外されてしまっている。

フカース連邦共和国は解体され，以降，3共和国はそれぞれ直接ソヴィエト連邦に属することとなった。

なお，歴史的にアルメニア人が多かったナヒチェヴァン地方とナゴルノ＝カラバフ地方[23]がアゼルバイジャン領とされたのは，ソヴィエト時代の最初期，1920年代前半のことであった。このことは，後々まで続くこの地域の火種となる。特にペレストロイカ以降，ナゴルノ＝カラバフをめぐってアル

---

22) 正式名称は，ザカフカース社会主義連邦ソヴィエト共和国（Закавказская Социалистическая Федеративная Советская Республика）。

23) ガラバーグ地方のうち，シュシャ周辺の山岳地帯を指す地名。「ナゴルノ＝カラバフ（Nagorno-Karabakh）」という呼称は，ロシア語で「山岳ガラバーグの」を意味する形容詞「Нагорно-Карабахский」に由来する。アゼルバイジャン語では，やはり「山岳ガラバーグ」を意味する "Dağlıq Qarabağ" と呼ばれる。

図30　ヘイダル・アリエフ

メニア人との対立が激化していき，ついに1990年1月，バクーでアルメニア人の虐殺が発生するに至った。「バクー事件」と呼ばれるこの出来事は，アゼルバイジャン人とアルメニア人による報復合戦の呼び水となった。この一連の混乱を収拾するため，1月20日，ソ連軍の戦車部隊がバクーを制圧した。国際的には「黒い1月事件（Black January）」，アゼルバイジャン国内においては「1月20日の惨劇（20 Yanvar faciəsi）」と呼ばれるこの出来事は，民間に多数の犠牲者を出した。

　1991年，ソ連邦が解体し，アゼルバイジャン共和国が成立する。共和国の最初の懸案は，ついに軍事的衝突へと至った隣国アルメニアとの対立であった。この「ナゴルノ＝カラバフ紛争」は，ロシアの支援を受けたアルメニア優勢で展開していった。

　アゼルバイジャン共和国の初代大統領ミュテッリボフ（Ayaz Mütəllibov，任1991-1992），2代目大統領エルチベイ（Əbülfəz Elçibəy，任1992-1993）は，ともにナゴルノ＝カラバフ紛争の戦況を好転させることができず，失脚した。その後権力を掌握したのは，ソ連時代にアゼルバイジャン共産党の第1書記の地位にあったヘイダル・アリエフ（Heydər Əliyev，任1993-2003）であった。彼の指導のもと，1994年にアルメニアとの停戦合意に至り，アゼルバイジャン国内の政治・経済は安定した。2003年からは，彼の息子のイルハン・

図 31　バクー市

図 32　バクー市近郊の油井

図33　バクー市のバーザール

図34　同上

アリエフ（İlham Əliyev, 任 2003-）が大統領に就任し，2016 年現在，3 期目を務めている。

　なお，懸案であったナゴルノ＝カラバフ地方は，名目的にはアゼルバイジャン共和国の領土であるが，「ナゴルノ＝カラバフ共和国」を名乗り，事実上の独立状態にある。紛争の過程で民族浄化が進行し，現在，同地方の住民は，ほぼアルメニア人となっている。また，同地方に居住していたアゼルバイジャン人は国内難民となり，アゼルバイジャン共和国における大きな問題となっている。さらに，2016 年 4 月 2 日には，ナゴルノ＝カラバフ地方において大規模な戦闘が発生，アゼルバイジャン・アルメニアの双方合わせて 30 名程度の死者が出たと報じられた。

表2 南東コーカサス関連略年表

3世紀半ば	アルバニア王国がサーサーン朝に従属
7世紀半ば	イスラーム勢力が南東コーカサスを征服
861	シルヴァーンシャー王朝が南東コーカサスで独立勢力を築く
1038	イラン高原を中心にセルジューク朝が建国される
	（以後，南東コーカサスのテュルク化が進行していく）
1258	イルハーン朝が成立し，南東コーカサスもその領土となる
1538	サファヴィー朝がシルヴァーンシャー王朝を滅ぼす
1578-1583	オスマン帝国が南東コーカサスを征服
1603	サファヴィー朝による南東コーカサスの再征服
	（以後，南東コーカサスのシーア派化が進行していく）
1722	サファヴィー朝が崩壊，南東コーカサスも分裂・混乱状態に
	ピョートル1世によるコーカサス遠征
1724	オスマン帝国がティフリスを占領
1735	この年までに，南東コーカサスからロシア，オスマン帝国の勢力が駆逐される
1735-1739	露土戦争
1747	ナーデル・シャーが死去し，南東コーカサスでは各ハーン国が自立
1768-1774	露土戦争
	キュチュク・カイナルジャ条約によりクリミア・ハーン国の独立が確認される
	コーカサス地方では，ロシア国境が実質的にクバーニ川（Кубань）へと南下
1774	北オセチアがロシアに併合される
1781	この年までにロシアはチェチェン，イングーシを徐々に併合
1785-1791	チェチェンでシェイフ・マンスールの反乱
1787-1791	露土戦争
1795	アーガー・モハンマド・ハーンによるコーカサス遠征
1801	東グルジアがロシアに併合される
1804	第1次イラン・ロシア戦争始まる
1807-1812	露土戦争
1813	第1次イラン・ロシア戦争終結
	ゴレスターン条約により，南東コーカサスの大半がロシアに割譲される
1817	ロシアが北コーカサス山岳部の本格的制圧に乗り出す（＝カフカース戦争の開始）
1826-1828	第2次イラン・ロシア戦争
	トルコマンチャーイ条約により，エレヴァン，ナヒチェヴァンがロシアに割譲される
1844	カフカース総督府の設置
1853-1856	クリミア戦争
1864	北コーカサス地方の全域がロシアに併合される（＝カフカース戦争の終結）
1881	カフカース総督府が廃止される
1905	ロシア第1革命
	カフカース総督府，復活
1917	ロシア革命（2月革命，10月革命）
1918	アゼルバイジャン人民共和国が独立
1920	人民共和国が崩壊し，アゼルバイジャン・ソヴィエト社会主義共和国が成立
1991	ソヴィエト連邦が崩壊し，アゼルバイジャン共和国が独立

第 2 章
〈アゼルバイジャン〉とは，どこか

第 2 章 〈アゼルバイジャン〉とは，どこか

序章でも言及したように，〈アゼルバイジャン〉という地名は，元来はアーザルバーイジャーン（南アゼルバイジャン）のみを指しており，南東コーカサス（北アゼルバイジャン）は，歴史的には別の名で呼ばれていた。では，南東コーカサスは，どのような経緯，どのような理由で〈アゼルバイジャン〉と呼ばれるようになったのだろうか。

実のところ，この件に関しては，どの先行研究も具体的には明らかにしていない。第 1 章でも述べたように，研究者の多くは，〈アゼルバイジャン〉という地名の指す領域が変化したことの背景に 11 世紀頃から進展していった住民のテュルク化を見出している。そして，サファヴィー朝時代の移住政策とシーア派化によって，南東コーカサスとアーザルバーイジャーンの住民が民族（エトニ）的・宗教的に均一化したことが，その傾向を決定的なものとしたと考えている [e.g. Shaffer 2002: 16-20; EIr: "Azerbaijan i. Geography"; 中央ユーラシア: "アゼルバイジャン"]。

しかし，住民の状況の変化と地名の変化とが関係していることを実証的に裏付けた研究は存在しない。また，南東コーカサスがいつから〈アゼルバイジャン〉と呼ばれるようになるのかは，曖昧にされたままである。そこで，本章では，地名〈アゼルバイジャン〉に関わる諸問題の解決を目指す。

第 1 節 〈アゼルバイジャン〉の語源

まずは，〈アゼルバイジャン〉という言葉の，そもそもの起源を明らかにしよう。この地名の由来に関しては，民間語源説も含め，数多くの説がある。例えば，アゼルバイジャン共和国で 2007 年に出版された『アゼルバイジャン地名百科事典』（2 巻本）における，「アゼルバイジャン」の項目には，以下のように記されている。

> 古代のこの国に拝火教が広く普及していたことに結び付けて，研究者の多くがアゼルバイジャンという名をイラン諸語に基づく「火によって守護されたもの」，「拝火教徒たちの国」，「火の国」というような意味で捉

えてきた。この地名の語源をテュルク諸語に基づいて説明しようとする研究者たちは，これを「富める者たち，貴人たちの地」，「貴人たち，貴顕の国」，「アトゥルパト（メディアの太守）の国」というように説明する。テュルク語起源の地理用語に基づいた最新の研究も，その語源を「標高の高い，丘がちな，山麓の斜面にある地，場所」という意味とするのが有力と考えている。歴史上，異邦人たちがアゼルバイジャンの経済的強国ぶりに関心を有していたことを考慮して，その名〔の由来〕を「人がほとんどいないが豊かな地」と説明することもできる。［Əliyeva 2007: I. 69］

このように，〈アゼルバイジャン〉の語源として様々な説が挙げられており，1つに確定はされていない。また，現在のアゼルバイジャン共和国の学界ではテュルク語起源説が重視されていることも分かる[1]。

筆者は2010年から2012年にかけてアゼルバイジャンに留学をしていたが，その際，前述のもの以外の民間語源説もいくつか耳にした。それらの中で最も興味を惹かれたのは，「アゼル・ベイ・ジャーン」を語源とするという説である。「アゼル（azər）」は，「火，炎」を意味するペルシア語 "āzar" に由来する。現代アゼルバイジャン語では日常的に使われる言葉ではないが，それでも，国名の一部に含まれるこの語が「火」を意味することを知っている国民は多い[2]。「ベイ（bəy）」は，元来は「君侯」を意味するテュルク語であるが，現在のアゼルバイジャンでは男性の人名の後に付けて「○○さん」を意味する言葉として使われる。「ジャーン（can）」は「魂，命」を意味するペルシア語 "jān" に由来し，親子や夫婦などといった極めて近しい間

---

1) 現在のアゼルバイジャンの歴史学界におけるテュルク性の重視に関しては，終章でも触れる。
2) なお，「火の国」はアゼルバイジャンにおける公式的な自国のイメージである。例えば，首都バクーの市章には，火の図案が用いられている（図35）。これはロシア帝政期の県章などを引き継いだもので，19世紀半ばには既に「火」のイメージが用いられていたことが分かる［Azərbaycan Tarixi Muzeyi 2000: 57］。また，「ユーロヴィジョン・ソング・コンテスト2012」がバクーで開催された際のキャッチコピーは，"Light your fire!" であった（図36）。アゼルバイジャン国内には「火の国大学（Odlar Yurdu Universiteti）」という私立大学も存在する。

第2章 〈アゼルバイジャン〉とは, どこか　61

図35　バクー市の市章

図36　「ユーロヴィジョン・ソング・コンテスト 2012」の看板

図37　ヤナル・ダグ（Yanar dağ）

バクー近郊に位置するヤナル・ダグは，天然ガスが何らかの原因で自然発火したもので，アゼルバイジャンの「火の国」のイメージを代表する観光地となっている。その名は，アゼルバイジャン語で「燃える山」を意味する。

柄にある人物に対する呼びかけとしても用いられる言葉である。英語の"darling"に相当すると考えれば，分かりやすい。すなわち，「アゼル・ベイ・ジャーン」とは，現代アゼルバイジャン語で「ねえ，火さん」程度の意味になる[3]。

前近代のペルシア語文献においても，様々な語源説が語られる。例えば，拝火教寺院が多いために「火の多い場所」からという説，「火の守護者」を意味するという説，またテュルク語で「アーザル」が「高貴なる偉人たち」の意味とする説などが代表的である[e.g. FR: I. 81; BQ: I. 24]。また，イーランの息子アーザルバード（Āzarbād b. Īrān），あるいはアミールの息子アーザル（Āzar b. Amīr）なる神話的な人物の名に由来が求められることもある［e.g. MBN: I. [11]; AA: 101]。いずれの人物もアスヴァド（Asvad），サーム（セム）（Sām）を経てヌーフ（Nūḥ），すなわち『旧約聖書』のノアにまで遡る系譜が語られる。

このように様々な語源説のある〈アゼルバイジャン〉であるが，国際的に多くの研究者が支持する最有力の説は，アケメネス朝（550 B.C.-330 B.C.）末期におけるメディア地方[4]のサトラップ（太守），アトゥルパト（Āturpāt）に由来するというものである[e.g. EIr: "Atropates"; EI²: "Ādharbaydjān"]。

アトゥルパトは，アレクサンドロス大王の遠征時，彼に服従し，改めてメディアの総督に任命された。彼は大王の死後に独立し，以後，その支配領域は彼の子孫たちによって引き継がれた。その王国は，ギリシア語で「アトロパテネ（Atropatene）」，「アトロパティオス・メディア（Atropatios Mēdia）」などと呼ばれ，アルサケス朝（ca. 250 B.C.-ca. 226）に併合されるまで存続した。

例えば，ストラボンの著書『地誌』には，以下のようにある。

> メディア地方は2つに分かれ，そのうち一方を大メディアと呼び，その地方の母市がエクバタナで，市は大きくメディア王国の王宮があった。

---

3) 他に「アーザル・バー・シャーン」，すなわちペルシア語で「火（āzar）は，魂（jān）とともに（bā）」という語源説も耳にした。
4) イラン高原の北西部を指す古代の地名。

〔中略〕もう一方の区域がメディア・アトロパティオスで，総督アトロパテス〔＝アトゥルパト〕の名をとり，この総督はこの地方が大メディアに属していたのに，マケドニア軍がこの地方をも支配下に置こうとしたのを遮った。しかもその上，布告をもって王となると，この地方を分離させて独自の王国に組織し，この王以来の王権が今日に至るまで安泰に継承されている。［飯尾（訳）1994: 80］

その後，アルサケス朝やサーサーン朝の時代，かつての「アトロパテネ」の領域は，中世ペルシア語で「アトゥルパタカン（Āturpātākān）」と呼ばれるようになったようだ。さらに，イスラームによる征服以降，「アトゥルパタカン」がアラビア語を経て近世ペルシア語に導入される過程で「アーザルバーデガーン（Āzarbādegān）」や「アーザルバーヤガーン（Āzarbāyagān）」などといった形に変化し，最終的に「アーザルバーイジャーン（Āzarbāyjān）」となった，と考えられている。

第2節　〈アゼルバイジャン〉の定義

1. 地理書などに見る地理区分

イラン世界の北西部，すなわちアーザルバーイジャーンと南東コーカサスは，どのように区分され，どのように呼称されてきたのだろうか。そして，〈アゼルバイジャン〉という地名の定義は，どのように変化したのだろうか。その分析のためには，ある程度明確な境界線を示しながら地域の分割方法や地名の定義を記す史料群が必要となろう。すなわち，辞書や百科事典の類，そして何よりも地理書である。

よく知られるように，イスラーム世界では，アッバース朝時代の初期にギリシア・ローマやイラン世界，あるいはインドの様々な文献が翻訳され，それを土台に様々な学問が整備されていった。その中で，数学，天文学，化学などとともに重要な学問の1つとして発展していったのが地理学である。

表3 イスラーム地理書などに見るイラン世界北西部の区分法

世紀	No.	書名	著者名	区分	言語	綴り	主な典拠
9	1	諸国の書	Ya'qūbī	A	ア	1	Ya'qūbī: 271-272, 363-364
	2	諸国と諸道の書	Ibn Hurdāḏbih	A	ア	4	Ibn Hurdāḏbih: 119-120, 122
10	3	世界境域の書	不詳	B	ペ	2	ḤA: 157-164
	4	貴重なる宝物の書	Ibn Rustah	A'	ア	4	Ibn Rustah: 105-106
	5	提言と再考の書	Mas'ūdī	B	ア	4	TI: 77
	6	諸国と諸道の書	Iṣṭaḫrī	B	ア	4	Iṣṭaḫrī: 180-194
	7	大地の姿	Ibn Ḥawqal	B	ア	4	Ibn Ḥawqal: II. 331-334
	8	簡潔な諸都市の書	Ibn al-Faqīh	A	ア	4	Ibn al-Faqīh: 284-287
	9	諸気候帯の知識に関する最良の分割	Muqaddasī	B'	ア	4	Muqaddasī: 373-375
11	10	諸国と諸道の書	Bakrī	A'	ア	1/4	Bakrī: I. 496-497
12	11	世界横断を望む者の歓喜の書	Idrīsī	B	ア	4	Idrīsī: 820-830
13	12	諸都市辞典	Yāqūt	A/B/B'	ア	1	Yāqūt: I. 155-157, 451-453, III. 50-51
14	13	諸都市の評定	Abū al-Fidā'	B	ア	1	Abū al-Fidā': 392-407
	辞14	ペルシア語の正しさ	Naḫjavānī	B or C	ペ	—	ṢF: 140
	15	心魂の歓喜	Ḥamd Allāh Mostowfī	C	ペ	5	NQ: 75-94
15	16	ハーフェズ・アブルーの地理書	Ḥāfeẓ-e Abrū	B?	ペ	5	JHA: 130-131, 160-161, 190-194
	17	芳しき庭園	Muḥammad al-Ḥimyarī	A'/B	ア	1	RM: 20-21, 87, 340, 496
16	歴18	千年史	Qāżī Aḥmad Tattavī	D?	ペ	5	TAI: 325, 402, 636
	辞19	ペルシア語集成	Moḥammad Qāsem Kāšānī	C?	ペ	5	MF: I. 85
17	20	七気候帯	Amīn Aḥmad	C/D	ペ	4	HE: III. 207-313
	辞21	ジャハーンギール辞典	Jamāl al-Dīn Ḥoseyn Šīrāzī	D	ペ	2/3	FJ: II. 819
	辞22	確かなる論証	Moḥammad Ḥoseyn Tabrīzī	C/D	ペ	5	BQ: I. 96, 104
	辞23	ラシード辞典	'Abd al-Rašīd al-Tattavī	C/D	ペ	2/3/4	FR: I. 89-90
18	便24	諸王の訓令	Mīrzā Rafī'ā	C?	ペ	5	DM: 186
	便25	諸王の覚書	不詳	C or E	ペ	5	TM: 107b-113b
	便26	サファヴィー朝の称号と位階	Mīrzā 'Alī Naqī Naṣīrī	C	ペ	5	AM: 74-82, 105-112
	伝27	アーザルの火の神殿	Loṭf 'Alī Beyg Āẕar	E	ペ	5	AA: 17, 20-30, 101-212
	歴28	願望の薔薇園	Ġaffārī Kāšānī	E	ペ	5	GM: 219-220
19前	29	旅の庭園	Zeyn al-'Ābedīn Šīrvānī	E	ペ	5	RyS 1: 13, 15, 51
	30	旅の果樹園	Zeyn al-'Ābedīn Šīrvānī	C?/D	ペ	5	BS: 23, 28, 32-33, 64, 70, 324-325, 481
	辞31	諸語の助け	Ġiyāṣ al-Dīn Rāmpūrī	C or D?	ペ	3/4/5	ĠL: 19
	辞32	収集者の論証	Moḥammad Karīm Garmrūdī	D	ペ	3/5	BJ: 62a-62b, 166b
	歴33	ズルカルナイン史	Hāvarī Šīrāzī	D	ペ	5	TZQ: 13-14
19後	辞34	ナーセルの会衆を飾る辞典	Reżā Qolī Ḫān Hedāyat	E	ペ	2/3/5	FAN: 90-91, 526, 643
	35	ナーセルの諸都市の鏡	E'temād al-Salṭane	B/C	ペ	5	MBN: I. [11]-[13], [21]
	辞36	アーナンドゥラージュ辞典	Moḥammad Pādšāh Šād	E	ペ	3/5	FA: I. 197, 210, IV. 2713, V. 3623

※「No.」の項の番号の前に「辞」とあるものは辞典、「歴」は歴史書、「便」は行政便覧、「伝」は詩人列伝を示す
※「区分法」の項、確定ができないものは「○ or △」や「○?」といった形で、2つ以上が併用されているものは「○/△」といった形で示している
※「言語」の項は、その書物が何語で書かれているかを示す　　ア：アラビア語　ペ：ペルシア語
※「綴り」の項、アゼルバイジャンがどのように綴られているかを示す　1：アズラビージャーン（Aḍrabījān）　2：アーザルバーデガーン（Āẕarbādegān）　3：アーザルバーヤガーン（Āẕarbāyagān）　4：アーザルバイジャーン（Ar. Āḏarbayjān / Pe. Āẕarbeyjān）　5：アーザルバーイジャーン（Āẕarbāyjān）

ビールーニー（al-Bīrūnī, b. 973）などに代表される測地学的な業績も知られるが，各地域の風俗や産物などを紹介する地誌的な作品を著した地理学者も多い。9世紀に活躍したヤァクービーやイブン・フルダーズビフの作品を嚆矢とするこの分野の業績は，各地方の統治や徴税の基本資料として活用されたと言われる［岩波イスラーム: "地理学"; 中央ユーラシア: "アラブ地理書"］。

　では，各時代の地理学者たちは，〈アゼルバイジャン〉という地名をどのように用いたのだろうか。そして，彼らは，南東コーカサス，及びアーザルバーイジャーンをどのようにまとめ，どのように分割したのだろうか。

　イスラーム世界の代表的な地理書のうち，〈アゼルバイジャン〉に関する情報を含むものを分析したものが，表3である。分析に当たって特に注目したのは，〈アゼルバイジャン〉の北の境界線がどのように設定されるかである。これらの作品のうち，明確な境界線が示されているものは少ないが，一方で多くの地理書が各地方に属する町の名を列挙しており，そこから地方と地方との境界線もある程度推測できる。特にタブリーズ，アルダビール，ギャンジャといった多くの地理書に共通して登場する町の名が，どの地方に属するものにされているかに着目した[5]。その結果，地理書に見られるイラン世界北西部の区分法は，以下に挙げるA～Eの5通りに大別できることが明らかとなった。

【区分法A】

　この区分法は，イラン世界の北西部を〈アゼルバイジャン〉と〈アルメニア Ar. Armanīyah / Pe. Armanīye〉の2つに大きく分割する。〈アルメニア地方〉はさらにいくつかに細分されることもあるが，その分割方法は地理学者によって様々である。ヤァクービー，イブン・フルダーズビフ，イブン・アル＝ファキーフといった，最初期の地理学者たちの作品に見られる区分法である（表3: No. 1, 2, 8）。いずれの作品も，イラン世界出身の学者がアラビア語で著したものである，という点が注目される。

　この区分法の特徴の1つは，〈アゼルバイジャン〉と〈アルメニア〉との

---
5) これらの地名の原文における表記の例は，78頁の表12にまとめて記した。それぞれの位置は，xiv頁の図2を参照。

表4　区分法Aの例（イブン・フルダーズビフ『諸国と諸道の書』における地理区分）

アゼルバイジャン		マラーゲ，ミヤーネ，アルダビール，Warṭāq, Sīsar, Barzah, Sāburḫāst, タブリーズ，マランド，ホイ，Kūlsrah, ムガーン，Barzand, ギャンジャ，Jābrawān, Narīz, オルーミーイェ，サルマース，Šīz, Bājarwān
アルメニア	第1	Sīsajān, アッラーン，ティフリス，バルダー，ベイラガーン，ガバラ，シルヴァーン
	第2	Jurzān, Ṣuġdabīl, Bāb Fayrūz Qubāḏ, Lakz
	第3	Busfurrajān, Dubīl, Sirāj Ṭayr, Baġrawand, Našawá
	第4	Šimšāṭ, Ḥilāṭ, Qālīqalā, Arjīš, Bājunays

境界線が具体的にどこに引かれるのかが明確ではない，という点である。例えば，イブン・アル＝ファキーフは，「アゼルバイジャンの境界は，バルダーの境界からザンジャーン（Zanjān）の境界まで」とし，ベイラガーンを〈アゼルバイジャン〉に属する町の1つとして挙げている。一方で，「アルメニアの境界は，バルダーから諸門の門〔＝デルベント〕」までとされており，〈アルメニア〉に属する町の中に「アッラーン」の名も見える［Ibn al-Faqīh: 285-286］。なお，ここで言うアッラーンとは，バルダー近郊の町の名であるようだ。すなわち，イブン・アル＝ファキーフは，バルダーを〈アゼルバイジャン〉と〈アルメニア〉との境界としているわけだが，具体的な境界線は不明であるし，またバルダー自体がどちらの地方に属するのかも明確ではないのである。

また，イブン・フルダーズビフは，〈アルメニア地方〉を〈第1アルメニア〉から〈第4アルメニア〉に分割し，それぞれに属する町を表4のように記している。それによると，南東コーカサスは，ほぼ〈第1アルメニア〉に該当する。また，バルダーやベイラガーンが〈第1アルメニア〉に属する町として挙げられる一方で，ギャンジャが〈アゼルバイジャン〉の町とされている。やはり，両地方の境界線がどのように引かれるのかは，明確には分からない。

13世紀に書かれたヤークートの『諸都市辞典』（No. 12）の「バルダー」の項では，まず「アゼルバイジャンの最果てにある町（balad fī aqṣá Aḏrabījān）」と記され，以下，この町が〈アゼルバイジャン地方〉に属する最北端

表5 区分法 A' の例（イブン・ルスタ『貴重なる宝物の書』における地理区分）

アゼルバイジャン	アルダビール, マランド, Bājarwān, Warṭāq, マラーゲ
アルメニア	アッラーン, Jurzān, Našawā, Ḥilāṭ, Dubīl, Sirāj, Ṣuġdabīl, Bājunays, Arjīš, Sīsajān, デルベント

の町であることが語られている［Yāqūt: I. 451-453］。ただし，『諸都市辞典』は地名辞典という作品の性質上，項目によって異なる記述がされており，全体で一貫した区分法というものは見られない。例えば，「ギャンジャ」の項や，「アラズ〔川〕」の項では，後述の区分法 B に基づいた記述がなされている［Yāqūt: III. 50-51, IV. 547］。

【区分法 A'】

10世紀の地理学者イブン・ルスタによる区分法は，前述の区分法 A に近いが，若干異なる点がある。11世紀の地理学者バクリーの区分法も，基本的にはイブン・ルスタのものを踏襲している (no. 4, 10)。

イブン・ルスタはまず，「イランのくに (Īrān-šahr)」をホラーサーン (Ḫurāsān)〔Pe. Ḫorāsān〕，スィースターン (Sijistān)〔Pe. Sīstān〕，ケルマーン (Kirmān)〔Pe. Kermān〕，ファールス (Fārs)，アフヴァーズ (Ahwāz)〔Pe. Ahvāz〕，ジャバル (al-Jabal)，アゼルバイジャン，アルメニア，マウスル (al-Mawṣil)，ジャズィーラ (al-Jazīrah)，シリア (Šām)，スーレスターン (Sūristān) の12地方に大別する［Ibn Rustah: 105］。このうち，北西部に該当するのは〈アゼルバイジャン〉と〈アルメニア〉である。そして，それぞれの地方に属する町として，表5にある名が挙げられている。

このように，〈アルメニア〉に属する町の中にアッラーンが挙げられている一方で，〈アゼルバイジャン〉に属する町の中に，アラズ川より北側のバルダーやベイラガーン，ギャンジャといった町の名は挙げられていない。この記述を両地方の境界線がアラズ川に定まったと証拠と考えることも可能であろう。ただし，そもそも挙げられている町の数自体が少ないため，確定はできない。

【区分法 B】

　10～14 世紀においては，この区分法が主流である。マスウーディー，イスタフリー，イブン・ハウカル，イドリースィー，アブー・アル＝フィダーといった，この時代の代表的な地理学者の多くが，この区分法を採用している（No. 5, 6, 7, 11, 13）。

　この区分法では，アラズ川の南側が〈アゼルバイジャン〉，北側が〈アッラーン〉とされている。すなわち，この区分法においては，アラズ川という明確な境界線が現れるのである。特にイスタフリーやイブン・ハウカルは，この川が両地方の境界であることを明記している（図 38 も参照）[Iṣṭaḥrī: 190; Ibn Ḥawqal: 333]。また，先述の通り，『諸都市辞典』の「アッラーン」の項目はこの区分法に従っており，「アゼルバイジャンとアッラーンとの間には『アラズ (al-Ras)』と呼ばれる川がある」と記されている[Yāqūt: III. 50-51]。このような地理区分が採用された背景には，アラズ川流域が基本的に山岳地帯であり，交通が容易ではないという自然環境もあったのだろう[6]。

　また，この区分法を用いる地理書は，〈アゼルバイジャン〉，〈アッラーン〉，〈アルメニア〉を 1 つの章でまとめて記述することが多い。これら 3 地方が 1 つの大きなまとまりとして捉えられていることが窺える。ただし，この大きなまとまりに具体的な地名は与えられていない。

　具体的にどの町をどの地方に区分するかは，各地理学者で若干の見解の相違が見られる。しかし，どの地理書においても，南東コーカサスの領域は，〈アッラーン地方〉の範囲とほぼ一致している（表 6）。

---

[6] 海路を用いない場合，アーザルバーイジャーンから南東コーカサスへ抜けるルートは，基本的に以下の 3 つに限られる。1 つ目は，カスピ海沿岸の町アスタラー (Az. Astara / Pe. Āstārā) を経由するもの，2 つ目は，ホダーアーファリーン橋 (Az. Xudafərin / Pe. Hodā-Āfarīn) を渡ってガラバーグ地域に抜けるもの，3 つ目は，ジュルファー (Az. Culfa / Pe. Jolfā) から大きく時計回りに迂回して南東コーカサスに入るものである。

第2章 〈アゼルバイジャン〉とは、どこか | 69

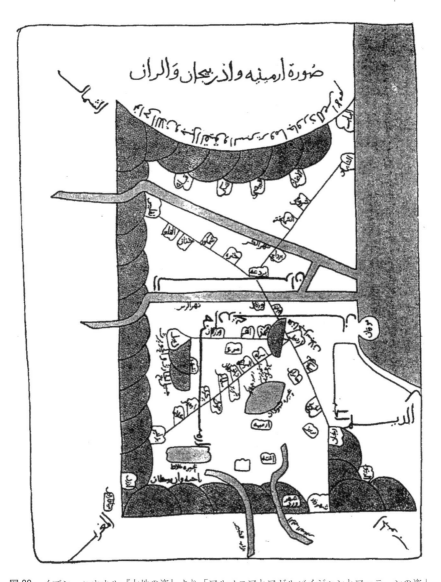

図38　イブン・ハウカル『大地の姿』より「アルメニアとアゼルバイジャンとアッラーンの姿」
※イスタンブルのトプカプ宮殿付属図書館（Topkapı Sarayı Müzesi Kütüphanesi）に所蔵されている写本より。ここで掲載するのは、校訂本からの転載［Ibn Ḥawqal: 332］
※図の左上が北にあたる。図の中央を左右に区切っているのがアラズ川で、その南側がアゼルバイジャン、北側がアッラーンであることが明記されている

表6 区分法Bの例(イスタフリー『諸国と諸道の書』における地理区分)

アルメニアとアッラーンとアゼルバイジャン	アゼルバイジャン	アルダビール,マラーゲ,オルーミーイェ,ミヤーネ,Ḥūnaj (Ḥūne), Ujan, Dāḫarraqān, ホイ,サルマース,マランド,タブリーズ,Barzand, Warṯāq, ムガーン,Jābrawān, Ušnah
	アッラーン	バルダー,デルベント,ティフリス,ベイラガーン,Warṯān, Bardīj, Barzanj, シャマフ,シルヴァーン,Abḫāz, シャブラーン,ガバラ,シェキ,ギャンジャ,シェムキル,Ḥunān
	アルメニア	Dabīl (Dubīl), Našawā, Barkarī, Ḫilāṭ, Manāzkird, Badlīs, Qālīqalā, Arzan, Mayyāfāriqīn, Sirāj

表7 区分法B'の例(ムカッダスィー『諸気候帯の知識に関する最良の分割』における地理区分)

リハーブ	アゼルバイジャン	アルダビール,タブリーズ,Jābrawān, Ḥūnaj, ミヤーネ,サラーブ,Warṯāq, ムガーン,Mīmad, Barzand
	アッラーン	バルダー,ティフリス,al-Qalʻah, Ḥunān, シェムキル,ギャンジャ,Bardīj, シャマフ,シルヴァーン,バクー,シャブラーン,デルベント,Abḫān (Abḫāz?), ガバラ,シェキ,Malāzkird
	アルメニア	Dabīl (Dubīl), Badlīs, Ḫilāṭ, Arjīš, Barkarī, ホイ,サルマース,オルーミーイェ,Dāḫarraqān, マラーゲ,アハル,マランド,Sanjān, Qālīqalā, Qandarīyah, Qalʻat Yūnis, Nūrīn

【区分法B'】

　10世紀後半の地理学者ムカッダスィーの区分法は、イラン世界の北西部を〈アゼルバイジャン〉、〈アッラーン〉、〈アルメニア〉に分割する点、これら3地方を同一の章で記述する点で区分法Bに近いが、他には見られない特徴を持つ(No. 9)。それは、この大きなまとまりを〈リハーブ地方 al-Riḥāb〉と名付けている点である。また、オルーミーイェやホイといったアーザルバーイジャーン西部の町が〈アルメニア〉に分類されている(表7)。なお、この〈リハーブ〉なる地名を用いるのはムカッダスィーのみであり、他にはヤークートが部分的に言及する程度である[Yāqūt: III. 35]。

【区分法C】

　14世紀のペルシア語地理書『心魂の歓喜』(No. 15)で採用される区分法

表8　区分法Cの例（ハムドゥッラー・モストウフィー『心魂の歓喜』における地理区分）

アゼルバイジャン	タブリーズ，アルダビール，ハルハール，サラーブ，マラーゲ，ナヒチェヴァン
アッラーンとムガーン	ベイラガーン，バルダー，ギャンジャ
シルヴァーンとゴシュターセフィー（Goštāsefī）	バクー，シャマフ，ガバラ，Fīrūzābād，シャブラーン，ゴシュターセフィー〔＝タールシュ〕

である。〈アゼルバイジャン〉の北限がアラズ川である点には変わりがないが，アラズ川の北側が〈アッラーン地方〉と〈シルヴァーン地方〉の2つに分割される点で区分法Bなどとは異なる。つまり，区分法Bでは〈アッラーン地方〉に属する町あるいは地域の名前として言及されてきたシルヴァーンが，地方の名へと昇格しているのである。また，〈アゼルバイジャン〉，〈アッラーン〉，〈シルヴァーン〉を束ねる地理概念は存在しない一方，これら3地方は同一の章で語られる。

　各地方の境界線を明記しているのも，この地理書の特徴の1つである。例えば，〈アッラーン地方〉の境界線は「アラズ川の岸からキュル川[7]まで，両河川の間がアッラーン地方である」とされ，「その境域は，アルメニア，シルヴァーン，アゼルバイジャン，ハザルの海〔＝カスピ海〕と接している」と説明される。〈シルヴァーン地方〉に関しては，「キュル川の岸から諸門の門デルベントがシルヴァーン地方である」とされる［NQ: 89, 91, 93］。すなわち，〈アゼルバイジャン〉の北限は，区分法Bと同じくアラズ川であり，〈アッラーン〉と〈シルヴァーン〉との境界はキュル川とされているのである。『心魂の歓喜』がそれぞれの地方に属する町として挙げているのは，表8の通りである。

　この分類法は，サファヴィー朝時代後期（17世紀半ば〜18世紀初頭）の行政区分にも一致する。この時代のサファヴィー朝は自領をいくつかの州に分割し，各州を総督（Beyglarbeygī）に管轄させていた。州はさらに都市を中心としたいくつかの地域に分割され，それぞれの地域を統治する職として知事が置かれた。このような行政機構に関して記した便覧である『サファヴィー

---

7) キュル川（Kür）はアゼルバイジャン語での呼称。ペルシア語では"Kor"，英語では"Kura"と呼ばれる。

表9 サファヴィー朝後期の行政区分（ナスィーリー『サファヴィー朝帝王たちの時代の称号と位階』が示す各総督の管轄地域）

アゼルバイジャン総督	タブリーズ，オルーミーイェ，マラーゲ，アルダビール，アスタラー，ムガーン地域，ガラーダーグ（Qarādāġ），ソルターニーイェ（Solṭānīye），ホイなど
ガラバーグ総督	〔シュシャ〕，バルダー，ギャンジャ，グルジア（Gorjestān）など
シルヴァーン総督	シャマフ，デルベント，シェキ，グバ，サリヤーン，バクーなど
チョフーレ・サァド総督（エレヴァン総督）	エレヴァン，ナヒチェヴァン，マークーなど

朝帝王たちの時代の称号と位階』（No. 26; 表では『サファヴィー朝の称号と位階』と省略）によると，イラン世界北西部の統治には，〈アゼルバイジャン〉，〈シルヴァーン〉，〈ガラバーグ〉，〈チョフーレ・サァド Čohūr-e Ṣaʿd〉の4総督が任命され，各総督の下には，表9で示すような地域を統治する知事たちが置かれた。

　このように，〈アッラーン〉と呼ばれていた地方が〈ガラバーグ〉と呼ばれるようになっている点，エレヴァンやナヒチェヴァンといった地域が〈チョフーレ・サァド〉として〈アゼルバイジャン〉から分割されている点など，区分法Cとの間にいくつかの相異点はある。一方で，〈アゼルバイジャン〉の北限がアラズ川とされている点，またキュル川の北側が〈シルヴァーン〉とされ，それより南の〈ガラバーグ〉（かつての〈アッラーン〉）とは別の地方とされている点は同じである。サファヴィー朝後期の行政区分は，『心魂の歓喜』の区分法すなわち区分法Cに則ったものであったと言えるだろう。

【区分法D】
　この区分法においては，イラン世界の北西部が〈アゼルバイジャン〉と〈シルヴァーン〉の2地方に分割される。区分法Cで言う〈アッラーン〉あるいは〈ガラバーグ〉は，〈アゼルバイジャン〉に統合されている。〈アゼルバイジャン〉の北限がアラズ川からキュル川へと移動している，と換言する

第2章 〈アゼルバイジャン〉とは，どこか | 73

表10　区分法 D の例（ハーヴァリー・シーラーズィー『ズルカルナイン史』における地理区分）

アゼルバイジャン	タブリーズ，アルダビール，ハルハール，マラーゲ，ホイ，オルーミーイェ，エレヴァン，シュシャ，ギャンジャ，ナヒチェヴァン
シルヴァーン	シェキ，シャマフ，デルベント，バクー，グバ

こともできる。

　19世紀前半の諸作品によく見られるこの区分法に関する最も分かりやすい記述があるのは，地理書の類ではなく，『ズルカルナイン史』（No. 33）という歴史書である。この作品は，冒頭で「イランの王国（mamlekat-e Īrān）」を16の地方に分割する地理区分法について記しており，その北西部に関しては以下のように説明している。

　　〔前略〕〔16ある地方のうちの〕1つは西方にあり，アゼルバイジャンと名
　　付けられている。4つの地方（eyālat）は北方とハザルの海〔の沿岸〕に
　　あり，グルジア（Gorjestānāt），シルヴァーン（Šīrvānāt），ギーラーン
　　（Gīlānāt），タバリスターン（Ṭabarestānāt）と呼ばれている。[TZQ: I. 13]

　このように，〈アゼルバイジャン〉が「西方」の地方とされる一方で，〈シルヴァーン〉が「北方」の地方とされ，〈グルジア〉や〈タバリスターン〉と一緒にまとめられている点が注目に値する。なお，それぞれの地方に属する町は，表10で示すようになっている。

　同じく19世紀の旅行家で地理学者のゼイン・アル＝アーベディーン・シールヴァーニーによるペルシア語地誌『旅の庭園』（No. 29）は，イラン世界全体を20の地方に大別する。このうち，北西部に該当するのは，〈アゼルバイジャン〉，〈エレヴァン〉，〈シルヴァーン〉，〈タールシュ〉，〈ムガーン〉の5地方である。〈アゼルバイジャン地方〉は「北側ではムガーン地方，シルヴァーン地方，アルボルズの山々（Jebāl-e Alborz）〔＝コーカサス山脈〕に囲まれる」とされる。一方，〈シルヴァーン地方〉は「南ではキュル川とムガーンによって区切られる」とされる [RyS 1: 13, 15, 51]。やはり，〈アゼルバイジャン〉と〈シルヴァーン〉の境界がキュル川とされていることが分かる。

表 11　区分法 E の例（ロトフ・アリー・ベグ・アーザル『アーザルの火の神殿』における地理区分）

アゼルバイジャン	アルダビール, オルドゥバード (Ordūbād), ベイラガーン, タブリーズ, ハルハール, シルヴァーン, ギャンジャ, ガラバーグ, マラーゲ

【区分法 E】

　18 世紀後半の詩人列伝『アーザルの火の神殿』(No. 27) には，地方別に詩人を配列した箇所がある。その箇所において著者は，まず記述の対象となる領域をイラン，トゥラン (Tūrān)[8]，インド (Hendūstān) の 3 地方に大別する。このうち，イランは，ホラーサーン，タバリスターンとゴルガーン (Ṭabarestān va Jorjān)，イラク ('Erāq)，ファールス，及び〈アゼルバイジャン〉の 5 地方に分割される [AA: 17, 20-30, 101-212]。〈アゼルバイジャン〉に属する町や地域の名として挙げられているのは，表 11 の通りである。ここから分かるように，『アーザルの火の神殿』が挙げる町・地域は全て，現在で言うところの南北アゼルバイジャンに包含されるものである。

　一方で，この〈アゼルバイジャン〉に関する章の冒頭には，以下のように記されている。

　　　その〔＝アゼルバイジャンの〕境域はアジャムのイラク[9]，ムガーン，グルジア，アルメニア，クルディスターン (Kordestān)，シルヴァーン

---

8) トゥランとは，フェルドウスィーの『王書』などで言及される地名で，具体的にはアムダリヤ川（補論 1 の注 1 を参照）以東の地を指す。『アーザルの火の神殿』がトゥランに属する地方として挙げているのは，バルフ (Balḫ)，ホラズム (Ḫʷārazm)，マー・ワラー・アン＝ナフル (Mā Varā' al-Nahr) の 3 つである [AA: 30-32]。これは大まかに言って，現在のアフガニスタン，トゥルクメニスタン，ウズベキスタンなどに該当する地域である。

9) ペルシア語の「イラク」という地名は，「アラブのイラク ('Erāq-e 'Arab)」と「アジャムのイラク ('Erāq-e 'Ajam)」の 2 つに分けられる。このうち，「アラブのイラク」は，現在のイラク共和国に該当する領域と考えてよい。一方で，「アジャムのイラク」は，現在のイラン・イスラム共和国の中西部を指し，行政区分で言うとエスファハーン州，テヘラン州，ガズヴィーン州 (Qazvīn)，ハマダーン州 (Hamadān)，ケルマーンシャー州 (Kermānšāh) などにあたる。なお，「アジャムのイラク」は，初期のアラビ

(Šīrvānāt)[10]と接していた。しかし，現在では，シルヴァーン，ムガーン，クルディスターン，アルメニア，グルジアの全てが，アゼルバイジャンに含まれる（dāḫel-e Āzarbāyjān ast）。[AA: 101]

　この文章から分かるのは，『アーザルの火の神殿』が言う〈アゼルバイジャン〉とは，現在の南北アゼルバイジャンのみならず，クルディスターンやグルジア，アルメニアも含んだ，かなり広い地理概念であることである。そして，その指し示す領域がいつの頃からか拡大したことも記されている。また，かつて〈アゼルバイジャン〉と隣接した地方の中に，アッラーンやガラバーグといった名が現れないことも注目される。

　これら『アーザルの火の神殿』の記述を総合すると，〈アゼルバイジャン〉は，かつては区分法Dの領域，すなわちアーザルバーイジャーン地方とアッラーン地方を指していた。その後，この地名はシルヴァーン地方をも含む形に拡大し，さらに「現在」ではクルディスターン，アルメニア，グルジアをも含むようになった，と考えられる。

【ハーフェズ・アブルーの記述】
　以上，様々な地理書に見られる地域区分法を紹介したが，ティムール朝（1370-1507）の時代の歴史家であり地理学者でもあったハーフェズ・アブルーの記述は，これらのいずれにも，うまく合致しないように見える（No.

　　ア語地理書などにおいて「ジャバル」あるいは「ジバール（Jibāl）」と呼ばれていた地域に該当する。
　　前近代のペルシア語史料で単に「イラク」と言った場合，「アラブのイラク」と「アジャムのイラク」の両方を指すこともあるが，文脈によっては「アジャムのイラク」のみを指すこともある。両方を指していることを明確にするために，特に「両イラク（'Erāqeyn）」という呼称が用いられることもある。
　　なお，「アジャム」とは「アラブ」と対になる概念で，もともとはアラビア人以外を広く指していた。イスラーム勢力によるイラン世界の征服の後，この言葉は，もっぱら「ペルシア人」の意味で用いられるようにもなった。そのため，「アジャムのイラク」には，"Persian Iraq" などの訳語があてられることもある。
10）"Šīrvānāt" は "Šīrvān" をアラビア語の複数形風にした形。"Šīrvān" という語は地方の名として用いられる以外に，シャマフの町，あるいはその町を中心とした地域の意味

16)。彼は,自身の地理書の「キュル川」の項目を「アゼルバイジャンとアッラーンとの間にある (miyān-e Āẕarbāyjān va Arrān ast)」と書き始めている[JHA: 161]。

この箇所の解釈は難しい。素直にとれば,キュル川が〈アゼルバイジャン〉と〈アッラーン〉との境界線である,ということになろう。その場合,〈アゼルバイジャン〉の北限はキュル川であり,それ以北が〈アッラーン〉ということになる。前述の区分法 A〜E のいずれにも合致せず,また 15 世紀という執筆年代を考えても,他の地理書の記述とあまりにもかけ離れた内容のように思える。

そこで,別の解釈を試みてみよう。例えば「キュル川はアゼルバイジャン地方の間と,アッラーン地方の間を流れており」と訳することも可能であろう。あるいは「アゼルバイジャンとアッラーン」を 1 つの大きな地方と捉え,キュル川はそこにあると述べている,と考えることもできる。これらの場合は,キュル川は両地方の境界とされているわけではない,ということになる。あるいは,単にキュル川とアラズ川を取り違えただけの可能性も,大いに考えられる。

さて,この地理書の「アラズ川」の項目は,冒頭でこの川の水源が「ルーム〔=アナトリア〕の境域 (ḥodūd-e Rūm) にあるカーリーカラーの山地 (jebāl-e Qālīqalā)」であること,この山地を水源とする大河が 4 つあり,そのうち南と西に流れていくのがティグリス川とユーフラテス川であることを説明した上で,以下のように続いている。

〔前略〕あと 2 つの川は東に流れていくのだが,その 1 つがキュル川である。もう 1 つがアラズ川で,この 2 つの川は,アッラーンの境域 (ḥodūd-e Arrān) で再び 1 つになり,ハザルの海に注ぐのである。

アラズ川の水源である地点の経度は 67 度,緯度は 41 度である。そこからアルメニア (Arman) の境域を通って行って,アゼルバイジャンの

でも用いられる。"Šīrvānāt" は,地域・地方としての側面を重視した呼称と思われる。ペルシア語の地名をアラビア語の複数形風にする用法には,"Gīlān" に対する "Gīlānāt","Kūhestān" に対する "Kūhestānāt" などもある。

境域，アルダビールの周辺（ḥavālī-ye Ardabīl）へと至るが，その地の経度は 70 度，緯度は 39.5 度である。そこから流れて行って，キュル川と合流した後に，ギーラーンの境界（sarḥadd-e Gīlān）でハザルの海に注ぐ。[JḤA: 160]

一方で，キュル川の説明は以下のようである。

> この川の水源は，ルームの山岳地帯（kūhestān-e Rūm）である。そこからアルメニア地方へと至り，そこ流れて行ってグルジアへと入る。そして，ティフリスの町の中を通るのだが，その〔場所〕の経度は 73 度，緯度は 43 度である。ティフリスを過ぎるとシェムキル[11]の境域に来て，そこを過ぎてバルダーの地（Bardaʻ-zamīn）へと至る。そこを過ぎるとアラズ川がこの川に合流し，その後，ハザルの海へと注ぐ。[JḤA: 161]

これらの記述内容や，ハーフェズ・アブルーがこの地理書の執筆に当たって参考にしたのが主にイブン・フルダーズビフやイスタフリーの作品であったことであったことを考えると，問題の箇所はキュル川が〈アゼルバイジャン〉と〈アッラーン〉の境界線であると主張するものではないと考えるのが妥当のように思える[EIr: "Ḥāfeẓ-e Abrū"]。この地理書の中に「アッラーンのガラバーグ（Qarābāġ-e Arrān）」という表現が見られることも，この推測を補強するだろう。ガラバーグはアラズ川のすぐ北に位置する地域であり，これが〈アゼルバイジャン〉ではなく〈アッラーン〉に属するとされていることから，アラズ川の北側は〈アッラーン〉であると判断できるのである。

もしこの解釈が正しいのならば，ハーフェズ・アブルーの分割法は区分法Bに該当すると言える。しかし，ここでは予断を避け，結論は保留としたい。

ここで，イスラーム地理学におけるイラン北西部の分割方法の変遷を簡単にまとめてみよう。

まず，もともと南東コーカサスは〈アルメニア地方〉の一部とされてい

---

11) 原文では Samkūr となっているが，Šamkūr の誤りであろう。

表12 〈アゼルバイジャン〉に含まれる領域の変遷

都市名	原綴	A	A'	B	B'	C	D	E	現代
アルダビール	Ardabīl	アゼルバイジャン	アゼルバイジャン	アゼルバイジャン	アゼルバイジャン	アゼルバイジャン	アゼルバイジャン	アゼルバイジャン	南アゼルバイジャン
ハルハール	Halhāl	〃	〃	〃	〃	〃	〃	〃	〃
ミヤーネ	Mayānij / Miyāne	〃	〃	〃	〃	〃	〃	〃	〃
サラーブ	Sarāh / Sarāb	〃	〃	〃	〃	〃	〃	〃	〃
タブリーズ	Tibrīz / Tabrīz	〃	〃	〃	〃	〃	〃	〃	〃
アハル	Ahr / Ahar	〃	〃	〃	〃	アルメニア	〃	〃	〃
マラーゲ	Marāgah / Marāge	〃	〃	〃	〃	〃	〃	〃	〃
オルーミーイェ	Urmīyah / Orūmīye	〃	〃	〃	〃	〃	〃	〃	〃
ホイ	Huwayy / Hoy	〃	〃	〃	〃	〃	〃	〃	〃
シェムキル	Šamkūr						アッラーン	〃	北アゼルバイジャン
ギャンジャ	Janzah / Ganje						〃	〃	〃
バルダー	Barda'ah / Barda'e						〃	〃	〃
ベイラガーン	Baylaqān / Beylaqān			アルメニア	アッラーン	アッラーン	〃	〃	〃
ガバラ	Qabalah / Qabale			〃	〃	〃	〃	〃	〃
シャマフ	Šamāhīyah / Šamāhī			〃	〃	〃	シルヴァーン	シルヴァーン	〃
バクー	Bākūyah / Bākū, Bādkūbe			〃	〃	〃	〃	〃	〃
シャブラーン	Šābarān / Šābrān			〃	〃	〃	〃	〃	〃
デルベント	Bāb al-Abwāb / Darband			〃	〃	〃	〃	〃	〃

※一重線で区分したものは,それらを統合する上位の地理区分があるもの。二重線で区分したものは,上位の地理区分がないもの
※原綴は,左がアラビア語,右がペルシア語によるものを示す。1つしか記されていないものは,両言語で共通の綴り・読みが用いられているものである

た。〈アゼルバイジャン〉は〈アルメニア〉に隣接する地方であったが,両者の境界線には曖昧な箇所があった。ギャンジャやバルダーといったアラズ川とキュル川の間にある町は,どちらの地域にも属しうるものであった(区分法A)。

その後,南東コーカサスは,〈アッラーン地方〉として〈アルメニア地方〉から分離することとなる。また,〈アッラーン〉と〈アゼルバイジャン〉との間には,アラズ川という明確な境界線が設定された。この分割法は,10世紀以降の地理書で主流となっていく(区分法B)。

この〈アッラーン地方〉からの〈シルヴァーン地方〉の分離は,遅くとも

第 2 章 〈アゼルバイジャン〉とは,どこか 79

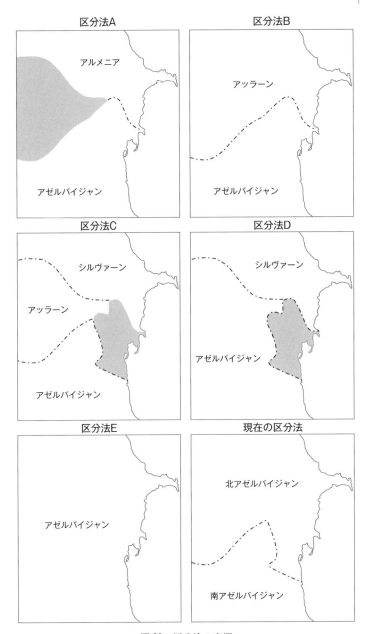

図 39 区分法の変遷
※灰色の箇所は,所属や境界線が曖昧な領域

14世紀までに生じた。〈アッラーン〉と〈シルヴァーン〉との境界線はキュル川に設定された（区分法C）。また，後に〈アッラーン〉は，〈ガラバーグ〉と呼ばれるようになっていった。

しかし，その後，〈アゼルバイジャン〉の北の境界線がアラズ川からキュル川へと移動する。すなわち，アッラーン地方が〈アゼルバイジャン〉の一部とみなされるようになったのである（区分法D）。

さらに，その後，シルヴァーン地方をも含む〈アゼルバイジャン〉が成立する（区分法E）。この区分法における〈アゼルバイジャン〉が指し示す領域は，現在で言うところの南北アゼルバイジャンを中心とするが，アルメニアやグルジア，クルディスターンといった地域もその内部に含むものであったらしい。

以上で述べた〈アゼルバイジャン〉という地名が指し示す領域の変遷は，表12および図39としてもまとめた。

2. ペルシア語辞典における〈アゼルバイジャン〉

ここで，〈アゼルバイジャン〉の「拡大」の経緯を明らかにするため，区分法Cから区分法D，区分法Dから区分法Eへの変化の過程，特にそれぞれが生じた時期に関して詳細に検討しよう。その分析のためには，各時代のペルシア語辞典の記述を比較することが有効である。特に地理区分の変化が明瞭に表れる4つの項目に関して，各辞典の書きぶりをまとめたのが表13である。

まず，17世紀半ばに書かれた『ラシード辞典』（表13（表3）: No. 23）の「アッラーン」の項目を見てみよう。ここでは，「これ〔＝アッラーン〕とアゼルバイジャンとの間にはアラズ川が流れている」という区分法Cを思わせる記述と，「アゼルバイジャン地方の1地区の名」という区分法Dを思わせる用法が併記されている [FR: I. 89-90]。なお，後者の情報の典拠は「辞典」とのことであるが，これは先行する『ジャハーンギール辞典』（17世紀初頭）（No. 21）を指すと思われる。

『ラシード辞典』と『ジャハーンギール辞典』の間の時期に編纂された『確かなる論証』でも，項目ごとに別の区分法が採用されている。この辞典

第2章 〈アゼルバイジャン〉とは、どこか

表13 ペルシア語辞典の記述の変遷

世紀	No.	作品名 [典拠]	項目名				区分
			アラズ（Aras）	アッラーン（Arrān）	ギャンジャ（Ganje）	シルヴァーン（Šīrvān）	
14	14	ペルシア語の正しさ [ṢF: 140]	大きな川で、エルズルムの山々から来て、ナヒチェヴァンの荒野を通って、そこからアッラーンへと至る。	〔項目なし〕	〔項目なし〕	〔項目なし〕	B or C?
16	19	ペルシア語集成 [MF: I. 46, 85, III. 1242]	川〔の名〕。	バルダー、ギャンジャ、シェムキル、ベイラガーンから構成される地方の名。アッラーンとアゼルバイジャンとの間にはアラズと呼ばれる川がある。	有名な町の名。	〔項目なし〕	C?
17	21	ジャハーンギール辞典 [FJ: I. 819, 830, II. 1890]	有名な川の名。	アゼルバイジャン地方の1地区の名。	有名な町の名。	〔項目なし〕	D
	22	確かなる論証 [BQ: I. 96, 104, III. 1841]	ティフリスの岸を通ってアゼルバイジャンとアッラーンとの間を流れる、有名な川。	アゼルバイジャンに属する地方の名で、ギャンジャやバルダー〔などの〕町を含む〕。	有名な町の名で、タブリーズとシルヴァーンとグルジアとの間〔にある〕。	〔項目なし〕	C/D
	23	ラシード辞典 [FR: I. 89-90, 95, II. 1220]	エルズルムの山々から〔流れる〕著名な川。	バルダー、ギャンジャ、ベイラガーンから構成される広大な地方。これとアゼルバイジャンとの間にはアラズ川が流れている。辞典（farhang）によると、アゼルバイジャン地方の1地区の名。	町の名。	〔項目なし〕	C/D
19前	31	諸語の助け [ĠL: 6, 19, 258, 379]	町の名。また、アゼルバイジャンの端（kenāre-ye Āzarbāyjān）の川。	地方の名。	町の名。	町の名。	C or D?
	32	収集者の論証 [BJ: 62a-62b, 166b]	アゼルバイジャンにある有名な川。	アゼルバイジャンのガラバーグ地区にある王国。	アゼルバイジャンにある有名な町の名。	〔項目なし〕	D
19後	34	ナーセルの会衆を飾る辞典 [FAN: 90-91, 526, 643]	アゼルバイジャンにある有名な川[A]。	アゼルバイジャンの1地方。バルダー、ギャンジャ、ベイラガーンがその町である。	アゼルバイジャンの端（avāher）にあるアッラーン地方に属する町の名。	アゼルバイジャンにある町の名。	E
	36	アーナンドゥラージュ辞典 [FA: I. 197, 210, IV. 2713, V. 3623]	アゼルバイジャンにある有名な川[A]。	アゼルバイジャンに属する地方の名で、ギャンジャやバルダー〔などの〕町を含む〕。	アッラーン地方に属する町の名。	アゼルバイジャンにある町の名。	E

※ No. は表3のものと対応している
※ 各項目のうち、関連する記述のみを抜粋している
[A] 原文では「アゼルバイジャンとして有名な川（rūdī-st ma'rūf be-Āzarbāygān）」となっているが、誤りであろう

の「アラズ」の項目を見ると,「ティフリスの岸を通って[12]，アゼルバイジャンとアッラーンとの間を流れる」とある [BQ: I. 104]。これは，アラズ川が〈アゼルバイジャン〉の北の境界であり，それより先は〈アッラーン〉という別の地方であるという地理認識であり，区分法Cに該当するものである。一方で,「アッラーン」の項目を見ると,「アゼルバイジャンに属する地方の名であり，ギャンジャやバルダー〔などの町を含む〕」という区分法Dに基づく記述がされている [BQ: I. 96]。

区分法Cと区分法Dの混在に関しては，同時代の地理書である『七気候帯』(No. 20) も同様である。すなわち，この地理書の全体的な記述は区分法Cに基づいているのだが，一方で「キュル川はこの地方〔＝アゼルバイジャン〕の端に位置し，シルヴァーンとグルジアとアゼルバイジャンの間〔を流れる〕」という区分法Dを思わせる記述も見られるのである [HE: 207]。

このように，区分法Dは17世紀あたりから，区分法Cと混在するような形で広まっていったと考えられるが，その登場はもう少し遡れる可能性がある。例えば，16世紀の歴史書『千年史』(No. 18) では全体を通じて〈アッラーン〉という地方名がほとんど使われない。また,「イランの諸王国 (mamālek-e Īrān)」の地名を列挙する箇所では,「ホラーサーン，イラク，ケルマーン，ファールス，アゼルバイジャン，シルヴァーン，マーザンダラーン (Māzandarān)，クルディスターン」とされている [TAI: 636]。『千年史』には，このように諸地方を列挙する際に，〈アゼルバイジャン〉と〈シルヴァーン〉を挙げながら，〈アッラーン〉の名を挙げていない箇所が複数存在する [TAI: 325, 402]。

一方で，同じく16世紀に書かれた辞典『ペルシア語集成』(No. 19) には，〈アッラーン〉が〈アゼルバイジャン〉の一部である，といった類の情報が記されていない。これらのことから，区分法Dは16世紀に登場し，17世紀頃から徐々に広まっていった，と考えることができる。

区分法Dの登場と普及以降，区分法Cは徐々に廃れていくことになったようだ。19世紀のイランで編纂された3つの辞典 (No. 32, 34, 36) からは，

---

[12] キュル川と混同していると思われる。なお，キュル川の項目も立てられており,「シルヴァーンを流れる河川の名」とある [BQ: II. 292]。

アラズ川が両地方の境界であるという情報が完全に消えている。これらの辞典における「アラズ」の項目は、いずれも単に「アゼルバイジャンの川」とするのみである。また、「アッラーン」の項目も、「アゼルバイジャンに属する」といった類の記述のみに留まっている。19世紀に区分法Cの存在感が薄くなっていたことは、アッラーン地方の1都市である「ギャンジャ」の項目に「アゼルバイジャンに属する」という情報が加わるのが前述の3辞典であることからも窺える。

　もっとも、区分法Cは完全に廃れたわけではない。例えば、19世紀前半のインドで編纂された『諸語の助け』(No. 31) は、「アラズ」を「アゼルバイジャンの端の川」としている。あるいは、ゼイン・アル＝アーベディーン・シールヴァーニーの地名辞典『旅の果樹園』(No. 30) が、「アラズ」の項目において「アゼルバイジャン地方とアッラーン地方を流れる (dar belād-e Āzarbāyjān va Arrān mī-gozarad)」とするなど、区分法Cの名残とも考えられる記述は残り続けるのである [BS: 70]。

　とは言え、19世紀前半には区分法Dはかなり一般的なものになっていたと考えてよいだろう。先に挙げたゼイン・アル＝アーベディーン・シールヴァーニーも、『旅の果樹園』の他の項目や、別の作品である『旅の庭園』においては、全て区分法Dに基づいた記述をしている [RyS 1]。

　次に区分法Eの登場時期について考察しよう。この区分法を用いる最初期の史料が18世紀後半の『アーザルの火の神殿』であることは、前項で述べた通りである。しかし、この区分法の登場時期は18世紀前半にまで遡れる可能性がある。

　18世紀前半に書かれた『諸王の覚書』(No. 25) は、先に紹介した『サファヴィー朝帝王たちの時代の称号と位階』と同様、サファヴィー朝の行政便覧であるが、ここに見られる地理区分には、曖昧な部分がある。それは、各地方の知事を列挙した箇所である。ここでは、まず冒頭にホラーサーン、ファールスなど地方名が書かれ、その下にその地方に属する知事が列挙される、という形式がとられている。〈アゼルバイジャン〉の下には、タブリーズ総督、シルヴァーン総督、ガラバーグ総督、チョフーレ・サァド総督の4総督が列挙されており、一見、南東コーカサスも〈アゼルバイジャン〉に含

まれているように見える。本書の英訳を行ったミノルスキーは，ここに見られる南東コーカサスをも含む〈アゼルバイジャン〉の用法について，「これは用語の誤った乱用と思われ，地理書からも裏付けられない」と注釈している［TM: 164］。

『サファヴィー朝帝王たちの時代の称号と位階』では，〈シルヴァーン州〉，〈ガラバーグ州〉，〈チョフーレ・サァド州〉の3総督の記述と，〈アゼルバイジャン州〉の総督の記述が，かなり離れた位置に置かれている［AM: 74-82, 105-112］。このことは，本書の著者がアラズ川以北の3州を〈アゼルバイジャン州〉とは別の地理区分と認識していることを示していると思われる。それ故に，ミノルスキーの指摘は正しいように思われるが，一方で，『諸王の覚書』が区分法Eを採用している可能性も捨てきれない。『諸王の覚書』の写本が1冊しか知られていないことからも，この件に関する結論は容易に得られそうにない。

さて，区分法Eの定着時期はいつ頃だろうか。そもそも辞典類に〈シルヴァーン地方〉や同地方に属する都市の名が項目として現れるのが19世紀以降のことである。そして，その最初期の例である『諸語の助け』の「シルヴァーン」の項目には，単に「町の名」とだけ記されている［GL: 258］。

19世紀後半に書かれた『ナーセルの会衆を飾る辞典』（No. 34）と『アーナンドゥラージュ辞典』（No. 36）においては，「シルヴァーン」はシャマフから4ファルサング離れた場所にある古都の名前として言及されるが，それは「アゼルバイジャンにある」と明記される［FA: IV. 2713］。

区分法Dと区分法Eの登場時期の違いは，〈アゼルバイジャン〉の定義の拡大が段階的であったことを意味する。〈アゼルバイジャン〉はまず，アッラーン地方を含む形に拡大し，その後，シルヴァーン地方をも含むようになったのである。このことは，18世紀後半に書かれた歴史書『願望の薔薇園』（No. 28）の以下の記述からも窺える。

> アゼルバイジャンにおける，諸門の門〔＝デルベント〕地方や，この川〔＝キュル川〕の向こう側に位置するところのくに（belād）の大半は，「川の向こう側の地方（velāyat-e ān ṭaraf-e āb）」として知られている。そ

こに含まれるのは，シルヴァーン地域（Šīrvānāt），サリヤーン，バクー（Bād-kūbe），グバ，シャブラーン（Šāpūrān），諸門の門デルベントなどである。タブリーズ，ホイ，オルーミーイェ，マラーゲ，ガラーダーグなどといった地方は，「川のこちら側のくに（belād-e īn ṭaraf-e āb）」と名付けられて，知られている。[GM: 219-220]

このように，『願望の薔薇園』の〈アゼルバイジャン〉は区分法 E に基づいているが，これを大きく 2 つに区分する際の境界線として，キュル川が挙げられている。アーザルバーイジャーンとアッラーンは，シルヴァーンと比べて，より強い一体性を有する地域と考えられていたのである。

ここで，本項で明らかとなった事実をまとめておこう。まず，区分法 D は 16 世紀から 17 世紀あたりに登場した。しばらくは区分法 C と併用されていたが，19 世紀頃には，区分法 C に対して優勢になっていた。一方，区分法 E は 18 世紀前半ないしは後半に登場し，19 世紀後半には定着していた。

第 3 節　現地住民の視点

1. 南東コーカサス地方史に見る地理認識

では，南東コーカサスの住民自身の地理認識はどのようなものであったのだろうか。史料そのものの少なさにより，18 世紀以前に関して，それを窺い知ることは困難である。しかし，19 世紀に関しては，比較的豊富な文献，特に歴史書が残されている（表 14）。ここでは，これらの作品の分析を通じて，19 世紀半ばまでの南東コーカサス現地住民の地理認識を確認しよう[13]。

---

13) 本章第 2 節などで取り上げたゼイン・アル＝アーベディーン・シールヴァーニーは，そのニスバ（由来名）からも分かるようにシルヴァーン地方のシャマフの出身者である。しかし，5 歳の頃にイラクに移住しており，その後，南東コーカサスを訪れていない。そのため，本項の分析対象からは除外した。

表14　19世紀の南東コーカサスで書かれた歴史書

No.	書名	執筆年	記述対象
1	イラン史の要約	1815年	イラン史
2	エラムの薔薇園	1841年	東コーカサス地方史
3	ランキャラーンの宝石の書	1869年	タールシュ地域史
4	諸情報の書	1883年	タールシュ地域史
5	シェキのハーンたちの簡潔な歴史	1829年	シェキ地域史
6	シェキのハーンたちとその子孫たち	19世紀半ば	シェキ地域史
7	ヌハのハーンたちの過去の状況の話	19世紀半ば	シェキ地域史
8	ジャール年代記	不詳	ジャール地域史
9	ガラバーグの書	1845年	ガラバーグ地域史
10	ガラバーグ史（ミールザー・ジャマール著）	1840年代	ガラバーグ地域史
11	清らかなる歴史	1855年	ガラバーグ地域史
12	ルザーグル・ベイによるガラバーグ史	19世紀後半	ガラバーグ地域史
13	ガラバーグ史（ヘザーニー著）	1870年代	ガラバーグ地域史
14	ガラバーグ・ハーン政権の1747年から1805年の政治的状況について	1884年	ガラバーグ地域史

※ No. は付録1の番号に対応している

　さて，19世紀の南東コーカサスで書かれた歴史書は，ごく一部の例外を除き，1つの町と周辺の村々を合わせた「地域」の歴史をテーマにした作品が多い（表14: No. 3-14）。これらの作品が扱うのは，シルヴァーンやガラバーグ（アッラーン）といった「地方」よりも小さい領域である。すなわち，そもそも「シルヴァーン地方の一体性」や「ガラバーグ地方の一体性」といった意識が希薄であるように見えるのだ。かつてのハーン国（38～41頁参照）を記述の対象とする作品が多いことが，その一因であろう。

　さて，既に述べたように，19世紀には，ガラバーグ（アッラーン）地方を〈アゼルバイジャン〉に含める地理認識，すなわち区分法Dが一般的になっていた。また，この時代には，シルヴァーン地方を〈アゼルバイジャン〉に含める区分法Eも普及しつつあった。しかし，南東コーカサスで書かれた歴史書には，基本的にそういった認識は見られない。例えば，『ガラバーグの書』（No. 9）は，次のように記す。

〔ガラバーグ地方は西では〕スヌグ橋よりも上〔流〕にあるスーリーダシュ（Sûrî-daş）でグルジアと，〔南では〕ホダーアーファリーン橋でアゼルバイジャンと境を接しており，〔後略〕。［Adıgözəl bəy Б-1150: 6-7; Adıgözəl bəy M-87: 3b］

　なお，本書の現代アゼルバイジャン語訳や英訳は，この箇所を「ギャンジャ・ハーン国の領域」に関する記述と誤って解釈している［Qarabağ-namələr: I. 36; Bournoutian (tr.) 2004: 153］。しかし，これはギャンジャのハーンがガラバーグ総督に任命されたことを伝えている箇所であり，前述の領域も明らかに総督の管轄領域であるガラバーグ地方全体を指している。そして，そのガラバーグ地方は，「南でアゼルバイジャンと境を接」するとされているのである。

　南東コーカサスで書かれた地方史の多くは，『ガラバーグの書』と同様に，自分たちの土地を〈アゼルバイジャン〉とは別の地域とみなしている。しかしながら，例外もある。エブラーヒーム・ハリール・ハーン（41頁参照）の時代にガラバーグ・ハーン国の宮廷で書記官僚として活躍したミールザー・ジャマールの『ガラバーグ史』（No. 10）は，その1つである。例えば，この作品は，アーガー・モハンマド・ハーンの南東コーカサス遠征に関して，「ティフリスとエレヴァンとガラバーグとタールシュの諸地方の征服を目指してアゼルバイジャンの方に（be-şowb-e Āzarbāyjān）やって来て」と書き始める［TQ: 105］。そして，遠征に関する記述は以下のように続く。

〔アーガー・モハンマド・ハーンは〕ティフリスに到着した後，わずかな時間でティフリスの町を征服し，町や手の届く〔近さにある〕他の村々の住民を掠奪したり捕虜にしたりし，町に火を放って，アゼルバイジャンの方へと帰った。そして，〔中略〕ジャヴァート村（qarye-'e Javād）〔Az. Cavad〕[14]の近くでアラズ川を渡って，ムガーンの野で冬営をした。［TQ: 107］

　実はこの書きぶりは，南東コーカサス以外の地で書かれたペルシア語史書の

---

14) アゼルバイジャン共和国中部の村。アラズ川とキュル川の合流地点に近い。

それに近い（補論1参照）。また，この遠征に際してガラバーグのハーンからオスマン帝国の大宰相に宛てられた書簡にも，同様の表現が見られる。もちろん，ハーン国の重臣であったミールザー・ジャマールも，この書簡の作成過程に関わっている可能性が高い。以下，該当箇所を引用しよう。

> アーガー・モハンマド・ハーンはキズィルバーシュの中から出てきて，イランの国にあるイラクの王国とファールスの国々を占有下に置き，今やその意志は以下のごとしです。すなわち，アゼルバイジャンの国を目指して，アラズ川を渡り，第1に我々に向かって，第2にエレヴァンのハーンであるモハンマド・ハーンに向かって，第3にグルジアに向かって，上に記した意図・目的を達成しよう，と。[ODA: II. 98（338）]

〈アゼルバイジャン〉に関しての例外的な地理認識が見られるもう1つの南東コーカサス地方史は，『清らかなる歴史』（No. 11）である。この作品は，18世紀前半のオスマン帝国による遠征について，以下のように記す。

> その時，オスマン朝によって数名の将軍がイラン方面〔の征服〕へと任命され，アゼルバイジャンの諸地方（velāyāt-e Āzarbāyjān）——すなわちティフリス，エレヴァン，ギャンジャ，シルヴァーン（Šīrvānāt）〔から〕タブリーズ，ホイ，マラーゲまで——にやって来て，イラク（'Erāqestān），ケルマーンシャー（Kermānšāh），ハマダーン（Hamadān）の方面を占有した。[TŠ: 89]

また，この作品では，「イラン世界の北西方面」を意味する〈アゼルバイジャン〉も，よく用いられる[e.g. TŠ: 92, 146, 153]。これは，南東コーカサス以外で書かれたペルシア語史書ではよく使われるが，他の南東コーカサス史書にはほとんど例が見られない〈アゼルバイジャン〉の用法である（補論1参照）。なお，本書の著者ミールザー・ユースィフは南東コーカサス出身者とはいえ，幼少期からガージャール朝宮廷で育ち，故郷に帰ったのは30歳頃という人物である（付録1参照）。そのため，彼の地理認識が，例えばガージャール朝で書かれた歴史書に見られるものと近くなるのも不思議ではない。

もう1つ、気になる記述があるのがヘザーニーの『ガラバーグ史』(No. 13) である。1870年代に書かれたこの歴史書は、1208／1793-4年にアーガー・モハンマド・ハーンが「アゼルバイジャンの王国に到着した」とした後、以下のように続ける。

> Və tamâm Âzərbâycânın cənûbî tərəflərini tâ ki Aras (Araz) çayınadək ḥîṭə-'i təşərrüfə götürüb, ondan şonra Arasın (Arazın) bu tərəflərini ki, Îrəvân və Ṭâlış və Şîrvânât və Gürcüstân və Qarâbâğ və qeyri ola, təşərrüfə götürmək 'əzminə müşəmməm oldu. [Xəzânî Б-518: 32a]

この箇所の解釈は難しい。翻訳の一案としては、以下のものが挙げられよう。

> そして、全アゼルバイジャンの南側は、アラズ川に至るまで〔自身の〕占有下に置いた。その後、アラズ川のこちら側であるエレヴァン、タールシュ、シルヴァーン、グルジア、ガラバーグなども占有しようと決めた。

このように、彼が占有下に置いたのは「全アゼルバイジャン」のうちのアラズ川より南側の部分であり、残った「アラズ川のこちら側」もまた〈アゼルバイジャン〉の一部と考えているようにも読める。この解釈によるなら、〈アゼルバイジャン〉は南東コーカサスを含んでいることになる。

ところが、上で引用したものより書写年代が古いと思われる写本では、該当箇所の文章が若干異なっている。以下、引用しよう。

> Və Âzərbâycânın dəxi cənûbî səmtində vâqe' olan vilâyətləri tamâm ḥîṭə-'i təşərrüfə götürüb, savâyı Arasın (Arazın) bu tərəfi ki, Qarâbâğ və Ṭâlış və Îrəvân və Şîrvânât və Gəncə və Tiflîs və qeyrə, qalmış idilər.
> アゼルバイジャンよりも南側にある諸地方は、全て〔自身の〕占有下に置き、〔それ〕以外のアラズ川のこちら側であるガラバーグ、タールシュ、エレヴァン、シルヴァーン、ギャンジャ、ティフリスなどは、そのまま残った。[Xəzânî M-195: 63b]

ここから判断するに、問題の箇所は先に述べたような解釈ではなく、「アゼルバイジャンより南側は、アラズ川に至るまで全てを占有下に置き」と読むのが正しいのだろう。つまり、彼が占有下においたのは〈アゼルバイジャン〉、すなわちアーザルバーイジャーン以南の諸地方であり、その勢力圏はアラズ川までであったという解釈である。この解釈によるなら、本作品の著者は〈アゼルバイジャン〉の北限をアラズ川と認識していることになる。先に『ガラバーグの書』の一節として引用した「ギャンジャ州は西では、スヌグ橋よりも上流にあるスーリーダシュでグルジアと、南ではホダーアーファリーン橋でアゼルバイジャンと境を接している」という一文がこの作品にも存在していることが、この説を補強しよう [Xəzânî Б-518: 7a; Xəzânî M-195: 38a]。

2. 詩人たちの「ふるさと」

次に、18世紀から19世紀半ばまでに活躍した南東コーカサス出身の詩人たちの作品を分析し、彼らの地理認識について確認する。今回は、選集などを利用して17人の詩人の作品を分析した。具体的な詩人は、地域別に以下の通りである [Poeziya (XIII-XVIII); Poeziya (XIX); Qadın; Vidadi və Vaqif: 3-67]。

① シルヴァーン地方：ニシャート・シルヴァーニー (Nişat Şirvani, 18 c.)、シャーキル・シルヴァーニー (Şakir Şirvani, 18 c.)、アーガー・メスィーフ・シルヴァーニー (Ağa Məsih Şirvani, d. 1776)、メフジュール・シルヴァーニー (Məhcur Şirvani, 18c.)、ナーディム (Mirzə Baxış Nadim, 1785-1878)

② シュシャなどガラバーグ地域：ヴィダーディー (Molla Vəli Vidadi, 1709-1809)、ヴァーギフ (Molla Pənah Vaqif, 1717-1797)、メヘンメト・ベイ・アーシグ (Məhəmməd bəy Aşiq, 1776-1861)、ジャーヌオグル (Abdulla Canıoğlu, 1780-1838)、シャーキル (Baba bəy Şakir, 1780-1845)、アーガーバジュ (Ağabəyim ağa Ağabacı, 1780/1-1832)、ザーキル (Qasım bəy Zakir, 1784-1857)、セイイト・ニギャーリー (Seyid Mirhəmzə əfəndi Nigari, 1795-1886)、アーシュグ・ペリ (Aşıq Pəri, b. ca. 1810 or 1811)

③ ギャンジャ、ガザフなど中西部：サーリク (Kazım ağa Salik, 1781-

1842), ミールザー・シェフィー・ヴァーゼフ (Mirzə Şəfi Vazeh, 1794-1852), ナージー (Mirzə Mehdi Naci, 1805-1882)

彼らの詩の分析からまず分かるのは, 地名が詩の中に詠み込まれること自体がそもそも多くないということである。とりわけ, 〈アゼルバイジャン〉という地名が登場することは稀である。「アゼルバイジャン」という多音節の単語を詩の韻律に組み込むことの困難さが, その一因であろう。

そのような中, 数少ない〈アゼルバイジャン〉の用例を確認していくと, この地名が登場するのは, イラン世界の地名の1つとして列挙される際であることが判明する。例えば, 「私は再び歩いた, ヒジャーズ, アゼルバイジャン, イラクを」というザーキルの詩の一節がその典型である [Zakir: 169]。このような表現から, 南東コーカサスの詩人たちが〈アゼルバイジャン〉という地名に何ら特別な感情を抱いていなかったことが窺える。〈アゼルバイジャン〉は, 彼らの「ふるさと」ではなかったのだ。

詩人たちが「ふるさと」という感覚とともに謳い上げるのは, 町の名, あるいは地域の名である。例えば, ガラバーグ地域出身のセイイト・ニギャーリーは, 以下のような書き出しで始まる詩を詠んでいる。

　　ガラバーグの狩猟場は何と驚くべき幸運であったか
　　ガラバーグの友との語らいは何と素晴らしい恩恵であったか

[Poeziya (XIX): 101]

この詩はこの先も長々と〈ガラバーグ〉の素晴らしさを述べたてており, 詩人のこの地に対する愛着が強く表れている。

また, ガラバーグ・ハーン国の君主エブラーヒーム・ハリール・ハーンの娘であり, 1801年にガージャール朝第2代君主ファトフ・アリー・シャー (r. 1797-1834) の許に嫁いだアーガーバジュは, 次のような詩を詠んでいる。

　　テヘランが天国に変わるとしても
　　　忘れがたし, ガラバーグ [Qadın: 29]

自身が暮らすテヘランから遠く離れた故郷に対する彼女の熱烈な思いが伝わってくる作品であるが, ここでも, 彼女が思いを馳せる「ふるさと」は,

〈ガラバーグ〉なのである。

　「ふるさと」への思いを謳った詩を比較的多く残しているのは，ヴァーギフである。1717年に南東コーカサス北西部のガザフ（Qazax）で生まれた彼は，1759年に故郷を離れ，ガラバーグ地域の中心都市シュシャに移住した。その後，ガラバーグ・ハーン国の宮廷に出仕し，エブラーヒーム・ハリール・ハーンの時代には，彼の大臣（vazīr）も務めている。その彼が「ふるさと」を謳った詩の中から，以下の2つの断片を引用しよう。

　　薔薇の花咲く日々，ガラバーグの花園に
　　君に届きますよう，友よ，僕が来たという知らせが

〔Vidadi və Vaqif: 220〕

　　冬の日，グラグバサ（Qıraqbasa）の冬営地は
　　アッラーン，〔そして〕全世界の目である
　　これほどに美しい土地，美しい場所〔と言えるような〕
　　美しい草原は，残念ながら，〔世界の他のどこにも〕存在しない

〔Vidadi və Vaqif: 171〕

　2つ目の引用部に登場するグラグバサとは，キュル川の沿岸地域を指す地名であるらしい〔Vidadi və Vaqif: 339; Vaqif: 247〕。その地が〈アッラーン〉の「目」，すなわち重要な場所であり，世界で最も美しいと語られているのである。上に挙げたもの以外にも，ヴァーギフが〈ガラバーグ〉の美しさ，素晴らしさを謳った詩は多い〔e.g. Vidadi və Vaqif: 249; Vaqif: 180〕。

　また，ヴァーギフの詩の中には，様々な地名が謳い込まれた1編がある。そこに挙げられる地名を順に抜き出して列挙していくと，タブリーズ，シェキ，ギャンジャ，カーブル（Kabil）の町，イラン，トゥラン，アレッポ，メッカ，メディナ，カシミール（Kəşmir），中国（Xəta），エジプト（Misr），ブハラ，ホータン（Xütən），マウスルの町，中国（Çin ilə Maçin），イエメン，ルーム，アラビア（Ərəbistan），ティフリス，エレヴァン，シリア，ジャバル，トラブゾン（Trabzan）〔Tr. Trabzon〕，デルベント，グバ，バクー，シャマフ，エスファハーン（Sifahan），ダゲスターン全域（küll-i Dağıstan）となる

[Vidadi və Vaqif: 233-234]。

　これらの地名を見てまず気が付くのは，アラズ川よりも北側に位置する町々，特に南東コーカサスの町々が細かく挙げられている，という点である。一方で，アーザルバーイジャーンは特別視されておらず，挙げられている町の名もタブリーズだけである。ヴァーギフは，ガラバーグ地域を「ふるさと」としつつも，ギャンジャ地域や，シルヴァーン地方の町々に対して，ある程度の連帯意識を抱いていたようだ。また，ティフリスに対する思いを綴った詩がいくつかあることから，グルジア東部にも緩やかな連帯意識を抱いていたかもしれない [Vidadi və Vaqif: 266, 270-271]。一方で，彼はアーザルバーイジャーン地方には特別な感情を持っていないように見える。アーザルバーイジャーンとの一体性が意識されるとしても，それはあくまでも「イラン世界」の一部としてであった。

　前項で述べた歴史書の事例と，本項で述べた詩の事例から，〈アゼルバイジャン〉という地名は，19世紀の南東コーカサス住民の多くにとって，「ふるさと」という感覚に結び付くものではなかったことが判明した。その感情に結び付くのは，それぞれの町の名，あるいは町を中心とした地域の名であった。具体的には，ガラバーグ，バクー，グバ，シェキなどである。

　なお，これは後の章で述べるバキュハノフやゼルダービーらにも共有される地理認識である。ただし，第4章で扱うアーフンドザーデは例外で，彼は前項で言及したミールザー・ジャマールと同様，イランで書かれた作品に見られるような感覚で〈アゼルバイジャン〉を用いている。この件に関しては，該当章の第4節第3項で解説する。

　本章で明らかになった点をまとめると，以下のようになろう。まず，〈アゼルバイジャン〉という地名は，アケメネス朝のサトラップ，アトゥルパトを語源とし，元来はアーザルバーイジャーンのみを指していた。イスラーム地理学の分野ではこの地理認識が伝統的に引き継がれ，少なくとも15世紀頃までは一般的であった。

　南東コーカサスは，伝統的なイスラーム地理学では，最初期を除くと〈アッラーン〉と呼ばれるのが一般的であった。14世紀頃からは，キュル川

より北側が〈シルヴァーン〉という別の地方として分離する。また，〈アッラーン〉は〈ガラバーグ〉と呼ばれるのが一般的になっていった。サファヴィー朝時代後期に当たる 17 世紀後半には，行政区分がこの地理学上の〈アゼルバイジャン〉，〈シルヴァーン〉，〈ガラバーグ〉とほぼ一致していた。

　しかし，〈アゼルバイジャン〉という地方名が指す領域は，徐々に拡大していくこととなる。まず 16 世紀後半頃から，この地名はアーザルバーイジャーンのみならずアッラーン地方をも含むようになった。さらに，18 世紀には，シルヴァーン地方をも含む〈アゼルバイジャン〉の用法が登場する。現在の「南北アゼルバイジャン」に近いこの地理感覚は，18 世紀後半以降徐々に普及していき，19 世紀後半には一般的になっていた。なお，時期は若干遅れるが，ペルシア語史書やオスマン語，ヨーロッパ諸語の史料でも，ほぼ同様の変化が起こっている。その件に関しては，補論 1 及び補論 2 を参照されたい。

　一方で，19 世紀半ばまでの南東コーカサス現地の知識人や詩人たちには，このような地理認識は見られない。彼らには，そもそも「地域」より上位の連帯意識が希薄であった。また，自分たちの住む場所を〈アゼルバイジャン〉とする感覚は全く存在せず，アーザルバーイジャーンとの間にも特別な連帯意識は見られない。

　では，こういった地理認識の中で，どのようにして民族意識が形成されていくのだろうか。次章以降のテーマは，そこにある。また，本章では，1 つの疑問が残された。それは，地方名〈アゼルバイジャン〉が拡大した理由である。この点に関しては，本書の結論で触れることとしたい。

補論 1

ペルシア語史書に見る〈アゼルバイジャン〉の用法

　第 2 章では，地理書などに見られる〈アゼルバイジャン〉の定義について確認した。では，この〈アゼルバイジャン〉という地名は，実際にはどのような文脈で，どのような意味で用いられてきたのか。ここでは，地名〈アゼルバイジャン〉の用例を年代別に確認することで，第 2 章で得た結論の補強を試みる。その分析のために用いるのは，ペルシア語で書かれた歴史書である。その中でも，普遍史（世界史）と呼ばれる作品群や，イラン世界を支配した各王朝の歴史を記した作品群，すなわち王朝史が主に取り上げられる。

　なお，ペルシア語には，地方や地域を意味する言葉が多く存在する。"olkā"，"velāyat"，"elāyat"，"diyār"，"belād"，"mamlekat"，"molk" などがその代表例である。多くの史料がこれらのうちの複数を併用しており，そこには明確な意味の違いは見られない場合が多い。よって，本書は，これらに「地方」，「王国」，「くに」などの語をあてているが，これらは必ずしも原語と訳語が一対一で対応するものではないし，また領域的な大小を示唆するものではないことに注意されたい。

1. イラン世界の北西方面を指す〈アゼルバイジャン〉

　イラン世界に関するペルシア語史書である限り，〈アゼルバイジャン〉という地名が登場しない作品は，ほとんど存在しない。一方で，〈アゼルバイジャン〉の地理的な範囲が明確に示される作品は，それほど多くない。まずは，近世ペルシア語による史書としては最初期の作品である『バルアミー史』（10 世紀）（表 15: No. 1）における用例を引用しよう。

> 〔前略〕ハザル人たちの王はアルメニアとアゼルバイジャンの方面からやって来て，諸門の門〔＝デルベント〕地区を獲得した。[TB: II. 1073]

12 世紀の作品『史話要説』（No. 2）に見られる以下の引用部も，典型的な〈アゼルバイジャン〉の用例の 1 つである。

> 世界の中心であるイランの地（zamīn-e Īrān）の境界は，バルフ川（rūd-e

表 15　ペルシア語史書に見る〈アゼルバイジャン〉

世紀	No.	作品名 [典拠]	著者	綴り	①	②	③	④	⑤	⑥	⑦	⑧	備考
10	1	バルアミー史 [TB]	Balʿamī	2/3/4	△	○	—	×	×	—	—	—	
12	2	史話要説 [MTQ]	不詳	5	○	○	×	×	×	×	—	×	② Arrān の他, Arrāniye も使われている
	3	セルジュークの書 [Nīšāpūrī]	Nīšāpūrī	5	○	○	×	—	×	×	×	×	
13	4	ナーセル史話 [ṬN]	Jūzjānī	3/4/5	○	○	×	×	×	×	×	×	
	5	世界征服者の歴史 [TJ]	Joveynī	1/4	○	○	×	○	×	×	×	×	
14	6	ヴァッサーフ史 [Vaṣṣāf]	Vaṣṣāf Šīrāzī	5	○	×	×	×	×	—	×	×	③町あるいは地域名としての Šīrvān はあり
	7	集史 [JT]	Rašīd al-Dīn	4	○	○	×	×	×	×	×	×	⑤ Qarābāġ-e Arrān はあり
	8	歴史の精髄 [ZTK]	Kāšānī	5	○	○	—	×	×	×	×	×	
	9	選史 [TG]	Ḥamd Allāh Mostowfī	4	○	○	—	×	×	×	×	×	
15	10	勝利の書 [Yazdī]	Šaraf-al-Dīn Yazdī	4	○	○	—	△	×	×	×	×	⑤ Qarābāġ-e Arrān はあり
	11	帝利の歴史集成 [ZTH]	Ḥāfeẓ-e Abrū	5	○	○	—	△	×	×	×	×	⑤ Qarābāġ-e Arrān はあり
	12	清浄の園 [RṢ]	Mīr-ḫānd	5	○	○	△	△	×	×	×	×	
16	13	アミーンの世界を飾る書 [TAAm]	Fażl Allāh Honjī Eṣfahānī	5	○	△	△	△	×	×	×	×	
	14	諸伝記の伴侶 [ḤS]	Ḫvānd-amīr	4/5	○	○	△	△	×	×	×	×	⑤ Qarābāġ-e Arrān はあり
	15	シャー・タフマースプの覚書 [TŠṬ]	Šāh Ṭahmāsp	5	○	○	—	△	×	×	×	×	⑤ Qarābāġ-e Arrān はあり
	16	最良の歴史 [AT]	Ḥasan Beyg Rūmlū	5	○	△	△	△	×	×	×	×	
	17	世界を飾る歴史 [TJA]	Qāżī Aḥmad Ġaffārī Qazvīnī	5	○	△	△	△	×	×	×	×	⑤地域名としての Qarābāġ はあり
	18	千年史 [TAl]	Qāżī Aḥmad Tattavī	5	○	△	△	△	×	×	×	×	表 3: No. 18; ⑤ Qarābāġ-e Arrān はあり
17前	19	アッバース史 [TAb]	Mollā Jalāl	5	○	○	×	×	×	×	×	×	⑤ Ganje, Ganje va Qarābāġ も併用
	20	アッバースの世界を飾る書 [TAAb]	Eskandar Beyg	5	○	○	×	×	×	×	×	×	
17後	21	シャー・イスマイールの世界を飾る書 [AŠE]	不詳	5	○	○	—	×	×	×	×	×	
	22	諸王伝 [QH]	Valī Qolī Šāmlū	5	○	△	—	×	×	×	×	×	⑤ Qarābāġ va Ganje もあり
	23	歴史の精髄 [ZTM]	Moḥammad Moḥsen Mostowfī	5	○	△	—	△	×	×	×	×	
	24	至高の天国 [ḤB]	Moḥammad Yūsof Eṣfahānī	5	○	△	—	△	×	×	×	×	
	25	ケルマーンのサファヴィー家便覧 [TṢK]	Mīr Moḥammad Saʿīd Mašīzī	5	×	—	—	○	×	×	×	×	⑤ Arrān も併用
	26	君主たちの調令 [DŠ]	Moḥammad Ebrāhīm Naṣīrī	5	○	△	—	△	×	×	×	×	
18後	27	ナーデルの世界を飾る書 [AN]	Moḥammad Kāẓem Marvī	5	○	△	△	△	×	×	×	×	⑤ Ganje も併用
	28	ナーデルの世界を征服する書 [JN]	Mīrzā Mahdī Ḫān Astarābādī	5	○	△	△	△	×	×	×	×	
	29	ナーデルの真珠 [DN]	Mīrzā Mahdī Ḫān Astarābādī	5	○	△	△	△	×	×	×	×	
	30	世界征服者の歴史 [TGg: 1–275]	Mīrzā Moḥammad Eṣfahānī	5	○	○	△	○	×	△	×	×	
	31	世界征服者の歴史 補遺 1 [TGg: 275–373]	Mīrzā ʿAbd al-Karīm	5	△	—	—	—	—	—	—	—	
	32	世界征服者の歴史 補遺 2 [TGg: 374–395]	Āqā Moḥammad Reżā	—	—	—	—	—	—	—	—	×	
	33	願望の薔薇園 [GM]	Ġaffārī Kāšānī	5	○	?	△	△	○	×	×	×	表 3: No. 28; ⑤主に Qarābāġ-e Arrān を使用
19前	34	歴史の概要 [MT: 1–343]	Golestāne	5	○	?	?	?	×	×	×	○	
	35	歴史の概要 補 [MT: 344–497]	Kūhmareʾī	5	△	?	?	?	×	×	×	○	⑤ Ganje を使用?
	36	歴史集成 [MaT]	Marʿašī Ṣafavī	5	○	?	?	?	×	△	×	○	⑤ Ganje va Qarābāġ を使用
	37	サファヴィー家の便益 [FṢ]	Abū al-Ḥasan Qazvīnī	5	○	△	△	△	△	△	×	○	
	38	ムハンマド史 [TMḥ]	Sāravī	5	?	△	△	○	×	×	×	○	⑤地域名としての Qarābāġ はあり
	39	ロスタム史 [RT]	Rostam al-Ḥokamā	5	○	△	△	△	×	×	×	○	
	40	王にふさわしき偉業 [MS]	ʿAbd al-Razzāq Donbolī	5	○	△	△	△	×	×	×	○	
	41	新しい歴史 [TJ]	Jahāngīr Mīrzā	5	○	△	△	△	×	×	×	○	
	42	ズルカルナイン史 [TZQ]	Ḥavarī Šīrāzī	5	○	△	△	△	×	×	×	○	表 3: No. 33; ⑤ Qarābāġ va Ganje もあり
19後	43	歴史総覧 [FT]	Reżā Qolī Ḫān Hedāyat	5	○	△	△	△	△	△	×	○	⑤ごく一部で Arrān を併用, Qarābāġ va Ganje もあり
	44	歴史の書写 [NT]	Lesān al-Molk Sepehr	5	○	△	△	△	△	△	×	○	⑤一部で Arrān を併用
	45	ナーセルのファールスの書 [FN]	Fasāʾī	5	○	△	△	△	△	△	×	○	⑤ごく一部で Qarābāġ va Arrān を併用
	46	ナーセルの清浄の園 [RṢN]	Reżā Qolī Ḫān Hedāyat	5	○	△	△	△	△	△	×	○	⑤ Arrān, Ganje, Qarābāġ va Ganje なども併用
	47	ナーセルの序列 [MN]	Eʿtemād al-Salṭane	5	○	△	△	△	△	△	×	○	
	48	ナーセルの情報の真実 [ḤAN]	Ḥūrmūjī	5	○	△	△	△	△	△	×	○	
	49	アゾド史 [TʿA]	ʿAżod al-Dowle	5	○	△	△	△	×	×	×	○	⑤地域名としての Qarābāġ はあり
	50	歴史の枢要 [ṢT]	Eʿtemād al-Salṭane	5	○	△	△	△	△	△	×	○	

※「綴り」の項目は, 表 3 (64 頁) のものと同様

※①大まかな地理区分としてのアゼルバイジャン　②アッラーンとアゼルバイジャンの併記 (アッラーンとアーザルバーイジャーンとの明確な区別)　③シルヴァーンとアゼルバイジャンの併記 (シルヴァーンとアーザルバーイジャーンとの明確な区別)　④シルヴァーンとアッラーン (ガラバーグ) との明確な区別　⑤地方名としてのガラバーグ　⑥アッラーン (ガラバーグ) を指して〈アゼルバイジャン〉と呼称する例　⑦シルヴァーンを指して〈アゼルバイジャン〉と呼称する例　⑧南東コーカサスを指して〈カフカース〉と呼称する例

※列①～⑧において, 「—」としているものは該当する地名がそもそも登場しないもの　「?」は用法が確定できないもの　「△」はおそらくそうであるが完全に確定はできないもの

※列①～⑧における区分は, 濃い灰色：それぞれの要素が見られない時期　薄い灰色：その要素が曖昧ながらも現れる時期　灰色なし：その要素が主流になった時期

Balḫ) やアムダリヤ川 (Jeyḥūn)[1]の岸から，アゼルバイジャンとアルメニアまで，またカーディスィーヤ (Qādesīye) まで，〔後略〕。[MTQ: 478]

　これらの引用部から窺えるのは，〈アゼルバイジャン〉が「イランの地」，すなわちイラン世界の一部であること，〈アルメニア〉と境界を接する地域であること，イラン世界の辺境部の1つであること，などである。区分法Aを思わせる内容ではあるが，一方で，どこからどこまでが〈アゼルバイジャン〉なのか，具体的な情報は記されていない。ペルシア語史書に現れる〈アゼルバイジャン〉の用例は，こういったものが大半である。

　〈アゼルバイジャン〉はイラン世界を代表する地方の1つであったようで，そのことは，例えば各時代のペルシア語辞書の「イラン」の項目から窺える。ここでは，『確かなる論証』(17世紀) と『諸語の助け』(19世紀) の「イラン」の項目をそれぞれ引用しよう。

　　イラン――〔中略〕イラク，ファールス，ホラーサーン，アゼルバイジャン，アフヴァーズ，タバリスターンの地方や，シリアの境域の大半のこと。[BQ: I. 194]

　　イラン――〔中略〕アムダリヤ川とユーフラテス川との間にある著名な国である。イラク，ホラーサーン，タバリスターン，ファールス，ハマダーン，ニハーヴァンド (Nehāvand)，アゼルバイジャン，ケルマーンなど〔の地方で構成される国〕である。[ĠL: I. 87]

　このようにイラン世界の北西部における代表的な地方として扱われる〈アゼルバイジャン〉であるが，それ故に，地方の名というよりは，イラン世界の北西方面を大まかに指す語として用いられていると思われる箇所も多い。例えば，12世紀の『セルジュークの書』(No. 3) には，以下のような記述が見られる。

---

1) アム川とも呼ばれる。パミール高原を水源とし，タジキスタン，アフガニスタン，ウズベキスタン，トルクメニスタンを流れる。かつては，古代ギリシア・ローマにおける呼称に基づいてオクソス川 (Oxos) とも呼ばれた。

〔前略〕アムダリヤ川の岸で殺された時,〔セルジューク朝君主〕アルプ・アルスラーンは 34 歳[2]であった。イラクとホラーサーンとアゼルバイジャンが彼に征服され, どの方面にも敵は残っていなかった。[Nīsāpūrī: 29]

ここでは〈アゼルバイジャン〉が, イラン世界中西部の代表的な地方であるところのイラク[3]や, 北東部の代表的な地方であるホラーサーンとともに挙げられている。ここで言う「イラクとホラーサーンとアゼルバイジャン」は,「イラン世界の全土」程度の意味で用いられているのだろう。これは, 地理学における境界を明確に定められた「地方」ではなく, 大まかな方向を示す〈アゼルバイジャン〉の用法と言える。すなわち, ここでの〈アゼルバイジャン〉は,「イラン世界の北西方面」程度の意味で用いられていると考えられるのだ。時に我々が関東方面を曖昧に指して「東京」などと言うことに喩えられるかもしれない。

このような〈アゼルバイジャン〉の用法は,『バルアミー史』の時点で既に近いものが見られるが, 明確な形で現れるのは 12 世紀の作品『史話要説』からである [TB: I. 616; MTQ: 71, 276]。そして, 以後, 時代を問わず, あらゆるペルシア語史書に見られるようになる（表 15: 列①）。以下, 典型的な例をいくつか引用しよう（No. 4, 11, 20, 32, 43）。

イラクとアゼルバイジャンとファールスの諸王国（『ナーセル史話』, 12 世紀）[ṬNṣ: I. 309]

ホラーサーンとマーザンダラーンとイラクとアゼルバイジャンの諸国（『清浄の園』, 15 世紀）[RṢ: V. 187]

イラクとファールスとアゼルバイジャンの諸王国（『諸王伝』, 17 世紀）[QḤ: 178]

---

2) 原文のまま。アルプ・アルスラーンの没年は 1072 年であり, 生年は 1030 年頃とされるため, おそらく「43 歳」の誤りであろう。
3) ここで言う「イラク」とは,「アラブのイラク」と「アジャムのイラク」の両方を含んだ「両イラク」のことである。第 2 章の注 9 も参照。

> ホラーサーンとイラクとファールスとアゼルバイジャンの勇士たち
> (『歴史の概要』，19世紀前半)［MT: 109］

> 両イラクとアゼルバイジャンとファールスとケルマーンの諸王国
> (『ナーセルのファールスの書』，19世紀後半)［FN: 109］

このように，〈アゼルバイジャン〉は，イラクやファールス，ホラーサーンと並べて「イラン世界の全土」程度の意味で用いられることが多い。また，特にイラクとともに用いて「イラン世界の西部」，ホラーサーンとともに用いて「イラン世界の東西」を示しているように思われる用例も数多く見られる。

2. 〈アゼルバイジャン〉の北の端

10～14世紀の地理書では，アラズ川の南側を〈アゼルバイジャン〉，北側を〈アッラーン〉とする区分法Bが主流であることは第2章で述べた通りである。ペルシア語普遍史においても，最初期のものから〈アッラーン〉という地方名が用いられる。例えば，12世紀の『ナーセル史話』には，以下のようにある。

> また，〔アブー・バクル・ブン・ムハンマドは〕，イラクとアッラーンとアゼルバイジャンに，数々のマドラサとモスクを建設した。［ṬNṣ: I. 270］

また，14世紀に書かれた著名な歴史書である『集史』(No. 6)には，以下のような箇所がある。

> 〔前略〕ホラーサーンとマーザンダラーンとイラクとファールスとケルマーンとロレスターン (Lūr) とアッラーンとアゼルバイジャンとグルジアとアルメニアとルームとディヤールバクル (Diyār Bakr) とマウスルとアレッポ (Ḥalab) からなるイランの諸王国 (mamālek-e Īrān)〔後略〕。［JT: II. 843］

このように〈アッラーン〉と〈アゼルバイジャン〉が併記される例は，『バルアミー史』の時点から，ペルシア語の普遍史や王朝史に一貫して現れ

る（列②）。これらの用例は，〈アッラーン〉と〈アゼルバイジャン〉が別の地方と認識されていたことをある程度示しているだろう。もっとも，〈アゼルバイジャン〉が「イラン」と並置される例や，「タブリーズ」と並置される例などが見られる史料もある。2つの地方名が並べられているからと言って，必ずしもその2つが別の地方であることを意味しない点にも留意せねばなるまい。

　一方，町あるいは地域の呼称であった〈シルヴァーン〉が地方名として〈アゼルバイジャン〉などと並置されるようになるのは，13世紀の『世界征服者の歴史』(No. 5) からである（列③）。この歴史書には，例えば「ホラーサーンとイラクとロレスターンとアゼルバイジャンとシルヴァーンの著名な者たちや信頼できる者たち」という表現が存在する［TJ: I. 205］。また，14世紀の『集史』には，「イラクとホラーサーンとアゼルバイジャンとアッラーンとシルヴァーンとグルジア」という表現が存在する［JT: II. 979］。

　当初，〈シルヴァーン〉は〈アッラーン〉との区別が必ずしも明確ではなく，区分法Bを思わせるような用例も見られる。しかし，14世紀頃から〈アッラーン〉とは別の地方と認識され始め，15世紀には，そちらの用法が一般的となった（列④）。地理書においては，〈シルヴァーン〉が地方として独立する区分法Cの登場は14世紀であったが，歴史書においても，おおよそ時代が一致しているのである。

　さて，若干話は変わるが，〈アッラーン〉という地方名は時代が下るにつれて廃れていき，当該地方は〈ガラバーグ〉と呼ばれるようになる（列⑤）。この件に関しては，既に第2章第2節である程度述べた。〈ガラバーグ〉は，もともとは〈アッラーン地方〉の中の一地域，すなわち同地方南西部の山岳地帯を指す呼称であった[4]。また，この地域がイルハーン朝の冬営地として重要な位置を占めたことは，第1章第2節第2項でも述べた通りである。〈ガラバーグ〉という地名が歴史書に登場するのもまさにこの時代のことで，例えば『集史』に見られる「アッラーン〔地方〕のガラバーグ (Qarābāg-e Arrān)」などが最初期の用例である［JT: II. 1134, 1260］。

---

4) 現代で言うところの「ナゴルノ＝カラバフ地方」に該当すると言ってよいだろう。第1章の注23も参照。

〈ガラバーグ〉という地名がアッラーン地方全体の意味でも用いられるようになるのは，15世紀後半以降のことである。この時代を代表する歴史書『清浄の園』には，その最初期の用例と言えそうな箇所がある［RṢ: V. 574］。この用法は，その後徐々に普及していくこととなった。そして，17世紀の頃になると，〈アッラーン地方〉という呼称はほぼ完全に廃れ，代わって〈ガラバーグ〉が地方名として用いられるようになる。71〜72頁で述べたように，その時代には〈ガラバーグ州〉がサファヴィー朝の公式の行政区分として存在するようになっており，そのことが影響しているのだろう。

ただし，この地方は〈ギャンジャ〉と呼称されることもしばしばであった。例えば17世紀前半に書かれた『アッバース史』（No. 19）は〈ガラバーグ〉と〈ギャンジャ〉を併用しており，また時に「ギャンジャとガラバーグ」という表現も用いている。18世紀，19世紀に書かれた歴史書の中にも，これらの地方名を用いている作品が少なくないことは，表15に見られる通りである。

3. 拡大していく〈アゼルバイジャン〉

一方，南東コーカサス（の一部）を示す際に〈アゼルバイジャン〉を用いている史料も，時代が下るにつれて増加していく。まず現れるのは，アッラーン（ガラバーグ）地方を指して〈アゼルバイジャン〉と呼称する例である（列⑥）。その後，シルヴァーン地方をも含めた南東コーカサス全体を指して〈アゼルバイジャン〉と呼称する例が出現する（列⑦）。これらはそれぞれ，区分法Dに則った用例，区分法Eに則った用例とある程度言い換えることもできる。ただし，アーザルバーイジャーンのみを指す「元来のアゼルバイジャン」も並行して使われ続けている点には留意が必要である。同じ史料の中で，アッラーン地方やシルヴァーン地方を含む「広いアゼルバイジャン」と「元来のアゼルバイジャン」の両方が使われていることも多い。つまり，〈アゼルバイジャン〉の用法が変化したのではなく，用法が増えたのである。

16世紀の歴史書『千年史』（No. 18）には，イラン世界の各地方を列挙する際に，〈アゼルバイジャン〉や〈シルヴァーン〉の名を挙げながら〈アッ

ラーン〉の名を挙げない，区分法Dを思わせる箇所があることは第2章第2節第2項で既に述べた。このような用法は，同じ16世紀に書かれた『最良の歴史』（No. 16）や，17世紀の『歴史の精髄』（No. 23）など後代の歴史書にもしばしば見られるものとなる［e.g. AT: 492, 538; ZTM: 141］。

　また，やはり17世紀の『アッバースの世界を飾る歴史』（No. 20）では，〈ガラバーグ〉が〈アゼルバイジャン〉とは別の州として明確に区別される一方で，自国の北西部を指す際に「アゼルバイジャンとシルヴァーン」とする用例も多く見られる［e.g. TAAb: I. 167, 259, 415］。また，時には「アゼルバイジャンとシルヴァーンとグルジア」という表現も使われる［TAAb: II.1047, 1053］。特に後者に関しては，この3つの地方の間に位置するガラバーグ（アッラーン）が明確に省略されている。これは，〈アゼルバイジャン〉にガラバーグ（アッラーン）地方が含まれるようになった結果として生じた表現であろう。このような例は，後の時代の歴史書でもしばしば見られるものとなっていく。

　19世紀後半の『ナーセルのファールスの書』（No. 45）では，かつて「アッラーンのガラバーグ」と呼ばれていたのが，「アゼルバイジャンのガラバーグ」と呼ばれるようになっている［FN: I. 354, 365］。また同時代の『ナーセルの序列』（No. 47）には，「アゼルバイジャンの財宝庫（ganjīne-'e Āzarbāyjān）であるギャンジャ」という表現が存在する［MN: III. 1344］。

　『サファヴィー家の便益』（No. 37）は，サファヴィー朝の第5代君主アッバース1世（r. 1587-1629）がオスマン帝国から南東コーカサスを再奪取した件に関して，以下のように記す。

> その後，ルーム人たち〔＝オスマン帝国〕（rūmiyān）の占有下にあったアゼルバイジャンとダゲスターンの平定へと急ぎ向かい，それを奪取した。そして，全シルヴァーンをルーム人たちの圧政・弾圧から救い出した。［FṢ: 39-40］

　これも，アーザルバーイジャーン，ダゲスターン，シルヴァーンの間にあるアッラーン（ガラバーグ）が省略されている用例である。また，18世紀後半の『世界征服者の歴史』（No. 30）には，次のような文がある。

補論1　ペルシア語史書に見る〈アゼルバイジャン〉の用法 | 103

〔前略〕アゼルバイジャンの国（molk-e Āzarbāyjān）の大衆や長たちや頭目たち，例えば，その地方の長たちのうちの貴人の1人で軍人と民草の拠り所であるカーゼム・ハーン・ガラージェダーギー，シャフバーズ・ハーン・ドンボリーとその兄弟アフマド・ベグ，パナーフ・ハーン・ジャヴァーンシール（Panāh Ḫān Javānšīr），〔後略〕。［TGg: 105］

ここに登場するパナーフ・ハーンは，エブラーヒーム・ハリール・ハーン（41頁）の父であり，当時のガラバーグ知事である。その彼が〈アゼルバイジャン〉の要人の1人として挙げられているのである。なお，これと同様の記述は，『願望の薔薇園』（No. 33）にも見られる［GM: 158］。

さて，シルヴァーンを含むように見える〈アゼルバイジャン〉の最初期の用例は，18世紀後半に書かれた『ナーデルの世界を征服する書』（No. 27）において確認される。そこでは，イラン世界の北西部の知事たちが「グルジアとアゼルバイジャンの知事たち」と表現されている［JN: 345］。

19世紀前半の『ロスタム史』（No. 39）に現れる〈アゼルバイジャン〉の用法は，より明確にシルヴァーン地方を含んでいる。この歴史書は，グバの知事ファトフ・アリー・ハーンについて，以下のように記している。

〔前略〕ファトフ・アリー・ハーン閣下は，グバにおいて，壮麗さと栄光と〔人々の〕恭順とともにアゼルバイジャンの全ての地域に対する総督の地位（beyglarbeygī）を有し，〔後略〕。［RT: 318］

第1章第3節第1項で触れたように，彼は18世紀後半にシルヴァーン地方のほぼ全域を支配下に置いた人物である。一方で，彼はアーザルバーイジャーンとはほとんど関わりを持たず，最晩年にアルダビールを占拠したことがある程度である。もちろん，『ロスタム史』が必ずしも事実を伝えているとは限らない。しかし，シルヴァーン地方の中でも北端部に近いグバを本拠地としたこの人物を「アゼルバイジャンの全ての地域に対する総督」と表現する背景には，この時代，シルヴァーン地方もまた〈アゼルバイジャン〉の一部とする認識が一般的になっていたことがあるのだろう。

これと同時期に書かれた『ムハンマド史』（No. 38）は，アーガー・モハン

マド・ハーンによる第1次南東コーカサス遠征時の記事として、エブラーヒーム・ハリール・ハーンの敗北とシュシャの荒廃の知らせが「アゼルバイジャンの諸王国の四方に広まった」際に、「アゼルバイジャンの諸地区（navāḥī-ye Āzarbāyjān）」の地方君主たちに動揺が走ったとする。そして、その「アゼルバイジャンの諸地区」の地方君主として挙げられているのは、エレヴァン、ギャンジャ、グバ、バクーなどの知事たちである。また、ガラバーグ地域のアルメニア人領主たちの名も挙げられているが、これは「アゼルバイジャンのアルメニア人の長（rayīs-e arāmene-'e Āzarbāyjān）」と呼ばれている［TMḥ: 270］。

また、『ムハンマド史』は、この事件に関する記事の章題を「勝利のしるしの旗が再びアゼルバイジャンの方面へと向かったことの記述と、うさぎ年、すなわち1209〔＝西暦1794-5〕年の諸状況」としている［TMḥ: 264］。このような表現は、後世の歴史書にも引き継がれた。『歴史の書写』（No. 44）の該当箇所の章題や、『歴史の枢要』（No. 50）の記述がその例である。以下、引用しよう。

> エブラーヒーム・ハリール・ハーンの反乱と、アーガー・モハンマド・ハーン・ガージャールのアゼルバイジャンとグルジア方面への出立［NT: I/ II. 72］

> アーガー・モハンマド・ハーンはアゼルバイジャンへの遠征を決意した際に、相応しい位階を能力ある従者たちに与えた。〔中略〕同年、〔すなわち〕ヒジュラ暦1209〔＝西暦1794-5〕年、アーガー・モハンマド・ハーンは、パナーハーバード城〔＝シュシャ〕の側から、ティフリスの獲得のために、馬の手綱を取って出立した。［ṢT: 21］

『歴史の書写』はガージャール朝の「いわば正史」と言われるほどの重要な歴史書で、写本の数も多い［岡﨑1982: 75］。そういった作品で、南東コーカサスを含む「広いアゼルバイジャン」が用いられている、という点は重要であろう。『歴史の書写』には他にも、ロシア帝国の占領下にある地域に関して「グルジアとアゼルバイジャンの諸王国」と表現した箇所がある［NT:

I. 279〕。

また，同時代の重要な歴史書である『ナーセルの清浄の園』（No. 46）にも，以下のような表現が見られる。

> 神の影たる帝王，アーガー・モハンマド・シャー・ガージャール陛下がアゼルバイジャンとガラバーグの事柄を秩序づけるために出立したことの記述と，この騒乱を煽る遠征と同時期の出来事の説明〔RŞN: XIII. 7374〕

このように，ペルシア語史書においても，第2章で扱った地理書などと同様の地理認識の変化の過程を確認することができる。すなわち，まず，アラズ川より北の地域が〈アッラーン〉と〈シルヴァーン〉とに分離する。その後，〈アッラーン〉が〈アゼルバイジャン〉に含まれるようになる。そして，最後に〈シルヴァーン〉も〈アゼルバイジャン〉の一部となるのである。

4.〈カフカース〉の普及

ここでやや視点を変えて，ペルシア語史書における〈カフカース〉という地名の普及について確認しておこう（列⑧）。

『ズルカルナイン史』（No. 42）には「カフカースの王国の司令官（sardār-e mamlekat-e Qafqāz）」という表現が何度か登場する〔e.g. TZQ: I. 262, 456, 575〕。これは，カフカース方面におけるロシア軍の最高責任者であった，独立カフカース軍団（отдельный Кавказский корпус）の司令官を指すと思われる。また，別の箇所には，以下のようにある。

> 〔前略〕それ故に，ロシア皇帝は男爵ローゼン将軍（Yanārāl-e Bārūn-e Rāzen）〔＝Григорий Владимирович Розен, 1782-1841〕なる者に司令官の地位を与え，〔中略〕カフカースの国（molk-e Qafqāz）へと派遣した。〔TZQ: II. 853〕

これらは，地方名としての〈カフカース〉が用いられた最初期の事例である。同様に，『歴史の書写』にも，現在の南コーカサスに該当する領域を〈カフカース Qafqāz, Qafqāzīye〉と表現した箇所がある〔NT: I/II. 242〕。また，

この歴史書は，別の箇所でも以下のように記している。

> ロシアの皇太子にして，かの諸王国の皇帝ニコライ〔1世〕の息子であるアレクサンドルは，カフカース（Qafqāz）の境域とグルジアの王国を律するために，エレヴァンへと向かった。[NT: III. 1071]

19世紀後半に書かれた『ナーセルの情報の真実』（No. 48）は，『歴史の書写』のこの書きぶりを引き継いでいる。

> 翌年，ロシアの将軍グズル＝アヤグ（Qezel-ayāġ）〔＝ヴァレリアン・ズーボフ〕と軍勢と大砲がグルジアとアゼルバイジャンへと到来したために，〔アーガー・モハンマド・シャーは〕ホラーサーンから帰還し，ロシアの集団との対決，合戦へとご出立なされた。〔中略〕ロシアの軍勢は帰還し，殉教者の帝王はシュシャ城の平定を目指してアゼルバイジャンへと出立した。[ḤAN: 9]

> ロシアの皇帝ニコライ〔1世〕の息子で皇太子アレクサンドルは，カフカース（Qafqāz）とグルジアの諸々の重大事を秩序づけるためにエレヴァンに到着した。[ḤAN: 79]

> ミールザー・アッバース（Mīrzā 'Abbās）はカフカースの王国に到着した時に病気になり，自身の側仕えをモスクワに送った。[ḤAN: 111]

また，この史書では，「カフカースとグルジアの統治者（farmān-farmā-ye Qafqāz va Gorjestān）という言葉が度々使われている [e.g. ḤAN: 81, 228]。おそらく，ロシア帝国のカフカース総督を示す表現であろう。

歴史書以外の作品に目を向けると，例えば，ガージャール朝第4代君主ナーセル・アッ＝ディーン・シャー（Nāṣer al-Dīn Šāh, r. 1848-1896）の兄弟であるエッズ・アッ＝ドウレの『イラン・ロシア旅行記』が，イランとロシアの国境に関して以下のように記述している。

> 〔前略〕この川〔＝アスタラー川〕の南には，まさしくカフカース地方（Qafqāzestān）の山々の支脈であるところのタールシュの山々がある。

［'Ezz: 171］

　そして，〈カフカース地方〉とは「シルヴァーン（Šīrvānāt），シェキ，シャマフからなる〔地〕名である」と説明している［'Ezz: 101］。
　地名辞典である『ナーセルの諸都市の鏡』（表3: No. 35）にも，「エレヴァン，ナヒチェヴァン，ギャンジャなどからなるカフカースのくに（belād-e Qafqāz）」や「カフカースの王国（mamlekat-e Qafqāz）」といった表現が見られる［MBN: 196, 296］。
　このように〈カフカース〉という地名は，イランにおいては19世紀半ばに受容され，後半にはかなり普及していたようである。なお，この地名の南東コーカサスにおける普及に関しては，第3章以下で詳しく扱われる。

　以上，ペルシア語史書の分析から，地名〈アゼルバイジャン〉の指す領域の変化に関して，第2章の結論を裏付ける結果が得られた。なお，この点に関しては，補論2の内容と合わせて，後ほどまとめる（119〜120頁）。
　また，ペルシア語史書は，〈アゼルバイジャン〉という地名を，地理書におけるそれとは異なる用法でも使っていたが明らかとなった。この地名は，イラン世界の北西方面を大まかに示す際にも用いられたのである。その用例は，近世ペルシア語が成立した10世紀の作品で既に見られ，その後も時代を問わず，大半の作品で確認することができる。
　19世紀半ばからは，〈カフカース〉という地名が普及していることも明らかとなった。南東コーカサスがロシア帝国領になってから相当の年月が経っていたこの時代，この地域を指す際に，ロシア語に由来するこの地名を用いるのは自然な感覚であったのだろう。

補論 2

各言語の史料に見る〈アゼルバイジャン〉

　ここでは，イラン世界の住民以外の人々が〈アゼルバイジャン〉という地名をどのように捉えていたかが扱われる。具体的な分析対象となるのは，オスマン帝国，西欧，そしてロシア帝国で書かれた諸作品である。

1. オスマン語史料に見る〈アゼルバイジャン〉

　まずは，オスマン帝国で書かれた作品を検討しよう。ムスタファ・エフェンディ・セラーニキー（Selânikî Mustafa efendi, d. ca. 1600）による『セラーニキー史』は，16 世紀後半に書かれたオスマン帝国史であり，同帝国がアーザルバーイジャーンや南東コーカサスを領有した時期の記述を多く含んでいる［TS 1; TS 2］。この作品では，タブリーズを中心とする〈アゼルバイジャン地方 vilâyet-i Âzerbâycân, memleket-i Âzerbâycân〉と，シャマフを中心とする〈シルヴァーン地方 vilâyet-i Şîrvân, Şîrvân-zemîn〉が，明確に別の地方と認識されている。アッラーン地方に該当する領域も両者と別の地方と考えられているように見えるが，それは比較的曖昧であり，地方名を列挙する際にも「エレヴァンとナヒチェヴァンとシルヴァーンとアゼルバイジャンとグルジア」のように，アッラーン地方に該当する地名が省略されることがある［TS 2: II. 449］[1]。また，この領域を指す呼称も，〈ガラバーグ地方 Karabâğ vilâyeti〉，〈ギャンジャ州 Gence Beğlerbeğiliği〉の他，「バルダーとギャンジャのくに（Berda' ve Gence diyârı）」など様々であるが，比較的よく用いられるのは「ギャンジャとガラバーグ」という表現である［e.g. TS 2: I. 196, 203-204, 239］。この点は，補論 1 第 2 項で言及した同時代のペルシア語史書が〈ガラバーグ〉，〈ギャンジャ〉に加えて，「ガラバーグとギャンジャ」などの表現を併用しているのと同様である。

　では，オスマン帝国の実際の行政区分は，どのようなものだったのだろうか。1578 年にグルジア方面から南東コーカサスに侵入したオスマン軍は，エレシュ（Ərəş）[2]を最初の拠点に，1583 年までにシルヴァーン地方を，1588

---

1) 同様の例は他の箇所でも見られる［TS 2: I. 429, 443］。
2) アゼルバイジャン共和国中部，ギャンジャの東方に位置する村。

表 16　オスマン帝国時代の行政区分（1588〜1603 年）

デルベント	デルベント，シャブラーン，グバなど
シャマフ	シャマフ，バクー，サリヤーン，シェキ，エレシュなど
ギャンジャ（ガラバーグ）	ギャンジャ，バルダー，ガラバーグ地域など

　年までにガラバーグ（アッラーン）地方を征服した。地方の分割方法は時期によって異なるが，1603 年にサファヴィー朝が南東コーカサスを奪還する直前には，表 16 のように〈デルベント地方〉，〈シャマフ地方〉，〈ギャンジャ（ガラバーグ）地方〉の 3 つに分割されていた［Bilge 2005: 58-67, 219-222］。なお，〈デルベント地方〉と〈シャマフ地方〉は，もともと存在した〈シルヴァーン地方〉が 1583 年に 2 つに分割されたものである。これらのことから，オスマン帝国の行政区分は，基本的に区分法 C に基づいたものということができる。

　キャーティプ・チェレビー（Kâtip Çelebi, 1609-1657）による未完の地理書『世界の鏡』は，1732 年にイブラヒム・ミュテフェッリカ（İbrâhim Müteferrika, 1674-1745）の印刷所で出版されたことで広く普及した作品である。第 38 節が「アゼルバイジャン」，第 39 節が「アッラーンとムガーンとシルヴァーン」となっており，このあたりの記述は『心魂の歓喜』（表 3: No. 15）や『七気候帯』（表 3: No. 20）を参考にしているようである［CN: 279-301］。節の分け方や参考文献からも分かるように，その地理区分は区分法 C に該当するものである。そのことを端的に示すのが，「アッラーンは，アラズ川の岸からキュル川にまで広がる，両河川の位置する地方の名である」という記述である［CN: 291］。

　17 世紀のオスマン帝国の領内，及びその周辺地域を広く旅行したエヴリヤ・チェレビー（Evliyâ Çelebi, 1611-1684）は，1647 年と 1654 年の 2 度，イラン世界の北西部を訪れている［SN 1: II. 224-338, IV. 154-339（SN 2: II. 113-171, IV. 109-215）］。特にアーザルバーイジャーンから南東コーカサス，グルジアを旅した 1 度目の旅行に関する記述は，参考になる。彼の地理認識もまた区分法 C に該当するもので，以下の通り，〈アゼルバイジャン〉の北限はアラズ川であることが明記されている。

アラズ川南岸の城々や町々は，全般的に，アゼルバイジャンの境域（Azerbâycân hudûdu）とみなされる。〔中略〕このキャウズマン城（kal'a-i Kağızmân）[3]もアラズ川に向かって南側にあるために〔本来は〕アゼルバイジャンの境域にあるのだが，〔現在では〕オスマン朝のカルス地方（[Kârs] eyâleti）[4]に属している。[SN 1: II. 333-334（SN 2: II. 169）]

また，エヴリヤ・チェレビーが〈アゼルバイジャン〉に属すると明記している町は，マークー，ナヒチェヴァン，エレヴァン，マランド，ウジャン（Ûjân）[5]，タブリーズ，マラーゲ，アルダビールなどである。また，現在のヴァン（Van）[6]や上記引用部のキャウズマンなど，トルコ共和国の東端に位置する町々も〈アゼルバイジャン〉の町として言及される。これらの町が属する地域は〈アルメニア Ermen〉とも呼ばれているが，そもそも〈アルメニア〉も〈アゼルバイジャン〉に属する一地域と考えられているようであり，「アゼルバイジャンの地のアルメニア地方（ḫâk-i Âzerbâycânda diyâr-ı Ermen）」といった表現も用いられている [SN 2: IV. 117][7]。

一方，〈シルヴァーン地方〉の町として言及されているのは，エレシュ，シェキ，シャブラーン，バクー，シャマフであり，これも区分法Cと一致する。キュル川とアラズ川の間の地域に関しては不明瞭な点が多いが，各所の記述を総合すると，〈ギャンジャ地方〉と考えられているようである [SN 1: II. 286-289, IV. 339（SN 2: II. 144-145, IV. 215）]。

18世紀後半から19世紀前半のオスマン帝国における命令書や上奏書といった文書類においては，しばしば「アゼルバイジャンとダゲスターン（Azerbâycân ve Dağistân）」や，その類似表現が用いられている [e.g. ODA: I. 6, 107, 125-129（284, 311, 326-327）]。「アゼルバイジャンとシルヴァーン（Azerbâycân ve Şirvân）」のように両者が別の地域のように記述されることもある

---

3) キャウズマンは，現在のトルコ共和国領カルス県に属する町。
4) SN 1では「カルス」の語がなく，「オスマン朝の地方」となっている。
5) 現在のイラン・イスラム共和国東アーザルバーイジャーン州の町ボスターナーバード（Bostān-ābād）。
6) トルコ共和国の東端に位置するヴァン県の中心都市。
7) SN 1では，単に「アゼルバイジャンの地」とされている [SN 1: IV. 165]。

が，こちらの用例は多くない [e.g. ODA: II. 65（313）]。

また，例えば，1800年に書かれた上奏書には，「シュシャとギャンジャのハーンたちや，その他のアゼルバイジャンのハーンたち（ḫavânîn-i Âẕerbâycân）」と書かれている。やはりアーザルバーイジャーンとアッラーン（ガラバーグ）地方の境界が曖昧になっている [ODA: I. 166-167（359）]。1796年の上奏書も，前年のアーガー・モハンマド・ハーンによる南東コーカサス遠征に関して，「イランのアーガー・モハンマド・ハーンと，その他のアゼルバイジャンのハーンたちの状況に関して」という書き出しで始まっている [ODA: I. 151（344）]。

このように18世紀末には，オスマン文書の世界でも，シルヴァーン地方を含む「広いアゼルバイジャン」の用例が普及しているのである。この用法がいつ頃から広まったものかは定かではない。筆者の知る限り最初の事例は，1779年に書かれた文書の中で，エブラーヒーム・ハリール・ハーンを「アゼルバイジャンの知事たち（ḥükkâm-ı Aẕerbâycân）」の1人として言及するものである [ODK: 70（253）]。

2. 西欧語史料に見る〈アゼルバイジャン〉

近世以降の西欧人で，南東コーカサスに関する詳しい記述を残した最初期の人物としては，ホルシュタイン＝ゴットルプ公フレゼリク3世（Frederik III, 1597-1659）の使節としてロシアやサファヴィー朝に赴いたアダム・オレアリウス（Adam Olearius, 1599-1671）が挙げられる。1636年から1637年にかけて南東コーカサスにも滞在した彼は，自身の旅行記（1647年。増補版が1656年に出版）において，「ペルシアの王国（Königreich Persien）」を13の地方に分割している。そのうち，イラン世界の北西部に該当するのは，〈アゼルバイジャン Adirbeitzan〉，〈シルヴァーン Schirwan〉，〈アッラーン，もしくはガラバーグ Iran, vel Karabach〉の3地方である [Olearius: 539-542]。また，それぞれの地方に関する項の中に，以下のような記述が見られる。

アッラーン――多くの人々，とりわけ一般大衆はガラバーグと呼んでいる――は，アラクセス（Araxes）とキュロス（Cyrus）――現在ではアラ

ズとキュルと呼ばれている——という 2 つの川の間にある地域である。〔Olearius: 541〕

また，〔アゼルバイジャンは〕ムガーン平原（Muganische Heide）によってシルヴァーンと，アラズ川によってガラバーグと分かたれている。〔Olearius: 542〕

このように，彼の地理区分法は，第 2 章で言うところの区分法 C に該当するものであったことが分かる。また，オレアリウスが滞在していた頃には，アッラーン地方を〈ガラバーグ〉と呼称するのが一般的になっていたことも分かる。彼の著作は，後にヨーロッパの様々な言語に翻訳されて出版されたが，例えば1669 年の英語版でも，先の記述は踏襲されている〔Olearius (en.): 146-147〕。

オランダ人の著作家オルフェルト・ダッパー（Olfert Dapper, 1636-1689）は，1672 年の著作の付録部分でイラン世界の記述を行っている。彼はオレアリウスの記述を引き継ぎ，〈シルヴァーン Shirwan of Scerwan〉と〈アゼルバイジャン Adirbeitzan of Aderbajon〉と〈アッラーン，もしくはガラバーグ Iran of Karabach〉とを区別し，それぞれに別の章をあてている〔Dapper: 17-24, 40-51（2nd part）〕。

ヨーロッパ人の旅行者としては，サファヴィー朝最盛期の首都エスファハーンに滞在したフランス人商人シャルダン（Jean Chardin, 1643-1713）が著名である。彼は，1711 年に出版された旅行記において，以下のように記している。

アラクス〔＝アラズ〕川はアルメニアとメディアとを分っていると述べたが，往時アジアを支配した強大な王国メディアは，今日ではペルシア帝国のアゼルベヤン（アゼルバイジャン）（Azerbeyan），あるいはアジュルパイカン（Asurpaican）と呼ばれる州の一地方にすぎなくなった。アゼルベヤン州はペルシア帝国諸州の中でも最大の州のうちの 1 つに数えられ，東はカスピ海とヒルカニア（マーザンダラーン州に相当）に接し，南はパルティア人の州，西はアラクス川と高アルメニア，北はダゲ

スターンに接する。[佐々木・佐々木（訳）1993: 372; cf. Chardin: I. 101]

ここで彼は，〈アゼルバイジャン〉は〈ダゲスターン〉と接する，と考えているのである。〈アゼルバイジャン〉と〈ダゲスターン〉の境界が具体的にどこに引かれているのかは不明であるが，一方で，アーザルバーイジャーンとシルヴァーン地方，アッラーン地方の境界が不明瞭になっていることも事実である。

一方，シャルダン以降のヨーロッパ人の著作の多くは，シルヴァーン地方を〈アゼルバイジャン〉とは別地域とみなしていると思われる。例えば，フォースター著『ベンガルからイギリスへの旅』(1798 年) では，〈シルヴァーン地方 the province of Shirwan〉に関するある程度まとまった情報が提供されるが，そこからはこの地方が〈アゼルバイジャン〉の一部であるという認識は窺えない。

キンネイ著『ペルシア帝国の地理に関する覚書』(1813 年) は，イラン世界を「ペルシア帝国 (the Persian Empire)」と呼び，それを地方別に章立てして解説する。彼は，「アゼルバイジャン (Aderbijan)」と「シルヴァーン (Schirvan)」の章を立てているが，アッラーン (ガラバーグ) に該当する章は存在しない。そして，この地域の帰属に関しては，曖昧である。例えば「シルヴァーン」の章は，以下のような文章から始まる。

> シルヴァーン地方 (the province of Schirvan) は南コーカサス (the southern Caucasus) で最大かつ最重要の地区であるが，キュロスの河口からルバス〔Ru. Рубас〕[8]の小川まで，カスピ海に沿って 300 ヴェルスタ[9]の広がりを持つ。その東にはカスピ海，北にはダゲスターン，南と南西にはキュロスとムガーン平原 (the plains of Mogam)，北西にはギャンジャ・ハーン国を含めたグルジア王国 (the kingdom of Georgia, with the Khanship of Ganscha) を有する。[Kinneir: 357]

---

8) ロシア連邦ダゲスタン共和国の川。タバサラン地区 (Табасаран)，デルベント地区を流れ，カスピ海に注ぐ。

9) ロシアの距離単位。露里。1 ヴェルスタ ≒ 1.067 km。

補論 2　各言語の史料に見る〈アゼルバイジャン〉　115

　このように，ここではギャンジャがグルジアの一部とされている。しかし，実際に「グルジア（Georgia）」の章を見ても，ギャンジャをはじめとするアッラーン（ガラバーグ）地方の情報は記されていない［Kinneir: 339-346］。一方，「アゼルバイジャン」の章には，以下のような文章が見られる。

> ガラバーグとガラーダーグとともにエレヴァンを含むこの地方〔＝アゼルバイジャン〕は，12 の地区，すなわち，オルーミーイェ，アルダビール，タブリーズ，マラーゲ＝ホイ，Kulkham〔＝ハルハール？〕，サラーブ，ゴムルード（Gumrood）〔Pe. Qomrūd?〕，Sa bulagh，ガラーダーグ，エレヴァン，ナヒチェヴァン，メシュキーン（Miskeen）〔Pe. Meškīn〕に分割され，8 万 9405 トゥーマーンの純収益がある。［Kinneir: 149］

　このように，キンネイは，ガラバーグやエレヴァンを含む地域として〈アゼルバイジャン〉を捉えているのである。ここで言う〈ガラバーグ〉がアッラーン地方全体を指しているのか，それよりも狭い領域の呼称であるかは曖昧だが，おそらくは後者であろう。すなわち，キンネイはそもそもアラズ川とキュル川の間の地域を一体とはみなしておらず，ガラバーグ地域のみが〈アゼルバイジャン〉に属すると考えていたのではないだろうか。残されたギャンジャ地域の帰属は曖昧ではあるが，〈グルジア〉の一部とみなしていたようにも読み取れる。

　ガラバーグ地域が〈アゼルバイジャン〉に含まれるという認識は，18〜19 世紀に書かれた他の西ヨーロッパ人の著作の一部でも示される。例えば，ライネッグス著『コーカサスの歴史・地理概観』第 1 巻（1795 年）には，「アゼルバイジャンのカラバーグ（Karabagh in Aderbigana）」という表現がある［Reineggs: I. 206］。1807 年に出版された本書の英語訳でも，全く同じ表現が用いられている［Reineggs（en）: 230］。
　また，外交官としてガージャール朝イランに滞在したマルコム（John Malcolm, 1769-1833）は，『ペルシア史』（1815 年）において，アッバース 1 世の対オスマン帝国遠征と南東コーカサスの再征服を以下のように語る。

> 彼ら〔＝オスマン帝国〕は引き続き，カスピ海沿岸の領土（their posses-

sions along the shores of the Caspian）から，またアゼルバイジャン（Aderbijan），グルジア，クルディスターン，バグダード，マウスル，ディヤールバクルから追いやられ，それらの全てが，このペルシア帝国の帝王の剣によって再び併合された。［Malcolm: I. 541］

このように，本来記されるべきアッラーン地方に該当する地名が見られないのである。「カスピ海沿岸の領土」という表現はあるが，これがアッラーン地方や，シルヴァーン地方の内陸部分を示すとは考えにくい。これらの地域は，〈アゼルバイジャン〉，あるいは〈グルジア〉のどちらかに含まれるものと認識されていた，とみなすことができるかもしれない。なお，これとほぼ同様の表現は，フレイザー著『ペルシアの歴史的・叙景的報告』（1834年）にも見られる［Fraser: 243-244］。

3. ロシア語史料に見る〈アゼルバイジャン〉

イラン世界を訪ね，南東コーカサスに関する記録を残しているロシア人としては，15世紀後半の商人アファナーシイ・ニキーチン（Афанасий Никитин, d. 1470s?）が最初期の1人である。デルベント，シャマフ，バクーといった南東コーカサスの町を訪ねた彼であるが，残念ながら〈アゼルバイジャン〉という地名が示す領域に関する具体的な記述は残していない［中沢（訳）2000: 35-37］。

ロシア語の諸作品が南東コーカサスを本格的に取り上げるようになるのは，ピョートル1世（r. 1682-1725）による同地域の征服が行われた18世紀前半以降のことである。そこでは，時代によって，また作品によって，様々な地理区分が見られる。彼らは，地理的・歴史的・文化的な相違による区分法の他に，ロシア帝国に対して従順か反抗的か，という要素による区分もしていた[10]。

---

[10] 北コーカサスの「チェチェン」と「イングーシ」の事例などはよく知られる。共通の言語・文化・自称を持つ彼らであるが，18世紀末以降，そのうちのロシア帝国に激しく抵抗した東部のグループが「チェチェン」と，従順であった西部のグループが「イングーシ」と名付けられた［中央ユーラシア: "イングーシ", "チェチェン"］。

例えば、ゲールベル（Иогани Густав Гербер, d. 1734）の「カスピ海西岸の国々と人々の報告（Описание стран и народов вдоль заподного берега каспийского Моря）」（1728年）は、コーカサス東部の地方（провинция）を表17のように分割している。グバやタバサラン（Табасаран）を〈レズギスタン〉とされ〈シルヴァーン〉とは別の地方に区分されている点、一方で両地域に隣接するデルベントが〈シルヴァーン〉に分類されている点が興味深い［ИГЭД: 60-120］。

では、実際の行政区分は、どのようであったのだろうか。例えば、19世紀前半、全域がロシアの軍政下に置かれた時代の南東コーカサスは、表18の通り、3つの軍管区（военный округ）に分割されていた。その後、1840年には、カスピ州（Каспийская область）とグルジア＝イメレティア県（Грузино-Имеретинская губерния）が創設され、南東コーカサスは表19のごとく分割された［ПСЗ: собр. 2, т. 15, № 13368］。さらに1867年になると、南コーカサスはティフリス、クタイシ（Кутаиси）、エレヴァン、バクー、エリザヴェートポリの5県に再編される。南東コーカサスの各地は、表20のように分割された［ПСЗ: собр. 2, т. 42, № 45259］。なお、ロシア帝政時代には行政区分の変更が頻繁に行われており、ここで紹介した以外の分割がなされていた時期もある。

いずれにせよ、ロシア帝国による行政区分は、〈シルヴァーン地方〉や〈アッラーン（ガラバーグ）地方〉といった伝統的な区分法には基づいていなかったことが分かる。州や県の名として「アゼルバイジャン」という言葉が用いられることもなかった。

また、コーカサス関係の文書類を地域別、テーマ別に集成した史料集『カフカース考古学委員会文書集成』の第1巻（1866年）では表21のような、第2巻〜第7巻（1868〜1878年）においては、おおよそ表22のような区分法が用いられている［AKAK］。どちらの分類法も、当時の行政区分とは一致していない点が興味深い。いずれにせよ、ロシア語史料の地理区分法に、一貫性を見出すのは困難である。

このように、地方名としての〈アゼルバイジャン〉の拡大は、オスマン語

表17 ゲールベル「カスピ海西岸の国々と人々の報告」における地理区分

ダゲスターン地方	チェチェン，タルキ（Терки〔＝Тарки〕），ブイナク（Буйнак）など
カイタク及びカラ＝カイタク地方（Хайтаки и Карахайтаки〔＝Кайтаг и Каракайтаг〕）	カイタク，カラ＝カイタクなど
シルヴァーン地方	デルベント，ガバラ，バクー，サリヤーンなど
レズギスタン地方（Лезгистан）	カズィ・クムク（Хаси-Кумуки〔＝Казикумук〕），タバサラン，グバなど

表18 ロシア軍政期における南東コーカサスの行政区分の例

ムスリム軍管区	司令部はシュシャ シェキ，シルヴァーン，ガラバーグ，タールシュを管轄
ダゲスターン軍管区	司令部はデルベント バクー，グバを管轄
エリザヴェートポリ軍管区	エリザヴェートポリ（ギャンジャ）を管轄
ジャール＝バラキャン郡（Car-Balakən）	

表19 1840年における南東コーカサスの行政区分

カスピ州	グバ，デルベント，バクー，シャマフ，シェキ，ガラバーグ，タールシュなど
グルジア＝イメレティア県	エリザヴェートポリ（ギャンジャ），ティフリスなどの東グルジア

表20 1867年における南東コーカサスの行政区分

バクー県	バクー，グバ，シャマフ，ギョイチャイ（Göyçay），ジャヴァート，ランキャラーンなど
エリザヴェートポリ県	エリザヴェートポリ，ガザフ，ゼンゲズール（Zəngəzur），シュシャ，ヌハ（シェキ）など

表21 『カフカース考古学委員会文書集成』（第1巻）における地理区分

ザカフカースのムスリム諸領（закавказские мусульманские владения）	ガザフ，ギャンジャ，エレヴァン，ナヒチェヴァン，ヌハ〔Az. Nuxa〕（シェキ），シャマフ，ガラバーグ，バクー，タールシュ，デルベント，タルキ
レズギ人，ジャール人，バラキャン人	

補論 2　各言語の史料に見る〈アゼルバイジャン〉

表 22　『カフカース考古学委員会文書集成』(第 2〜7 巻) における地理区分

ザカフカースのムスリム諸領	ガザフ〔Az. Qazax〕，ギャンジャ (エリザヴェートポリ)，エレヴァン，ナヒチェヴァン，ヌハ (シェキ)，シャマフ (シルヴァーン)，ジャール＝バラキャン，イリス〔Az. İlisu〕，ガラバーグ，バクー，タールシュ
ダゲスターン，レズギ	アヴァル (Авар)，カズィ・クムク，カラ・カイタク，タバサラン，グバ，デルベント，タルキ

や西欧諸語といった，イラン世界の外部で書かれた作品でも見られることが明らかになった。ロシア人の地理認識については，さらなる調査が必要だが，少なくとも 19 世紀以前の段階では，南東コーカサスを指して〈アゼルバイジャン〉という地名を使っている例は，ほぼ存在しない。

　第 2 章，補論 1，補論 2 で得られた結論をまとめたのが，表 23 である。若干の時期のずれがあるとは言え，南東コーカサスの「ソト」で書かれた諸作品では，〈アゼルバイジャン〉が徐々に拡大していくという共通の現象が見られる。一方，南東コーカサスの「ウチ」，すなわち現地住民によって書かれた作品では，そのような現象がほぼ見られないのである。

表 23　各史料群における〈アゼルバイジャン〉の範囲の変遷 (19 世紀半ばまで)

	アッラーンを含む (区分法 D)		シルヴァーンを含む (区分法 E)	
地理書・辞典など	16 世紀後半	17 世紀前半	18 世紀前半	18 世紀後半
ペルシア語史書	16 世紀後半		18 世紀後半	
オスマン語の作品	18 世紀後半		18 世紀後半	
西欧諸言語の作品	18 世紀前半	19 世紀前半	18 世紀前半	なし
ロシア語の作品	なし (？)		なし	
現地住民の作品	なし		なし	

※年代が並記される場合，左が不明瞭な事例が登場した年代，右が確定的な用例が登場した年代を示す

第 3 章

新たな帰属意識の模索
――近代歴史学の祖バキュハノフと〈東コーカサス地方〉――

帝政ロシアによる統治機構が整備されつつあった19世紀前半，南東コーカサスでは新たな世代の知識人たちが登場していた。彼らはイスラーム世界の伝統的な教育を受けつつも，その後，帝政ロシアの軍人や官吏となった者たちであった。それ故に，彼らはロシア，あるいはヨーロッパの学問にも通じており，その点で前時代の知識人とは異なっていた[1]。この世代の知識人の代表として挙げられるのが，アッバースグル・アーガー・ゴドスィー（Az. Abbasqulu ağa Qüdsi / Pe. 'Abbās Qolī Āqā Qodsī, 1794-1847），またの呼び名をバキュハノフ（Az. Bakıxanov / Pe. Bākīḫānūf）である。

　現在，彼に対しては「アゼルバイジャンにおける科学的歴史学の祖」など，非常に高い評価が与えられている［GE（ru）: 3］。また，アゼルバイジャン国立科学アカデミーの歴史学部門は，彼の名を冠して「A・バキュハノフ記念歴史学研究所（A. Bakıxanov adına Tarix İnstitutu）」と命名されている。彼は，同国の代表的な歴史家として，非常に重要視されているのである。

　本章では，この人物の著作の分析を通じて，19世紀前半における南東コーカサスの知識人の学識のあり方を探る。そして，彼がどのような歴史認識・地理認識を有しており，南東コーカサスの民族をどのように捉えていたのかを検証する。

第1節　バキュハノフの生涯と作品

1. バキュハノフの生涯

　バキュハノフは，1794年にバクー近郊のエミールジャーン村（Az. Əmircan

---

[1] ガージャール朝イランやオスマン帝国といったイスラーム世界の他の地域においても，この時期にヨーロッパの学問に通じた知識人が登場している。特にオスマン帝国においては，この時期はタンズィマート期（1839-1876）にあたる。タンズィマートとは，西欧化，近代化を志向した上からの恩恵的改革で，1839年のギュルハネ勅令を端緒とする。改革を推進したのは西欧の言語・知識を身に付けた官僚たちで，法治主義の導入，行政・法律・教育の西欧化，ムスリムと非ムスリム臣民の平等の保障などにおいて，一定の成果を挙げた［岩波イスラーム: "タンズィマート"］。

図40 アッバースグル・アーガー
・バキュハノフ

/ Pe. Amīr Ḥājjīyān）で生まれた。父は，1791年までバクー知事の地位にあっ
たミールザー・モハンマド・ハーン2世（Mīrzā Moḥammad Ḫān-e s̱ānī）であ
る。バキュハノフという呼び名は，Bakı-xan-ovのように分解でき，すなわ
ち，バクー（Bakı）のハーン（xan）に連なる彼の出自に由来している。

　第1次イラン・ロシア戦争のさなかに少年時代を送った彼は，バクーやグ
バのウラマー[2]のもとで，イスラーム神学やアラビア語，ペルシア語などを
学んだ。1817年にはティフリスに移住する。グルジア系であった母の伝手
をたどってのことで，この際はこの町にあった母方の叔父の家に住んだ。ロ
シア語やフランス語を学んだのも，この頃のことと思われる。

　1820年にはロシア軍に入り，翌年から翻訳官としてティフリスのロシア
軍司令部で勤務を始めている。彼の軍人・翻訳官としての経歴のうちで最も

2）クルアーン学，法学，神学，アラビア語学などのイスラーム諸学を修めた知識人。官
　僚，裁判官，学者，教師，モスクの導師など様々な職を務めた［岩波イスラーム: "ウ
　ラマー"］。

重要なものとしては，1828年のトルコマンチャーイ条約の交渉会議への参加が挙げられる。また，その直後，露土戦争（1828-1829）に従軍し，陸軍大佐（полковник）に昇進した。この際，やはりこの戦争に従軍していたプーシキンとエルズルム（Erzurum）[3]で出会っている。

その後，ワルシャワやサンクトペテルブルクでの短い滞在を経て，1834年にティフリスに帰還する。この際，アーフンドザーデ（第4章で詳述）と出会い，親交を結んだ。また，当時ティフリスに追放されていた文豪レールモントフも属する文学同好会に，アーフンドザーデとともに参加していたという。

1835年以降はグバに居住し，精力的に執筆活動を行った。1845年には，メッカ巡礼へと出発。タブリーズ，イスタンブル，エジプトを経てそれを果たすが，その帰路，メッカとメディナの間の地で1847年に死去した［Floor & Javadi（tr.）2009: vii-xiii; Гусейнов 1958: 79-81; Məmmədov 2006: 305］。

2．バキュハノフの作品群

バキュハノフは，ペルシア語，アラビア語，テュルク語，ロシア語といった多様な言語で作品を著している。また，その分野も，歴史学，地理学，言語学，宗教，論理学，哲学，天文学，小説，詩など，非常に多岐にわたっている。彼の学識と関心分野の幅広さ，言語の才能が見て取れる。

彼の作品の中でも特に興味深いのは，ペルシア語の文法書である『ゴドスィーの規則 *Qānūn-e Qodsī*』である。1831年に石版本の形態で出版された[4]この作品は，史上最初のペルシア語教科書とも評価されている。1841年にはロシア語に翻訳され，『簡約ペルシア語文法 *Краткая грамматика персидского языка*』という題で，ティフリスにおいて出版された。この作品は，南東コーカサスの現地住民，あるいはロシア人の学校の授業で，実際に用いられていたようだ［Floor & Javadi（tr.）2009: xiii-xiv］。

アメリカ大陸の地理やその発見史に関する知識を提供する『驚異の発見

---

3) アナトリア半島東部の町。現在はトルコ共和国領。古くから通商・軍事上の要衝として発展した。

4) 'Abbās Qolī b. Mīrzā Moḥammad Ḫān Bādkūbī, *Qānūn-e Qodsī*, lithography, Teflīs, 1247h.

Kašf al-ġarāyeb』は，1830年にペルシア語で書かれた。当時最先端の知識が南東コーカサスに紹介された例として興味深い。その点では，天文学に関するアラビア語作品『マラクートの秘密 Asrār al-Malakūt』（1839年）[5]も同様である。バキュハノフは1846年にイスタンブルに立ち寄った際，この作品の写本の1つをオスマン帝国スルタン，アブデュルメジト1世（r. 1839-1861）に献呈している。

バキュハノフの著作には，宗教や思想に関するものも多い。彼の最初期の作品である『聖なる庭園 Riyâẓ ül-qüds』は，イスラーム教の教義やシーア派のイマームに関するテュルク語作品である。論理学に関するアラビア語作品『均衡の泉 'Ayn al-mīzān』は，1840年に写本の1冊がカーゼム＝ベク（第7章で詳述）に寄贈されたことでも知られる。1832年にペルシア語で書かれた倫理・哲学書『道徳の浄化 Tahẕīb al-aḫlāq』は，イスラーム世界のみならず，古代ギリシアや近代ヨーロッパの哲学者たちの思想も取り入れている。

文学の分野では，テュルク語による短編小説『エスゲルの書 Kitâb-ı 'Əsgəriyyə』の他，アラビア語，ペルシア語，テュルク語の詩を多く残している［Həbiboğlu 1992; Гусейнов 1958: 77-79; Bakıxanov (ru): 13-17; GE a: vii-xi］。なお，ここまでで紹介した作品の大半は現代アゼルバイジャン語への翻刻・翻訳がされており，それらをまとめた作品集が利用できる［Bakıxanov］。

バキュハノフは，他にも多くの小論をロシア語で残している。これらの多くはロシア当局に提出された報告書の類で，アラビア語，ペルシア語，テュルク語で書かれた作品と内容的に重複するものも多い。これらに関しては，ブニヤードフらの編集による全集が1983年に出版された［Bakıxanov (ru)］。

このように多くの作品を残したバキュハノフであるが，その代表作とされるのがペルシア語による歴史書『エラムの薔薇園 Golestān-e Eram』である。1841年に完成した本書は，古代から19世紀初頭までの，シルヴァーン地方及びダゲスターン地方の通史である。本文は全5章であり，それに前文，序章，終章が付される。ナーデル・シャーの死（1747年）からゴレスターン条約締結（1813年）までを扱った第5章は，史料の少ない18世紀後半という

---

5) キリル文字アゼルバイジャン語への翻訳が存在する。Аббасгулу аға Бакиханов, Əсрарул-мəлəкут (каинатын сирлəри), Бакы, 1985.

時代の貴重な情報を多く含んでおり，特に価値が高い。

また，『エラムの薔薇園』には，バキュハノフ自身の手によるロシア語訳（1844年完成）が存在し，ブニヤードフの編注によって刊行されている［GE (ru)］。その内容は，基本的にペルシア語版と一致するが，興味深い相違点も見られる。

なお，この作品の前文及び序章の全訳を付録 3 として収録した。こちらも適宜参照されたい。

第 2 節　バキュハノフと近代的歴史学

1.『エラムの薔薇園』の文体の特徴

『エラムの薔薇園』は，非常に簡潔な文体で書かれている。同時代や先行する時代のペルシア語史書に多く見られる，美文調の比喩表現や，対句，韻にこだわった表現は，前文以外ではほとんど使われていない。この点に関しては，著者自身が「平易で簡潔な表現によって内容を記述」した，と述べている通りである［GE a: 3］。

しかし，このことは，必ずしも読解の容易さを意味しない。『エラムの薔薇園』では，単語の省略が非常に多く，語法に独特な部分もあるため，しばしば文脈の把握が困難である。とりわけ，名詞や形容詞と結び付いて「〜する」という能動的な複合動詞を作る "kardan (namūdan, sāḫtan)"，同様に受動的な複合動詞を作る "šodan (gardīdan)" などの一部の動詞は，頻繁に省略される。また，存在動詞・繋辞である "būdan" も，省略されることが多い。

『エラムの薔薇園』は，年代の表記法も独特で，多くの場合，「年」を意味する "سنه (sane)" という単語の上下に数字で年代が記される。写本によって，また，箇所によって異なるが，多くの場合，上にヒジュラ暦，下にユリウス暦の年代が書かれる。また，その後さらにペルシア語の数詞を用いて，改めてヒジュラ年を記す場合が多い（図41，図42）。まずヒジュラ暦を示し，そこにユリウス暦を付け加えるという年代表記の方法は，ロシア語版でも同

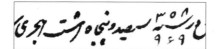 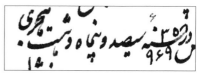

図 41　年代表記の例［GE M-49: 3b］　　　図 42　年代表記の例［GE Б-2268: 3b］

様である。

　また，第 5 章では月日まで記されることが増え，その場合，ヒジュラ暦ではなく，ユリウス暦による日付が用いられている。例えば，ロシア女帝エリザヴェータの死亡は，「〔ヒジュラ暦〕1174／〔西暦〕1761 年 12 月 25 日」とされており，これは事実に一致している［GE a: 224］。なお，19 世紀後半以降の南東コーカサスでは各月の名にロシア語の月名の音訳が使われるようになるが，『エラムの薔薇園』では，オスマン帝国で用いられていた財務暦であるルーミー暦の月名が用いられている（表 24）。

　ただ，『エラムの薔薇園』の暦法については，若干の疑問点も残る。例えば，ガージャール朝君主アーガー・モハンマド・ハーンの暗殺事件は「〔ヒジュラ暦〕1211 年／〔西暦〕1797 年 6 月 12 日」とされ，Б-2268 写本のみ「〔ヒジュラ暦〕1211 年ズー・アル＝ヒッジャ月 21 日／〔西暦〕1797 年 6 月 12 日」となっている［GE a: 230; GE Б-2268: 71b］。ところが，ズー・アル＝ヒッジャ月 21 日に相当するのは，ユリウス暦 6 月 5～6 日なのである[6]。「ズー・アル＝ヒッジャ月 21 日」というヒジュラ暦の日付は他のペルシア語史書にも見られるため，間違いない［NT: I/ II. 84; FN: I. 666］。また，『エラムの薔薇園』ではエカチェリーナ 2 世の死が 1796 年 11 月 9 日とされているが，実際の日付は 11 月 6 日である［GE a: 228］。これらの齟齬は，単純な計算間違いか書き間違いによるものと思われるが，『エラムの薔薇園』における月日の表記が純粋なユリウス暦ではないという可能性も残る。

　さて，『エラムの薔薇園』には，ロシア語に由来する単語が多く導入されている。それらの語の転写に関して例外なく当てはまる規則を見出すことはできないが，大まかに言って，次のような傾向が見られる。まず，ロシア語

---

6) ヒジュラ暦の 1 日は日没から始まるため，ユリウス暦に換算すると 2 日にまたがることとなる。

表24 『エラムの薔薇園』の月名

1月	kānūn-e āḫer	4月	nīsān	7月	記載箇所なし	10月	tašrīn-e avval
2月	šobāṭ	5月	māyes	8月	āġustūs	11月	tašrīn-e s̱ānī
3月	mārt	6月	ḥazīrān	9月	eylūl	12月	kānūn-e avval

において母音が付される箇所には，長母音を示すアラビア文字が当てられる場合が多い。ただし，無アクセントの母音（とりわけ軟母音）は，文字表記上，しばしば無視される。

例えば，"Екатерина" は "YQAṬRYNA"，"генерал-майор Булгаков" は "JNRAL MAYVR BVLĠAKVF" と転写される［GE a: 209, 226］。これらは，それぞれ "Yaqāṭarīnā"，"Janarāl Māyūr Būlġākūf" のように，短母音を適切な箇所に補いつつ読むものと思われる。また，"Прокопий" は "PRAKVPY" と転写され，"Prākūpī" と読むものと思われる［GE a: 13］。第1音節の無アクセントの "o" が，ロシア語の実際の発音に近い "ā" と転写されている点が興味深い。

これらの例からも分かるように，バキュハノフのロシア語転写法は，単純な文字の置き換えではない。語末子音の無声化をはじめとする発音規則は基本的に守られ，また，軟子音と硬子音の区別，無アクセント母音の発音変化なども考慮されているように思われる。綴り字をある程度意識しながらも，実際の発音の方をより重視した転写法であると言えよう。

2. バキュハノフの語る「歴史学」

バキュハノフは，『エラムの薔薇園』を「歴史学（'elm-e tārīḫ）」の作品とし，その意義や方法論を，前文において簡潔に解説している［GE a: 1-3］。

まず彼は，「過去の出来事の経緯こそ，未来への訓示」と述べる。そして，その上で，「歴史学は，人々を，品行の方正さと学識への通暁，実生活における利益と慎み深い教養へと導く」と言明する。すなわち，教養・学識の獲得と，現在や未来に対する教訓が，歴史学の目的と論ずるのである。この非常に啓蒙主義的な歴史学の捉え方は，18世紀のヨーロッパ史学，とりわけヴォルテール（1694-1778）などの影響を受けている可能性がある［cf. 佐藤

2009: 203-220]。

　その後，バキュハノフは，「諸々の事件の前後関係に留意すること」，「特定の民族（mellat）に対する贔屓目や，特定の国に対する支持を避けること」，「信頼のおける言葉をそれぞれの内容の論拠とすること」を心掛けたと述べる。また，叙述の情報源，すなわち史料として彼が利用したのは，「様々な著作物，スルターンたちの勅令，貨幣の銘文，建物の遺構，色々な人々の発言」である。そして，それぞれの情報に相違が生じた場合は，「理性に基づいた類推と推論の力に頼」った，としている。このあたりは，近代歴史学の方法論とも共通する点が多い。

　さらに，「実際の出来事の話の他に，架空の話もまた我々にとって好ましい」とする。実際，彼はこういった神話的・伝説的な情報を多く収集し，読者にその一部を紹介している。しかしながら，それらは，あくまでも「伝説」として紹介されるのみであり，「歴史的な事実」とは明確に区別されている。その意味でも，『エラムの薔薇園』の記述は，「理性に基づいた」とする彼の言葉に違わぬものとなっている。

　架空的な要素に対する彼の態度が端的に窺えるのが，18世紀後半のグバ知事，ファトフ・アリー・ハーン（第1章第3節第1項参照）の出自に関する記述である。バキュハノフの父ミールザー・モハンマド・ハーン2世は，ファトフ・アリー・ハーンの甥（姉妹の子）であると同時に，娘婿でもあった（図43）。バキュハノフは，自身とも血縁関係を持つこの人物に対して，崇敬・憧憬の念を少なからず抱いていたようである。

　さて，18世紀後半から19世紀前半に書かれたペルシア語文献の中には，ファトフ・アリー・ハーンの出自に触れているものがある。例えば，『歴史の概要』は，「その系譜はアヌーシーラヴァーン[7]にまで遡る」と記す［MT: 190］。また，『旅の庭園』には，「殉教したサイイドであるハムザ[8]の娘の子孫，と言われる」とある［BS: 415］。このように，他の史料が彼の出自に関して語るのは，伝説的な要素を多く含む情報である。

7）サーサーン朝君主ホスロウ1世（r. 531-579）のこと。
8）預言者ムハンマドの叔父であるハムザ・ブン・アブド・アル＝ムッタリブ（Ḥamzah b. 'Abd al-Muṭṭalib）を指すと思われる。

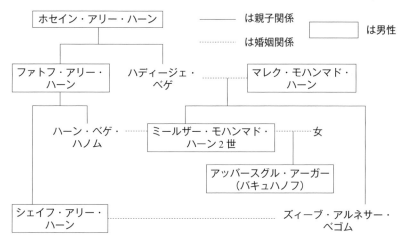

図43　ファトフ・アリー・ハーンとバキュハノフに関する家系図

　一方で，『エラムの薔薇園』に記された彼の系譜は，17世紀後半にグバ知事に任命されたホセイン・ハーン（Ḥoseyn Ḫan）に遡るのみであり，上で述べたような神話的・伝説的な情報には一切触れていない［GE a: 156-157］。バキュハノフの理性的・実証的な学問態度が際立つ事例と言えよう。

3. バキュハノフと新たなる学問

　『エラムの薔薇園』の本文は，多種多様な情報源に基づいて記述されている（表25，表26）。注目すべきは，それらの中に，古代ギリシア・ローマの著作家たちの作品や，同時代における西欧やロシアの東洋学者たちの研究成果が含まれている点である。これらの「新知識」は，ロシアを経由してもたらされたものであった。バキュハノフは，これらの作品の大半をロシア語で読んでいたものと思われる[9]が，一部の作品はフランス語で読んでいたかもしれない。

　彼が「新知識」を用いるのは，古代史やロシア史に関する部分が主である。つまり，「伝統的」なイスラーム史学には記されていない箇所を記述する際の情報源として用いているのが基本なのである。しかし，それだけでは

---

[9] 著作家たちの名前の転写の多くがロシア語形をもとにしていることから，そのことが推測される。付録3も参照。

表25　『エラムの薔薇園』で引用される「伝統的」な作品（著者名や書名が明記されているもの）

No.	書名	著者	引用頁	参照文献等
		アラビア語史書		
1	諸使徒と諸王の歴史 Tārīḫ al-rusul wa-al-mulūk	Ṭabarī	23, 50	
2	黄金の牧場と宝石の鉱山 Murūj al-ḏahab wa-ma'ādin al-jawāhir	Mas'ūdī	6, 13, 26, 47, 66, 67	
3	完史 al-Kāmil fī al-tārīḫ	Ibn Aṯīr	66	
4	〔不詳〕	Moḥammad Rafī' b. 'Abd al-Raḥīm Šīrvānī	9, 70	Minorsky 1958: 8-9
		ペルシア語史書		
5	歴史の配列 Niẓām al-tavārīḫ	'Abd Allāh b.'Omar Beyẓāvī	39, 105	Floor & Javadi（tr.）2009: 78
6	選史 [TG]	Ḥamd Allāh Mostowfī	23, 24, 47, 48, 50, 56	表15: No. 9
7	勝利の書 [Yazdī]	Šaraf al-Dīn Yazdī	24, 88	表15: No. 10
8	歴史の精髄 Zobdat al-tavārīḫ〔=帝王の歴史集成〕[ZTḤ]	Ḥāfeẓ-e Abrū	91	表15: No. 11
9	清浄の園 [RṢ]	Mīr-ḫⱽānd	9, 23, 24, 31-32, 48, 56, 79	表15: No. 12
10	諸情報の要約 Ḫolāṣat al-aḫbār	Ḫⱽānd-amīr	24, 32, 48	
11	諸伝記の伴侶 [ḤS]	Ḫⱽānd-amīr	9, 12, 51, 94, 110	表15: No. 14
12	世界を飾る歴史 [TJA]	Qāẓī Aḥmad Ġaffārī Qazvīnī	105	表15: No. 17
13	アッバースの世界を飾る歴史 [TAAb]	Eskandar Beyg	110	表15: No. 20
14	歴史の精髄 [ZTM]	Moḥammad Moḥsen Mostowfī	191, 196	表15: No. 23
15	ナーデルの書 Nāder-nāme〔=ナーデルの世界を開く書〕[JN]	Mīrzā Mahdī Ḫān Astarābādī	196	表15: No. 28
16	ギーラーン史 Tārīḫ-e Gīlān	'Abd al-Fattāḥ Fowmanī	117	
17	王にふさわしき偉業 [MS]	'Abd al-Razzāq Donbolī	220	表15: No. 40
		アラビア語・ペルシア語地理書		
18	諸国と諸道の書 [Ibn Ḫurdāḏbih]	Ibn Ḫurdāḏbih	34	表3: No. 2
19	大地の姿 [Ibn Ḥawqal]	Ibn Ḥawqal	7, 47	表3: No. 7
20	驚異の地図 Ḫarīṭat al-'ajāyeb〔=驚異の真珠と珍奇の宝石 Ḫarīdat al-'ajā'ib wa farīdat al-ġarā'ib〕	'Omar b. Vardī	47	
21	諸都市辞典 [Yāqūt]	Yāqūt	12, 14, 34	表3: No. 12
22	諸都市の評定 [Abū al-Fidā']	Abū al-Fidā'	5, 26	表3: No. 13
23	心魂の歓喜 [NQ]	Ḥamd Allāh Mostowfī	14, 39	表3: No. 15

第3章 新たな帰属意識の模索 | 133

24	芳しき庭園［RM］	Muḥammad al-Ḥimyarī	50	表3: No. 17
25	七気候帯［HE］	Amīn Aḥmad	6	表3: No. 20
26	旅の庭園［RyS 1; RyS 2］	Zeyn al-'Ābedīn Šīrvānī	64, 107	表3: No. 29
ペルシア語伝記			
27	詩人伝 Taẕkerat al-šo'arā	Dowlat-šāh Samarqandī	92, 97, 105, 272	
28	アーザルの拝火神殿［AA］	Loṭf 'Alī Beyg Āẕar	254	表3: No. 27
29	心魂の生気 Ḥayāt al-qolūb	Moḥammad Bāqer	38	
ペルシア語叙事詩			
30	王書［Ferdowsī］	Ferdowsī	14	第1章第2節第2項
31	ホスロウとシーリーン［Neẓāmī］	Neẓāmī	49	第1章第2節第2項
32	イスカンダルの書［Neẓāmī］	Neẓāmī	7, 14, 31, 32, 34	第1章第2節第2項
テュルク語の諸作品			
33	デルベントの書［Derbend-Nâmeh］	〔不詳〕	9, 13, 15, 21, 36, 44, 51	
34	カリフたちの花園 Gülşen-i ḫulefâ	Nazmî-zâde Murteẓâ	98	
35	世界の鏡［CN］	Kâtip Çelebi	15, 38, 61, 63	補論2第1項
その他			
36	クルアーン	──	15, 34, 36	
36	素晴らしき花嫁の絶妙なる技芸 Nafāyes al-fonūn fī 'Arāyes al-'Oyūn	Moḥammad b. Maḥmūd Āmolī	269	ペルシア語百科事典
詳細不明			
37	〔不詳〕	Imām Faḫr Rāzī	39	
38	精華 Noḫbe〔＝諸情報の精華 Noḫbat al-aḫbār〕	'Abd al-Vahhāb Šīrāzī	99	cf. Floor & Javadi (tr.) 2009: 75

※「引用頁」の欄は，GE a の該当頁を示す．

表26 『エラムの薔薇庭』で引用される「新知識」（著者名や書名が明記されているもの）

No.	書名	著者名	原文の表記	引用頁
1	歴史	ヘロドトス	── / Harodūt	13, 30
2	地理誌	ストラボン	── / Estrābūn	17, 40
3	アレクサンドロス大王伝	クイントゥス・クルティウス・ルフス	Tārīḫ-e Eskandar / Kvīnṭ Kūrsī	36, 38
4	博物誌	プリニウス	── / Plīnī	12, 17
5	対比列伝	プルタルコス	── / Plūtārḫ	40
6	地理学	プトレマイオス	── / Baṭlamyūs	9, 12, 13, 14, 28
7	歴史	アンミアヌス・マルケリヌス	── / Āmmiyān Mārṣallīn	10, 12
8	歴史	プリスクス	── / Prīsq	11
9	戦史	プロコピオス	── / Prākūpī	13
10	原初年代記	年代記作家ネストル	── / Nasṭūr-e movarreḫ	20

	邦訳/原文の表記	著者	原文の表記	引用頁
11	アルメニア史	モヴセス・ホレナツィ	—— / Mūsā Ḫūranskī	6, 10, 13, 28
12	アルメニア史	ミカエル・チャムチヤン	Tārīḫ-e Armanīye / Čāmčiyān	6, 9
13	要約古代地理 Géographie ancienne abrégée	ジャン=バプティスト・ブルギニョン・ダンヴィル	—— / Dānvīl	25
14	信頼できる典拠より収集し、年代順に並べた、ロシアの聡明なる指導者ピョートル大帝の諸事績 Деяния Петра Великого, мудрого предводителя России, собранные из достоверных источников и расположенные по годам	イヴァン・ゴーリコフ（Иван Иванович Голиков, 1735-1801）	Tārīḫ-e aʿmāl-e Peṭr / Ġūlīkūf	161
15	ロシア国家の歴史 История государства российского	ニコライ・カラムズィーン	—— / Qarāmzīn	19, 25, 27, 32
16	ピョートル1世の治世の歴史 История царствования Петра I	ニコライ・ウストリャーロフ（Николай Герасимович Устрялов, 1805-1870）	—— / Ūstrelūf	176
17	普遍史 Allgemeinen Weltgechichte	ヨハン・クリストフ・ガッテレル	—— / Ġātarar	13
18	フン、テュルク、モンゴル、その他の西方のタタールの普遍史 Histoire générale des Huns, des Turcs, des Mogols, et des autres Tartares occidentaux	ジョセフ・ド・ギーニュ	—— / Daġīn	13

※著者名の原綴は，付録3なども参照
※「原文の表記」の欄は，左側が書名，右側が著者名を示している
※「引用頁」は，GE a の該当頁を示す

ない。時には，イラン史やイスラーム史に対するヨーロッパからの視点が紹介される。例えば，サファヴィー朝のアッバース1世に関して，以下のような記述が見られる。

〔前略〕支配者たちの価値を，他〔の支配者〕からの卓越性によって峻別するヨーロッパ（Orūpā）の数々の歴史書において，この学問を友とし技芸を庇護する帝王は，「大帝（Kabīr）」の称号を与えられ，今でも，貴賎問わず人々の間で，正義を広めし者として知られている。[GE a: 153]

「伝統的」な学識と「新知識」から得た知見が折衷されている箇所もある。

アレクサンドロス大王に関する記述が，その典型例である。イスラーム世界ではイスカンダルとして知られるこの人物と南東コーカサスとの関わりを，バキュハノフは以下のように記している。

> 〔前略〕シェイフ・ニザーミー・ギャンジャヴィーは『イスカンダルの書』において，以下のように詠んでいる。イスカンダルは遠征の最中，拝火教徒たちがいるアルメニアへと至った。狩りに興じ，バルダーの国に通りかかった。〔中略〕その地には，ヌーシャーベ（Nūšābe）という名の女性の支配者がいた。〔中略〕イスカンダルの約400年後に書かれたクイントゥス・クルティウス（Kūyent Kūrsī）〔Quintus Curtius Rufus, 1 c.〕の『アレクサンドロス大王伝 Tārīḫ-e Eskandar』には，いくらかの相違を含み順番が前後しながらも，この出来事の多くが記されている。ヌーシャーベは，まさにイスカンダルと恋に落ちたアマゾネス（Āmāzūnī）の女王のことである。[GE a: 34-40]

ここでバキュハノフが言及しているアマゾネスの女王の逸話は，『アレクサンドロス大王伝』の第6巻第5章に見られる。それによると，アマゾネス族の女王タレストリスは，「カウカソス〔＝コーカサス〕山脈からパシス川[10]にかけてのすべての民を支配していた」。アレクサンドロスの噂を聞きつけた彼女は，彼との会見を求めて国を出た。そして，アレクサンドロスとの間に子をなすことを望み，その希望が叶えられた後に自身の国へ帰っていったという［谷・上村（訳）2003: 208-210］。

このように，バキュハノフは，ヌーシャーベをタレストリスに同定し，イスラーム世界における「イスカンダル」像と，ギリシア・ローマ史家の語る「アレクサンドロス」像の摺り合わせを試みているのである。彼は「伝統的」なイスラーム世界の学問を基本としつつも，時にその不足部分を「新知識」によって補い，時に両者の成果を折衷することで，独自の歴史観を形成していると言えよう。

ペルシア語史書におけるヨーロッパ東洋学の影響を論じた守川知子は，ペ

---

10) 現ジョージアのリオニ川（Риони）。コーカサス山脈から西に流れ，黒海に注ぐ。

ルシア語の普遍史においてヨーロッパの学問の知識が取り入れられた最初期の事例として、1876 年に石版印刷で出版された『イランの歴史 Tārīḫ-e Īrān』を挙げている［守川 2010: 16］。しかし、『エラムの薔薇園』は、それに 30 年以上先行して、ヨーロッパ東洋学の成果を取り入れているのである。ロシアの支配下にあった南東コーカサスという地域の特殊性や、イラン史と地方史という作品の性質違いはあるものの、興味深い事例と言えよう。

第 3 節　バキュハノフの歴史認識と地理認識

1.〈東コーカサス地方〉

　バキュハノフは、『エラムの薔薇園』を「シルヴァーン地方とダゲスターン地方」に関する歴史書とし、序章において、それらの領域を明確に定義している。その内容をまとめると、この作品の叙述対象地域の南の境界はキュル川、北の境界はテレク川（Терек）[11]である。東の境界は、当然、カスピ海となる。西の境界は複雑だが、南の方ではキュル川からガヌフ川[12]が境界となっており、北の方ではグルジアやオセチア、チェルケスといった地域よりも東側が叙述の対象となる［GE a: 4-6］。

　大まかに言って、これは、現在のアゼルバイジャン共和国の東部、及びロシア連邦ダゲスタン共和国やチェチェン共和国などに相当する領域である。コーカサス地方の東部、という言い方もできる。バキュハノフ自身は、この領域を単に「シルヴァーン地方とダゲスターン地方」などと呼び、両地方を合わせた呼び名は、特に設定してはいない。しかし、本文の内容から、彼が

---

11) ジョージア領の水源から北コーカサスの各共和国を流れ、カスピ海に注ぐ。

12)「ガヌフ（Qanıx）」、あるいは「ガヌフチャイ（Qanıxçay）」はアゼルバイジャン国内の呼称。国際的には「アラザニ川（En. Alazani / Ru. Алазани）」と呼ばれる。コーカサス山脈中の水源からジョージア東部を経て、アゼルバイジャンとジョージアの国境を流れていく。アゼルバイジャン国内でミンゲチェヴィル貯水池（Mingəçevir su anbarı）に注ぎ、キュル川に合流する。

この両地方を一体のものと認識していたことは明らかである。いわば〈東コーカサス地方〉と呼称すべき領域が，叙述の対象となっているのだ。

バキュハノフが〈東コーカサス地方〉という地理認識を抱いていたことは，ロシア語版『エラムの薔薇園』が，当初『カフカース地方東部の歴史 *История восточной части Кавказа*』という書名であったということからも窺えよう［GE（ru）: 4-6］。また，ロシア語版の『エラムの薔薇園』には，両地方の領域を指して「カフカース地方東部（восточная часть Кавказа）」と表現している箇所が存在する［GE（ru）: 26］。さらに，ロシア語で書かれた小論「バクー・ハーン国の歴史より（Из истории бакинского ханства）」においても，ファトフ・アリー・ハーンの最終的な勢力範囲を「カフカース地方東部」と表現した箇所が存在する［Bakıxanov（ru）: 167］。

一方で，『エラムの薔薇園』においては，「南コーカサス」に該当する地理認識がほとんど見られない。〈ザカフカース〉という地理概念をロシア語の作品では繰り返し用いているにもかかわらず，である。『エラムの薔薇園』において，グルジアやアルメニアの歴史は，〈東コーカサス地方〉との関係史において言及される程度である。コーカサス地方を南北で区分する現在の地理認識とは対照的な地理認識と言えよう。

また，興味深いのは，キュル川以西，すなわち，ガラバーグ（アッラーン）地方が〈東コーカサス地方〉に明確には含まれていない点である。先の領域の定義に従えばガラバーグ地方は本書の記述の対象外ということになる。しかしながら，本文の叙述からは，ガラバーグ地方と〈東コーカサス地方〉との一体性も，かなりの程度意識されているように見受けられる。

それが最もはっきりと表れているのが，終章である。章題は「シルヴァーン地方とその周辺の地域〔の人物〕のうち，著作を行っている者や，その他の美点によって書き記すにふさわしい人物たちのあり様に関して」であり，つまりは偉人列伝である。この章の記述は，以下のような文章で始まる。

> それぞれの集団（tāyefe）のものごとの達成の程度（martabe-'e kamālāt）や，そのあり様と状況の素晴らしさは，彼らの遺物や著作からよく知ることが可能である。町や建物の遺構は数多く，またよく見られる。〔一

例を挙げれば,〕アッラーンの町にあるシャムウーン〔＝シメオン〕様——彼に平安あれ——の聖域，シャマフの町と古都ギャンジャとバルダーにある高貴なる3つのイマームザーデ[13]，ビュルビュレ（Bolbole?）〔Az. Bülbülə〕村にあるもう1つのイマームザーデ，バクーにあるビービー・ヘイバトの聖廟（āstāne-'e Bībī Heybat）——イマーム・ムーサー・カーズィム[14]の娘ハリーメ・ハトゥン（Ḥalīme Ḫātūn）の名でもって祝福される——，シルヴァーン地方のゴブスターン（Qābestān-e Šīrvān）にあるスーフィー・ハミードの墓（torbat-e Ṣūfī Ḥamīd），〔後略〕。[GE a: 252]

ここではシルヴァーン地方のものと並んで，アッラーンやギャンジャやバルダーといった町の建築物や遺構が言及されている。また，この章では24人の学者や聖者，詩人たちが紹介されているが，その中の5人がアッラーン地方出身の人物である（表27: No. 2, 3, 4, 8, 20）。

このように，少なくとも終章においては，アッラーン地方が「シルヴァーン地方とその周辺の地域」に含まれている。バキュハノフの地理認識において，ガラバーグ地方とシルヴァーン地方の一体性は両論併記的であった言えよう。両地方の一体性が明確になっていないという点は，〈アゼルバイジャン〉という地理概念の成立過程を考える上で，非常に興味深い事例である。また，表27の中に，アーザルバーイジャーン出身の人物が1人も挙げられていない点にも注意しなくてはならない。バキュハノフは，アーザルバーイジャーンには連帯意識を抱いていないのである。

バキュハノフが〈アゼルバイジャン〉と〈シルヴァーン〉を別の地方として認識していたことは，以下の2つの引用箇所からも明らかである。

アブー・アル＝カースィム・ユースフ・ブン・アビー・アッ＝サージュ（Abū al-Qāsim Yūsuf b. Abī al-Sāj）は，カリフ，ムクタディル・ビッラーによって，〔ヒジュラ暦〕296／〔西暦〕909年からの10年間，アルメニアとアゼルバイジャンの太守となった。また，彼はシルヴァーン地方も統

13）「エマームザーデ」とも言う。シーア派イマーム（最高指導者）の子孫のこと。また，彼らを祀った墓廟も意味する〔岩波イスラーム: "エマームザーデ"〕。
14）シーア派（12イマーム派）第7代イマーム。

表27 『エラムの薔薇園』終章に収録されている偉人たち

No.	名前	生没年	出生地	引用頁
1	Mowlānā Šeyḫ Abū ʿAbd Allāh ʿAlī Bākūyī	d. 1051	バクー？	253–254
2	Mahsatī Ganjavī		ギャンジャ	254–255
3	Neẓāmī Ganjavī	d. 1181	ギャンジャ	255–258
4	Abū al-ʿAlī Ganjavī		ギャンジャ	258–259
5	Ḫāqānī Šīrvānī	d. ca. 1194	シャマフ近郊	259–263
6	Falakī Šīrvānī		シャマフ	263–264
7	ʿEzz al-Dīn Šīrvānī		シャマフ？	264–266
8	Mojīr al-Dīn Beylāqānī		ベイラガーン	266–267
9	Seyyed ʿĀlī-Meqdār Ẕū al-Feqār Šīrvānī		シャマフ？	267–269
10	Abū Saʿīd Abdāl Bākūyī		バクー？	269–270
11	Mowlānā Seyyed Yaḥyā Bākūyī		バクー？	270
12	Mowlānā Šeyḫ Mollā Yūsof Meskūrī	b. mid 8 c. A. H.	グバ	270
13	Abū Ṭāher Šīrvānī		シャマフ？	270–271
14	Seyyed Ḥasan Šīrvānī		シャマフ？	271
15	Badr Ṣāḥeb-e Qadr Šīrvānī		シャマフ？	271–272
16	Mowlānā ʿAbd al-Rašīd b. Ṣāleḥ Bākūyī	b. 1403	バクー？	272–273
17	Mowlānā Kamāl al-Dīn Masʿūd Šīrvānī	d. 1500	シャマフ？	273
18	Mowlānā Masʿūd Šīrvānī		シャマフ？	273
19	ʿAbdī Šīrvānī		シャマフ？	274
20	Moṣāḥeb Ganjavī		ギャンジャ	274–275
21	Mowlānā Mollā Mīrzā-ye Šīrvānī		シャマフ？	275
22	Mollā Moḥammad b. Mollā Najaf ʿAlī Bākūyī		バクー？	276
23	al-Ḥājj Moḥammad Čalabī ʿAlījī Qolhānī	d. 1223/ 1808	不明	276
24	Ḥājjī Zeyn al-ʿĀbedīn Šīrvānī	b. 1779	シャマフ	276–270

※「生没年」は原文に記述のあるもののみを記載

治していた。[GE a: 65]

ハザル人たちは，両海の間の地〔＝カフカース地方〕を占拠し，スラヴ人その他の多数の部族を自らに従えた。そして，〔東〕ローマ皇帝たちと和平を結んで，カフカース地方（diyār-e Qāfqās）からアルメニアとア

ゼルバイジャンへと向かい，ペルシア人とアラブ人の王たちと戦った。
［GE a: 25］

他にも，様々な箇所で「シルヴァーン地方とアルメニア地方とアゼルバイジャン地方」のように両者を別の地域として列挙する表現が繰り返し用いられる［e.g. GE a: 39, 85, 105］。また，彼のロシア語作品でも，同様の用例が見られる［e.g. Bakıxanov（ru）: 164, 268-269］。一方で，彼の作品の中に，アラズ川以北の地域に対して〈アゼルバイジャン〉という呼称が用いられる例は確認できない。第2章及び補論1で言及したように，19世紀のイラン史家たちの間では南東コーカサスを指して〈アゼルバイジャン〉と呼ぶことが一般的になっていたが，そのような用法はバキュハノフには見られないのである。ただし，彼は補論1で言うところの「イラン世界の北西方面を示すアゼルバイジャン」は用いている［e.g. GE a: 77, 91］。

ところで，『エラムの薔薇園』は，〈カフカース〉という地名をしばしば用いている。この語は，後の時代のペルシア語においては"Qafqāz"と表記されるのが一般的になるが，バキュハノフは，"Qāfqās"という表記を用いている[15]。この表記は，ロシア語における呼称「カフカース（Кавказ）」に基づくものと思われ，先に述べた彼のロシア語の転写法にも一致している。

その上で，バキュハノフは，"Qāfqās"が，カーフ山（Qāf）とカスピ族（Qāspī）の合成語であるという，注目すべき語源説を示す［GE a: 15］。「奇説」とも言えるこの説を分析することで興味深い問題が生じるようにも思われるが，この説の出所や普及の程度等，いまだ不明な点も多い。ひとまず，この件に関しては，今後の課題としたい。

ともあれ，『エラムの薔薇園』において，「カフカース」は，山脈の名としても，地方の名としても用いられている。そして，「カフカース地方，とりわけシルヴァーンやダゲスターン」など，これらの地方がカフカースの一部であるという認識が示される［GE a: 29］。

---

15) 19世紀前半の『ズルカルナイン史』が既に"Qafqāz"という表記を使っている（補論1第4項参照）。南東コーカサスにおいても，次章で紹介するアーフンドザーデが"Qafqāz"を用いている。

2. バキュハノフの見た南東コーカサスの人々と言語

　最後に，バキュハノフの民族観を紹介しよう。西洋の学問に通じ，「民族（ネイション）」の概念を知っていた可能性もある彼は，南東コーカサスの人々をどのように語っているのだろうか。

　『エラムの薔薇園』序章には，南東コーカサスの人々の出自について説明している箇所がある。それによるとバキュハノフは，シルヴァーン地方の住民を「主にトゥルクマーン人（torkamān）やモンゴル人（moġūl）やタタール人（tātār）の血統である」としている［GE a: 22］。また別の箇所では，以下のようにある。

> 〔前略〕デルベントの近郊，タバサラン（Ṭabarsarān）の大半，グバの王国の東側部分，シェキ，バクー，シルヴァーン〔地域〕，サリヤーンの住民は，ペルシア人，アラブ人，モンゴル人，タタール人〔の血統〕が混ざり合った人々である（az fors va 'arab va moġūl va tātār maḫlūṭ-and）。［GE a: 16-17］

　つまり，彼は，シルヴァーン地方の住民を多様な民族の混血，あるいは混在と考えており，そもそも単一の集団とは認識していないのである。

　諸民族の起源に関しては，『エラムの薔薇園』第1章の冒頭においても語られている。そこに見られるのは，ヌーフ（ノア）の子であるサーム（セム），ハーム（ハム），ヤーフェス（ヤペテ）から諸民族が分かれた，とする『旧約聖書』以来の伝統的な世界観である。シルヴァーンやダゲスターンの諸民族の祖としてバキュハノフが挙げるのは，ヤーフェスの子であるトルコ（Tork），ハザル（Ḥazar），ルス（Rūs）といった名である。ヤーフェスの子の人数やそれぞれの名前については『清浄の園』（表25: No. 9）が主な典拠とされている［GE a: 23-29; cf. RṢ: I. 66-70］。

　各民族の具体的な説明に際しては，「新知識」が取り入れられることもある。例えば，ハザル人の歴史を述べる際に，ダンヴィル（Jean-Baptiste Bourguignon d'Anville, 1697-1782）やカラムズィーン（Николай Михайлвич Карамзин, 1766-1826）の著作からの引用が見られる（表26: No. 13,15）。しかし，その記

述は各種知識の寄せ集めといった体のものであり，雑学的とも言えるものである。バキュハノフは，イスラーム世界，あるいはイラン世界に伝統的な民族観を基礎としており，それを逸脱することはなかった，と言える。

また，『エラムの薔薇園』では，しばしば "mellat" という語が用いられ，本章の引用部や付録3ではこれに「民族」の語をあてている。しかし，彼の用いる "mellat" は，近代的な意味における「民族（ネイション）」ではなかった，と言ってよいだろう（第4章や第5章も参照）。彼の民族観は，前近代的なそれの枠を超えるものではなかった。バキュハノフは「民族」という概念を知っていたかもしれないが，それを深刻には捉えなかったのである。

一方，南東コーカサスの言語に関しては，以下のように記されている。

> 彼ら〔＝シルヴァーン地方の住民〕の言語は，トルコ語（zabān-e Torkī）に属し，アルメニア地方やアゼルバイジャン地方の全域，イランの大半に分布しているそれと同様のもので，オスマン方言，チャガタイ方言，クムク方言，ノガイ方言の中間である（motavasseṭ dar miyān-e eṣṭelāḥāt-e 'Oṣmānī va Jaġatāy va Qomūq va Nūġāy ast）。[GE a: 22]

すなわち，彼は，他のテュルク諸語との相違を自覚しつつも，自分たちの言語に固有の名称を与えていないのである。また，彼は言語の上位区分として "zabān"，下位区分として "eṣṭelāḥ" を用いている。ロシア語版の対応箇所を参照すると，これらの語はそれぞれロシア語の "язык"，"наречие" に対応しているが分かる。ここでは仮に "zabān／язык" を「言語」，"eṣṭelāḥ／наречие" を「方言」と訳出したが，これには議論の余地がある[16]。ただ，いずれにせよ，彼が自分たちの言葉を「トルコ（テュルク）語」の下位区分の1つの認識していたことは確かである。

バキュハノフは，ロシア語の作品においても，南東コーカサスの住民やその言語に関して，先と同様の見解を述べている。例えば，1843年に書かれた「現在のザカフカースの諸領に住む諸集団の起源（Происхождение племен, населяющих нынешние закавказские провинции）」では，「ザカフカースの諸領

---

16) この件に関しては，補論4第3節第2項で詳しく論じる。

に暮らす多種多様な集団」について，この地域のたどった複雑な歴史のために「彼らの個々それぞれを，確実性をもって見分けるのは困難」とした上で，以下のように記す［Bakıxanov（ru）: 132］。

> デルベント地区の大部分，グバ地区の東側部分，シルヴァーン，シェキ地区〔の住民〕は，セルジューク朝，モンゴル，トゥルクマーンの白羊朝〔＝アクコユンル朝〕と黒羊朝〔＝カラコユンル朝（14 c.-15 c.）〕，サファヴィー朝の統治時代にこの地方に移住してきた様々なテュルク人の集団（разные премена тюркские）の混合である。この地方においても，またペルシアの北部においても，この人々（народ）の大部分には一般的なテュルク語の一方言（одно наречие общего языка тюрки）が定着しており，それはトルコ語（турецкий），クムク語，ノガイ語，チャガタイ語の中間である。［Bakıxanov（ru）: 133］

このように，言語に関しては『エラムの薔薇園』におけるものとほぼ同じ内容が語られている。また，テュルク人にも様々なグループがおり，南東コーカサスにはそれらが段階的に移住してきたことも記されている。

また上に引用した例からも分かるように，バキュハノフは，南東コーカサスのテュルク語を基本的に〈テュルク語 тюркский〉と呼称している。ただし，一部の記事では〈タタール語 татарский〉も用いている。

例えば，「呼称と称号について（О наименованиях и тииулах）」では，南東コーカサスで用いられる様々な称号の意味や語源などが解説される［Bakıxanov（ru）: 136-141］。この論説においては，〈テュルク語〉と〈タタール語〉の両方の言語名が用いられている。ちなみに，〈テュルク語〉由来とされるのは，「ミンバシ（минбаши）」，「クル（кул）」，「タルハン（тархан）」などであり，〈タタール語〉由来とされるのは「トゥユール（тиюл）」である。他に「モンゴル語（монгольский）」も用いられており，「ベク（бек）」，「アーガー（ara）」などがこの言語に由来すると主張されている。この3つの言語名の使い分けや対応関係は，いまひとつはっきりしない。

本章では，『エラムの薔薇園』を主な分析対象とし，バキュハノフの学識

のあり方や，彼の歴史認識・地理認識を明らかにした。

　バキュハノフは非常に幅広い知識を有していたが，それは，イスラーム世界の学問にのみ基づくものではなかった。彼は，それら伝統的な学問に，ロシア経由で取り入れた「新知識」を融合させた，新しい知識体系を構築していたのである。そもそも，テュルク語話者であるバキュハノフがペルシア語とロシア語でこの作品を著したということ自体に，伝統と新知識の折衷という 19 世紀前半の南東コーカサスにおける学識のあり方が表れていると言えよう。

　このような学識のあり方は，次章以下で語られるアーフンドザーデやゼルダービーらにも引き継がれていく。それのみならず，啓蒙運動の前提条件とも言える平易な文体の使用や，理性を重視し，現実と空想とを峻別する態度なども，後の世代の知識人たちによって受け継がれた。一方で，月の名前や，〈カスカース〉の綴りなど，後に引き継がれなかった要素もある。

　また，『エラムの薔薇園』においては，シルヴァーン地方とダゲスターン地方との連続性が強く意識される一方で，アーザルバーイジャーン地方との連続性は意識されていないことが明らかとなった。バキュハノフは，歴史を共有する 1 つのまとまりとして，〈東コーカサス地方〉という地理認識あるいは歴史認識を有していたのである。

　バキュハノフの地理認識が〈東コーカサス〉であって，「アゼルバイジャン」でも「南コーカサス（ザカフカース）」でもない点は，注目に値する。これには，ロシア軍所属の翻訳官を務め，晩年をグバで過ごした彼の経歴が影響していると考えられる。すなわち，グバは，伝統的なイスラーム地理学の地理区分ではシルヴァーン地方に属するが，一方で，ロシア人の中にはグバをダゲスターン地方の一部と認識する者もいた（補論 2 第 3 項参照）。この 2 つの地理認識を折衷するために，〈東コーカサス〉を考案した可能性も考えられるのである。

　バキュハノフの地理認識のもう 1 つの特徴は，ガラバーグ（アッラーン）地方が〈東コーカサス〉に含まれるかどうかが曖昧となっている点である。一方で，〈東コーカサス〉が当時においても特殊な地理認識にあったであろうことにも留意しなくてはならない。管見の限り，彼以外に〈東コーカサ

ス〉を用いた人物は存在しない。

　さらに，バキュハノフは南東コーカサスの住民を，様々な民族の混血・混在と考えられており，そもそも単一の集団とはみなしていなかった。そして，その民族観は前近代的なものであった。彼の作品中に，近代的な「民族（ネイション）」の要素はほとんど見られない。

　また，バキュハノフは，自分たちの言語を〈トルコ（テュルク）語〉と呼んでいた。ただし，ロシア語作品においては〈タタール語〉が用いられることもある。また，「アゼルバイジャン語」に該当する概念自体は認識されているが，それに固有の言語名は与えられていない。アーザルバーイジャーンとの領域的な一体性が意識されていない一方で，南東コーカサスとアーザルバーイジャーンの人々が同一の言語を話す集団と認識されていた点は興味深い事実と言えよう。

第 4 章

近代的民族意識の萌芽
——国民文学の父アーフンドザーデと〈イラン〉との間——

第4章　近代的民族意識の萌芽 | 149

　19世紀前半から中葉にかけて活躍した南東コーカサス出身の知識人としては，ミールザー・フェテリー・アーフンドザーデ（Az. Mirzə Fətəli Axundzadə / Pe. Mīrzā Fatḥ ʻAlī Āḫʷondzāde, 1812-1878）も重要である。既に前章で言及したように，彼はバキュハノフとも年の離れた友人関係にあった人物である。バキュハノフがティフリスを去るのと入れ替わるようにロシア当局の東洋語翻訳官としての経歴を歩み始めた彼の学識のあり方は，バキュハノフのそれによく似ている。すなわち，彼もまた，伝統的なイスラーム教育を土台にしつつ，ヨーロッパやロシアからもたらされた近代的な学問の修得に努めた人物なのである。

　なお，彼は，ロシア語式にアフンドフ（Ru. Ахундов / Az. Axundov）とも呼ばれる。特にソヴィエト時代のアゼルバイジャンでは，この名が用いられることが多かった。現在ではアーフンドザーデへの言い換えが進んでいるが，アフンドフという呼称も引き続き見られる。なお，同時代人たちは彼を両方の名で呼んでいたし，彼自身も両方の名を用いていた[1]。

　バキュハノフの名が科学アカデミーの歴史学研究所に冠されているのと同様，アーフンドザーデの名はアゼルバイジャン共和国で最大の図書館である国立図書館（M.F. Axundov（Axundzadə）adına Milli Kitabxanası）に付されている。この背景には，彼が近代アゼルバイジャン文語の確立者であるという認識があるのだろう。20世紀初頭には既に，「我らの国民文学の父（millî ədəbîyətimizin atası）」との評価がされている［Mollâ: VI-42. 2］。彼は思想家であり，劇作家であり，啓蒙活動家であり，また無神論者としても知られた。そして，アゼルバイジャン民族覚醒の礎を築いた人物としても非常に重要視されている。

　一方，後述するように，アーフンドザーデは最初期の「イラン民族主義者」の1人としても知られている。本章では，彼の民族観や地理認識を再検討することで，その思想をアゼルバイジャン民族形成史の中で捉え直す。

---

1) ペルシア語で書かれた文章ではアーフンドザーデの名が用いられることが多い。アフンドフの名はいくつかのロシア語書簡で用いている他，一部のペルシア語書簡や契約書でも用いられている。

図44 ミールザー・フェテリー・アーフンドザーデ

第1節　アーフンドザーデとその評価

1. アーフンドザーデの生涯と作品

　アーフンドザーデが自ら語るところによると，彼の父ミールザー・モハンマド・タギー（Mīrzā Moḥammad Taqī）は，アーザルバーイジャーン地方の中心都市タブリーズ近郊のハーメネ村（Ḥāmene）で，村長[2]を務めていた人物である。彼の一族がアーザルバーイジャーン地方に移住したのは，アーフンドザーデの祖父ハーッジー・アフマド（Ḥājjī Aḥmad）の代のことであったら

---

2) 原語は「キャドホダー（kadḫodā）」。キャドホダーとは，街区や同業者組合，氏族，村落といった様々な集団の「長」を意味する言葉。村のキャドホダーは，村落社会の行政を担うと同時に，村落と地域の行政政府との接点となる存在であった。地主，あるいは地主の代理人がキャドホダーを務める場合が多い［EIr: "Kadḵodā"; 岩波イスラーム: "キャドホダー"］。

しい。このハージー・アフマドは，ラシュト（Rašt）³⁾の出身者とアーフンドザーデは語っている。

　1811年，ミールザー・モハンマド・タギーはハーメネ村を出て，南東コーカサスのシェキに商売のために向かい，その地でナァナーゥ（Naʻnāʻ）という名の妻を得た。彼女はナーデル・シャー（38頁参照）に仕えたアフリカ出身の黒人奴隷の子孫であったらしい。翌1812年，この2人の間に生まれたのがアーフンドザーデである。

　夫婦は，その後アーザルバーイジャーンに戻って生活を共にしていたが，アーフンドザーデが7歳の頃に離婚する。彼は母に連れられ，アルダビール近郊のメシュキーン村（Meškīn）に移住した。母方の伯父アーホンド・ハージー・アリー・アスガル（Āḫʷond Ḥājjī ʻAlī ʻAṣġar）の庇護を求めてのことである。この人物はアーフンドザーデに『クルアーン』やアラビア語，ペルシア語といった伝統教育を施し，アーフンドザーデの側でも，彼を「第2の父」と呼んで，非常に慕っていたらしい。「アーホンド⁴⁾の子孫」を意味する彼の名も，この人物にちなんだものである。

　1826年，第2次イラン・ロシア戦争の戦火によって家財を失ったアリー・アスガルは，アーフンドザーデらを引き連れてシェキに移住する。1832年，アリー・アスガルはメッカ巡礼に赴くのだが，その際，アーフンドザーデをエリザヴェートポリ（ギャンジャ）のウラマーに預けた。彼は，この地でミールザー・シェフィー・ヴァーゼフ（91頁参照）と出会うこととなる。西洋の諸学問に通じた開明的な知識人であったヴァーゼフは，「反ウラマー」の立場を取り，「無神論者」として知られていた。その影響を受けたアーフンドザーデもまた，反ウラマー思想へと傾倒していき，「唯物論」を志向するようになった。

　1834年，アーフンドザーデは，その後の生涯の大半過ごすこととなるティフリスに移住する。この地でロシア語を極めて迅速に習得した彼は，早

3）アーザルバーイジャーン地方の東隣に当たるギーラーン地方の中心都市。カスピ海南岸の重要な港湾都市でもある。
4）法学をはじめとするイスラーム諸学に通じた人物。「モッラー（mollā）」とも呼ばれる。ウラマー（124頁参照）とも意味の重複する概念。

くも同年11月には翻訳官の助手としてロシア軍司令部での勤務を開始し，1840年に東洋語翻訳官の職に就いた。また1836年から，ティフリスのギムナジヤ[5]におけるテュルク語教師を兼任している。1841年には，アリー・アスガルの死に伴い，彼の娘と結婚した。この妻との間に2人の娘と息子レシート・ベイ（Rəşid bəy Axundzadə, 1854-1909）をもうけるが，娘の1人は早逝している。

彼はティフリスに滞在していた多くのロシア人作家と交流を持った。バキュハノフとともにレールモントフと親交を結んだことは，前章でも記した通りである。マルリーンスキーにはテュルク語を教える代わりに，ロシア文学の手ほどきを受けたという。ロシアの文筆家の中でも特にアーフンドザーデが関心を寄せたのは，プーシキンである。黒人の血を引くという共通点が，親近感の一因となったようだ。そのプーシキンが決闘によって命を落としたことを悼んで詠まれたペルシア語詩「亡きプーシキンに捧げる東洋の挽歌（Marṣīye-'e šarq dar vafāt-e Pūškīn）」は，彼の最初期の創作物の1つである。アーフンドザーデ自身によって翻訳され，マルリーンスキーの手で韻文化されたこの作品のロシア語版は，文芸雑誌『モスクワの観察者 Московский наблюдатель』に1837年に掲載され，好評を博したという。また，この地では，アルメニア人作家ハチャトゥール・アボヴィヤン（Хачатур Аветикович Абовян, 1809-1848）[6]とも交流を持ったらしい。

アーフンドザーデは，1846年に軍隊に配属替えをし，後に大佐にまで昇進した。とは言え，彼はもっぱら翻訳を任務とし，前線に赴くことはなかったらしい。1848年には，ナーセル・アッ＝ディーン・シャーの戴冠式に列席するロシアの使節団の一員としてテヘランに赴き，時の宰相アミール・キャビール（Amīr-e Kabīr, 1807-1852）に謁見した。改革派で知られたこの人物の面識を得たことも，アーフンドザーデの思想形成に大きな影響を与えただろう。

---

[5] 7～8年制の男子中等学校［ロシア："教育"］。
[6] ロシア帝国領アルメニアで活躍した作家。口語文で書かれた小説『アルメニアの傷』（1858年に出版）によって，アルメニア近代文学の基礎を築いたとされる［北川ほか（編）2006: 228; 中島・バグダサリヤン（編）2009: 78-79］。

アーフンドザーデの名を一躍高めたのは，1850年から1855年の間に書かれた，一連のテュルク語による戯曲作品である。彼は，アレクサンドル・グリボイェードフ（Александр Сергеевич Грибоедов, 1795-1829）やゴーゴリ（1809-1852）の作品，あるいはシェイクスピア（1564-1616）やモリエール（1622-1673）のロシア語訳を通じて，戯曲という文学分野を知ったという。立て続けに執筆された6篇の戯曲，すなわち『錬金術師モッラー・イブラーヒームヘリールの物語 Hekayət-i Molla İbrahimxəlil kimyagər』（1850 or 1851年），『植物学者ムッシュ・ジョルダンと有名な魔法使いであるデルヴィーシュ・メステーリー・シャーの物語 Hekayət-i müshö Jordan həkim-i nəbatat və dərviş Məstəli şah cadukün-i məşhur』（1850 or 1851年），『泥棒狩りの熊の話 Hekayət-i xırs-i quldurbasan』（1851年），『ランキャラーンのハーンの大臣の生涯 Sərgüzəşt-i vəzir-i xan-i Lənkəran』（1851年），『けちな男の生涯 Sərgüzəşt-i mərd-i xəsis』，また名を『ハージュ・ガラ Hacı Qara』（1852年），『弁護士たちの物語 Müraf́iə vəkillərinin hekayəti』（1855年）は，いずれも彼自身の手によるロシア語訳がティフリスで発行されていたロシア語新聞『カフカース Кавказ』誌に掲載され，好評を博した［Axundzadə 2: I. 246-272］。その結果，彼が「東洋のモリエール」と讃えられたことは，よく知られている。これらの戯曲は，英独仏をはじめとするヨーロッパ各国語，さらにはペルシア語にも翻訳された。

　純粋に文学作品として見た場合の評価は置くとしても，アーフンドザーデの戯曲作品が近代アゼルバイジャン文語の形成に果たした役割は大きい。また，彼は，これらによる社会風刺を通じて，南東コーカサスやイランの人々に大きな影響を与えた。彼の戯曲がイランで広く読まれていたことは，ほとんど疑問の余地がないという［EIr: "Āḵūndzāda"］。

　戯曲によって名声を得た彼は，1857年に『新しいアルファベット Alefbā'-e jadīd』というペルシア語の作品を発表する。彼は，習得の難しいアラビア文字の利用がイスラーム世界の近代化・文明化の障害になっていると考え，これの改良を訴えたのだった。

　1863年7月には，イスタンブルに赴き，ミュニフ・パシャ（Mehmed Tahir Münif Paşa, 1830-1910）が主宰するオスマン科学協会（Cemiyet-i İlmiye-i Osmaniye）において，文字改革を論じた。その後，大宰相フアト・パシャ（Keçe-cizade Mehmed Fuad Paşa, 1815-1869）の前でこの考えを述べる機会も得ている。しかし，いずれにおいても，かんばしい反応は得られなかった。それ以降も，アーフンドザーデは，ティフリスから書簡を通じて様々な人々に文字改革を働きかけるが，オスマン帝国においてもイランにおいても，あるいは南東コーカサスにおいても公的な関心が示されることはなかった。しかしながら，彼のこの活動は，20世紀初頭におけるテュルク諸語の文字改革を先取りしたものであったと評価できる。

　1865年，アーフンドザーデは，代表作『キャマール・アッ＝ドウレの手紙 Kəmal üd-Dövlə məktubları』の執筆に取り掛かる。インドのムガール朝第6代君主アウラングゼーブ（r. 1658-1707）の王子キャマール・アッ＝ドウレとイランの王子ジャラール・アッ＝ドウレという2人の架空の人物の間で交わされた書簡という設定で書かれた本作品は，モンテスキュー（1689-1755）の『ペルシア人の手紙』に着想を得たものと言われている。藤井守男は本作品を「唯物論的思考様式を公然と開陳し，『宗教勢力』と世俗権力の決然たる分離を説き，近代期における『イラン・ナショナリズム』の理論書ともいえる」と評している［藤井 1984: 220］。

　『キャマール・アッ＝ドウレの手紙』は，後にモスタシャール・アッ＝ドウレ（Mīrzā Yūsof Ḥān Mostašār al-Dowle, d. 1895）の助けを借りてペルシア語版も準備された。アーフンドザーデは，このペルシア語版をイランと中央アジアとインドに，もともとのテュルク語版をアナトリアとエジプトに頒布する計画でいたらしい。しかし，作品内容の過激さも一因となって，この計画は実現しなかった。また，東洋学者アドルフ・ベルジェ（Адольф Петрович Берже, 1828-1886）の手によるロシア語版（1874年完成）は，持ち込んだ全ての出版社に発行を拒否されたという。

　1878年，アーフンドザーデは生涯を通じて唱導してきた文字改革を果たすことなく，また『キャマール・アッ＝ドウレの手紙』の刊行を見ることもなく，心臓の病でこの世を去った。この時，いまだその死体が冷たくならないうちに，ロシアの秘密警察が彼の自宅に踏み込んだと言われる。彼の遺体はティフリスのムスリム墓地にある，師ヴァーゼフの墓の隣に埋葬された

[Ādamīyat 1349š: 9-31; EIr: "Āḵūndzāda"; 藤井 1984: 218-220]。

2. 評価と位置付け

　アーフンドザーデに関する研究は，主に2つの方向から行われている。1つはイラン史研究からのアプローチであり，もう1つはロシア東洋学と，そこから派生したアゼルバイジャン史の文脈による研究である。

　現在のアゼルバイジャン共和国においては，アーフンドザーデは近代的な理性主義，批判的精神，啓蒙主義の導入者として，非常に重視されている。これらの点において，彼は，アゼルバイジャン人が民族として覚醒する基礎を築いた思想家と位置付けられているのである [Рафили 1957; Гусейнов 1958: 162-295; Taгизаде 1991; Məmmədov 2006: 314-319]。文学史の観点から，近代アゼルバイジャン語の確立者として，またアゼルバイジャン（あるいはイラン）における近代文学・写実主義文学の創設者としてアーフンドザーデを捉える研究もある [Мамедов 1982; Parsinejad 1988]。

　アーフンドザーデはまた，「民族主義者」であり「愛国主義者」であり，「民族感情の最初の覚醒者」と評価される [Aliyeva Kengerli 2006: 109]。しかし，その思想の詳細な内容にまで踏み込んだ研究は多くない。その中で，彼の民族主義に関してある程度のまとまった言及を行っている1人に，アリーミールザエフがいる。しかし，彼の著者は研究書としては決して高水準にあるとは言えず，民族主義に関する分析も中途半端なものである。特に，彼の〈イラン〉に対する傾倒に関する言及が存在せず，またそれを意図的に避けているように見える [Əlimirzəyev 2007: 9-12, 213-214]。アリエヴァ＝ケンゲルリは，南東コーカサスにおける汎テュルク主義の発展についての研究の中でアーフンドザーデの民族思想にも触れている。彼女は，アーフンドザーデのイランに対する共感や，彼がしばしば「イスラーム民族」なる語を用いていること（本章第3節で詳述）などを指摘しているが，それらの意義に関してはほとんど分析を加えていない [Aliyeva Kengerli 2006: 109-117]。

　アゼルバイジャン民族形成史を扱う外国人研究者も，アーフンドザーデの重要性は指摘しているものの，その思想の詳細な検討は行っていない [Swietochowski 1995: 26-29; Altstadt 1992: 52-53]。この背景にはもちろん，彼ら

の研究の重点が20世紀以降に置かれていることもある。このように，アゼルバイジャン国内・国外を問わず，アゼルバイジャン史の文脈で行われた研究は，彼を「民族主義者」として位置付けながら，その民族主義の具体的な内容に言及していないという特徴を持つ。少なくとも，この点を本格的に分析した研究は，管見の限り存在しない。

一方，イラン史の文脈にアーフンドザーデを位置付ける研究は，彼をイラン民族主義の最初期の旗手と捉える。このような見解は，イラン民族形成史研究における定説となっているようだ。『イラン百科事典』の「イラン・アイデンティティ」の項目は，その典型例である。該当箇所の執筆を担当したアフマド・アシュラフ (Ahmad Ashraf) は，アーフンドザーデを「イランにおける民族主義の初期の提唱者」の1人として挙げている。彼の他に挙げられているのはジャラール・アッ＝ディーン・ミールザー (Jalāl al-Dīn Mīrzā, 1827-1872)[7]とミールザー・アーガー・ハーン・ケルマーニー (Āqā Ḫān Kermānī, 1854/5-1896)[8]の2人であるが，このいずれもが，書簡による交流などを通じて，アーフンドザーデから影響を受けた人物であったことも強調されている。そして，彼らによって提唱され，広められた民族主義が，後のイラン立憲革命 (1905-1911) へと結び付いたと評価されている [EIr: "Iranian identity iv. 19th-20th century"]。

アーフンドザーデを最初に「イラン民族主義者」と位置付けたのは，イラン人の研究者アーダミーヤトである。アーフンドザーデの思想を様々な角度から分析した彼は，その民族主義思想についても，1節を割いて詳述してい

---

7) ガージャール朝の王族で，歴史家，自由主義者として知られる。改革派知識人マルコム・ハーン (Mīrzā Malkom Ḫān, 1833-1908) と協力して秘密結社「忘却の館 (Farāmūš-ḫāne)」を設立し，ガージャール朝の政治体制の改革を目指した。『王たちの書 Nāme-'e Ḫosravān』という歴史書をアラビア語の語彙・表現を廃した「純粋ペルシア語 (Fārsī-ye sāre)」で執筆したことでも知られる [EIr: "Jalāl-al-din Mirzā"; 守川 2010: 14-16]。

8) ガージャール朝時代の世俗的知識人で，ケルマーン近郊の村の出身。1886年以降イスタンブルで暮らし，その地で西洋諸学に触れた。マルコム・ハーンやアフガーニー (169頁参照) とも交流を持ち，影響を受けた。アーフンドザーデの『キャマール・アッ＝ドウレの手紙』の別題から書名を借用した『3通の手紙 Se maktūb』という作品も残している [EIr: "Āqā Khan Kermānī"]。

る。その内容については，本章第2節以下で必要に応じて言及する［Ādamīyat 1349š: 109-136］。

　我が国においても，藤井守男がアーダミーヤトの主張を引き継ぐ形で『キャマール・アッ＝ドウレの手紙』に見られる彼の民族主義を分析している［藤井 1986］。また，20世紀前半に活躍したイラン民族主義者タギーザーデ（Seyyed Ḥasan Taqīzāde, 1878-1970）の思想を分析した佐野東生は，アーフンドザーデをタギーザーデの民族主義思想の源流の1人と位置付けている。佐野は，アーダミーヤトの研究を引きながら，アーフンドザーデを「イラン系知識人として初めて近代ナショナリズム思想を戯曲，評論などの形式で表明」し，「イラン社会批評，立憲性の主張，そして歴史評価など多方面において，改革派官僚のみならず，後代の民衆出身の知識人にも影響を与えた最初のナショナリストであった」と評価している［佐野 2010: 13-17］。

　このように，アゼルバイジャン史の文脈で語られるアーフンドザーデの民族主義と，イラン史の文脈で語られるそれとの間には，奇妙なねじれが見られる。その原因は，先行研究が彼の帰属意識や民族観を詳細に検討してこなかったことにあろう。

3. アーフンドザーデの民族主義分析のための史料

　一部の研究者たちは，アーフンドザーデの代表作の多くが彼の母語であるテュルク語で著された，と指摘している［e.g. Swietochowski 1995: 27-28; EIr: "Āḵundzāda"］。実のところ，この言い方は正確ではない。確かに彼は戯曲などの文学作品を主にテュルク語で書いたが，一方で文芸批判，社会改革論，思想，哲学に関する作品の多くをペルシア語で著している。先に挙げた『新しいアルファベット』がそういった例に該当するし，他にも，レザー・ゴリー・ハーンの歴史書『ナーセルの清浄の園』（第2章第3節参照）の叙述方法を対話形式で批判した『批判の書 Resāle-'e īrād』，『高貴なるイラン民族の新聞 Rūznāme-'e mellat-e sanīye-'e Īrān』[9]に対する論評である『批評 Qrītekā』，ジョン・スチュアート・ミル（1806-1873）の思想を紹介した『イギリスの学者ジョン・スチュアート Ḥakīm-e Englīsī Jān Īstvārt』などの作品もペルシア語で書かれた。彼の思想の集大成である『キャマール・アッ＝ドウレの手紙』

は当初テュルク語で書かれたが，後にペルシア語版も用意されたことは既に述べた通りだ。

　アーフンドザーデの思想を知る上では，これらの作品以外に，書簡も重要である。彼はペルシア語，ロシア語，テュルク語，フランス語，アラビア語など様々な言語の書簡を残している。その大半がペルシア語で書かれたものであることは，藤井が指摘する通りである［藤井 1984: 230］。

　また，アーフンドザーデは「自伝（tərcüme-yi əḥvâl）」を残しており，これも彼の生涯や思想を知る上での重要な史料になっている。これもまた，ペルシア語で執筆されている。ただし，これが初めて世に出たのは，彼の死後10年ほど経った1887年のことである[10]。そのため，その内容や表現には後世の改変が含まれている可能性もあり，取り扱いには注意が必要である。

　これらが本章で用いる主な史料である。このうち，ペルシア語とロシア語による書簡に関しては，これらを収録した書簡集が利用できる［Axundzadə 3］。ペルシア語で書かれた書物・論考に関しては，イランで出版された作品集を主に用いた［Axundzadə 4］。

　また，アゼルバイジャン共和国で彼の全集が3巻本で出版されている［Axundzadə 2］。第1巻にはテュルク語を中心とする詩や戯曲などの文学作品，第2巻にはテュルク語・ペルシア語による思想・歴史・文化に関する論文の類，第3巻にはロシア語・ペルシア語を中心とした書簡類が収録されている。これらのうち，テュルク語作品はアラビア文字からラテン文字への翻刻，ペルシア語・ロシア語のものは現代アゼルバイジャン語への翻訳となっている。

　そのうち，『キャマール・アッ＝ドウレの手紙』をはじめとするテュルク語の翻刻に関しては，実際に写本と対照した結果，信頼性が高いことが分

9）ガージャール朝イランで発行されていた月刊の文芸新聞。編集長は，ガージャール朝の王族であるエェテザード・アッ＝サルタネ（'Alī Qolī Mīrzā E'tezād al-Salṭane, 1819-1880）。1866年から1870年の間に全34号が発行された。毎号1人の詩人の生涯と作品を紹介するのを基本としている。

10）第6章で扱う『ケシュキュル』の第43〜45号（1887年発行）で連載された［Kəşkûl: XLIII. 3-4, XLIV. 3-4, XLV. 3-4］。

かった[11]。そのため，テュルク語作品は，これらの翻刻を典拠として用いる。また，ロシア語書簡の翻訳も，信頼性が高い。前述の書簡集［Axundzadə 3］に収録されていない手紙に関しては，この翻訳を部分的に参考にした。

一方で，この全集に収録されたペルシア語作品・書簡の翻訳は正確とは言いがたい部分が多く，分析に用いるには問題がある。よって，前述の書簡集や作品集に収録されていないものでも，ペルシア語の翻訳は利用することができないと判断した。また，第2巻の旧版［Axundzadə 1］にはペルシア語の原文が収録されており，こちらも参考にした。

第2節　アーフンドザーデとイラン民族主義

1. 古代ペルシアの末裔としての〈イラン民族〉

アーフンドザーデの民族主義とは，どのようなものだったのだろうか。アーダミーヤトは，彼の民族思想の軸となる要素として，「古代ペルシアへの愛着」と「アラブへの反発」の2つを挙げている［Ādamīyat 1349š: 119］。

まずは，「古代ペルシアへの愛着」に関して検討しよう。彼の考える「古代ペルシア」とは，イスラーム化以前のイラン世界のことで，それは『王書』などに見られる伝統的な世界観を土台に，西洋の知識も取り入れて形成されたものであった。すなわち，前章で紹介したバキュハノフの歴史観と同様のものと言える。アーフンドザーデは，この「古代ペルシア」を様々な作品や書簡で称揚している。『キャマール・アッ゠ドウレの手紙』に見られる以下の文章は，その典型的な例である。

---

11)『キャマール・アッ゠ドウレの手紙』は，写本研究所にテュルク語の写本が2冊，ペルシア語の写本が5冊，ロシア語の写本が2冊保管されている。このうち，テュルク語写本の1冊は著者の自筆本であり，この作品の原本である可能性が高い［Axundzadə 2: II. 277-278］。

ペルシア（fürs）の君主たちは世界で名高いものであった。また，ペルシア民族（millət-i fars）は世界の諸民族のうちの選ばれたる者（bərgüzide-yi miləl-i dünya）であった。[Axundzadə 2: 22]

そして，アーフンドザーデは，現在の〈イラン民族〉がこの偉大なる古代ペルシア人の末裔であることに誇りを抱いており，彼自身もまた，その〈イラン民族〉の一員であると考えていた。このことは，彼がしばしば「我らイラン民族（mā mellat-e Īrān）」や「我らイラン人（mā Īrāniyān）」という表現を用いていることに明確に表れている[Axundzadə 3: 163]。また，〈イラン〉が「我らの祖国（vaṭan-e mā）」と表現されることもある[Axundzadə 3: 249]。

一方で，アーフンドザーデは自身の出自に関して，しばしば非常に回りくどい表現を用いる。例えば，「私は表面的にはトルコ人であるとはいえ，系譜はペルシア人に連なっている（man ḫʷod-am agarče ʻalá al-ẓāher Tork-am, ammā nežād-am az Pārsiyān-ast）」などという言い方をすることがあるのだ[Axundzadə 3: 249]。また，彼の「自伝」も，以下のような書き出しで始まっている。

私の父，ハージー・アフマドの息子たるミールザー・モハンマド，その先祖はペルシアの諸集団（ṭavāyef-e Fors）に属しているが，彼は青年期の前半，タブリーズの一地域であるハーメネ村の村長であった。[Kəşkûl: XLIII. 4（Axundzadə 4: 8）]

これらの文章から窺えるのは，自身が「純粋のイラン民族」ではないというアーフンドザーデの劣等感である。「私は表面的にはトルコ人である」と本人が認めているように，彼は周囲から〈トルコ人〉とみなされる人物であったようだ。当時，何をもって，ある人物が〈トルコ人〉であるかどうかを判別したのかは明らかではないが，おそらくテュルク語を母語としているというのが決定的な要素となったのであろう。また，「〔祖父の〕先祖がペルシアの諸集団に属している」という表現から，自身の系譜が，少なくとも父や祖父の代ではペルシア人の血統と結び付くものではないと認識していたことも窺える。それ故，彼は，自身の遠い先祖がペルシア人であるという論理を用いることで，自身もまた〈イラン民族〉の一員であると主張しようとし

たのである。

こういった考え方の結果，彼はいわゆるパールスィー[12]を「種族を同じくし，言葉を同じくし，祖国を同じくする者たち（ham-jensān va ham-zabānān va ham-vaṭanān）」と認識するに至った［Axundzadə 3: 249］。彼は，親交のあったパールスィーであるマネークジー（Meneckji Limji Hataria, 1813-1890）[13]に宛てた手紙の中で，以下のように記している。

> あなたは，我らの祖先の忘れ形見（yādgār）です。敵たち〔の策略〕のせいで，我々は数世紀にわたって，自身の祖国をある程度，あなた方とは遠ざけていました。今，あなたは我々を別の民族（mellat），別の宗派に属する者とみなしています。私の望みは，我々の間にあるこの不一致が解消され，イラン人たち（Īrāniyān）が，以下のことに気が付くようになることです。すなわち，我々が〔古代〕ペルシア人（Pārsiyān）の子孫であり，我らの祖国（vaṭan-e mā）はイランである，ということに。［Axundzadə 3: 249］

この文章からは，アーフンドザーデが〈イラン人〉あるいは〈イラン民族〉を，「古代ペルシア人の子孫である人々」と定義していたことが分かる。このような定義を採用した背景には，彼自身の複雑な出自・自己認識を正当化するという側面もあったのであろう。

このように，アーフンドザーデが重視するのは「古代ペルシア文化の継承者としてのイラン民族」という視点であるが，それに次いで重視するのがサファヴィー朝である。例えば，彼は『高貴なるイラン民族』誌がその表題部にモスクの絵を用いている（図45）ことを批判し，発行者に対して以下のように述べている。

---

12) 10世紀頃にイランから逃れてインドに移住したゾロアスター教徒の子孫。彼らの多くがグジャラート地方に定住した。「パールスィー」は，ペルシア語で「ペルシア人」の意味［EI², "Pārsīs"］。

13) グジャラート地方の港市スーラト出身のパールスィー。1854年，「ペルシアのゾロアスター教徒の状況改善のための協会」の代理人としてガージャール朝イランに派遣され，同国におけるゾロアスター教徒の地位向上に努めた［EIr: "Hataria, Manekji Limji"；ボイス 2010: 383-388］。

図45 『高貴なるイラン民族の新聞』表題部

　まず，君が自身の新聞でイラン民族（mellat-e Īrān）の象徴と考えているモスクという形象（šekl）は，私の考えでは，不適切だ。なぜならば，もし君の意図している「民族」の語が以下のような用法，すなわちイランの民（qowm-e Īrān）を意味するものであるならば，モスクはイランの民に限定されるものではなく，むしろ，全てのイスラームの宗派〔に属する民族〕がモスクの持ち主であるからである。

　イランの民の象徴は，イスラーム〔化〕の以前には，ジャムシードの玉座（Taḫt-e Jamšīd）やイスタフルの城塞（qalʻe-'e Esṭaḫr）[14]といったペル

---

14)「ジャムシードの玉座」とはペルセポリスのこと。イスタフルはその近郊の都市。

シア人 (Fors) の古代の事跡である。また，イスラーム〔化〕の後で最も有名な事跡の1つは，12 イマーム派をイランに広めたサファヴィー朝の帝王たちだ。その諸集団[15]は，単一の民族という糸に結ばれており，イランの様々な独立政権の原因となってきた。だから，君は以下のこと〔に気付く〕必要がある。イラン民族を識別するための象徴は，キズィルバーシュのトルコ人の12の〔ひだのある〕深紅のかぶり物という形象のごときものであり，それらは一方ではペルシア人の古代の君主たちの時代へと導いており，他方ではサファヴィー朝の帝王たちを思い起こさせるのだ。[Axundzadə 4: 44-45]

このように，ただイスラーム教徒であるということは〈イラン民族〉の証しとはならず，12 イマーム派に属しているということこそが〈イラン民族〉の特徴であると主張するのである。そして，それを普及させたサファヴィー朝や，キズィルバーシュ（36頁参照）の独特のかぶりものこそが〈イラン民族〉の象徴としてふさわしいと述べている。

アーフンドザーデの民族主義はロマン主義的で，ある意味素朴なものであった。同時代のヨーロッパ及び非ヨーロッパの民族主義者の大多数と同様，彼の民族主義も体系立ったものとは言えない。それは単にイラン，特に最盛期たる古代のイランに対する熱烈な愛情といった程度のものであったと言える。

2. 反アラブ

前述の通り，サファヴィー朝もある程度重視するアーフンドザーデであるが，一方で，彼はイスラーム化以降の〈イラン〉を古代ペルシアに比べて様々な面で劣るものと考えていた [Ādamīyat 1349š: 120, 126]。アーフンドザーデによると，当時の〈イラン〉は「荒廃して」おり，〈イラン民族〉は「衰退のうち」にあった [Axundzadə 3: 95, 272]。例えば，『キャマール・アッ＝ドゥレの手紙』の中で，彼は以下のように述べている。

---

15) 原文では "'avātef" となっているが，"ṭavāyef" の誤りであろう [cf. Axundzadə 1: 318]。

おお，イランよ，お前は何と哀れなのか。その幸運はどこに？ その威光はどこに？ その幸福はどこに？ 飢えた，汚らわしいアラブ人たち（ərəblər）がお前を不幸にして，1280 年になる。お前の土地は荒廃している。お前の住民は，無知であり，世界の文明（sivilizasyon-i cahan）を知らず，自由（azadiyyət）を剥奪されている。お前の帝王は，専制君主（despot）である。専制君主の圧政の影響力が，またウラマーの狂信（fanatizm）の力が，お前の弱体さ，無力さの原因となっている。[Axundzadə 2: 23]

また，別の小論では，「アラブ人（tāzīyān）の勝利」と「ペルシア人（pārsīyān）の国家の衰退」の結果，古代イランの文化や制度が失われたことを嘆いている。そして，イスラーム化以降の〈イラン〉の支配者たちは「完全に専制君主（dīspūt）」であった，と非難する [Axundzadə 3: 225]。

このように，アーフンドザーデは，現状における〈イラン〉の衰退の原因を，アラブ人に求める。イラン的ではないもの，すなわちアラブ人によってもたらされた「外来の」文化や制度を非難し，その排除を訴えているのである。そういった文脈の中で，例えば彼は，「世界で最も甘美な言語」であるペルシア語が「粗野で下品なアラビア語」によって汚されていることを嘆き，その影響から自由になることを願うのである [Axundzadə 3: 172]。

また，アーダミーヤトによると，アーフンドザーデは反トルコ的でもあり，「トルコとタタールに対する嫌悪は，疑いの余地がない」という。その証左として彼が挙げているのが，歴史書執筆のためにトルコ人やモンゴル人の君主の情報を求めたジャラール・アッ＝ディーン・ミールザーに対して，アーフンドザーデが「私が思うに，この〔トルコやモンゴルの〕帝王たちに関して，彼らの姿をあなたの著作で描くにふさわしくない」と述べ，彼らを「専制君主」と批判する返答を送ったことである。また，『キャマール・アッ＝ドウレの手紙』にある以下の一文も，その裏付けと主張している [Ādamīyat 1349š: 120-121, 123]。

お前〔＝イラン〕の民衆のうち，20 万人近くの男と女が，その妻子とともにトゥルクマーン人たち（türkmanlar）の手のうちで囚われの身という

苦難に遭い，常に嘆き，呻き[16]ながら日々を送っている。[Axundzadə 2: 23-24]

確かにこれらを見ると，アーフンドザーデは反トルコ（テュルク）思想を有していたと考えることもできる。しかし，本章第3節で見るように，彼にとっては，〈トルコ人〉もまた啓蒙活動の対象たる「我々」の一部であった。アーダミーヤトの見解は，その点で正しくない。

それはともかく，アーダミーヤトは以上をまとめて，アーフンドザーデの考えの軸が「外国の支配からの祖国の保護」と「隷属状態，自由と独立の欠如からの」解放であると述べる［Ādamīyat 1349š: 115］。〈イラン民族〉，あるいはペルシア人の栄光を汚した者として批判されるのは，主にアラブ人であるが，時に〈トルコ人〉もその対象となった。

これもまた，「外国人嫌い」という，民族主義の素朴な表出の形態であると言える。ただし，アーフンドザーデの場合は，その「外国人」の中に，しばしば自分自身が属す〈トルコ人〉が含まれている，という点が興味深い。このことは，彼の帰属意識をさらに複雑なものとしたであろう。

第3節　民族としての〈イスラーム〉

1. イスラームのミッレト

さて，これまで〈イラン民族〉と訳出してきた箇所の原語は "mellat-e Īrān"，すなわち「イランのミッレト[17]」である。アーフンドザーデは，このミッレトという語を明らかに近代的な「民族（ネイション）」の意味で用いている。この点については，前章第3節第2項で分析したバキュハノフの用語法とは対照的である。

「ミッレト」がヨーロッパ言語における「ネイション」の意味で用いられ

16）原文には "əfğan" とあるが "fəğan" の誤りであろう。
17）「ミッレト」というカタカナ表記は，現代アゼルバイジャン語の発音に基づく。

ていることは，例えば，以下の2つの文章から窺える。

> ヨーロッパの人々の用語で言う「真の君主（pādšāh-e ḥaqīqī）」とは，法に従い，国家の繁栄と安寧，ミッレト（mellat）の秩序と進歩を考える人物を指している。［Axundzadə 3: 225］

> 文明（sīvīlzāsiyūn）とは，その中に技芸，技術，政府の権力，ミッレトの安息など，文化（madanīyat）の種々様々な要件を含有し意味する，全般的な言葉である。［Axundzadə 4: 93］

　これらの文章からは，ジョン・スチュアート・ミルらヨーロッパの思想家たちが用いた「民族」概念の影響が窺える。特に後者は，ミルの思想を紹介した「イギリスの学者ジョン・スチュアート」からの引用である。「ミッレト」という言葉は，『自由論』などに現れる「民族」概念の訳語として用いられていると言ってよいだろう。そうであるならば，アーフンドザーデがしばしば用いる「イランのミッレト」という表現もまた，〈イラン民族〉と訳しうると言える。

　一方，アーフンドザーデは「イランのミッレト」の他に，「イスラームのミッレト」という表現もよく用いている。こちらの「ミッレト」も，「民族」と訳しうるものであろうか。

　そもそもミッレトとは，アラビア語の "millah" に由来する語で，「信仰」あるいは「信仰に基づいた共同体」が元来の意味である。オスマン帝国が非ムスリム臣民を宗教・宗派ごとのミッレトに分割し，総主教や大ラビといった宗派共同体の長に自治権を付与した「ミッレト制」の事例も，よく知られるところである[18]。オスマン帝国においても，この前近代的な「ミッレト」の語が，近代以降に「ネイション」の訳語として用いられるようになっていくわけだが，それでは，アーフンドザーデが「イスラームのミッレト」という場合，それは前近代的な宗教的共同体の意味であったのか，それとも近代的な民族（ネイション）の意味で用いていたのだろうか。

18）ミッレト制の概略とその研究史に関しては，上野雅由樹の論考が簡潔にまとめられており，参考になる［上野 2010］。

おそらく後者であろう。アーフンドザーデがロシア語の書簡でたびたび「ムスリムのナーツィヤ（мусульманская нация）」という表現を用いていることが，その傍証となる [Axundzadə 3: 15, 18]。ナーツィヤというロシア語は，まさにネイションに該当する言葉である（12頁参照）。彼は〈イスラーム〉を民族（ネイション）の呼称と考えていた。

また，「イスラームのミッレト」と並んでアーフンドザーデがよく使う表現として，「イスラームのターイファ（ṭāyefe-'e Eslām）」がある。ターイファは，アラビア語 "ṭā'ifah" に由来する語であり，何らかの「人々の集団」を意味している。ペルシア語史書などでは，「部族」程度の意味で用いられることも多い。

アーフンドザーデは，多くの箇所で，ミッレトとターイファを交換可能な語として用いているようである。これらの用例には時期による偏りは見られないし，同一の作品内で「イスラームのミッレト」と「イスラームのターイファ」の両方が使われていることもある [Axundzadə 3: 6-7]。

しかしながら，ターイファが「イスラームの諸ターイファ（ṭavāyef-e Eslām）」という複数形で用いられることがあるのに対し，「イスラームの諸ミッレト」という用例は確認できない。ミッレトが複数形で用いられるのは，「世界の諸ミッレト（melal-e donyā, miləl-i dünya）」，「ヨーロッパの諸ミッレト（melal-e Yūrūpā）」などといった表現においてのみである [e.g. Axundzadə 2: 22; Axundzadə 3: 90; Axundzadə 4: 202]。同様に「イランの諸ミッレト」も用いられない。また，稀に「イランの諸ターイファ（ṭavāyef-e Īrān）」という表現が用いられることはあるが，「イランのターイファ」という単数形の用例は存在しない。また，時には「女性のターイファ（ṭāyefe-'e enāṣ）」という表現が用いられることもある。以上をまとめたのが，表28である。

これらのことからも，やはり「ミッレト」こそが「民族（ネイション）」の訳語であると考えてよいだろう。つまり，〈イスラーム〉や〈イラン〉は，ミッレトとしては単一のもので不可分であるために，複数形では用いられないと考えられるのである。一方で，「ターイファ」は「ミッレト」よりも一般的な意味を持つ概念であり，おそらく，ただ単に「集団」程度の意味であろう。それはミッレトと同等の集団でもありうるし，より下位の集団，より

表 28　ミッレトとターイファ

	ミッレト	ターイファ	主な引用元
イスラームの――	○	○	Axundzadə 3: 6-7
イスラームの諸――	×	○	Axundzadə 3: 4, 275, 289
イランの――	○	×	Axundzadə 1: 32; Axundzadə 3: 90, 148
イランの諸――	×	○	Axundzadə 4: 66
女性の――	×	○	Axundzadə 3: 4, 262

上位の集団，全く無関係の集団でもありうる。

　例えば，本章第2節第1項で示した引用部における，イランの「諸集団〔＝諸ターイファ〕は，単一の民族〔＝ミッレト〕という糸に結ばれており」という表現は，ミッレトの下位集団としてのターイファの用例である。すなわち，〈イラン〉には血統，言語，階層，性別によって様々に区別される集団が存在するが，これらの集団の全てが単一のミッレト，すなわち「民族」に属すると考えられているのである。『批評』において，「イランのミッレト」と「イランの諸ターイファ」が交換可能な語として用いられているように見えることも，これを裏付けよう［Axundzadə 4: 65-66］。

　以上のような確認が取れたところで，以降，「イスラームのミッレト」には〈イスラーム民族〉という訳語をあてることにしよう。アーフンドザーデの考える「我らの民族」は，〈イラン民族〉であると同時に〈イスラーム民族〉でもあった，ということになる。ウラマーを激しく批判したことで「反イスラーム」的な「無神論者」と評価される彼が，実のところ〈イスラーム〉を自分たちの民族の名として用いていたことは興味深い。

2.「我らの民族」としての〈イスラーム〉，〈イラン〉，〈トルコ〉

　では，アーフンドザーデの言う〈イスラーム民族〉は，どのような範疇の人々であったのだろうか。自然に考えれば，これは「イスラーム教徒全体」を指していると考えられ，実際にそういった意味で用いられることもある。以下に引用する一文が，その典型的な例である。

　　今日におけるイスラーム民族全体の人数は地球上に約2億人であり，約

1400万人が表面的にはイランの王国で数えられる。[Axundzadə 4: 201]

　また，アーフンドザーデは，アラビア語，ペルシア語，トルコ語を指して「イスラーム諸語（alsāne-'e Eslāmīye）」という表現を繰り返し用いている［e.g. Axundzadə 3: 3, 73, 104］。ここからも，彼の考える〈イスラーム〉とは，アラブ人（アラビア語話者），ペルシア人（ペルシア語話者），トルコ人（トルコ語話者）の三者を指していたと考えることができるだろう。

　一方で，彼の思想が後にアフガーニー（Jamāl al-Dīn al-Afġānī, 1838/9-1897）[19]らによって唱導された「汎イスラーム主義」的な内容を有していたかというと，そうとは言いがたい。というのも，彼の作品や書簡において，〈イスラーム民族〉がイスラーム教徒全体を意味するのは稀なのである。この言葉は，しばしば，単に〈イラン民族〉の同義語としても用いられている。例えば，『キャマール・アッ＝ドウレの手紙』の冒頭に以下のような箇所がある。

　　〔古代〕イランの帝王たちの令名と威光は，全世界にとどろいていた。これに関して証言しているのはギリシア民族（yunan millǝti）の歴史書〔のみであり〕，イスラーム民族（islam millǝti）が伝える情報は存在しない。そのため，イスラーム民族のもとにイランの君主たちの事跡や，彼らの書物や法は残っていない。[Axundzadə 2: II. 20]

以上はテュルク語で書かれた2写本からの翻訳であるが，ペルシア語5写本だと〈イスラーム民族〉は，2ヶ所とも〈イラン民族 mellat-e Īrān〉となっているようだ［Axundzadə 2: 20, 279］。〈イスラーム民族〉と〈イラン民族〉が相互に交換可能な言葉であることが窺える。

　また，『高貴なるイラン民族の新聞』の編集長であるエェテザード・アッ＝サルタネに宛てた書簡には，以下のような表現も見られる。

---

19) 19世紀後半のイスラーム世界全域に影響を与えた思想家，革命家。ヨーロッパ列強に対する抵抗のため，イスラーム世界内部の改革と団結・協力を訴え，汎イスラーム主義思想（20頁参照）の発展に大きな影響を与えた［岩波イスラーム: "アフガーニー"］。

〔前略〕ヒジュラから今日に至るまで，イスラームの君主たちが我らの祖国（vaṭan-e mā），すなわちイランとの関係を，また我らの民族（mellat-e mā），すなわちイスラーム，そして12イマーム派との関係を，いかに良く，いかに素晴らしく行ってきたかをあなたはご存知でしょう。彼らの怠慢と無努力のために，我らの祖国がどのような状態にあるか，閣下は私よりもよくご承知のことでしょう。［Axundzadə 3: 95］

前後で内容が矛盾し，真意を測りかねる文章ではあるが，ここでは「我らの祖国」が〈イラン〉であり，「我らの民族」が〈イスラーム〉であると記されている。すなわち，〈イラン〉に住む民族の名は〈イスラーム〉であると考えられているのである。また，ジャマール・アッ＝ディーン・ミールザーへの手紙の中では，「イスラーム教徒，すなわちイランの民（Eslāmiyān ke ahl-e Īrān-and）」という表現も用いられている［Axundzadə 3: 223］。「ミッレト」という言葉こそ使われていないものの，〈イスラーム〉と〈イラン〉が同義語であることを示す例と言えるだろう。さらに，自身の6篇の戯曲に関して，ある時は〈イラン人 Īrāniyān〉のために書いたと言い，ある時は〈イスラーム民族〉あるいは〈イスラームの人々 ahl-e Eslām〉のためのものであると言っていることも，傍証の1つとなろう［Axundzadə 3: 75; Axundzadə 4: 14, 74］。

さて，実のところ，アーフンドザーデの作品において，〈イスラーム民族〉が用いられている回数は，〈イラン民族〉よりもはるかに多い。では，なぜ彼は民族の呼称として〈イラン〉よりも〈イスラーム〉を多く用いたのか。本章第2節第1項で言及したように，彼自身がイスラーム教徒であることは〈イラン民族〉であるかどうかとは無関係と主張しているにもかかわらず，である。それは，以下に見るように，トルコ（テュルク）人，あるいはオスマン帝国との複雑な関係による。

すなわち，文字改革運動に代表されるアーフンドザーデの啓蒙活動は，〈イラン〉のみならず，オスマン帝国をも対象としていたのである。〈イラン民族〉に対する呼びかけに比べれば圧倒的に例は少ないが，彼は「オスマン民族（mellat-e 'Oṣmānīye）」，あるいは「オスマン人（'Oṣmāniyān, Osmanlılar）」

に対しても，繰り返し改革を訴えかけている［Axundzadə 3: 90, 275; Əkinçi: 333-334］。彼にとっての〈イスラーム民族〉は，イラン人とオスマン人をともに含むものでもあったようだ。このことは，以下の文章からも窺える。

> ［私の論敵たちは］自身をイスラーム民族に好意を持つ者の 1 人と，私をイラン人とオスマン人（Īrāniyān va ʿOṣmāniyān）に悪意を持つ者とみなしている。［Axundzadə 3: 195-198］

彼は常にオスマン帝国の住民を啓蒙活動の対象に含めてきた。以下の文章は，それを端的に示すものである。

> イランとルーム〔＝アナトリア〕の大地にこの考え〔＝文字改革〕の種を蒔いておよそ 15 年，疑いなく，我らの子孫の時代には，その種が芽吹くことであろう。［Axundzadə 4: 203］

一方，アーフンドザーデはしばしば〈トルコ人〉という言葉を用いるが，彼の言う〈トルコ人〉とは，多くの場合，オスマン帝国住民のみを指すものではない。そもそも，彼自身が「表面上はトルコ人」であることからも，そのことが分かる。〈トルコ人〉は，「テュルク人」の意味でも用いられていた。

それを示す例として，真の詩人とはどういうものかを論じた無題のテュルク語による小論を取り上げよう。この作品で，アーフンドザーデは「イスラーム民族 (millət-i islam) の間では誰も詩 (šeʿr) と韻文 (nəzm) を区別せず，どの韻文作者 (nazim) も事実に反して，詩人 (şair) と呼んでいる」と批判する。そして，〈ペルシア人 əhl-i fürs〉と〈トルコ人 türk〉の中の詩人とは誰かを列挙していく。彼がペルシア詩人とみなしているのは，フェルドウスィー，ニザーミー，ジャーミー，サァディー，ルーミー，ハーフェズの 6 人[20]のみであり，彼ら以外は全員，単なる「韻文作者」である。また，トルコ詩人とみなすのは，モッラー・パナーフ・ヴァーギフとカースィム・ベイ・ザーキルの 2 人だけであり，フズーリー (Fuzûlî, 1480?-1556)[21]などは詩人ではないとしている［Axundzadə 2: 151-153］。

ヴァーギフとザーキルは，2 人ともガラバーグ地方で活躍した詩人である

(第2章第3節第2項を参照)。特にザーキルとアーフンドザーデは同時代人であり、両者は友人関係にあった［Axundzadə 2: II. 151-152］。ここから窺えるのは、彼の考える〈イスラーム民族〉がペルシア人とトルコ人の両方を指す言葉であること、〈トルコ人〉とはオスマン帝国の住民のみでなく、南東コーカサスの住民も含む「テュルク人」の意味で用いられていることである。

つまるところ、〈トルコ人〉もまた「我らの民族」の一部であり、アーフンドザーデの啓蒙活動の対象だったのである。それは、彼が詠んだ詩の中に「トルコ人とイランの地の偉人たち（bozorgān-e torkān-o Īrān-zamīn）」の覚醒を期待する一節があること、とある論説の中で「オスマン人たちとキズィルバーシュたち（Osmanlılar və qızılbaşlar）」に対する呼びかけを行っていることからも窺える［Axundzadə 4: 254; Əkinçi: 334］。ここで言う〈キズィルバーシュ〉とは、イランの住民、特にテュルク語話者のイラン住民を指しているのだろう。

ところで、アーフンドザーデは、この「民族」なる概念を、どのようにして知ったのだろうか。アーダミーヤトは、民族（ミッレト）の概念は他の学者たちの言うようにオスマン帝国を通じてイランに入ったのではなく、フランスから直接、またロシアを通じて導入された、と主張する。というのも、ヨーロッパの新しい政治概念としての民族が、「ミッレト」という用語でもってオスマン帝国に導入されたのは、イブラヒム・シナースィー（İbrahim Şinasi, 1826-1871）の著作においてであり、1860年以降のことである。一方

---

20) フェルドウスィーとニザーミーに関しては32頁を参照。ジャーミー（'Abd al-Raḥmān b. Aḥmad Jāmī, 1414-1492）は、スーフィーでペルシア詩人。「7つの玉座（Haft Owrang）」と呼ばれる7篇のマスナヴィー作品で知られる。サァディー（Saʻdī Šīrāzī, ca. 1210-ca. 1292）は、イラン南東部の町シーラーズ出身の詩人で、恋愛抒情詩や教訓文学で知られる。マスナヴィー詩『果樹園 Būstān』、散文の教訓文学『薔薇園 Golestān』が代表作。ルーミー（Jalāl al-Dīn Muḥammad al-Balḫī al-Rūmī, 1207-1273）は、ペルシア文学史上最大の神秘主義詩人。代表作『精神的マスナヴィー』は、13世紀イスラーム世界を代表するペルシア語の思想作品とされる。ハーフェズ（Šams al-Dīn Moḥammad Ḥafeẓ Šīrāzī, 1326?-ca. 1390）は、サァディーによって完成された恋愛抒情詩とルーミーによって完成された神秘主義抒情詩を融合した詩人［岩波イスラーム: "サーディー", "ジャーミー", "ハーフィズ, シャムスッディーン", "ルーミー"］。

で，イランのフランス留学生たちがこの語を知ったのはその 20 年前のことであり，1265 ／ 1848-9 年には既に「民族と土地への熱情（ġeyrat-e mellat va ḫāk）」などといった用例が見られるのだという［Ādamīyat 1349š: 114］．

しかし，アーダミーヤトは，アーフンドザーデが民族概念をどこから取り入れたのかを明記しておらず，筆者もこの件に関しては定見を持たない．確かなのは，彼が民族に関する多くの着想をフランス語やロシア語の著作から得ていたことである．ただ，"mellat" や "vaṭan" といった用語の共通性から，少なくともオスマン帝国やイランからの影響があったこともまた，確実であろう．

なお，管見の限り，アーフンドザーデが〈イスラーム民族〉を最初に用いたのは，1858 年である［Axundzadə 3: 61］．〈イラン民族〉の語は，例えば『キャマール・アッ＝ドウレの手紙』のペルシア語訳版の出版に関する契約書で用いられているのが確認できる．ただし，この契約書が書かれた正確な年は不明で，少なくとも 1283 ／ 1866-7 年以降であることが分かるのみである［Axundzadə 3: 90］．年代が明らかになっているものとしては，オスマン帝国宰相アーリー・パシャ（Mehmet Emin Âlî Paşa, 1814-1871）に宛てた 1871 年の書簡の中で用いているのが確認できるのが最初の例である［Axundzadə 3: 148］．

3．「我らの民族」の後進性と文字改革

『イラン百科事典』の「アーフンドザーデ」の項目を著したのは，近代イラン思想史・宗教史の大家であるハーミッド・アルガー（Hamid Algar）である．彼は，アーフンドザーデを「ロシア帝国の支持者，西洋文明の信奉者」であると評した［EIr: "Āḵūndzāda"］．

彼のこの見解は正しい．アーフンドザーデは，様々なヨーロッパの作品に

---

21) イラク地方出身の詩人で，サファヴィー朝やオスマン朝の庇護を受けつつ，アラビア語，ペルシア語，テュルク語による詩作で名声を得た．特にテュルク語作品の評価が高い．代表作は，テュルク語による『ライラーとマジュヌーン *Leylî vü Mecnûn*』［岩波イスラーム: "フズーリー"］．なお，アゼルバイジャン共和国においてはフュズーリー（Füzuli）と呼ばれ，アゼルバイジャン人の詩人の 1 人とされている．

触れ，それらから大きな影響を受けていた。タギーザーデは，アーフンドザーデが影響を受けたヨーロッパの思想家・学者として，モンテスキュー，フランシス・ベーコン（1561-1626），ヴォルテール，カント（1724-1804），ヘーゲル（1770-1831），ルナン（1823-1892），ミル，スピノザ（1632-1677），ヒューム（1711-1776），ギゾー（François Pierre Guillaume Guizot, 1787-1874），バックル（Henry Thomas Buckle, 1821-1862），ラボック（John Lubbock, 1834-1913）といった名を列挙している［Тагизаде 1991: 113-177］。アーフンドザーデがミルに関する専論を著していることは既に述べたが，他にもヒュームに関するペルシア語作品がある［Axundzadə 1: 297-301; Axundzadə 4: 121-124］。

「彼は，宗教への狂信が社会の進歩に対する最も大きな障害と考えていた」とアーダミーヤトが指摘するように，アーフンドザーデの思想には強烈な反宗教，より正確には反ウラマー思想が存在した［Ādamīyat 1349š: 120］。例えば，以下の文章がその典型である。

> 我らイスラームの集団（ṭāyefe-'e Eslām）は，ヒジュラから今日に至るまで，ウラマーを介して説教壇（menbar），モスク，集会，会合に結び付けて，無知なる者たち（jehāl）を良き行い，美しき道徳へと招き入れており，この件に関する種々様々な説教・説法を行っている。我々の説教・説法は彼らの本性にいかなる影響を与え，我々の1286年間に及ぶ努力の成果とは何であったか。無知なる者たちの集団は，常に泥棒，追剥，人殺しであったし，今でもそうだ。説教・説法を通じて彼らの道徳を改善しようという我々の努力は無駄だったのだ。［Axundzadə 4: 108-109］

また，彼は「自伝」の中で，代表作『キャマール・アッ＝ドウレの手紙』の執筆目的を以下のように述べている。

> しばらくして私は，新アルファベットの導入の障害，イスラーム民族における文明（sevīlezāsiyūn）化の障害は，イスラーム教（dīn-e Eslām）と狂信（fanātīzm）であると考え，この宗教の基礎の破壊のため，狂信の廃止のため，アジアの諸集団を怠慢・無知という眠りから覚醒させるた

め，イスラームにおけるプロテスタンティズム（prātestāntezm）の必要性の確証のために，『キャマール・アッ＝ドウレ』の執筆を始めた。[Axundzadə 4: 15]

このように，〈イラン民族〉，あるいは〈イスラーム民族〉の近代化のためには，宗教改革が必要とアーフンドザーデは考えた。そして，それと同時に重視するのが文字改革である。彼は，現状を以下のように嘆く。

> イスラームの民（ḫalq-e Eslām）1万人につき，読み書きのできる者は1人もいない。女性たちは，完全に文盲である。読み書きできる者の大半も，多くの欠陥を持つか，ほとんど読み書きできない者である。[Axundzadə 3: 262]

> この件〔＝識字率の低さ〕に関してはオスマンの王国はイランよりもはるかに悪い。この国の臣民はアラブ人，トルコ人（Atrāk），クルド人（Akrād）で，砂漠に住むが，全員が文盲である。[Axundzadə 3: 197]

また，モスタシャール・アッ＝ドウレ（154頁参照）に送った手紙によると，ロシアのピョートル1世が「自身の民族を蒙昧（bī-tarbiyatī）という不幸から解き放つため」に行ったことは文字改革であった。そして，「我らと祖国を同じくする者たち（ham-vaṭanān）が蒙昧から脱却する」ためにも同じことが必要だとし，その論理を以下のように説明する。すなわち，現在，〈イラン〉が荒廃し，人々が貧しい原因は，「農業・商業・牧畜・手工業などの方法・方式・諸条件」を彼らが知らないからである。それは，〈イラン〉の人々の多くが文盲であり，「生活に関する知識の書物」を読めないことによる。文盲の多さの原因は，「アルファベットが非常に難しいこと」にある。それ故，今後〈イラン〉が繁栄するためには，「都市民も村落民も部族民も，男も女も，例外なく全員，プロイセン（Prūs）の王国の人々のように読み書き能力の持ち主となるべき」なのである［Axundzadə 3: 270-273］。

さらに，1280／1863-4年にイスタンブルで大宰相フアト・パシャに対し，新アルファベットの考えを述べた際のことを，アーフンドザーデは以下のように述懐している。

> イスラームの現在の文字を変更することに関する私の動機は，以下の通りである。諸科学・諸技術の学習のための道具を平易とし，イスラーム民族の全員が，都市民も村落民も，定住民も遊牧民も，男も女も，プロイセン民族（mellat-e Prūs）のように，読み書きの能力の獲得，諸科学・諸技術の学習が可能となり，進歩の領域へと足を踏み入れて，徐々に文明世界において，自らをヨーロッパの人々〔の段階〕へと至ること。残念ながら，私の考えは実現していない。〔中略〕このために，イスラーム民族の民衆は，世界の滅亡に至るまで，ヨーロッパの人々の諸科学・諸技術に与れないままでいるだろう。［Axundzadə 4: 196］

では，アーフンドザーデは「我らの文字」のどのような点を「変更」すべきとしたのだろうか。彼は，そもそもアラビア文字がペルシア語やテュルク語の記述に適さないと考えている［Axundzadə 3: 3］。そこで彼が代案として考え出したのが，アラビア文字をもととしつつもそれに大幅な改良を加えた新アルファベットである。その特徴は，短母音字の考案，テュルク語の母音への対応などである。また，各アラビア文字は線と点から構成されるのに対し，アーフンドザーデ考案の新文字は線のみで構成される。

アーフンドザーデによるアラビア文字廃止論は，前節で述べた反アラブ主義とも関連するものであっただろう。彼は文字だけでなく，多言語的な環境もまた自分たちの後進性の原因と考え，以下のようにアラビア語の語彙・表現の排除も主張している。

> 我らイスラームの分派〔に属する者たち〕（ferqe-'e Eslām）のうちの惨めな者たちは，イランとルームの領域に居住しており，ペルシア語話者（Fārsī-zabān）とトルコ語話者（Torkī-zabān）であり，我々に打ち勝って，自らの宗教を我々にもたらし，自身の言語を我らの言語に混ぜ込んだアラブ人たちは，我々に以下のことを強要している。すなわち，自身の言語を基礎として我々が書き記した書物を理解するためには，アラビア語とその基礎をも知らざるをえないのである。だから，我々はペルシア語の書物を理解するために2つの言語を，トルコ語の書物を理解するためには3つの言語を読まねばならないのである。しかし，フランス人

（Farangiyān）やイギリス人（Anglīsān）やギリシア人（Yūnāniyān）は，ただ〔それぞれに〕固有の言語を読むだけで，自分たちの書物を全て読むことができるのである。［Axundzadə 3: 126-127］

　ここで，本節で明らかになったことを一度まとめておこう。アーフンドザーデは，自身が属する集団を示す際，〈イラン民族〉よりも〈イスラーム民族〉を用いることを好んだ。それは，彼の啓蒙活動の対象が南東コーカサスやガージャール朝の領域のみでなく，オスマン帝国の領域をも含んでいたからである。アーフンドザーデはオスマン帝国の臣民に語りかける際，〈イスラーム民族〉などの表現を用いて，彼らに対する同朋意識を示したのである。そして，この〈イスラーム民族〉が進歩するためには，まず文字改革が必要であると説いたのであった。

第4節　アーフンドザーデの地理認識と帰属意識

1.〈カフカース〉

　前述のように，アーフンドザーデは，自身を〈イラン民族〉，あるいは〈イスラーム民族〉に属する者と考え，その祖国は〈イラン〉であると認識していた。しかし，彼の民族的な帰属意識は，単純なものではなかった。彼が自らの出自を説明する際に迂遠な表現を用いていたことは前述の通りである。彼は，自身が〈イラン〉の外側に立つ存在であることも自覚していた。そのため，彼の領域的な帰属意識もまた，複雑なものとなった。
　アーフンドザーデのもう1つの領域的な帰属先は，〈カフカース〉である。彼が自身を〈カフカースの住民〉と考えていたこと，その〈カフカース〉は〈イラン〉と対立する地理概念であったことを，『批評』の以下の文章が示している。

　　〔前略〕私はカフカースの土地の住民であり，イスラームに属し〔シーア〕派であるという点においてイラン民族を兄弟のように思っている

(az motavaṭṭenān-e ḫāk-e Qafqās-am va az jehat-e Eslāmiyat va maẓhab bā mellat-e Īrān barādarī dāram)。[Axundzadə 4: 44]

ここにおいて彼は，〈イラン民族〉を「兄弟のよう」と表現し，自身が〈イラン民族〉そのものではないことを暗示する。また，「祖国（vaṭan）」と同語根の「住民（motavaṭṭen）」という語を用いて，自身を〈イラン〉ではなく，〈カフカースの土地〉の住民と表現している。

このような〈イラン〉に対比される地名としての〈カフカース〉は，エェテザード・アッ＝サルタネに送った書簡にも現れる。

> また，シェイヒュルイスラーム[22]は言った。私はイランを見たことがないが，カフカースの諸領域（ṣafaḥāt-e Qafqāzīye）は完全に知っている。[Axundzadə 3: 315]

アーフンドザーデによる地理区分，人間集団の区分法は，次の文章からも窺える。

> オスマン帝国，イラン，カフカースの住民たちは，3つの群（gorūh）に分けられる。1つはユダヤ人，次にキリスト教徒，3つ目はムスリム（mosalmān）である。[Axundzadə 3: 290]

また，彼は文字改革運動において，自分自身の活動領域は〈カフカース〉であるとみなしていた。例えば，テヘランに住むネザーム・アッ＝ドウレ（Ḥoseyn Ḫān Neẓām al-Dowle）なる人物に送った手紙に，以下のように書かれている。

> 私の主張が正しく，新しい文字の普及がイスラーム民族に多くの利益をもたらすことを証明するために，この『新しいアルファベット』のうちの1冊がオスマン朝の貴人たちのために，別の5冊がヨーロッパ（Farangestān）の5大国へと送られたことはご存知のことでしょう。私自身も，カフカースの諸地方（velāyāt-e Qafqāzīye）で，努力しています。

---

22) この職位に関しては，44〜45頁を参照。

［Axundzadə 3: 61］

　このようにアーフンドザーデは、〈カフカース〉という地理概念を繰り返し用いている。上に挙げたもの以外にも、「カフカース地方（Qafqaz səfhəsi）」、「カフカースの王国（mamlekat-e Qafqāzīye）」、「カフカースの領域（Ṣaḥfe-'e Qafqāz）」、「カフカースの領域の全部（jamī'-e ṣafaḥāt-e Qafqāzīye）」といった様々な表現の使用が確認できる［Axundzadə 3: 224, 281; Axundzadə 4: 73, 115-116; Əkinçi: 333-334］。また、「アフガニスタンとヒンドゥスターンとトルキスターンとルームとカフカース」などといった表現も見られる［Axundzadə 4: 67］。

　ペルシア語の歴史書において19世紀半ばから〈カフカース〉という地理概念が広まっていたこと、バキュハノフもこの用語を用いていたことなどは、前章までで既に述べた通りである。アーフンドザーデも彼らと同様、〈カフカース〉という地理概念に馴染んでいたと言えよう。なお、南東コーカサスにおけるこの地理概念の普及過程に関しては、次章第3節第1項で詳述する。

　当然ながら、この〈カフカース〉は、「ロシア」に属する地方であった。よって、〈カフカース〉という地名の利用は、ロシアに対する帰属意識の表れと考えることもできよう。本章第3節第1項でも若干触れたように、彼はロシア帝国の忠実な臣民でもあった。

　ただし、アーフンドザーデは〈カフカース〉の「住民」とは述べているが、一方でこの地を「祖国」とは呼んでいない点にも留意せねばならない。この点において、明確に「祖国」として語られている〈イラン〉とは異なっている。

2.〈タタール〉

　〈カフカース〉と、それが属するロシアに関連する帰属意識として〈タタール〉がある。アーフンドザーデはロシア語の書簡では、自らが属する集団を〈タタール〉と呼んでいる。この〈タタール〉は、ペルシア語やテュルク語の特定の言葉に正確に対応するものではなく、やはり独自の用法、範疇

を持つ語である。そのことが窺える典型的な文章を，以下に引用しよう。

　　タタールの種族（татарское племя）が数の上では他の住民たちに優越しているザカフカース地方（Закавказский край）では，ロシアの支配下に入るまで，ペルシアの支配者たちか，あるいはトルコのスルタンたち（турецкие султаны）の影響下に置かれていました。前者の場合にはタタール族の書き言葉（письменность）はペルシア語（персидский язык）で，後者の場合には，現在のザカフカースのタタール語（закавказское татарское наречие）とは全く異なっているトルコ語（турецкий）でなされていました。それ故に，タタール族は現在に至るまで，自分たちの文学を持ちませんでしたし，純民族的タタール語（чистонародный татарский язык）で独自に書かれた書物も現れなかったのです。タタール語で書かれたいくらかのものがあったとはいっても，それは他の何らかの言語からの翻訳であるか，ペルシア語，アラビア語，トルコ語流の（по духу персидского, арабского или турецкого языков）大げさな文句や，その他の不自然な形式によって書かれたものでありました。[Axundzadə 3: 11（2nd part）]

　ここでアーフンドザーデは，自分たちの言語を〈タタール語〉と呼び，これを〈トルコ語〉と区別している。ここでいう〈トルコ語〉とは，文脈上，オスマン語を指すと考えてよいだろう。そして，この〈タタール語〉はアラビア語，ペルシア語，オスマン語の影響によって不自然な形に歪められている，と主張している。ここでの彼は，反アラブに加え，反ペルシア（イラン），反オスマン（トルコ）的でもある。

　アーフンドザーデは，ロシア語の書簡では基本的に〈タタール語〉という言語名を用いていた [Axundzadə 3: 15, 25, 38（2nd part）]。バキュハノフが好んだ〈テュルク語〉は，管見の限り用いられていない。一方で，ペルシア語作品やテュルク語作品において，自らの母語を〈トルコ語 zabān-e Torkī, Torkī, türki dili, türkicə〉と呼んでいる [e.g. Axundzadə 2: I. 51, 90-91; Əkinçi: 333-334; Axundzadə 3: 78, 90]。これを他のテュルク諸語と区別するような呼称は使われていない。この点に関しては，バキュハノフと大きな違いはないと言え

る[23]）。

　なお，前述の文章は，1853年に書かれた上申書の一部で，送付先はロシア人の官吏である。このように，アーフンドザーデは，ロシアの体制側に宛てた文章においては，〈イラン〉やオスマン帝国との紐帯をことさら否定してみせるのである。

3. 〈アゼルバイジャン〉

　第2章第3節第2項でも若干触れたが，アーフンドザーデの〈アゼルバイジャン〉の用法は，この時代の南東コーカサスの知識人として例外的なものであった。彼の用いる〈アゼルバイジャン〉は，同時代における南東コーカサスの知識人より，ガージャール朝イランの知識人のそれに近い。つまり，彼は，「アーザルバーイジャーンを示すアゼルバイジャン」や「イラン世界の北西方面を指すアゼルバイジャン」の他に，「南東コーカサスを示すアゼルバイジャン」も用いているのである。以下の文章がその一例である ［Axundzadə 3: 71-72, 356; Axundzadə 4: 54; cf. Axundzadə 3: 284］。

> 私は12イマーム派に属しており，出生地はアゼルバイジャンの領域（ṣafḥe-'e Āzarbāyjān）です。〔中略〕その後，輝けるロシアの政府の地にやって来て，シェキの町に居住し，〔後略〕。［Axundzadə 3: 104］

　前述のように彼の出生地は南東コーカサスのシェキであるが，彼はそれを〈アゼルバイジャンの領域〉と表現しているのである[24]）。この他にも，マネークジーに宛てた書簡の中に「私の祖父ハージー・アフマドはラシュトから来て，アゼルバイジャンに居住することを選びました。私の父ミールザー・モハンマド・タギーと私自身はアゼルバイジャンで生まれ，育ちました」という表現が見られる ［Axundzadə 3: 249-250］。すなわち，アーザル

23）また，同時期の南東コーカサスで著されたペルシア語史書（付録1などを参照）でも，言語の呼称はやはり〈トルコ語 zabān-e Torkī〉である ［e.g. JL Б-3049: 13, 71; TQ: 155］。

24）同時にシェキが「輝けるロシアの政府の地」の一部とされている点にも注意しなければならない。

バーイジャーン出身の父と，南東コーカサス出身の自身を，ともに「アゼルバイジャンで生まれ」と表現しているのである。

ただし，〈アゼルバイジャン〉という地名が使われる回数は，〈イラン〉や〈カフカース〉に比べると非常に少ない。また，「祖国」に類する言葉と結び付ける文脈では用いていない。このことから，彼は〈アゼルバイジャン〉に対して，「祖国」という認識は抱いておらず，何ら特別な地名とはみなしていなかったことが窺える。

また，前節で触れたように，アーフンドザーデは基本的に自らの母語を〈タタール語〉や〈トルコ語〉と呼称していたのだが，例外的に〈アゼルバイジャン・トルコ語 zabān-e Torkī-ye Āzarbayjānī〉という表現が用いている箇所が「自伝」の中に1つだけある［Kəşkûl: XLIV. 4（Axundzadə 4: 12)］。とは言え，158頁でも記した通り，この「自伝」が初めて世に出たのは，彼の死後10年近く経った1887年のことである。よって，これが彼自身の表現であるのか，後の時代の人が修正を施したものなのかは，分からない。第6章で詳述されるように，この「自伝」が掲載された『ケシュキュル』誌の編集者たちは，〈アゼルバイジャン語〉という言語名の南東コーカサスにおける普及に大きな役割を果たした者たちであった。ここでは，アーフンドザーデが最晩年に〈アゼルバイジャン・トルコ語〉という表現を用いた可能性もある，という程度で保留しておこう。

本章の分析から，「イラン民族主義の祖」と「アゼルバイジャン民族主義の祖」という，先行研究のアーフンドザーデに対する2つの見解は，見方によってはどちらも正しいと言え，見方によってはどちらも誤りと言えることが明らかになった。彼は，自身が〈イラン民族〉の一員であることを誇り，「我らの祖国」である〈イラン〉に対する熱烈な愛情を示した。とりわけ彼が賞賛したのが，イスラーム化以前の古代イラン人である。そして，偉大であった彼らが，〈アラブ人〉による征服とイスラーム化の結果，衰退の一途をたどっていることを嘆くのであった。そういった意味で，彼はまさしく「イラン民族主義者」である。

一方，アーフンドザーデは周囲から〈トルコ人〉とみなされる人物であっ

た。そして，この〈トルコ〉，あるいは〈タタール〉，〈カフカース〉といった自身の属性が，〈イラン〉の最周縁，あるいは外側に位置するという自覚も有していた。それでも〈イラン民族〉であろうとした彼は，これを「古代イラン人の末裔」と定義した。彼にとって，この血統によって結び付いた「民族」は，言語・宗教・社会階層・性別などによって区別される様々な「集団」を乗り越えるものであった。

　多くの非〈イラン〉的な属性を有しながら，それでもなお〈イラン〉の一員でありたいと望んだアーフンドザーデの帰属意識は，必然的に多重的・複合的なものとなった。彼にとっての「我々」と「他者」の感覚は，時と場合によって変化する。〈イラン民族〉，あるいは〈ペルシア人〉は，彼にとって「我々」であると同時に，〈トルコ人〉，〈タタール人〉でもある彼にとっての「他者」でもあった。〈トルコ人〉は，啓蒙すべき「我々」であると同時に，〈イラン民族〉に荒廃をもたらした忌避すべき「外国人」でもあった。また，アーフンドザーデは〈イラン〉を祖国とする一方で，〈イラン〉の外側に位置する〈カフカース〉の住民であるという意識も有していた。

　このような帰属意識を有していたアーフンドザーデは，自身の属する民族の名としては，〈イラン〉よりも，〈イスラーム〉という伸縮自在な言葉を好んだ。これは，彼の帰属先，あるいは同胞意識の対象である〈イラン人〉と〈トルコ人〉の両方，〈イラン〉と〈カフカース〉の両方，〈ペルシア人〉と〈タタール人〉と〈オスマン人〉の全て……を含むことができ，これらをまとめて示すことのできる言葉であった。この言葉を用いた背景には，スンナ派とシーア派の対立を乗り越える，という意図もあったようだが，それについては次章第2節第1項で詳述する。ただ，この言葉は，最も忌避すべき「外国人」であるところの〈アラブ人〉を「我々」に含みかねず，また，古代ペルシア人の末裔であるが別宗教の信徒であるパールスィーをはじいてしまうという欠点を有していた。

　それ故，アーフンドザーデは文脈に応じて，あるいは語りかける相手によって，〈イラン民族〉，〈イスラーム民族〉，〈トルコ人〉，〈タタール人〉などを使い分けたのであった。そういった意味で，彼は「イラン民族主義者」でもあった，とするのがより正しい見解であると言えよう。そして，彼のこ

の複雑な自己認識は，当時の南東コーカサスの状況の反映であっただろう。カフカース総督府の設置によって帝政ロシアの支配がより強化されたであろうこの時代，〈イラン〉との紐帯は公然と語ることが難しいものであったと思われる。そういった状況の中で，アーフンドザーデは，新たなアイデンティティを模索する必要に迫られたのではないか。

アーフンドザーデは，南東コーカサスへの近代的な「民族」概念の紹介者，導入者でもあった。また，バキュハノフから受け継いだ「簡潔な言葉」による語りは，アラビア語の排除や文字の改良といった要素と結び付きながら，アーフンドザーデによって強化された。彼のこの活動は，ガージャール朝イランにおいてジャラール・アッ＝ディーン・ミールザーの「純粋ペルシア語」という形で結実した他，南東コーカサスでも後の世代に引き継がれていった。また，〈カフカース〉という地理概念も，彼の後にさらに普及し，定着していくこととなる。

一方で，後の世代に引き継がれなかったものもある。次章以降で見るように，後の南東コーカサスでは〈イラン〉に対する帰属意識はある程度残るものの，「我らイラン民族」や「我らの祖国イラン」といった明確な語りは失われていく。彼が用いた〈イスラーム民族〉の概念も，そのままの意味内容では引き継がれなかった。しかし，アーフンドザーデが用いた〈イスラーム民族〉と〈カフカース〉は，より表層的な面で後の世代に影響を与えたと思われる。すなわち，次章で紹介する〈カフカースのムスリム〉という民族名には，この２つの言葉が影響していると考えられるのである。

補論 3

19世紀ヨーロッパにおける「民族」の理論

　第4章第3節第2項でも述べたように，アーフンドザーデがどこから，あるいは誰を通じて民族（ネイション）や民族主義（ナショナリズム）という概念を知ったのかは，具体的には分からない。しかし，彼が同時代のヨーロッパにおける民族思想の影響を受けていたことは，確実と言える。そこで，ここでは，19世紀のヨーロッパにおける民族に関するいくつかの潮流を紹介しよう。なお，後の章の内容とも関わることであるので，時代はやや広めにとって，19世紀の終わりまでを扱うこととする。

　そもそも「民族」という発想は，どのように誕生したのであろうか。エリ・ケドゥーリーは，その起源をフランス革命とイマヌエル・カントに求める。すなわち，カントの倫理思想の中核にあった「自己決定」という論理が，カント本人の意志とは関わりなく，民族自決を要求するイデオロギー，すなわち民族主義を生んだというのである。そして，カント哲学を発展させて民族主義の理論としたのが，ヨハン・ゴットリープ・フィヒテ（1762-1814）である［ケドゥーリー 1993: 13-43, 138］。

　一方，多くの研究者はケドゥーリーと異なり，民族，あるいは民族主義には明確な「教祖」が存在しないと考えている。しかし，それが誕生し，発展していくのが18世紀後半以降のヨーロッパであったことは，おおよそ全ての研究者が一致するところである。

　ただし，この時代の著作には，民族に関して冷静な分析を加えたものがほとんど存在しない。ホブズボームが指摘するように，「ナショナリストと人種主義者の修辞に満ちた文章以外のものが当時ほとんど書かれていなかった」のである［ホブズボーム 1990: 2］。そのような中で，この時代，民族についてある程度まとまった考察を行っている思想家として挙げられるのが，先に言及したフィヒテ，ジョン・スチュアート・ミル，エルネスト・ルナンの3人である。

1. フィヒテの民族観

　まずはフィヒテを取り上げよう。彼は，1807年から行われた連続講演を

出版した『ドイツ民族に告ぐ Reden an die deutsche Nation』（1808 年）において，「民族とは何か」を語った。その背景には，フィヒテの祖国プロイセンがナポレオンに敗北し，ベルリンが占領下に置かれたことによる危機感があった。

フィヒテは，ある民族を他の民族と区別するための本質的な要素とは，居住地の違いではなく，言語の違いであると考えた。そして，各民族に固有の特質・特徴とされるもの，すなわち民族性も，この言語の違いから生じるのである。すなわち，ドイツ民族の場合であれば，それを定義付ける決定的な要素となるのは，ドイツ語話者であるか否かである。ドイツ語こそが「ドイツ人と他のゲルマン系諸民族の間の完全な対立の基礎」である，とフィヒテは言う［鵜飼ほか（訳）1997: 79］。

ジョエル・ロマンは，フィヒテの民族説と後述するルナンの民族説とを対比し，フィヒテによる民族の定義を「種族中心主義的」で「有機体論的」と評している［鵜飼ほか（訳）1997: 13］。また，当時分封体制にあったドイツでは，より根源的な要素，すなわち言語に民族の本質が見出されることになった，という指摘がなされることも多い。

言語を基礎とするフィヒテによる民族の定義は，その後のドイツ民族学においても主流となった。ドイツの学問的影響を強く受けたロシア帝国においても，それは同様であったらしい。また，このドイツ流の民族観は，後にオットー・バウアー（Otto Bauer, 1881-1938）を経てスターリン（1878-1953）に受け継がれ，ソヴィエトにおける民族政策にも大きな影響を与えることとなった（第 7 章第 3 節第 3 項も参照）。

2. ミルの民族観

次にミルの民族観に触れよう。ミルが民族に関してある程度まとまった考えを述べているのは，1861 年に出版された『代議制統治論 Considerations on Representative Government』の第 16 章「代議制統治との関連における民族について」においてである。この章で彼は，「統治の境界が，大体において民族間のそれと一致すること」が代議制統治，ひいては「自由な諸制度」の必要条件であると説く。なぜならば，互いに同胞感情を抱いていない複数の民族

によって構成される国家は、代議制統治の運用に必須となる「統一された世論」を形成することができないからである。特に、その諸民族がそれぞれ異なる言語を用いている場合、その傾向が強くなる。つまり、ミルは民族国家のみが、代議制統治をなしうる、と考えるのである［水田（訳）1997: 376-380］。また、『自由論』においても、「統治者の利益と意志とが、国民〔＝ネイション〕の利益と意志でなければならぬ」と述べている［塩尻・木村（訳）1971: 12］。

そして、民族とは「人類のある部分が、共通の諸共感によって相互に結合されていて、その共感が、他のどんな部分との間にも存在しない」場合に形成されるもので、「その共通の諸共感によって〔中略〕同一の統治のもとにあることを望」むものである［水田（訳）1997: 374］。

ミルによると、民族感情を生み出す原因は「人種または血統が同一であること」、「言語の共通性」、「宗教の共通性」、「地理的境界」など様々であるが、その中でも最も強力なのが「政治的沿革の同一性」である。すなわち、民族の歴史を持ち、その結果として共通の回想を持つこと、過去の同じ出来事に関して、共同の誇りと屈辱、喜びと悔恨を持つことである。しかし、これらはいずれも不可欠ではないし、必ずしもそれだけで十分ではないとミルは述べる。一方で、「一般に、民族感情は、それに寄与する諸原因のうちのどれかが欠如すれば、それに比例して弱められる」とも述べている［水田（訳）1997: 374-375］。

3. ルナンの民族観

最後にルナンによる「民族」の定義を確認しよう。彼が民族に関するまとまった言及を行ったのは、1882年3月11日にソルボンヌ大学で行われた「民族とは何か（Qu'est-ce qu'unne nation?）」という有名な講演においてである。ここで彼は、民族を「日々の人民投票（un plébiscite de tous les jours）」と定義したのだった［鵜飼ほか（訳）1997: 62］。

すなわち、ルナンによると、民族とは主体的に形成され続けていくもので、住民の国家的帰属を決めるのは、住民の現在の意志であるべきなのである。なお、この背景には、普仏戦争（1870-1871）におけるフランスの敗北

と，それによって生じたアルザス・ロレーヌ地方の帰属問題がある。また，彼は，人間の意志が変化するものである故に，必然的に民族もまた永遠のものではなく，変化していくものと考える［鵜飼ほか（訳）1997: 63-64］。

ルナンにとって民族とは，住民の意思，すなわち豊かな過去の記憶の遺産を共有し，また現在において共に生活しようという願望の結果，形成されるのである。このような意味において，彼は，民族とは「精神的原理」であると説いている。それ故に，民族は王朝から分離して存在することができる。また，人種や言語，宗教，利害の共有，山岳や河川といった自然地理的な境界などは，いずれも民族を形成するのに不十分であり，いずれも民族とは本質的には無関係なのである［鵜飼ほか（訳）1997: 49-62］。

ルナンは，「忘却，歴史的誤謬」こそが，1つの民族の「創造の本質的因子」であるとも述べている。彼は，「サン＝バルテルミの虐殺」などを例に挙げながら，これらを忘れることなしにフランス民族は形成されない，と説く。すなわち，過去の歴史の共有と同時に，かつての対立の記憶などを忘却することが民族を形成する際に重要と考えられているのである［鵜飼ほか（訳）1997: 47-48］。

第 5 章

変化していく「我々」の輪郭
──『種蒔く人』と民族としての〈カフカースのムスリム〉──

1875 年，石油産業の発展によって急成長を遂げつつあったバクーにおいて，初のテュルク語による新聞が創刊された。『種蒔く人 Əkinçi』である。そして，この『種蒔く人』において主導的な役割を果たしたのが，ハサン・ベイ・ゼルダービー（Həsən bəy Zərdabi, 1837-1907）である。この新聞の創設者であり，編集長・主筆も務めたこの人物の人生もまた，多彩な側面に彩られていた。彼はジャーナリスト，啓蒙運動家，教育者であり，福祉団体の創設者でもあった。また，彼は，アゼルバイジャン演劇史において重要な役割を果たした人物でもある。

　なお，ゼルダービーは，ハサン・ベイ・メリコフ（Ru. Меликов / Az. Məlikov），あるいはメリクザーデ（Məlikzadə）とも呼ばれる。最近のアゼルバイジャン共和国では，ゼルダーブル（Zərdablı）とされることも多い。これらのいずれもが同時代人たち，あるいは本人によって実際に用いられていた呼称である。

　本章では，『種蒔く人』の記事を分析することで，ゼルダービーや彼の共鳴者たちの思想を検証する。『種蒔く人』の分析にあたっては，アゼルバイジャン共和国で発行されている翻刻本を利用した [Əkinçi]。そのため，引用文中の原語表記も現代アゼルバイジャン語の表記に準じたものとなっている。なお，『種蒔く人』誌は，同時代のオスマン帝国や後年の南東コーカサスにおける定期刊行物の多くと同様，「○年目第△号」といった巻号表記を用いている。本章ではこれを「第○巻第△号」と読み替えて表記する。

第 1 節　ゼルダービーとその周辺

1. ゼルダービーの生涯

　ハサン・ベイ・ゼルダービーは，南東コーカサスの中部に位置するゴランボイ地域（Goranboy）のゼルダーブ村の名士の家系に生まれた。生年に関しては，かつて 1842 年とされていたが，彼の妻の回想録にある記述から 1837 年が正しいという［Aşırlı 2009: 23; Rüstəmov 2012: 60; cf. Zərdabi: 73］。

図46　ハサン・ベイ・ゼルダービー

　ゼルダービーの学識のあり方は，第3章と第4章において紹介したバキュハノフやアーフンドザーデとは若干異なっている。というのも，彼は，伝統的な教育ではなく，当初からロシア式の教育を受けた最初の世代にあたるのである。ゼルダービーが初等教育を受けたのは，シャマフのロシア式学校においてであった。これは1830年に開設されたもので，同時にバクー，シェキ，ギャンジャ，ナヒチェヴァンにも，同様の学校が設置されている。これらの学校は官吏の養成を第1の目的としており，ロシア語の他，現地語や地理学などが教えられたという [Məmmədov 2006: 297-298]。

　ゼルダービーはその後，ティフリスのギムナジヤを経て，1861年にモスクワ大学理数学部に入学する。1865年に同大学を卒業すると，ティフリスの境界線局（межевая палата）に入局，土地関係の職務に従事した後に，グバの治安判事（мировой судья）の法廷の書記となった[1]。1869年にはバクーに移り，当地のギムナジヤで自然史と数学を教えた。1872年には貧しい生徒を支援する組織を設立している。

　バクー・ギムナジヤ時代のゼルダービーの生徒の中には，後に文筆家として活躍することとなるネジェフ・ベイ・ヴェズィーロフ（Nəcəf bəy Vəzirov,

---

[1] 治安判事を含む当時の裁判制度に関しては，髙橋一彦やイスマユロフの研究を参照 [髙橋 2000: 47-56; İsmayılov 2004: 121-143]。

1854-1926)やエスゲル・アーガー・ゴーラーニー（Əsgər bəy Gorani, 1857-1910）らがいる。1873年には，彼らを動員して，アーフンドザーデの戯曲『けちな男の生涯（ハージュ・ガラ）』を上演した。これは南東コーカサスの地における，演劇の最初の上演記録である。作者であるアーフンドザーデも，ティフリスとモスクワに続き，ついにバクーで自身の戯曲が演じられたことを大いに喜んだという。

　これらの活動に従事する一方，ゼルダービーはテュルク語新聞の発行を志すようになっていく。最初にその着想に至ったのは，1868年のことであったという。しかし，これは1865年に制定された検閲臨時規則により，困難な事業であった[2]。それでも，バキュハノフの異母弟エブデュッラー・アーガー（Əbdülla ağa Bakıxanov, 1824-1878）の支援を受けるなどし，1875年に許可を獲得，同年7月22日付で『種蒔く人』誌の創刊号を発行した。ロシア帝国領内で初めてのテュルク語新聞である。ゼルダービーは編集長を務める傍ら，主筆として1200本を超える記事を書いた。

　『種蒔く人』は，第3巻第20号（1877年9月29日付）をもって廃刊となるまでの間に，隔週刊で計56号が発行された。およそ2年というその刊行期間の短さにもかかわらず，『種蒔く人』は南東コーカサスにおける後の時代のテュルク語出版に非常に大きな影響を与えた。後年のテュルク系知識人・出版人たちは，『種蒔く人』を「最初のテュルク語の新聞」として言及し，自らの範としている。この雑誌と同じ名を名乗る定期刊行物も，いくつか現れた。ロシア革命を受けて結成された左翼組織によって1918年に刊行された週刊誌は，特によく知られる（344～347頁の表35: No. 77）。他に，1921年から1924年にかけて発行された月刊誌，1926年の1号限りの刊行物も『種蒔く人』を名乗っている。なお，これらの出版地は，いずれもバクーである[İSTİİ: 81-82]。

　1879年，家族とともに故郷のゼルダーブ村に帰る。この地で16年間を過ごすこととなるが，その間，ロシア語新聞『カスピ Каспий』の記者として，多くの記事を投稿している。1896年にはバクーに戻り，引き続き『カスピ』

---

2) ロシア帝国の検閲政策に関しては，第6章第3節第3項を参照。

の編集作業にたずさわった。1897年からは，バクー市における教育関係の公職にも就いている。また，『カスピ』の編集の傍ら，『ロシアの東方 Şərq-i Rûs』誌や『暮らし Həyât』誌[3]にも多くの記事を寄稿した。1907年，バクーで死去した［Əkinçi: 5-22; Rüstəmov 2012: 60-85; Şahverdiyev 2006: 8-19; Aşırlı 2009: 20-44; Mahmudov 2005（red.）: 331-332］。

2. 種蒔きの担い手たち

『種蒔く人』の誌面は，いくつかの欄から構成されていた。カフカース地方の事情を論ずる「地方（daxiliyyə）」欄，農業や農村生活に関する情報を扱う「栽培・農耕ニュース（əkin və ziraət xəbərləri）」欄（後に「農村民の活動（əf'al-i əhl-i dehat）」欄に改称），西洋の諸科学を紹介する「学問ニュース（elm xəbərləri）」欄，読者の投稿記事を掲載する「通信（məktubat）」欄，そして世界各国の出来事を伝える「最新ニュース（təzə xəbərlər）」欄である。これに編集部からの「告知（e'lan）」が付されることもある。興味深いのは，やはり「栽培・農耕ニュース」欄の存在であろう。『種蒔く人』は，その誌名に違わず，当時の一般大衆の大半を占めていた農民たちを想定読者とする新聞であった。

「通信」欄には，様々な著作家たちが記事を寄せていた（表29）。その多くが署名記事である。その中には，マハチカラ（Махачкала）[4]在住のエレクベル・ヘイデリー（Ələkbər Heydəri）（No. 2），駐カルス領事の翻訳官であったハチャトゥール・ゴルフマゾフ（Xaçatur Qorxmazov）（No. 6），当時のシェイヒュルイスラームであったアーフント・エフメト・ヒュセインザーデ（Axund Əhməd Hüseynzadə, 任 1862-1884）（No. 14）といった名も見られる［cf. Məmmədli 2005: 86-95］。バクー・ギムナジヤの卒業生で，かつてのゼルダービーの生徒であったヴェズィーロフやゴーラーニーは，留学先のモスクワから多くの記事を寄せた（No. 3, 4）。

3）本文で取り上げたの定期刊行物については，付録2も参照。また，『カスピ』と『ロシアの東方』については，第6章でも扱う。

4）現在のロシア連邦ダゲスタン共和国の首都。同共和国中部のカスピ海沿岸部に位置する。前近代においてはタルキ（Тарки）と呼ばれた。

第5章 変化していく「我々」の輪郭 | 195

表29 『種蒔く人』の寄稿者（署名のあるもの）

No.	寄稿者名	回数	掲載号
1	Əhsən ül-Qəvaid	18	1-12, 2-1～2-12, 2-22, 2-23, 3-1, 3-6, 3-7
2	Heydəri	14	1-3, 1-6, 1-10, 1-11 (2), 2-1, 2-4 (2), 2-5, 2-6, 2-9, 2-10, 3-6, 3-13?
3	Əsgər Adıgözəlzadə Gorani	5 (10)	1-8, *2-1, *2-7, 2-24, *3-1, 3-3, *3-8, 3-9, *3-9, 3-11
4	Nəcəf Vəzirzadə	5 (6)	2-18, 2-21, 2-24, *3-6, 3-8, 3-10
5	Məhbus Dərbəndi	5	2-10, 3-4, 3-5, 3-8, 3-13
6	Xaçatur Qorxmazov	2	1-10, 2-13
7	Sultanov	2	2-2, 3-3
8	Əlimədəd Abdullazadə	2	2-6, 2-7
9	Millət-i islamın təqdirən Vəkil-i namə`lumu	2	3-2, 3-5
10	Məhəmmədtağı Əlizadə Şirvani,	2	3-3, 3-4
11	Mirzə Həsən əl-Qədari	1	1-8
12	Məhəmmədəli bəy Vəliyev	1	1-9
13	(Badkubəli molla)	1	1-11
14	axund Əhməd Hüseynzadə	1	1-12
15	Ələkbər Elçizadə	1	2-3
16	Şüəra-yi ərbəe-yi Şirvan	1	2-8
17	Məmnun əl-Qədari	1	2-11
18	7 200 4 1 2 10	1	2-14
19	Xeyirxah-i İran	1	2-16
20	Məhəmmədəli Səlyani	1	3-5
21	Möhsün Badkubeyi	1	3-14
22	Harayçı qardaş	1	3-18
23	Hadiy ül-Müzillin Qarabaği	(1)	*3-12

※「掲載号」欄で＊付きのものは，「通信」欄以外の署名記事
※また，「回数」欄の（ ）内の数字は，「通信」欄以外の署名記事を含めた記事数
※掲載号で1-11（2）などとあるものは，同一号に2つの記事が掲載されているもの

『種蒔く人』の寄稿者として特によく知られるのが，第4章で扱ったアーフンドザーデである。彼は「イスラーム民族の仮想の無名代表（Millət-i islamın təqdirən Vəkil-i namə`lumu）」という筆名を用いて，2本の論説を投稿している（No. 9）。また，ゼルダービー自身も，「7 200 4 1 2 10」なる筆名を用いて「投稿」したことがある（No. 18）。なお，この奇妙な筆名は，それぞれの数字に対応する数価を持つアラビア文字をあてていくと，Zərdâbî という綴りが浮かび上がる，というものである。

3. セイイト・エズィーム・シルヴァーニー

「通信」欄に署名記事が掲載された人々以外で『種蒔く人』と深い関わりを持つ人物としては，セイイト・エズィーム・シルヴァーニー（Səyid Əzim Şirvani, 1835-1888）が挙げられる。19世紀の南東コーカサスを代表する詩人である彼は，『種蒔く人』に寄せた10篇以上の詩や個人的に交わされた書簡を通じて，ゼルダービーと思想的な影響を相互に与えあったと言われる [Aşırlı 2009: 35-36]。

シルヴァーニーは，1835年にシャマフ市で生まれた。9歳の頃に父を亡くした彼は，母親に連れられてダゲスタン中西部のアクサイ村（Аксай）に移住する。その地で彼は，母方の祖父の庇護のもと，イスラーム神学やアラビア語，ペルシア語などの教育を受けた。1853年には故郷のシャマフに帰り，翌年に結婚，後に一男二女をもうけている。1855年にはイラクへと出発，バグダードでの遊学を開始した。その後も，ダマスカス，メッカ，メディナ，カイロと，各地を転々としながら，イスラーム諸学の勉学に励んだ。

1869年，シルヴァーニーは再びシャマフに戻り，私塾を開いた。この塾では，伝統的なイスラーム諸学に加え，歴史や地理，算術なども教えたという。そのため，彼は周囲から不信心者とみなされ，批判を受けることもあったらしい。なお，この塾で学んだ者の1人に，後に風刺詩人として有名になるミールザー・エレクベル・サービル（274頁参照）がいる。

その後も紆余曲折を経つつ，シルヴァーニーはシャマフ市で教育活動に従事し続け，主にアラビア語，ペルシア語，テュルク語，イスラーム法を教えた。その傍ら，テュルク語やペルシア語で多くの詩を詠んでいる。作品の数

は，テュルク語の詩だけで 1172 点にのぼるといわれ，現在のアゼルバイジャンでも愛誦されている。彼は 1888 年 5 月 20 日，シャマフで死去した [Şirvani: I. 4-32; Abdullayev (red.) 2015: 245-249]。

第 2 節　『種蒔く人』にみる帰属意識と啓蒙思想

1. 民族としての〈ムスリム〉

『種蒔く人』が「農民」，すなわち一般大衆を対象とした新聞であったことは，前節で記した通りである。しかし，これは完全に正確な表現とは言えない。ゼルダービーが『種蒔く人』の読者として真に想定していたのは，〈ムスリム〉の大衆である。例えば，創刊号の冒頭に書かれたゼルダービー自身の筆による文章には，以下のようにある。

> 我々は，こういった〔＝科学的知識や最新のニュースに関する〕テーマを扱う新聞がムスリム（müsəlmanlar）のために必要であることに気付き，それに伴う艱難辛苦を甘受して，〔この出版事業を〕開始する。ムスリムのうちの知性派や先駆けたる人々には，民衆（xalq）がこの新聞を講読することを妨げぬよう，むしろ読者数の増加に尽力していただくよう，我々はお願いする。[Əkinçi: 24]

ゼルダービーら『種蒔く人』執筆陣が，自身が属する集団を指す際に用いた呼称は，〈ムスリム müsəlman〉であった。この〈ムスリム〉とは，どのような言葉であろうか。もちろん「ムスリム」は広くイスラーム教徒一般を意味する言葉であり，それが指し示す集団の範囲は文脈に応じて伸縮する。しかし，『種蒔く人』に登場する〈ムスリム〉は，ある特殊な意味で用いられることが多い。

まず，『種蒔く人』に現れる〈ムスリム〉は，「ミッレト（millət）」であるとされる。より明確に「ムスリムのミッレト（müsəlman millǝti）」という表現が用いられることもある [e.g. Əkinçi: 114, 170]。また，〈ムスリム〉は「ター

イファ (tayfa)」とする記事もある [e.g. Əkinçi: 157, 306]。ペルシア語とテュルク語の違いもあって，用いている表現は若干異なるが，これらは，アーフンドザーデの「イスラーム民族（ミッレト）」，「イスラームの集団（ターイファ）」と同様の言葉と考えられる。

　この2つの言葉の意味に関して，第4章第3節第1項と同様の分析を行った結果，『種蒔く人』においても，「ミッレト」は「民族（ネイション）」，「ターイファ」は民族以外も含めた様々な「集団」と翻訳できることが判明した[5]。ただし，多くの場合，「ターイファ」は，「ミッレト」の同義語として用いられている。例えば，第2巻第22号（1876年11月20日付）の記事には以下のようにある。

> 今や，ムスリムのターイファ（müsəlman tayfası）は，他の諸ターイファの間における，ぶち入りのカラス（nöqtəli qarğa）[6]となった。〔中略〕地上に暮らす人類は，1つの家族のようなものである。ある家族において，1人の人物が働かず，他の者が稼いだパンを食べていたならば，家族の誰もが彼と仲良くしようとはせず，この人物にも働かせようとするであろう。ムスリムのミッレトは，他の諸ミッレトの間における，この人物のごときものなのである。[Əkinçi: 297]

ここでは「ムスリムのミッレト」と「ムスリムのターイファ」が交換可能な語として用いられており，そういった例は他の箇所にも見られる [e.g. Əkinçi: 331, 340, 363]。そのため，例えば，以下に挙げる第2巻第23号（1876年12月6日付）に掲載された記事における「ターイファ」も，「民族（ネイション）」の意味で用いられていると考えてよいだろう。

> 我らムスリムのターイファ（bizim müsəlman tayfası）がイギリスのターイファ（inglis tayfası）よりどれほど後進的であるかは，『種蒔く人』誌と，ロンドン市で発行されている『タイムズ』誌を見〔比べ〕れば分かるだ

---

5) 例えば，「女性のターイファ（ünas tayfası）」は使われるが，「女性のミッレト」の用例は存在しない，など [e.g. Əkinçi: 200, 227]。
6)「のけもの」，「はぐれもの」程度の意味と推測される。

ろう。[Əkinçi: 305]

この記事では,〈ムスリム〉が「イギリスのターイファ」,すなわちイギリス人,あるいはイギリス民族(ネイション)に対置される概念として登場している。さらに第3巻第8号(1877年11月4日付)には,以下のようにある。

> バードクーベ〔=バクー〕県の住民はおよそ10万人に達するが,アルメニア人(erməni)は1万人もいない。ロシア人(rus)は,それよりさらに少ない。我らの県には唯一,バードクーベ・ギムナジヤがあるが,その生徒500人のうち250人がロシア人,150人がアルメニア人,100人がムスリム(müsəlman)である。〔中略〕
>
> そして,我々の学校で勉強しているのは,ロシア人,アルメニア人といった民族(millət)である。我らムスリム(biz müsəlmanlar)は,コレラの災厄から逃げるがごとくに学問から逃げ,政府の奨学金(padşahlıq xərci)[7]によってですら,学ぼうとしない。[Əkinçi: 82]

ここでは,〈ムスリム〉がロシア人やアルメニア人といった民族に対置される概念として登場している。『種蒔く人』には,これ以外にも〈ムスリム〉がアルメニア人やロシア人,あるいはグルジア人に対置される呼称とされている記事がいくつか存在する[e.g. Əkinçi: 134, 197-198]。また同様の例は,シルヴァーニーによるロシア皇帝を讃えて詠まれた以下の詩にも見られる。

> 彼はどの民族(millət)にも情けをかけるし,区別することもない
> ユダヤ人も,アルメニア人も,グルジア人も,ロシア人も,ムスリムも
> [Şirvani: II. 190]

このように,多くの用例において〈ムスリム〉と対置されているのは,コーカサス地方に居住するキリスト教徒の諸民族である。このことが示唆するのは,〈ムスリム〉がコーカサスやその周辺で暮らすイスラーム教徒を指

---

7) 直訳すると「皇帝による支出」。ロシア政府による奨学金,助成金の類を指していると思われる。

して用いられていること，そして「民族」の呼称と認識されていたことである。ある記事で，「我らムスリム」と「オスマン朝とイランの住民（Osmanlı və İran əhli）」が対比されていることからも，それが窺える [Əkinçi: 106]。少なくとも，ゼルダービーやシルヴァーニーといった『種蒔く人』周辺の人々は，〈ムスリム〉を上に述べたような意味で用いていた。この〈ムスリム〉の用法は，カフカース，イラン，オスマン帝国という3つの地域の住民を指すための呼称であったアーフンドザーデの〈イスラーム民族〉と対照をなしている。また，コーカサスに居住するキリスト教徒との対比の意味で〈ムスリム〉が用いられていることも，アーフンドザーデとの相違点と言える。

このように『種蒔く人』に見られる〈ムスリム〉は，コーカサス地方のイスラーム教徒を指していると考えられる。実際，一部の記事では，より明確に〈カフカースのムスリム〉という言葉が用いられている。例えば，第3巻第6号（1877年3月17日付）に，以下のようにある。

> ロシアの政府が我らの地方を占領する以前，我らカフカースのムスリム（bizim Qafqaz müsəlmanları）は，その蒙昧さ故に，この世に貴族より幸福なものはいないと思い，政府が彼らの学問修得のために建てた学校に，ただこの目的のためだけに入ったのだった。すなわち，勉強して貴族になろうと。威張り散らす特権を得ようと。[Əkinçi: 367]

この〈カフカースのムスリム〉という集団名は，『種蒔く人』が刊行された1870年代半ばには，既にある程度普及した表現であったようだ。同誌においては，ゼルダービーら編集部だけでなく，一部の寄稿者もこの語を用いている [e.g. Əkinçi: 52, 361]。

『種蒔く人』に現れる〈ムスリム〉は，その大半が〈カフカースのムスリム〉の省略形であると理解できる。それをよく示す例として，第3巻第2号（1877年1月18日付）に掲載された，「イスラーム民族の仮想の無名代表」とゼルダービーのやりとりを一部紹介しよう。なお，前述の通り，「イスラーム民族の仮想の無名代表」とは，前章で紹介したアーフンドザーデの筆名である。まず，アーフンドザーデが次のように主張する。

学問（elm）を修めるためには，能力（istitaət）と連帯（ittifaq）と手段（vəsilə）とが必要である。まず，我々は能力を有しておらず，その原因を明らかにする度胸もない。我々は，連帯も有していない。カフカース地方（Qafqaz səfhəsi）に居住しているムスリム（müsəlmanlar）の半分はシーア派で，〔残り〕半分はスンナ派である。シーア派の者はスンナ派の者を嫌い，スンナ派はシーア派を嫌っている。互いの言葉に耳を傾ける者はいない。〔このような有様で〕連帯が，どこから生じようか。［Əkinçi: 334］

　このように，「カフカース地方に居住するムスリム」の状況を嘆くアーフンドザーデに対して，ゼルダービーは以下のような楽観的な回答を行う。

　おお，我が友，イスラーム民族の仮想の無名代表よ（通信欄に印刷された手紙への回答）。〔中略〕実際，無学（elmsiz）のままに留まる民族が時の経過とともに空っぽになることは明白明瞭である。学問を修得するために能力，連帯，手段が必要であり，それらのうちのどれも我らムスリムの集団が持っておらず，〔今後も〕持ちえないのならば，このように主張するあなたの手紙は一部の学問をおさめた人々の言葉を確証するものとなる。すなわち，彼らは言うのだ，我らムスリム民族は，未来においてはさらに役立たずとなろう，と……。あなたの手紙を注意深く読んだ者の多くが影響されかねないので，この冒頭部の私の回答において，ことは実際にはそのようではないと主張する。我らムスリムが学問を修得することは，あなたがおっしゃっているがごとき困難なことではない。［Əkinçi: 331］

　このように，アーフンドザーデが「カフカース地方に居住するムスリム」と呼んでいる集団を，ゼルダービーは単に「我らムスリム」と呼んでいる。ここに，両者の用いる〈ムスリム〉の微妙な用法の違いが浮かび上がる。ゼルダービーにとって，〈ムスリム〉とは，わざわざ「カフカース地方に居住する」などという限定を必要としない言葉だったのではないだろうか。
　また，アーフンドザーデの論説から窺えるように，この〈ムスリム〉とい

う呼称には，スンナ派とシーア派という宗派の違いを超えるという意図もあったようだ。なお，先行研究によると，南東コーカサスにおけるシーア派住民の割合は，1860年代には60%を超えていたらしい［Фурман (ред.) 2001: 302］。しかし，アーフンドザーデの論説に見るように，人々の実感としては「半数はスンナ派」であり，両宗派はお互いに反目しあっていたようだ。また，両宗派の住民が行政上も別々に統治されていたことは，第1章第3節第2項で触れた通りである。

さて，この宗派間の対立はこの時代の知識人たちにおける共通の嘆きの種であったようで，シルヴァーニーも，以下のように詠んでいる。

> 我らのうちのシーア派は，スンナ派を中傷する
> 我らのうちのスンニ派は，シーア派の陰口を叩く
> シーア派，スンナ派という言葉は，我らを空虚にした
> イスラームの人々（əhl-i islam）の目を盲にした［Şirvani: II. 118］

このように，ゼルダービーやシルヴァーニーは，「我々」とはシーア派住民でもスンナ派住民でもなく，イスラーム教徒，あるいは〈ムスリム〉であると主張するのである。また，シルヴァーニーは，以下のような詩も詠んでいる。

> 我々はロシアの王に服従しているとはいえ
> 誇りには1つの傷も付けられなかった
> 我々が奪われたものはたくさんあるが
> 残念，我らの名はムスリム（müsəlman）なのだ［Şirvani: II. 126］

自分たちの集団の名を高らかに宣言するこの詩からは，〈ムスリム〉に対するシルヴァーニーの帰属意識をはっきりと見て取ることができる。

2. 西洋に倣え

『種蒔く人』執筆陣が，自分たち，すなわち〈カフカースのムスリム〉を後進的な民族と捉えていたことは既に述べた。彼らが，「先進的」と考え，自らの社会の模範としたのは，もちろんヨーロッパ，あるいは「西洋」であ

る。『種蒔く人』には，西洋文明に対する強い憧憬と礼讃が見られる。例えば，第3巻第12号（1877年6月9日付）には以下のようにある。

> ヨーロッパ，すなわち西洋（Məğrib-zəmin）のいくつかの民族（tayfa）が我ら諸民族，すなわち東洋（Məşriq）の人々よりもはるかに進歩していること，またその理由は既に語った。言うまでもなく，彼らが我々よりも学問を修めているというのがその主たる理由である。それ以外の理由としては，自由（azadlıq）が挙げられる。
>
> かつてはヨーロッパの人々も我々と同様，自由について無知であり，その時は我々よりも蒙昧であった。しかし，今日，自由という点について，ヨーロッパの人々は非常に進んでおり，あらゆる点で我々の先を行っている。
>
> 我々が聖法に従って奴隷を解放することは全くもって正しい行いであるが，我々はこの点についてもまた，物事を遅れて捉えていた。売り買いした奴隷を解放することは正しい行いだと考えているが，我々は自ら進んで，お互いに奴隷となっていた。民草は帝王に，妻は夫に，子供は父に，家臣は主君に，生徒は教師に，その他諸々〔の関係〕は，奴隷以外の何だというのか？
>
> そう，我々は全員が奴隷であり，それは我らの父祖の慣習だからというのが理由である。つまり，東洋（Məşriq-zəmin）における我々は，自由についてヨーロッパの人々よりも遅れていた。〔しかし，〕そうであったとして，我々は進歩できるだろうか，それともできないだろうか？
> [Əkinçi: 418]

このように，イスラームの考え方がある程度評価されつつも，そこに「自由」が欠けていること，それこそが「東洋」が「西洋」に後れを取っている原因であると批判されている。なお，ここで言う「自由」とは，ミルが『自由論』で語ったところのもので，アーフンドザーデらによって南東コーカサスに紹介されたものである。このような〈カフカースのムスリム〉の後進性に対する危機感は，『種蒔く人』執筆陣が共有していたもので，例えばシルヴァーニーがゼルダービーに宛てた韻文の手紙からも，それが窺える［Şirvani: II. 117-121]。

　西洋と東洋との違いを自由と連帯の有無，そして学問への態度に求める論調は，『種蒔く人』に繰り返し見られるものである。その例として，第3巻第6号（1877年3月17日付）と第15号（1877年7月21日付）に掲載された2つの記事を紹介しよう。

　　蟻があんなに小さいのに協力して非常に素晴らしい巣を作るように，人も協力することで，より多くの利益を得られる。
　　ヨーロッパの学者たちは，協力に関する学問を構築した。その名は，「政治の家計学（政治経済学）（elm-i qənaət politiki（politiçeski ekonomiya））」である。〔中略〕それ故，ヨーロッパの人々がこのように進歩している理由の1つは，彼らが〔互いに〕協力していることである。［Əkinçi: 373］

　　古代の哲学者たちは，人間（insan）もまた動物であるが，知性が優れているために全ての動物たちの王である，と述べている。〔中略〕
　　実際には，多くの人々の生（zəndəgan）は，一部の動物の生に勝るものではない。例えば，ご存知のように，動物はガゼルを狩って，自分で食べる。もし他の動物がそのガゼルを手に入れようと思えば，相手と命がけで戦う。しかし，人間は，血を流して獲得することは蒙昧（avamlıq）であると考えて，自分から〔自分の得たものを〕力持つ者へと与え，そのために彼はさらに力ある者になっていくのだ。広く知られていることだが，動物は行きたい場所に行き，見たい場所を見て，やりたいことをやり，気が向くままに吠える。しかし，人間は，やりたいことができず，動物が吠える時のように，自分の望むがままに話すことさえできない。それ故，人間に備わる世界の所有者としての権限は踏みにじられ，その知性は，ただ力ある者たちのために使われている。
　　もちろん，力ある者は，力無き者を彼ら自身に資するように扱う。しかし，馬がぞんざいに飼われるほどに役に立たなくなるのと同じく，力無き者も力を落とすほどに益も少なくなる，とは考えないのだ。それ故，力ある者と力無き者のそれぞれに必要なこととは，学問を修め，世界の所有者たらんとすることなのである。そして，我ら東洋（Məşriq-

zəmin）がヨーロッパの人々よりも遅れている主要な原因の1つが，力ある者と力無き者の間に，これに関する結び付きが存在しないことなのである。[Əkinçi: 448-449]

　このように，「東洋」における自由の欠如，上層の者による下層の者からの搾取，下層の者たちが学問を修得していないこと，それに対して上層の者たちが啓蒙を行っていないことを非難し，「西洋」が賞賛する論調が，『種蒔く人』には繰り返し現れるのである。

　一方，当の「西洋」の側では，彼ら南東コーカサスの住民を極めて低く評価していた。例えば，「近代地理学の父」と称されるカール・リッター（Karl Ritter, 1779-1859）の英語訳作品（1865年出版）には，「モンゴル人，タタール人，トゥルクマーン人の地域（The territory of the Mongolians, the Tartars, and the Toorkomans）は，いつでも文明の最低の段階に留まり続けてきた」という一文が見られる [Ritter: 199]。南東コーカサスの住民は，ここに現れる〈タタール人〉や〈トゥルクマーン人〉に分類されるものと思われる[8]。すなわち，リッターは，南東コーカサスを「文明の最低の段階」にある地域の1つと考えていたのである。

　『種蒔く人』執筆陣も，西洋における自分たちの評価のことは知っていた。例えば，第2巻第2号（1876年5月13日付）に以下のようにある。

　　ヴァーンベーリ〔Ármin Vámbéry, 1832-1913〕[9]というドイツ人は，ムスリムの諸地方を大いに旅し，今日，『イスラーム』という書物を著し，その地方の様々な土地，人々，その習慣やその他について書き，学問を修めることに関して，以下のように言っている。
　　　西洋（Məğrib），すなわちキリスト教徒の地方と，東洋（Məşriq），す

---

8) 19世紀のヨーロッパにおける南東コーカサス住民の呼称については，補論4第1節第1項を参照。
9) ハンガリー出身の東洋学者。ロシアに征服される直前の中央アジア各地を旅し，様々な著作を残した［中央ユーラシア："ヴァンベリー"］。自伝『ペルシア放浪記』（1889年）は，日本語訳もされている（A・ヴァーンベーリ『ペルシア放浪記——托鉢僧に身をやつして』小林高四郎，杉本正年（訳），平凡社，1965年）。

なわちイスラームの地域では，学問を修めることについて別の方法が見られる。西洋は，学問を民衆（xalq）に解説し，各人が科学的な方法で物事を行うことで，さらなる利益を得ようとする。しかし，東洋は，科学の様々な方法を民衆から隠している。[Əkinçi: 188]

このような「東洋」に対する「西洋」による批判を受け止めることで，『種蒔く人』の執筆陣が啓蒙活動の必要性をより強く認識したであろうことは，想像に難くない。

第3節　南東コーカサスにおける〈カフカース〉

1.〈カフカース〉の普及

　ロシアからもたらされた新しい地理概念である〈カフカース〉は，当時の南東コーカサスにおいても，少なくとも知識人の間では一般的な地理認識となっていた。1世代前の知識人であるバキュハノフやアーフンドザーデも既にこの地名を用いていることは，前章までで述べた通りである。彼らは，ロシア語作品においてはもちろん，テュルク語やペルシア語の著作においても，この地名を使用していた。『種蒔く人』の時代，すなわち1870年代になると，〈カフカース〉は自分たちの居住地，「ふるさと」の呼称としてすっかり定着していたようだ。それは，同誌に「我らのカフカース（地方）（bizim Qafqaz（vilayəti））」という表現が数多く現れることから窺える[e.g. Əkinçi: 25, 257, 465]。

　では，ここで，この時代における南東コーカサスの人々の地理認識をより詳しく検証しよう。分析に用いるのは，『種蒔く人』の記事ではなく，シルヴァーニーの作品である。「ふるさと」を題材にした詩を多く詠んでいることが，彼の作品を取り上げる理由である。

　シルヴァーニーの詩を読んでまず気が付くのは，生まれ故郷であるシャマフ市，あるいはシルヴァーン地方に対する熱烈な愛情である。彼は，「シル

ヴァーンの王国（mülk-i Şirvan）」や「シルヴァーンの領域（sahət-i Şirvan）」，あるいは「シルヴァーンの町（şəhr-i Şirvan）」を「天国のような（cənnət-asa）」などと形容し，「薔薇園（gülüstan）」や「高貴なる天空（fələk-i məcd）」などと喩える［Şirvani: II. 14, 145, 250, 300］。また，その住民も，「シルヴァーンの完璧なる人々（əhl-i kəmal-i Şirvan）」などと賞賛されている［Şirvani: II. 32］。

シルヴァーニーの帰属意識，「ふるさと」の感覚の中心にあるのは，〈シルヴァーン〉であった。そして，彼は，この〈シルヴァーン〉を「イラン」の一部とみなしていた。例えば，〈シルヴァーン〉を「イランという花園の薔薇（gül-i gülşən-i İran）」と喩える詩がある［Şirvani: II. 39］。

このように〈シルヴァーン地方〉はイランに属するとみなされているのだが，同時に，この地方は〈カフカース〉にも属すと考えられていたようだ。その例として，以下の2つの詩の断片を紹介しよう。

 シルヴァーンの町は，カフカースのあらゆる国の頂点であった
            ［Şirvani: II. 102］

 こんにちは，おお，カフカースの人々よ（əhali-yi Qafqaz）
 おお，誉れの持ち主たる長たちよ
 こんにちは，おお，善なるしるしの集団よ
 その民族の誇り（millətin qeyrəti）を持つ者たちよ　［Şirvani: II. 117］

そして，もちろん，〈カフカース〉はロシアに属するものであった。シルヴァーニーは，ロシアに対する帰属意識，所属意識も有していたと言える。ロシアに対する彼の忠誠は，例えば「ロシアの敵よ，敗北すべし」という一節によく表れている［Şirvani: II. 127］。本章第2節第1項で引用したロシア皇帝を讃える詩も，それが窺える例の1つである。また，ゼルダービーに宛てた韻文の手紙でも，以下のようにロシアの恩恵が語られている。

 その時からである，ロシアの国の王が
 カフカースの王国を保護し
 〔中略〕

図47　セイイト・エズィーム・シルヴァーニーの地理認識

> イスラームの人々は完全に進歩した
> 服装の習慣でも，食事でも［Şirvani: II. 135］

　さて，以上から推定されるシルヴァーニーの地理認識を模式化したものが，図47である。彼は，イランとカフカース，あるいはイランとロシアの両方に帰属意識を有していたのである。アーフンドザーデから継承されたものと考えられるこの感覚は，『光』誌[10]に寄稿された以下の詩に，よく表れている。

> おお，その歓喜がカフカースに喜びを与える者よ
> 最新の情報は，どれもお前のもとにある
> その「光」がイランを照らした［Şirvani: II. 64］

　ここで注意しなくてはならないのは，シルヴァーニーの地理認識においては，〈シルヴァーン地方〉が直接イランに属しており，南東コーカサス，あるいはアゼルバイジャンに該当する地理区分は意識されていないという点である。同様に『種蒔く人』が「我らの」という言葉を付すことで「ふるさと」として語ったのも，あくまで〈カフカース〉であった。同誌において，〈アゼルバイジャン〉は，アーザルバーイジャーン地方を指すものとしてのみ現れる［e.g. Əkinçi: 221, 330, 428］。この時代の南東コーカサスの住民にとっても，〈アゼルバイジャン〉は「ふるさと」の感覚に結び付く言葉ではなかったのである。

---

[10] この新聞については，次章第1節第2項及び付録2を参照。

2.〈カフカース〉の指す領域

　ところで,『種蒔く人』に現れる〈カフカース〉の用例を1つ1つ検討していくと,この言葉が多くの場合,南コーカサス（ザカフカース）のみを指して使われているということに気が付く。例えば,『種蒔く人』第1巻第2号（1875年8月5日付）に「我らのカフカース」における各都市の税収に関する記事があり,そこでは全部で11の都市が列挙されている。それらのうち,バクー,エリザヴェートポリ（ギャンジャ）,グバ,ナヒチェヴァンは現アゼルバイジャン共和国領,ティフリス,ポティ（Поти）,アハルツィヘ（Ахалцихе）,クタイシ,スフミ（Сухум）は現ジョージア領,アレクサンドローポリ（ギュムリ）（Александрополь, Гюмри）,エレヴァンは現アルメニア共和国領である。このように,ここで挙げられている全ての都市が南コーカサスの都市である［Əkinçi: 38］。『種蒔く人』執筆陣は,〈カフカース〉という言葉を,実際には「ザカフカース」の意味で使っていたのである。

　そして,このことから,〈カフカースのムスリム〉は,当時のロシア当局が南東コーカサスを指し示す言葉として用いた言葉であり,同時代史料にもしばしば登場する「ザカフカースのムスリム諸領（закавказские мусульманские владения, мусульманские провинции Закавказья）」という表現の影響を受けて成立した言葉である,という推測も成り立つ[11]［e.g. AKAK: I. 591; Дубровин: I-2. 319］。この表現は南東コーカサスの知識人たちにもある程度普及していたようで,例えば,バキュハノフが "закавказские мусульманские провинции" という類似の表現を用いたことがある［Bakıxanov（ru）: 133］。

11）119頁の表21,表22なども参照。
　なお,プーシキンは,『1829年の遠征時のエルズルム紀行 Путешествие в Арзрум во время похода 1829 года』（1835年）において,ロシア軍に勤務する〈タタール人〉が〈ムスリム мусульмане〉と呼ばれている,と記している［Пушкин: 466］。このことも,〈カフカースのムスリム〉という集団名の成立を考える上で興味深い。ただし,誰がそう呼んでいるのか,どの程度一般的な呼称なのか,軍人以外がそう呼ばれることがあるのか,などといった疑問に対する答えを彼の記述から得ることは難しい。なお,ここで言う〈タタール人〉とは,大まかに言って南東コーカサスの住民を指す言葉である（補論4第1節第1項を参照）。

また，シルヴァーニーの作品では，ティフリスやガラバーグ，シュシャといった地名もそれなりの頻度で登場し，賞賛されている [e.g. Şirvani: I. 342, 347, II. 44, 57]。「ふるさと」の名として〈カフカース〉を用いた彼であるが，実際の帰属意識は南コーカサス（ザカフカース）のみに向けられていたらしい。それは，以下に引用するゼルダービーに宛てた韻文の手紙によく表れている。

　　デルベントも，グバも，シルヴァーンも
　　ギャンジャも，バクーも，サリヤーンも
　　ランキャラーンの町も，シュシャの地も
　　ロシアの政府には，敵対しなかった
　　ティフリス，ナヒチェヴァン，エレヴァンの住民も
　　つまりは〔ロシアの〕命令に服したのだ [Şirvani: II. 126]

　以上の点から，『種蒔く人』周辺の知識人の用いる〈カフカース〉は南コーカサスの意味であることが分かった。それ故，彼らの用いる〈カフカースのムスリム〉とは，ロシア語で言うところの「ザカフカースのムスリム諸領」に居住する人々，すなわち南東コーカサスの住民を意味する呼称であった，と結論付けることができよう。そして，この言葉の登場によって彼らは，初めて自分たちを１つのまとまりとして表現できるようになったのである。あるいは，初めて自分たちを単一の集団として意識するようになった，と言い換えることもできよう。

　一方で，『種蒔く人』は，言語名としては前時代と同様〈トルコ語 türk dili〉を用いている [e.g. Əkinçi: 332, 376, 426]。やはり，他のテュルク諸語と区別するための固有の名称は用いていない。シルヴァーニーも同様に，〈トルコ語 türki, türki dili〉を使っている [Şirvani: II. 120, 130, 217, III. 20, 216]。

　本章では，ゼルダービーをはじめとする『種蒔く人』周辺の知識人たちの帰属意識のあり方が明らかにした。最初に指摘できるのは，帰属意識としての〈カフカース〉の明確化である。「我らのカフカース」と表現されることが多くなったこの地名は，主にザカフカース，すなわち南コーカサスを指す

ものとして用いられた。彼らは，この〈カフカース〉を挟んで帝政ロシアに対する忠誠心を抱いていたが，同時にイランに対する帰属意識もある程度有していた。

　また，この時代には，民族名としての〈カフカースのムスリム〉が用いられるようになった。これは直接的にはロシア語史料でよく使われていた「ザカフカースのムスリム諸領」の影響で作られた言葉であったと思われるが，前章で取り上げたアーフンドザーデの〈イスラーム民族〉の影響もまた指摘できる。しかし，〈カフカースのムスリム〉は〈イスラーム民族〉とは異なり，南コーカサスに居住する他の諸民族，すなわちグルジア人，アルメニア人，ロシア人との対比といった側面が強い用語であった。これらのキリスト教徒の民族とは異なる，という自己認識が明確に表れているのである。そうであるから，彼らは例えば「カフカースのトルコ人」や「カフカースのタタール人」ではなく，〈カフカースのムスリム〉を選択したのである。

　また，伸縮自在であった〈イスラーム民族〉と異なり，〈カフカースのムスリム〉は，その輪郭が明確な集団名であったと言える。そして，その輪郭は，現在で言うところの〈アゼルバイジャン人〉のそれに極めて近い。いずれにせよ，〈カフカースのムスリム〉の登場によって，南東コーカサスの住民は初めて自分たちを1つの集団として示す名を手に入れたのである。

　ゼルダービーは，バキュハノフやアーフンドザーデと同様に一般民衆の啓蒙を近代化の必須要件と考え，『種蒔く人』を刊行した。そして，その手本としての「西洋」と，自分たち「東洋」の社会・制度・文化を対比していくこととなる。こういった論調，さらには「西洋」側の低評価に対する自覚と劣等感は，バキュハノフやアーフンドザーデよりも明確に表れていた。そして，これらは次の世代にも引き継がれていくこととなる。

第 6 章

〈アゼルバイジャン人〉の出現
――ウンスィーザーデとティフリスの論客たち――

19世紀半ば以降，南コーカサスの政治的な中心は，カフカース総督府が置かれたティフリスであった。この町が多民族都市であり，国際的な雰囲気が醸成されていたことは第1章3節2項でも既に述べた通りである。この都市には，テュルク系のイスラーム教徒，すなわち〈カフカースのムスリム〉も，相当数が暮らしていたようだ。スウィトチョウスキーによれば，ティフリス及びその近郊に居住するテュルク系イスラーム教徒の人口は，全体の3〜15％を占めていたという［Swietochowski 1985: 15］。

19世紀後半，南コーカサスにおけるテュルク語出版の中心地もまた，ティフリスであった。表30は，南コーカサスで刊行されたテュルク語による出版物の点数をまとめたものである[1]。少なくとも1890年代前半までは，ティフリスで出版された書籍の割合が圧倒的に高いことが分かる。

本章では，この時代のティフリスにおけるテュルク語出版事業と，そこに見られる民族に関する言説について扱う。特に重視されるのは，当時のティフリス在住イスラーム教徒の知識人たちの中で主導的な役割を果たしたと考えられるジェラール・ウンスィーザーデ（Cəlal Ünsizadə, b. 1854）である。なお，本章で紹介する記事のうち重要なものは，原文を付録4として収録した。

第1節　1880年代，ティフリスにて

1.〈アゼルバイジャン語〉の受容

前章までで示されたように，19世紀半ばまでの南東コーカサスにおける知識人たちは，自分たちの言語を〈トルコ語〉や〈タタール語〉と呼んでいた。彼らが，この言語とオスマン語など他のテュルク諸語との違いを認識していたこと，一方で固有の言語名を与えていなかったことも既述の通りであ

---

[1] なお，表30の書籍部分の作成にあたっては出版物カタログを利用した［АКП (ред.) 1963］。定期刊行物に関しては，以下の研究を参考にした［Mahmudov (red.) 2004; Mahmudov (red.) 2005; Aşırlı 2009; Şahverdiyev 2006］。

表30 南コーカサスで発行されたテュルク語出版物

年代	書籍（出版点数）			定期刊行物（主なもの）		
	ティフリス	バクー	他	ティフリス	バクー	他
～1874	4		1			
1875					↑	
1876					Əkinçi	
1877					↓	
1878	1					
1879	1	1		↑ Ziyâ		
1880	1					
1881	3			Ziyâ-yi Qâfqâzîyə		
1882	5					
1883	1			↓		↑ Ziyâ-yi Qâfqâzîyə
1884	2		1			（於シャマフ）
1885	2		1			↓
1886						
1887			2	Kəşkûl		
1888	4					
1889	4					
1890	3					
1891	2			↓		
1892	4	1	1			
1893	1	2	2			
1894		1				
1895	2	1	1			
1896	2	3				
1897	1		1			
1898	2	1	2			
1899	2	5	1			
1900	2	3	2			
1901	1	8				
1902	5	8				
1903	6	4				
1904	4	8		Şərq-i Rûs	↑ Hümmət	
1905	8	3				↑ Həyât
1906	10	9			↑ İrşâd	
1907	15	13	2			↑ Tâzə həyât
1908	10	18	15		↑ Füyûzât	↑ İttifâq
1909	7	27	3	↑ Məzhər		
1910	6	37	9	Mollâ		↑ Şədâ（Şədâ-yi
1911	8	104	7	Nəsr		vətən, Şədâ-yi
1912	8	84	9	əd-Dîn	↑ İqbâl	haqq, Şədâ-yi
1913	12	108	7			Qafqâz）
1914	1	88	2	↓		
1915		41	2			↑ Bəşîrət
1916	4	38	3	↑ Açıq söz		
1917		52	1			
1918	1	18	1		↑ İttifâq	
1919		40			Âzərbaycân	↑ İstiqlâl

る。

　さて、19世紀後半のティフリスで刊行された作品の1つに、1888年に出版された『母国語（第2版）』がある[2]。その第1巻の表題紙には、以下のような文言が記されている。

> アゼルバイジャン・トルコ語（türkî-Âzərbaycân dili）の発音用に教えられるアルファベットを含む、アゼルバイジャン語（Âzərbaycân dili）とアラビア語を新たに始めるクラスのための〔中略〕小冊子である。［АКП（ред.）1963: 13, 20］

　これは、南東コーカサスのテュルク語を示す呼称に〈アゼルバイジャン〉が用いられた最初期の例の1つである[3]。前述の引用箇所からは、この言語の正式な名称が〈アゼルバイジャン・トルコ語〉であること、その省略形として〈アゼルバイジャン語〉が用いられたであろうことが窺える。なお、この作品の初版は1299／1881-2年に出版された[4]が、少なくともこちらの表題紙では「アゼルバイジャン」を含む言語名は使われていない［АКП（ред.）1963: 13］。また、セイート・ウンスィーザーデ（後述）も、1882年に出版した著作[5]では〈トルコ語 türkî dili〉を用いている［АКП（ред.）1963: 14］。これらのことから、1880年代初頭には、まだ〈アゼルバイジャン語〉に該当する言語名は使われていなかったと推測される。

　『母国語』はゴリ師範学校（第7章第1節第3項参照）で教科書として出版された作品であり、史上初めての「アゼルバイジャン語の教科書」とされている。前述の第2版以降も版を重ねており、筆者の知る限りでは1910年に第7版が刊行されている。その著者であるアレクセイ・チェルニャーエフスキー（Алексей Осипович Черняевский, 1840-1894）は、出身地のシャマフで学

---

2) A.O. Çernyâyevskî, *Vəṭən dili*, 1-ci cild, 2-ci ṭəb', daş basması, Tiflîs, 1888; A. Çernyâyevskî və S.A. Vəlîbəyov, *Vəṭən dili*, 2-ci cild, 2-ci ṭəb', Tiflîs, 1888.

3) 〈アゼルバイジャン語〉という言語名の起源については、補論4を参照。

4) A.O. Çernyâyevskî, *Vəṭən dili*, Tiflîs, 1299h.

5) Sə'îd Ünsîzâdə, *Məktəb uşaqlarımıza oxumaqdan ötrü sâdə türkî dilimizdə tərtîb olunmuş 'əqâ'id və nəṣâyeḥ risâle-yi mənẓûməsidir*, Tiflîs, 1882.

問を修めた後,コーカサス地方の各地で教育活動を行った人物である。1879年にゴリ師範学校の教師となり,メンメドグルザーデ(第7章参照)をはじめ,多くの後進を育成した。この間,『母国語』以外にも,1883年にロシア語の教科書を執筆している [Anar və s.(red.) 2008: 76]。

19世紀後半には,〈アゼルバイジャン〉を含む言語名を用いる出版物が『母国語』以外にもいくつか出版されていた。ただし,実際に用いられている呼称には,作品ごとに若干の違いがある。例えば,『神の力』(1306／1888-9年)では "Âzərbâycân dili",『簡略アゼルバイジャン・トルコ語文法』(1899年)と『老境の駆け足』(1892年)では "türk-Azərbâycân dili",『命令の支柱の書』(1311／1893-4年)では "türkî-Azərbâycân lüğəti" という表現が用いられている[АКП(ред.)1963: 19, 25-26][6]。

2. ウンスィーザーデ3兄弟

『母国語』を刊行した出版所を主宰したのが,本章の中心人物ジェラール・ウンスィーザーデである。なお,ジェラールは,本来の名であるジェラーレッディーン(Cəlaləddin)を省略したものらしい。彼は,兄のセイート(Səid Ünsizadə, b. 1830s),弟のキャマール(Kamal Ünsizadə, b. 1857)とともに,1880年代のティフリスにおけるテュルク語出版活動を主導した人物である。彼らの出版所が刊行したのは,主にゴリ師範学校の教科書や,宗教関連書籍などであった。また,前項で挙げた『神の力』『老境の駆け足』も,この出版所で発行されたものである。

3兄弟の父エブドゥッレフマーン(Əbdürrəhman)はシャマフの人で,「ウンスィー(Ünsi)」の筆名での詩作によって知られた人物であった。「ウンスィーの子孫」を意味する兄弟の姓は,ここに由来する。

長兄セイート・ウンスィーザーデは,故郷シャマフのマドラサ[7]で学んだ後,バグダードに移って,伝統的なイスラーム諸学を修めた。その後,シャ

---

6) S. Vəlîbəyov, *Qüdrət-i xudâ*, Tiflîs, 1306h; Nərîmân Nərîmânov, *Türk-Âzərbâycan dilinin müxtəşər şərf-nəhvi*, Bakı, 1899; 'Əsgər bəy Gôrânî, *Qocalıqda Yorqalıq (Yorğalıq)*, Tiflîs, 1892; 'Əbd üs-Səlâm Âxundzâdə, *Risâle-yi 'ümdət ül-əḥkâm*, daş basması, Bâkû, 1311h.

7) イスラーム諸学を教え,ウラマーを養成する高等教育機関。

マフに戻ってマクタブ[8]を開設したらしい。1866年からはシャマフで，1869年から1875年まではバクーで，宗教面の活動に従事した。1876年から1877年には，再びシャマフで教育活動に従事，100人以上の子供たちにイスラーム諸学に加え，ロシア語なども教えたという。

1877年，ザカフカース・スンナ派宗務局（44〜45頁参照）の協議員（член）に任命されたのに伴いティフリスに移住，1884年までその任を務めた。並行して，テュルク語新聞の発行許可を取り付け，弟ジェラールや自身の2人の息子，甥らとともに出版所を開設した。彼らの新聞『光 Ziyâ』の創刊号は，1879年1月14日付で発刊された（付録2も参照）。誌名は後に『カフカースの光 Ziyâ-yi Qâfqâziyə』に改称された。

1883年，セイート・ウンスィーザーデはシャマフ郡（Шемахинский уезд）のカーディー[9]に任命され，シャマフ市に移住した。同時に『カフカースの光』の編集部と出版所もシャマフに移動したが，結局1884年初頭に廃刊となった。その後も同誌の復刊を目指していたようだが，ついに実現しなかった。彼のその後の足取りは，はっきりしない。1900年か1901年にイスタンブルに移住したという情報や，1912年に死亡したという情報もあるが，いずれも不確実である。

セイート・ウンスィーザーデは，カーディーなど伝統的な宗教関係の職に就きながらも，自由主義的で先進的な知識人であった。また，特に初等教育に関心を持ち，『幼児教育，道徳の矯正』（1882年）[10]など，この分野に関連する作品をいくつか著している。

3兄弟の次兄であるジェラール・ウンスィーザーデは，1854年にシャマフで生まれた。彼は，生まれ故郷のシャマフでアラビア語やロシア語，歴史学

---

8) 『クルアーン』を中心に読み書きや計算などを教える初等教育施設。「クッターブ（kuttāb）」とも呼ばれる。運営主体は民間であることが主で，教師の報酬は父兄の負担であることが多かった［岩波イスラーム：「クッターブ」］。

9) イスラーム法の裁判官。この時代のカーディーは県知事（губернатор）によって任命される職位で，所属する宗派の宗務局によって監督されていた［ПСЗ: собр. 2, т. 47, ч. 1, № 50680］。その業務内容などについては，イスマユロフの研究も参照［İsmayılov 2004: 151-176］。

10) Hâcı Sə'îd əfəndi Unsîzâdə, Tə'lîm ül-ətfâl, təhzîb ül-əxlâq, daş basması, Tiflîs, ［1882］.

を学んだ後，同地でマクタブを開設し，教育活動に従事した。その後，1878年（1876年とする説もある）にティフリスに移り，当地のムスリムの子弟を対象にした教育活動を行う。『光』が創刊されると，編集者として兄の出版活動を支えた。

そうする中，自身も独自の新聞を刊行することを志し，1882年10月20日にテュルク語・ペルシア語・アラビア語新聞『ケシュキュル *Kəşkül* (Kaşkül)』の発行許可を得た。創刊号は1883年1月に発行，当初は月刊雑誌として出版された。1884年3月22日付の第13号以降，週刊新聞の形態で発行されるようになる。なお，「ケシュキュル」とはペルシア語に由来する言葉で，スーフィズムの修行者が托鉢を行う際に用いる入れ物を意味している（図48，図49）。

『ケシュキュル』の出版活動には，前述のチェルニャーエフスキーの他，ジェラール・ウンスィーザーデと親しい友人でもあったキョチェルリ（第7章第1節第2項参照），第4章で扱ったアーフンドザーデの息子であるレシート・ベイらが協力した。実際の編集活動において大きな役割を果たしたのは，ギュルメヘンメト・ベイ・ケンゲルリ（Gülməhəmməd bəy Kəngərli）なる人物である。ウンスィーザーデは1883年，ティフリス・ギムナジヤの6年生であった彼を，編集部に参加させた。編集作業は，一時期，彼の自宅で行われていたという。

ウンスィーザーデ自身も，時には本名で，また時には筆名を用いて，多くの記事を書いた。なお，筆名は，「ゼイト（Zeyd）」，「ズィヤー（Ziya）」など数種類を用いている。彼が執筆した記事の内容は，社会批評や政治問題に関する論説が大半である。

『ケシュキュル』は1891年に廃刊となる。その後の彼の動向は，兄セイート同様，不明な点が多い。1892年にオスマン帝国に移住，アンカラで出版関係の仕事に就いた後，イスタンブルの図書館に務めたともいうが，没年などは明らかになっていない。

3兄弟の末弟キャマール・ウンスィーザーデは，兄2人の庇護のもと教育を終えた後，彼らの出版活動を補佐した。彼は当初，『ケシュキュル』誌のバクーにおける代理人を務めていたという。1888年からはティフリスに移

第6章 〈アゼルバイジャン人〉の出現 | 221

図48　ケシュキュル

図49　同上

り，兄ジェラールを手伝って『ケシュキュル』の編集活動に従事した。『ケシュキュル』の廃刊後，テュルク語とロシア語による新聞『落葉 Uçan Yarpaq』，『アゼルバイジャン』，『知 Dâniş』などいくつかの新聞の発行を計画するが，いずれも許可が下りなかった。

　1908年には，ティフリスでテュルク語による政治・社会新聞『顕現 Məzhər』誌の刊行を実現する。名目上は週刊誌であったが，実際の刊行は不定期であったらしい。1917年までに計31号が発行された後に廃刊となった。兄2人と同様，キャマールの晩年に関しても不明な点が多い［Şahverdiyev 2006: 90; Aşırlı 2009: 46-68; Anar və s.（red.）2008: 191, 289; Abdullayev 2015: 314］。

第2節　ケシュキュルに施されたもの

1.『ケシュキュル』における言語の呼称

　ジェラール・ウンスィーザーデによって発行された『ケシュキュル』は，8年という比較的長期間続いた刊行物として重要である。ロシア帝政下におけるイスラーム教徒による定期刊行物は，総じて短命であった。ジェイムズ・メイヤーは，19世紀後半にロシア帝国のムスリム居住地域（中央アジア，クリミア，コーカサス）で発行された現地語による新聞の大半が短命に終わっており，例外は『テルジュマン』[11]などわずかであったことを指摘している［Meyer 2007: 67-68］。

---

11) クリミア・タタール人の改革主義者ガスプリンスキー（Исмаил Гаспринский, 1851-1914）によって創刊された新聞。誌名は「翻訳者」を意味する。1883年から1918年まで，バフチサライ（Бахчисарай）で発行され，ロシア帝国内外のテュルク系イスラーム教徒に広く読まれた。ジャディード（新方式）学校を中心としたガスプリンスキーの改革運動の機関紙とも言える役割も果たした。なお，ジャディード学校とは，イスラーム教の基礎に加え，ロシア語なども教える近代的な初等学校。後にロシア帝国統治下のムスリム地域に広く普及した［中央ユーラシア: "ガスプリンスキー", "ジャディード運動", "《テルジュマン》"］。

『ケシュキュル』は，政治・経済・科学技術・文芸と多様な分野を扱う定期刊行物であった。また，「アラビア語・ペルシア語・トルコ（テュルク）語による新聞」を名乗り，実際にこれら3つの言語を用いている。そのうち最も頻繁に用いられるのが，テュルク語である。ウンスィーザーデ自身もこの言語を非常に重要視していたようであり，彼は多くの記事をこの言語で書いている。次いでよく用いられるのはペルシア語であり，アラビア語の記事はごくわずかである。また，ロシア語も一部に用いられており，例えばテュルク語作品のロシア語訳などや，ロシア語の文学作品の，原文を伴ったテュルク語への対訳などが掲載されることがある。

さて，前節第1項において，1880年代に南東コーカサスの言語の名としての〈アゼルバイジャン語〉，あるいはその類似表現が登場すると述べたが，この言語名は『ケシュキュル』においても繰り返し使用されている。1883年11月に刊行された創刊号の「序文」で既にこの言語名が用いられていることが確認できる。その一部を以下引用しよう。

> しかし，ここで我々が言いたいことは，この雑誌の主な言語と単語は，我らの王国〔＝カフカース地方〕のムスリム（məmlikətimiz müsəlmânları）が理解できるアゼルバイジャン・トルコ語（türkî-Âzərbaycân dili）の単語になるであろう，ということである。[Kəşkûl: I. 5]

『ケシュキュル』誌のうち，筆者が確かめることができたのは創刊号の4〜7頁[12]，及び1887年発行の44号以降の各号である。これらでは，言語の呼称として，しばしば〈アゼルバイジャン語〉あるいは〈アゼルバイジャン・トルコ語〉が使われている[13]。この言語名は，セイート・ウンスィーザーデが発行した『カフカースの光』でも用いられており，例えば1884年発刊の号の表題部に「ティフリスにおけるアゼルバイジャン・トルコ語（türkî-Azərbaycân dili）による週3回刊行される各種の出来事を扱う新聞である」という文句が見られる［Ziyâ:［VI］-5. 1; Aşırlı 2009: 45］。

なお，上で示した〈アゼルバイジャン語〉という言語名の用例は，テュル

---

12) 以下のサイトで画像を見ることができる。http://strategiya.az/old/?m=xeber&id=19910
13) 実際に用いられている表現については，235頁の表31を参照。

ク語やペルシア語で書かれた記事に見られるものである。一方、『ケシュキュル』のロシア語で書かれた箇所では、従来通り〈タタール語 татарский〉が南東コーカサスのテュルク語を示す言葉として用いられている［Kəşkûl: LXXXIV. 192, XCVII. 239］。

2. 『ケシュキュル』の民族観

では、『ケシュキュル』の執筆者たちは、自分たちの集団をどう捉えていたのだろうか。当初、『ケシュキュル』は前時代の呼称を引き継ぎ、主に〈カフカースのムスリム〉、あるいは〈ムスリム〉を民族の名として用いていた。創刊号に掲載されたウンスィーザーデによる「序文」は、以下のように始まる。

> 我らの国、カフカース地方に居住する種々の民族（müxtəlif millətlər）のうち、ロシア人やその他の民族には専用の出版所が開設され、様々な新聞や書籍を出版し、日々前進・進歩をしている。ことここに至って、我らムスリム（bizim müsəlmânları）も、この方法で民族と祖国（vətən）に奉仕する栄誉を授かったのである。
> 　今より数年前、我らカフカースのムスリム（bizim Qâfqâsîyə müsəlmânları）の物知りたちは、この民族の学問と知識の件において欠かすことのできない助力を部分的に与えるために、ある新聞を出版することを意図した。この素晴らしい意図を最初に公にしたのは、ゼルダーブル・メリクザーデ・ハサン・ベイであった。［Kəşkûl: I. 4］

これと同様の記述は、例えば、第 44 号（1887 年）に掲載されたウンスィーザーデ本人の筆による論説「ティフリスにおける我らの進歩（Tiflîsdə tərəqqîlərimiz）」や、第 92 号（1889 年 10 月 25 日付）の無署名の記事にも見られる。

> 周知のように、新聞を通じて、あるいは他の手段によって、多くの者たちが我らカフカースのムスリム（bizim Qâfqâz müsəlmânları）を非難し、嘲笑し、指弾している。［Kəşkûl: XLIV. 1］

カフカース地方（qit'ə-'i Qâfqâsîyə）内のこれほどまでに種々様々な種族（əqvâm）のうちで，我々より，すなわち我らムスリム（biz müsəlmânlar）よりも不幸で希望のない民族はいない。[Kəşkûl: XCII. 218]

このように，『ケシュキュル』は〈カフカースのムスリム〉の状況の悪さを嘆き，蒙昧から脱却し，進歩の道を歩む必要性を繰り返し主張している。自らが属する集団の後進性に対する，執筆陣の強い危機感が窺える。

一方で，この「自らが属する集団」をどのように定義し，それをどう呼称するかは，『ケシュキュル』執筆陣にとって自明のものではなかったようだ。実のところ，『ケシュキュル』においては，自称として用いられる集団名が一定していない。〈カフカースのムスリム〉や〈ムスリム〉に比べると用例は少ないものの，〈トルコ人 türklər〉や〈カフカースにおけるトルコ人 Qâfqâsiyâdakı türklər〉という表現も，しばしば使われているのである [Kəşkûl: LIII. 1, LXV. 70, LXXI. 115]。

〈ムスリム〉と〈トルコ人〉が並行して用いられている理由としては，主に以下の2点が考えられる。1つは，彼らの自己認識がそもそも多重的なものであった，という点。彼らは，〈ムスリム〉であると同時に〈トルコ人〉であった。第2に，彼らは〈ムスリム〉と〈トルコ人〉のどちらも自分たちの呼称としては適切ではないと考えつつも，それに代わる呼称を見出せずにいた，という点である。

第5章でも述べたように，〈ムスリム〉は，その示す範囲が曖昧になりがちな言葉である。『ケシュキュル』においても，時にこの語は，アラブ人などを含むイスラーム教徒一般の意味で用いられている。また，時には「全ロシアのムスリム（'ümûm-Rûsiya müsəlmânları）」のような表現が使われることもある [Kəşkûl: XLIX. 1]。

〈トルコ人〉に関しても，同様である。例えば，第56号（1887年10月8日付）にある以下の記述からは，〈トルコ人〉という言葉が持つ曖昧さが窺える。

本誌に記事を寄稿される諸兄に承知いただきたいのは，カフカースにおけるムスリム（Qâfqâzdakı müsəlmânları）のうちでペルシア語に精通する

者たちはトルコ語（türkcə）を読むことができるが，トルコ人たち（türklər）はペルシア語が全くできないということである。それ故に，この新聞がトルコ語，あるいは簡単なアゼルバイジャン語（Âzərbaycânca）で印刷され，出版されることは，利益にかなったことだったのある。[Kəşkûl: LVI. 1]

ここでは，〈トルコ人〉と〈カフカースにおけるムスリム〉，〈トルコ語〉と〈アゼルバイジャン語〉が対置されている。前後の文脈を考慮すると，ここで言う〈トルコ人〉とは，オスマン帝国の領内，さらには，1878年にロシア帝国に併合されたバトゥーミやカルスに居住するテュルク系住民を指しているようである。また，〈トルコ語〉とは，オスマン語，あるいはアナトリアで用いられていたテュルク語を指しているようだ。別の号に「オスマン人（'Oṣmânlı），すなわちトルコ人」という表現が見られることが，この推測を裏付けよう [Kəşkûl: LXV. 70]。このように，『ケシュキュル』の執筆陣にとって，〈トルコ人〉とは自分たちの集団を指す呼称であると同時に，自分たちの集団とは対置される概念でもあったのだ。

3. 民族の名は〈アゼルバイジャン〉

「自分たち」と考える集団のみを切り取れる言葉が存在しないことに関して，『ケシュキュル』執筆陣は大いに不満を持っていたようである。この問題が解決されたのは，『ケシュキュル』第115号（1890年11月16日付）に掲載された小説風の記事においてであった。本書の冒頭（3〜4頁）で紹介した記事こそが，まさにそれである。とある南東コーカサス出身者の一人称で語られるこの記事は，以下のようなティフリス駅の描写から始まる。

〔前略〕私はティフリス駅で列車を待っていた。駅は混み合っていた。ロシア人，アルメニア人，グルジア人，ムスリム（müsəlman），どの民族（millət）もいた。[Kəşkûl: CXV. 308]

このように，まずは〈ムスリム〉が民族の呼称として現れ，それが南コーカサスに居住する他の民族と対置されている。前章第2節第1項で述べたよ

うに，このように〈ムスリム〉をロシア人などと対置する用法は『種蒔く人』でも既に見られたものである。また，『ケシュキュル』の他の号でも同様の使い方がされているのを確認でき，例えば「彼らは，さらにアルメニア人向け，グルジア人向け，ムスリム向けといった民族ごとのクラスに属していた」，「グルジア，アルメニア，ユダヤ民族は，我らムスリムと比べて」などといった用例がある［Kəşkûl: XLV. 2, LXXXVII. 1］。

さて，ここでもとの記事に戻ろう。「私」が到着した列車に乗り込んだところまで，場面を進める。

> 列車が動き出した。私はコートを脱いで，広げて自分に掛け，眠った。突然，髭の長い外国人がきれいなトルコ語で私に尋ねてきた。「貴兄，あなたはどちらにお向かいですか？」〔中略〕
> 　私は言った。「シェムキル（Şəmkûr（Şəmkir））へ。そして，そこから私の村であるシェレパパグ（Şələpapaq）[14]へ行くんです。」
> 　「あなたは，どの民族に属していますか？」
> 　「私はムスリム（müsəlmân）です。」
> 　「いや，私は，どの民族に属していますか，と尋ねたのです。」
> 　「ムスリムだと言っています。」
> 　「あのですね，民族と宗教（dîn）とは，別のものなのです。あなたの宗教がイスラームなのは分かっています。ただ，あなたがどの民族なのかを知りたかったのです。」
> 　「その問いには，何と答えましょう。私は，自分がどの民族に属しているのかを知っているでしょうか？」［Kəşkûl: CXV. 308］

この後，「髭の長い外国人」は，「アラブ人，ペルシア人，トルコ人，インド人，アフガーン人などは，その全てがイスラーム〔教徒〕ですが，それぞれが別の民族です」と言って〈ムスリム〉が民族名たりえないことを強調する。そして，「恥ずかしながら，正直なところ，私は自分がどの民族に属しているのか分かりません」と告白する主人公に「人間にとって，〔自身が〕

---

14) 架空の地名と思われる。

どの民族に属するか分からないというのは、大変恥ずかしいことですよ」と述べた後、次のように続けるのである。

「知見を持たないのは蒙昧さゆえです。あなたは、ロシア人が『タタール（tâtâr）』と呼ぶところの集団（tâyfa）に属してはいないですか？」

「ええ、ロシア人とグルジア人は、私たちを『タタール』と呼びます。」

「うん、あなたがどの民族に属しているか、ついに分かりました。あなたはタタールではありません。あなたをタタール〔と呼ぶのは〕宗教〔が同じことに基づく〕誤りです。タタールとは、クリミアやカザン[15]にいるムスリムのことです。あなたの民族は、アゼルバイジャン（Âzərbaycân）です。あなたの言語、習慣、特質（xâṣiyyət）は、タタールとは異なっています。」

「ええ、何ですって？我らの民族を何だとおっしゃったのです？」

彼は、にこやかに言った、「アゼルバイジャン民族ですよ、ねえ！アゼルバイジャンです！」

「確かに、かつて我々はアゼルバイジャンと呼ばれたと聞きます。アラズ川の向こう側、イランの地に、アゼルバイジャンという名の地方があると聞いたことがあります。」

「ええ、かの地方の人々は、あなたと同じアゼルバイジャン民族なのです〔後略〕。」［Kəşkûl: CXV. 309］

このように、この記事の著者は、自らが属する集団に対する適切な呼称が存在しないことへのもどかしさを「髭の長い外国人」に代弁させながら、以下の6点を主張しているのである。まず、宗教と民族とは区別すべきで、それ故に〈ムスリム〉は民族名とは言えないこと。次に、適切な民族名が存在しない原因は、自分たちの「蒙昧さ」にあること。第3に、自身の民族が分

---

15) 現ロシア連邦タタルスタン共和国の首都。ヴォルガ川中流域に位置する。キプチャク・ハーン国の後継政権の1つであるカザン・ハーン国（1438-1552）の中心地であった。1552年にイヴァン4世（r. 1533-1584）に征服されて以降、ロシアの東方支配の拠点となった［中央ユーラシア: "カザン"］。

からないという状態は恥であり，この状況を脱却するためにも「進歩」が必要であること。第4に，南東コーカサスの住民はロシア語で〈タタール人〉と呼ばれているが，この呼称は適切ではないこと。第5に，「民族」とは，「言語，習慣，特質」によって定義されるものであること。最後に，アラズ川の向こう側，すなわちアーザルバーイジャーンと南東コーカサスの住民は，合わせて〈アゼルバイジャン人〉と呼ばれるべきこと，である。管見の限り，この記事は，〈アゼルバイジャン人〉という民族名が用いられた史上初めての例である[16]。

なお，この記事の末尾には，「アゼルバイジャンル（Âzərbaycânlı）」なる署名がされている。これは，まさにテュルク語で「アゼルバイジャン人」を意味する言葉である。この非常に示唆的な筆名を用いた人物の正体は，残念ながら明らかではない[17]。ウンスィーザーデ本人の筆名の1つとも考えられるが，推測の域を出ない。

さて，自分たちが〈アゼルバイジャン人〉であるという主張は，『ケシュキュル』第121号（1891年7月13日付）においても，繰り返されている。それは，スルターノフ（M. Sultanov）なる人物による，「とある問答（Bir su'âl-cavâb）」と題された記事である[18]。

　　問：君は，どの民族に属しているのか？
　　答：私はムスリム（müsəlmân）で，トルコ人（türk）だ。
　　問：オスマン人（'Osmânlı）か？
　　答：いや，バイジャン人[19]だ。
　　問：バイジャン（Baycân）とは，いずこか？

---

16) この事実そのものは，現地の研究者らが既に指摘している［e.g. Şahverdiyev 2006: 22; Əliyev və s. (red.) 2007: 335］。しかし，いずれも〈アゼルバイジャン人〉の初出が『ケシュキュル』であることをごく短く指摘するのみである。『ケシュキュル』に見られる民族観や，〈アゼルバイジャン〉が民族名として用いられた背景について論じた研究は，管見の限り存在しない。

17) アゼルバイジャンルの署名入り記事としては，本文で挙げたものの他に，第102号（1890年4月8日付）に掲載されたサンクトペテルブルクにおけるモスクの建設のための献金を呼びかけるものがある［Kəşkûl: CII. 2］。

答：そんなことも知らないのかね。アラズ川のあちら側は「アゼル（Azər）」と，こちら側は「バイジャン」と呼ばれている。この2つは，合わせて「アゼルバイジャン」と呼ばれる。今日，我々は，魂の無い者(バイジャン人)になってしまっているのではないか？

〔中略〕

問：ねえ，君の言葉はトルコ語（türkî）だ。君はトルコ人だ。

答：（ゆっくりと）それには言葉もない。私はトルコ人ではあるが，魂の無いトルコ人(バイジャン・)（türk-i bî-cân / türk-i Baycân）なのだ。

問：魂の無いトルコ人であるのなら，いっそのこと「アゼルバイジャン・トルコ人（türk-i Âzərbaycân）」〔と考えて，〕すっきりしてしまいなさい！　［Kəşkûl: CXXI. 334］

　すなわち，現状では魂のない「バイジャン人」である南東コーカサスの住民も，「アゼル」が加わることで〈アゼルバイジャン人〉になれるというのだ。また，先の記事ではロシア帝国内のタタール人との区別が強調されていたが，この記事においては，オスマン帝国領に居住するトルコ人との違いが語られている。その区別においては，言語よりも領域による要素が重視されているようにも見える。

　ただし，「アラズ川のこちら側」，すなわち南東コーカサスが「バイジャン」と呼称された事実は存在しない。記事の中の「アゼル」と「バイジャン」に関するくだりは，単なるレトリックと解釈すべきである。いずれにせよ，〈アゼルバイジャン人〉の登場に付随する形で，アーザルバーイジャーンとの連帯感が現れているのである。実際，これ以前の『ケシュキュル』に

18）なお，この記事はスウィトチョウスキーが自身の研究の中で一部英訳しており，我が国においても，彼の研究から孫引きする形で既に紹介されている［Swietochowski 1985: 32; 北川 2000: 20; 中嶌 2009: 64］。しかし，スウィトチョウスキーの翻訳には正確と言いがたい部分がある。そのため，それを利用した北川や中嶌も，この記事の内容を一部誤って解釈している。

19）原文のアラビア文字表記は بيجانلى 。「魂の無い者（bî-cânlı）」と解釈できるが，同時に「バイジャン人（Baycânlı）」とも読める。同綴の2語を掛けた，一種の言葉遊びである。

おいて、〈アゼルバイジャン〉という地名に特に関心が払われている様子は窺えない。

なお、この記事の著者であるスルターノフは、『ケシュキュル』の印刷にたずさわった植字工であったようだ [Zeynalzadə 2006: 213]。管見の限り、彼の著作は前述の記事以外に存在せず、その思想を知るのは困難である。だが、その身の上からも文体の特徴からも、ウンスィーザーデや『ケシュキュル』執筆陣の強い思想的影響を受けていた、と考えるのが妥当であろう。

第3節　なぜ〈アゼルバイジャン人〉だったのか

1. シャーフタフティンスキーによる説明

このようにして、『ケシュキュル』執筆陣は、自身が属する集団を他の地域のイスラーム教徒と、あるいはカザンやクリミアのタタール人と、さらにはオスマン帝国領のトルコ人と区別するための呼称として、〈アゼルバイジャン人〉を提唱した。では、『ケシュキュル』の執筆者たちは、なぜ他の言葉ではなく〈アゼルバイジャン〉を自分たちの民族の名として選んだのだろうか。この点に関する明瞭な説明は、『ケシュキュル』誌の中には見られない。

そこで、『ケシュキュル』とは別の新聞に書かれた同時期の記事の中から、同じテーマを扱ったものを取り上げよう。それは、バクーで発行されていたロシア語新聞『カスピ』の1891年の第93号（5月1日付）に掲載された「ザカフカースのムスリムは、何と呼称すべきか（Как называть закавказских мусульман?）」という、メヘンメト・アーガー・シャーフタフティンスキー（Məhəmməd ağa Şahtaxtinski, 1846-1931）による論説である。

> 近頃、ザカフカースの回教徒住民（закавказское магометанское население）は、「ムスリム（мусульмане）」と呼ばれる。この語は、一般に、イスラームの信仰を持つ者という意味ではなく、テュルク語（тюркский язык）

を話すロシア領ザカフカースの住民という意味で理解される。〔中略〕

カフカースでは最近，ザカフカースの回教徒にその信仰ではなく，民族に基づいた名称を与えるべく，彼らを「タタール人（татары）」と呼ぶようになった。この新たな語は，決して適切とは言えない。

ザカフカースの回教徒が話す言葉はタタール語ではなく，トルコ語（турецкий），すなわちテュルク語である。テュルク語は，オスマン語，セルジューク語，アゼルバイジャン語（адербеджанский）といった主要な方言に分割される。〔中略〕

ザカフカースの回教徒は「アゼルバイジャン人（адербеджанцы）」と，その言語は「アゼルバイジャン語」と呼ぶべきであろう。アゼルバイジャン地方は，その大部分がペルシアからロシアの手に渡り，現在で言うところのザカフカースの一部をなしている。その住民は，ほぼ全てがテュルク人である。東洋の著述家たちも，ヨーロッパの地理学者や民族学者たちも，彼らのことを他でもなく「アゼルバイジャン・トルコ人（адербеджанский турок）」と呼んでいる。〔しかし，〕日常においては，例えば「アゼルバイジャン・トルコ人」や「アゼルバイジャン・トルコ語」のように，民族や言語を2つの単語で呼ぶのは不便である。そこで，ロシア語で言うタタール人を「ザカフカースのムスリム」の代わりに「アゼルバイジャン人」と，ザカフカースのトルコ語を「タタール語」の代わりに「アゼルバイジャン語」と呼ぶのが妥当と言えよう。

[Каспий: MDCCCXCI-93. 2]

この論説の内容をまとめてみよう。まず，南東コーカサスの住民は，これまで〈ムスリム〉や〈タタール〉と呼ばれてきたが，どちらも適切な呼称ではない，と主張されている[20]。そして，ヨーロッパの学者らは，この民族や言語を〈アゼルバイジャン・トルコ〉と呼称している，と指摘する。ただ，日常的に用いる際の勝手を考慮して，これらは単に〈アゼルバイジャン〉とするのが適切である，と最後に主張されるのだ。

---

20) 実際，当時のロシアでは〈タタール人〉が帝国内のイスラーム教徒全体を指す言葉としても用いられていたことが知られている [Meyer 2007: 209; Shissler 2003: 240]。

2. ティフリスにおけるテュルク語の言論界

　シャーフタフティンスキーは，ナヒチェヴァン地方のシャーフタフト村で1846年に生まれた。ナヒチェヴァン市のロシア式学校（192頁参照）で初等教育を受けた後，ライプツィヒ大学哲学部などで学ぶ。1904年からは，ティフリスに自身が設立した出版所で，テュルク語新聞『ロシアの東洋』を刊行することになる（付録2参照）。

　前述の記事を書いた1891年前後にも，彼はティフリスに居住していたようである。かつては，『光』誌の寄稿者の1人でもあった［Mahmudov（red.）2005: 362-363; Zeynalzadə 2006: 162; Aşırlı 2009: 52］。また，ウンスィーザーデは『ケシュキュル』の創刊にあたってティフリス在住の知識人たちに協力をあおいだというが，その中にはシャーフタフティンスキーも含まれていたらしい［Şahverdiyev 2006: 21］。

　少なくとも，ウンスィーザーデとシャーフタフティンスキーとの間に，ある程度の交流があったことは確かである。同じ町に住む者同士，ほぼ確実に直接の面識を有していたと考えられる。時には互いの考えを語り合うこともあったかもしれない。シャーフタフティンスキーは，ヨーロッパ人の使う〈アゼルバイジャン・トルコ人〉を導入し，これを縮めた〈アゼルバイジャン人〉を民族名に採用するべきと論じたわけだが，この点に関して，ウンスィーザーデや『ケシュキュル』執筆陣も共通の見解を有していたのではないだろうか。

　なお，問題の記事が掲載された『カスピ』は政治・社会・文化を扱うロシア語の新聞である。1881年1月に創刊され，1919年3月までに1万号以上が発行された。当初は週2回，1881年6月からは週3回，1884年以降は毎日発行された。1897年以降は，ハージュ・ゼイナラーブディーン・ターグエフ（Hacı Zeynalabdin Tağıyev, 1838-1924）[21)]によって所有され，トプチュバショフ（49頁参照）を編集長に迎えることとなる。また，ヒュセインザーデ，キョチェルリ，アアオール，ネーマーンザーデ，メンメドグルザーデらも編集者や記者として，この新聞に関与している（いずれの人物も第7章で詳述）［Mahmudov（red.）2005: 76-77］。

3. 冬の時代へ

　以上で論じたように，〈アゼルバイジャン人〉という民族名を初めて用いたのは，『ケシュキュル』誌であった。一方で，この新聞における〈アゼルバイジャン人〉やその類似表現の用例は極めて少ない，という点にも留意しなくてはならない。同誌で使われている民族名や言語名をまとめたのが表31である。民族を示す際には〈（カフカースの）ムスリム〉や〈トルコ人〉を用いる場合が大半であること，また言語の名としても〈アゼルバイジャン〉の用例は少ないことが理解できよう。この背景には，ロシアの政府当局による検閲への警戒もあったのだろう。

　1880年代から1890年代にかけては，南コーカサスにおいて，現地の諸民族に対するロシア帝政側の締め付けが強まった時代であった。その背景には，1881年の皇帝アレクサンドル2世（r. 1855-1881）の暗殺によるロシア政府の保守化・反動化と，その流れの中で行われたカフカース総督府の廃止がある。総督に代わって新設されたカフカース民政長官（Главноначальствующий гражданской частью на Кавказе）は，中央官庁の管轄下に置かれる行政職であった。独立性の強い総督制は，ロシア政府中央に嫌われたのである［Мильман 1966: 152-154; 高橋 1996: 36］。このような状況のもと行われた締め付け政策の1つに検閲の強化が挙げられる。

　ロシア帝国全体においては，1905年の革命まで，1865年の検閲臨時規則が検閲行政の指針となっていた。これは従来の事前検閲を大幅に緩和し，定期刊行物も事前検閲の対象外とするものであった。ただし，それらが違法であれば訴追を受け，場合によっては行政処分される。検閲行政は内務省の管轄とされた[22]。しかし，この規則はその後改悪の一途をたどり，特に1882

---

21) バクー出身の資本家。貧しい靴職人の子として生まれ，自身も幼少の頃から働きに出た。15歳の頃からは石工として働いている。1872年，仲間とともにバクー近郊のビービー＝ヘイベト（Bibiheybət）に土地を購入，折からの石油ブームに乗って莫大な財をなした。私財の一部を投じて教育や出版活動の支援を行ったことでも知られる［Tağıyev; 中央ユーラシア: "タギエフ"; Mahmudov (red.) 2005: 387-391］。

22) もともと検閲を管轄していたのは文部省であったが，1863年初頭にその権限が内務省に移された［歴史学研究会（編）1995: 103］。

表31 『托鉢』にみる言語・民族の呼称（これらの語が使われている号の数）

年代	号	言語				民族							
		トルコ語	カフカース・トルコ語	アゼルバイジャン語	アゼルバイジャン・トルコ語	ムスリム	現地ムスリム	カフカースのムスリム	ザカフカースのムスリム	トルコ人	カフカースのトルコ人	アゼルバイジャン人	アゼルバイジャン・トルコ人
1887	№ 43-61	19		2	4	12	6	2	1				
1888	№ 62-79	18		1		2	1	1					
1889	№ 80-97	14			4	8	2	1					
1890	№ 98-117	7	1	1		7	4	3		1		1	
1891	№ 118-123	1		1		2	3	1					2

※それぞれの原文における表現の例は，以下の通り

言語名
　トルコ語：türkcə, türk dili, türkî dili, lisân-i türkî, zəbân-i türkî, türkî lisâni, zabān-e Torkī
　カフカース・トルコ語：Qâfqâsîyə türkîsi ləhcəsi
　アゼルバイジャン語：Âzərbaycânca, Azərbaycân dili, ləhcə-yi Âzərbaycân, Âzərbaycân şîvə-yi ləhcəsi
　アゼルバイジャン・トルコ語：Âzərbaycân türkcə, Âzərbaycân türkî dili, Âzərbaycân türkîsi şîvə-yi ləhcəsi, türkî-Âzərbaycânca, türkî-Âzərbaycân dili, türkî-Âzərbaycân şîvə-yi ləhcəsi, zabān-e Torkī-ye Āzarbeyjān,

民族名
　ムスリム：müsəlmân, müsəlmânlar, müsəlmân millət-i islâm
　現地ムスリム：yerli müsəlmânlar
　カフカースのムスリム：Qâfqâz müsəlmânları, Qâfqâsîyə müsəlmânları, Qâfqâzlı müsəlmânlar
　ザカフカースのムスリム：mâ-vərâ-yi Qâfqâz müsəlmânları
　トルコ人：türk, türklər
　カフカースのトルコ人：Qâfqâsiyâ qit'əsindəki türklər, Qâfqâsiyâdakı türklər
　アゼルバイジャン人：Âzərbaycân, Âzərbaycân millətı
　アゼルバイジャン・トルコ人：türk-i Âzərbaycân

年からは嫌疑をかけられた新聞は事前検閲を受けるようになった［高田 2012: 319-320］。

　『ケシュキュル』もまた，カフカース検閲委員会（кавказский цензурнуй комитет）やティフリス警察など，様々な政府機関の厳しい監視の目にさらされていた。実際に削除を余儀なくされた記事も少なくなかったようだ。当局

は，発行許可取り消しの口実を常に探していたのである。

　結局，『ケシュキュル』は，ある些細な手落ちを当局に付け込まれ，廃刊に追い込まれる。8 年にわたった同誌の歴史は，1891 年 11 月 18 日付の第 123 号をもって，突如として終わりを迎えた。ゼイナルザーデは，「『ケシュキュル』の廃刊は，アゼルバイジャンで急速に発展しつつあった社会的・芸術的思想に対する帝政ロシアの締め付け政策を示す事実の 1 つである」と評している [Zeynalzadə 2006: 210-215]。

　なお，『ケシュキュル』の廃刊には，本章第 2 節第 3 項で触れたスルターノフの記事が妙な形で関わっている。彼は，実のところ植字工としては未熟であり，自身の記事の末尾に付すべき署名を，編集者の署名が書かれるべき場所にも印刷してしまった。単純な誤植であったが，ロシア当局は，これを無許可で編集者の変更が行われたとみなし，過剰に問題視したのだった [Zeynalzadə 2006: 213-214]。

　『ケシュキュル』の廃刊後，ウンスィーザーデは出版業から完全に身を引き，オスマン帝国領へと移住していった [Şahverdiyev 2006: 90]。同時に，南コーカサスにおけるテュルク語による言論活動も，全体的に下火となり，冬の時代を迎えたのである。

　さて，本章で明らかとなったことは，以下の通りである。1880 年代半ば，当時の南コーカサスにおけるテュルク語出版の中心地であったティフリスにおいて，〈アゼルバイジャン語〉という言語名が受容された。その最も早い用例は，1883 年発行の『ケシュキュル』創刊号で確認できる。この言語名は，旧来の呼称である〈トルコ語〉や〈タタール語〉と併存しながら，徐々に南東コーカサスの知識人たちの間に広まっていくこととなった。

　彼らは当初，自分たちの民族を前時代と同様，〈カフカースのムスリム〉と呼んでいた。しかし，この意識にも変化が生じることとなる。言語が「民族」を定義する重要な要素の 1 つであると考えていた彼らは，やがて〈アゼルバイジャン語〉の話者である自分たちは〈アゼルバイジャン人〉という民族である，という認識に目覚めるのであった。彼らによって初めて〈アゼルバイジャン〉が明確に民族の名称として打ち出されたのは，1890 年，『ケ

シュキュル』誌においてであった。そして，彼らティフリス在住の〈アゼルバイジャン人〉たちの中心にいたのが，『ケシュキュル』の発行者であるジェラール・ウンスィーザーデであった。

この言語中心的な民族の定義は，フィヒテに代表されるドイツ的な民族観の影響を受けたものであると指摘できる。なお，このような民族観は，当時の世界における一般的な潮流でもあった。19世紀後半の民族主義者たちが言語の共通性こそ民族を定義する決定的基準とみなしていたことについては，先行研究において繰り返し指摘されるところである［e.g. ケドゥーリー 1993: 119-120; ホブズボーム 1990: 120-132］。

〈アゼルバイジャン人〉は，当時の自称である〈カフカースのムスリム〉や，ヨーロッパ人などによる他称である〈トルコ人〉や〈タタール人〉を置き換える言葉として提唱された。「ムスリム」の使用が避けられたのは，宗教的な要素を民族の定義から排除することをウンスィーザーデらが目指したことによる。また，領域的な要素，あるいは「祖国」の感覚は，この時点ではあまり重視されているように見えない。アーザルバーイジャーンとの連帯意識は，むしろ，〈アゼルバイジャン人〉という民族名が登場することで，付随的な要素として主張され始めたのである。

これらが生じた1880年代から1890年代にかけては，ロシア帝国が反動化し，現地諸民族に対する締め付けが強化された時代であったという点も，興味深い。〈アゼルバイジャン人〉の提唱は，そういった締め付け政策に対する南東コーカサス知識人たちの危機感の表れとも言えるだろう。結局，『ケシュキュル』の廃刊をもって，この思想の流れは表面的には断絶することになる。しかし，シャーフタフティンスキーをはじめとする次世代のジャーナリズムは，確実に芽吹きつつあった。〈アゼルバイジャン人〉という民族意識は，十数年の時を経て，再び表に出てくることとなる。これは第7章で語られる。

補論 4

カーゼム=ベクと〈アゼルバイジャン語〉

　第6章で確認したように，ウンスィーザーデをはじめとするティフリスの知識人たちは，1883年頃に〈アゼルバイジャン語〉を，1890年に〈アゼルバイジャン人〉を用い始めた。彼らは，この言語名や民族名をどのような過程で導入したのだろうか。特に問題となるのは，第6章第3節第1項で紹介したシャーフタフティンスキーの論説に見られる「東洋の著述家たちもヨーロッパの地理学者や民族学者たちも，彼らのことを他でもなく『アゼルバイジャン・トルコ人』と呼んでいる」という一文である。果たして，これは事実なのだろうか。

　本章では，まず18世紀から19世紀にかけての各言語の史料が，南東コーカサスの住民，あるいは彼らが話すテュルク語をどのように呼称していたのかを確認する。その上で，〈アゼルバイジャン語〉という言語名の成立に大きな役割を果たしたアレクサンドル・カーゼム=ベク（Александр Касимович Казем-Бек, 1802-1870）を取り上げる。その後，この言語名が普及していく過程を検討し，最後に言語と民族主義との関係について考察する。

図50　アレクサンドル・カーゼム=ベク

第1節　南東コーカサスの住民と言語の呼称

1. 住民の呼称

　まずは，18～19世紀の諸史料が南東コーカサスの住民をどのように呼称しているのかを確認しよう。英語，ドイツ語，フランス語，ロシア語といったヨーロッパ言語の著作では，南東コーカサスの住民の呼称に相当の揺れがある。比較的よく用いられるものとしては，〈タタール人〉が挙げられる。

　特にロシア語史料では，この呼称が用いられることが多い。特に19世紀以降に刊行された南コーカサスに関するロシア語作品の多くが，主にこの民族名を使っている［АКАК; Бутков; Дубровин; Евецкий; Зубов; КГЖ; Пушкин］。ここでは，その典型的な例を1つだけ紹介しておこう。

> 現在ロシア〔領〕の地方であるガラバーグは，主にアルメニア人とタタール人（татары）からなる混成の人口構成にあるが，〔後略〕。［фон Гакстгаузен: 147］

　一部には〈タタール人〉をより細かく分類するものもある。例えば『グルジアとカフカースの地理的・統計的記述』（1809年）は，コーカサス地方に居住するタタール人を，〈クムク・タタール кумыкские Татары〉，〈トゥルクマーン・タタール терекеменские или трухменские татары〉，〈ノガイ・タタール нагайские татары〉の3つに分ける。このうち，南東コーカサスの住民に該当するのは〈トゥルクマーン・タタール〉である［ГСОГК: 101-115］。これと同様の見解は，『黒海とカスピ海の間の国々の地図に関する覚書』（1788年）という英語の作品や，『コーカサスの諸民族』（1808年）というドイツ語の作品にも見られ，どちらも〈タタール人 Tartars, Tataren〉を〈クムク人 Coumyks, Kumucken〉，〈トゥルクマーン人 Terekemens, Turcomans or Trukhmenians, Truchmenen oder Terechmenen〉，〈ノガイ人 Nogays, Nogaier〉に区分している［Ellis: 15-17; Rommel: 69-72］。例は多くないが，〈コーカサスのタタール人 kaukasischen Tataren, Tataren des Kaukasus〉という表現を用いる作品もある

[Bodenstedt: 122-136]。

　ロシア語以外で書かれた作品でも，〈タタール人〉はよく用いられる。この地を訪れ，その旅行記を著した文豪アレクサンドル・デュマ（1802-1870）も，この民族名を用いている1人である［e.g. Dumas: 309, 311-312］。オルソル著『コーカサスとペルシア』（1885年）も，バクーやデルベントの住民を示す際に〈タタール人 Tatars〉を主に用いる［e.g. Orsolle: 133, 136, 364］。また，例えばキンネイ（114〜115頁参照）は，グルジアに居住する住民に関して，以下のように記す。

> その〔住民の〕数のうち，かなりの割合が正教会（the Greek communion）のキリスト教徒であり，残りはユダヤ人，タタール人（Tartars），アルメニア人，ロシア人であり，それぞれの種族（tribe）が固有の言語，より正確には方言を有している。［Kinneir: 341］

　このように，どの言語の作品においても〈タタール人〉を用いる著者が多いのであるが，これが南東コーカサスの住民のみを指す言葉ではなかったことは，第6章第2〜3節でも示した通りである。また，〈タタール人〉以外に，〈ペルシア人〉や〈トルコ（テュルク）人〉もよく用いられるし，アルメニア人やグルジア人，ユダヤ人と対比して〈マホメット教徒 Muhammedaner〉などとする例もある［Reineggs: I. 114］。

　さらに，実際には，南東コーカサスの住民が1つの民族名で表現されることは少なく，前述の民族の混血，あるいは混在とされることが多い。例えば，18世紀後半にこの地方を通ってイランまでの調査旅行を行い，ドイツ語の旅行記を遺した植物学者グメーリン（Samuel Gottlieb Gmelin, 1744-1774）は，次のように書いている。

> バクーの住民は，ペルシア人（Perser）とタタール人（Tataren），あるいはそれらの混血によって生じた横柄で粗野な民族である。［Gmelin: III. 55］

　彼はデルベントやシャマフの住民に関しても，この「ペルシア人とタタール人」という組み合わせを用いている［Gmelin: III. 13, 64］。この組み合わせ

は，『カフカース地方の様相』(1834〜1835 年) や『ロシアによるザカフカース支配の解説』(1836 年) でも見られるものである。また，『グルジア王国』(1888 年) という英語の作品にも同様の表現 (Persians, Tatars) が存在する [e. g. Зубов: IV. 76, 84, 90; ОРВК: IV. 42-43; Wardrop: 9-10]。

一方，「トルコ人とペルシア人」という組み合わせを用いる作品もある。例えば，フォースター (George Forster, d. 1792) は，バクーの住民を「トルコ人とペルシア人 (the Turks and Persians)」と呼んでいる [Forster: 251]。ティフリスのイスラーム教徒に関して同様の記述をする英語の旅行記や，フランス語でこれと同様の表現 (les Persans et les Turcs) を用いている史料，「トルコ人とペルシア人とレズギ人 (Турки, Персы и Лесгинцы)」という表現を用いるロシア語の史料なども存在する [Cunynghame: 259; Freygang: 107-108; OK: 4]。

少し変わった住民の呼称の例も紹介しておこう。ブロネーフスキー (Семён Михайлович Броневский, 1763-1830) の著作に見られる以下の記述が，それである。

> バクーにはペルシア人，ダゲスターン人 (Дагестанцы)，シルヴァーン人 (Ширванцы)，アルメニア人が住んでいる。[НГИИК: II. 401]

18〜19 世紀のペルシア語史料においても，「アゼルバイジャン」を含む民族の名称は存在しない。南東コーカサスの住民を示す際には，より狭い，あるいは，より広い概念を持つ言葉のみが用いられる。前者の例としては〈シルヴァーン人〉や〈デルベント人〉といった領域名に結び付いた呼称 (demonym)，後者の例としては〈トルコ人〉や〈トゥルクマーン人〉などが挙げられる。

一例として，19 世紀後半における代表的なペルシア語史書である『歴史の書写』(補論 1 参照) を取り上げよう。南東コーカサスにも多数の写本が残り，広く読まれていたと推察される作品である。この歴史書が南東コーカサスの住民 (の一部) を示す集団名として用いているのは，「デルベントの人々 (mardom-e Darband)」や「シルヴァーン人たち (Šīrvāniyān)」の他，「シャムスッディーンル (Šams al-Dīnlū)」や「ガージャール (Qājār)」などの部族集団の名である [e.g. NT: I/ II. 82, 150, 369]。また，〈カフカースの住民

ahālī-ye Qafqāzīye〉という表現も使われる［NT: I/ II. 242］.

　ヨーロッパ言語の文献の場合と違い，ペルシア語やオスマン語の作品で，南東コーカサスの住民が〈タタール人〉と呼ばれるのは稀である．ただし，全く例がないわけでもない．例えば，19世紀後半に書かれたペルシア語の地名辞典『ナーセルの諸都市の鏡』には，「現在，その住民はタタール人（tātār）とアルメニア人であるところのガラバーグ地域（eyālat-e Qarābāġ）」という記述が見られる［MBN: 196］．この呼称が用いられているのは，ロシアやヨーロッパから影響を受けてのものかもしれない．

　最後に，この時代の南東コーカサスの住民の呼称に関して，『ロシアによるザカフカース支配の解説』の第3巻に非常によくまとまった説明があるので，引用しよう．

> ザカフカースには，シルヴァーン人（Ширванцы），タールシュ人（Талышивцы），ガラバーグ人（Карабахцы）など，地域に応じた住民の名がある．モンゴル人，ペルシア人，トルコ人（Турок），アラブ人のような1つの言葉によって〔この地方の住民を指すことは〕，できない．彼らの出自に対する本来的な呼称は存在しない．その地の全てのムスリム（Мусульман）に自分たちの類型を刻み込んだタタール人，あるいはモンゴル人の優位にもかかわらず，タタールやモンゴルという呼称は〔その地の住民には〕適合しない．ロシア人が彼らを主にタタール人と呼んでいるとは言え，である．［ОРВК: III. 6; cf. НЗОРВК: 59］

　このように，ヨーロッパ諸語の作品においても，ペルシア語やオスマン語の作品においても，南東コーカサスの住民を示す際に「アゼルバイジャン」は用いられていなかったことが明らかとなった．また，そもそも南東コーカサスの住民は，単一の集団とはみなされていなかったようである．

2. 言語の呼称

　住民の呼称と同様，言語の呼称も様々である．ただし，住民の呼称に比べると，言語名が史料の中で言及されることは少ない．その決して多くはない言語名に関する用例を集めてみると，例えば，グメーリンが南東コーカサス

の主要言語を〈トルコ語 Türkisch〉と称している［Gmelin: III. 34］。一方，『ロシアによるザカフカース支配の解説』は，グバ地域の言語について，「シャブラーン，ミュシュキュル〔Az. Müşkür〕，ティプ〔Az. Tip〕の一部といった地区の住民はタタール語（татарский）を話す」という［ОРВК: IV. 121］。『黒海とカスピ海の間の国々の地図に関する覚書』や『コーカサスの諸民族』は，「タタール語のトルコ方言（the Turkish dialect of the Tartar language, der Türkischen dialect der Tatarischen Sprache）」と呼ぶ［Ellis: 15; Rommel: 70］。

しかし，住民の場合と同様，南東コーカサスの言語についても，複数の言語の混在，混交と説明されることが多い。例えば，1716年にシャマフを訪れた旅行家ベル（John Bell, 1691-1780）は，当地の状況を以下のように記している。

 その住民の大部分は，ペルシア人（Persian）である。グルジア人とアルメニア人も相当数がいる。大衆の言葉はトルコ語であるが，エリートたちはペルシア語を話す（The vulgar language is Turkish; but the people of distinction speak Persian）。［Bell: I. 66］

ブロネーフスキーも，デルベントの状況に関してこれを似たような見解を示しているが，言語の呼称に相違が見られる。

 〔デルベント住民は，〕ファルス（фарс）と呼ばれるペルシア語を話し，書くのだが，平民は崩れたタタール語を用いる（простонародно употребляют испорченное татарское наречие）。［ИВ: 176］

ブロネーフスキーのこの記述からは，南東コーカサスの言語が〈タタール語〉の訛った言語，あるいは〈タタール語〉の一方言であるという認識が窺える。そのような認識は，ゲールベルの1728年の報告書（117～118頁参照）における，デルベントに関する記述からも窺える。

 〔デルベントの言語は，〕ペルシア語，トルコ語，タタール語の混合である（Персидской, турецкой, татарской помешанной）。書き言葉としては，主にペルシア語，つまりファルスを，特にハジ（хаджи），つまり聖職者

が用いている。しかし，一般民衆は，ファルス，つまりペルシア語を理解しない。[ИГЭД: 85]

また，ゲールベルは，シャマフ，シャブラーン，ガバラといったシルヴァーン地方の各地域で用いられている言語を「タタール語と混合したトルコ語（турецкой с татарским помешанной）」と記述することが多い [ИГЭД: 87-98]。彼の言う「トルコ語」はオスマン語を，「タタール語」はカザン・タタール語を示していると考えるのが妥当と思われる。そうであるならば，ゲールベルは南東コーカサスの言語を両者の中間と認識していたと考えることができるだろう。

このように，ロシア語作品では，南東コーカサスの言語を〈タタール語〉と呼称するのを基本としながら，その方言，崩れた形などと説明されることが多い。前述のもの以外では，『カフカース地方の様相』がシルヴァーン地方の言語に関して「様々なタタール語の諸方言，すなわちトルコ語（тюрки?）とタート語，それに次いでペルシア語とアルメニア語が使われる」という表現を用いている [Зубов: IV. 76]。

〈タタール語〉と並んでよく用いられるのが〈トルコ（テュルク）語〉であるが，この2つの言語名の相違点，それぞれの定義などは，しばしば曖昧である。『カスピ海とコーカサスの旅』に見られるバクーの行政機構に関する以下の記述には，それが非常によく表れている。

〔前略〕文書は全て現地のペルシア語（むしろトルコ・タタール語）で（in der hiesigen persischen (türkisch-tatarische) Sprache）書かれる。[Eichwald: 160]

『コーカサスの諸民族』（1848年）も〈トルコ・タタール語 turko-tatarischen Sprache〉という言語名を用いているが，現地住民がこの言語を「ムスリム語，あるいはトルコ語（Sprache die muselmänische oder türkische (mussulmandsheja türkidshe)）」と呼称していることにも言及している [Bodenstedt: 125]。このように，「トルコ」と「タタール」を同義語のように用いる作品もあるのだ。なお，このような両者の区別の曖昧さは，第3章第3節第2項で述べたよう

に，バキュハノフにも見られたものである。

　ペルシア語史料やオスマン語史料においても，言語の名が具体的に示されることは非常に稀である。言及される場合は，"zabān-e Torkī" や "lisân-i türkî"，"türkçe" などといった〈トルコ語〉に該当する呼称が用いられるのが主である[1]。第3〜5章で論じたように，バキュハノフ，アーフンドザーデ，ゼルダービー，シルヴァーニーら同時代の南東コーカサスの知識人も，ペルシア語やテュルク語の作品では，基本的にこの言語名を用いていた。

第 2 節　〈アゼルバイジャン語〉の登場と普及

1.『トルコ・タタール語一般文法』と，言語名としての〈アゼルバイジャン〉

　このように，南東コーカサスの民族や言語の名に〈アゼルバイジャン〉を含む呼称を用いることは，実際にはヨーロッパ諸言語の史料においても，イスラーム諸言語の史料においても，一般的ではなかった。しかし，そういった呼称が全く用いられていなかったかというと，そうではない。19世紀半ば以降の一部の作品で，〈アゼルバイジャン語〉に該当する言語名の使用が確認できる。管見の限り，この言語名を用いた最初の人物は，カーゼム＝ベクである。

　カザン大学教授，後にサンクトペテルブルク大学教授を務めたカーゼム＝ベクは，テュルク文献学をはじめとする幅広い業績を残した東洋学者である。彼の代表的著作の1つが，1846年に出版された『トルコ・タタール語一般文法（第2版）』である［ОГТ］。テュルク諸語に属する主要言語の文法を比較しながら解説する本書は，当時最も本格的なテュルク語の教科書として重要な位置を占めていた。例えば，2年後に出版されたこの作品のドイツ語訳[2]は，20世紀に入って以降も，ヨーロッパの大学において主要なテュルク語の教科書であり続けたという［シンメルペンニンク＝ファン＝デル＝オ

---

[1] なお，現在のイラン・イスラム共和国においても，アゼルバイジャン語は「トルコ語（Torkī）」と呼ばれるのが通例である。

イェ 2010: 132]。

　カーゼム＝ベクは，この著作の中で，〈アゼルバイジャン語 Адербиджан-ское наречие〉という表現を用いている［e.g. ОГТ: 7, 21, 93］。その典型的な用例を以下に引用しよう。

　　テュルク諸語（Тюркские наречия）の動詞の活用における異形は，その方言（наречия）の数と同じだけある。〔中略〕我々は，タタール語とアゼルバイジャン語（Татарское и Адербиджанское наречия）の直接法の活用と対応するトルコ語（Турецкий）の表を，ここに付する。［ОГТ: 274］

　このように，〈アゼルバイジャン語〉は，トルコ語やタタール語と併せて言及される，「テュルク諸語」の1つとされている。なお，ここで言う「トルコ語」とはオスマン・トルコ語，「タタール語」とはカザン・タタール語を意味するのだろう。テュルク諸語としては，他にキプチャク語（Кипчак-ский），チャガタイ語（Чагатайский），クリミア語（クリミア・タタール語）（Крымский），ノガイ語（Ногайский）などの名が挙げられている［e.g. ОГТ: 7, 17, 290, 305］。

　なお，筆者は未確認であるが，1839 年の初版[3]で既に〈アゼルバイジャン語〉が使用されている可能性も高い［cf. Гусейнов 1958: 128-129; Рзаев 1986: 109-112］。いずれにせよ，〈アゼルバイジャン語〉の最初の用例は，1840 年に前後する数年間に現れるのである。

　しかし，アゼルバイジャン民族形成史の研究も，ルザーエフによる一連のカーゼム＝ベクに関する先行研究も，不思議とこの点について重視していない［Рзаев 1965; Рзаев 1986: 75-111］。〈アゼルバイジャン語〉の登場は 1860 年代という誤った説を提示する作品もある［Сунбатзаде 1990: 280］。この件に関する正しい見解を示しているのは，管見の限りヘイダル・ヒュセイノフが唯一で，彼は「カーゼム＝ベクこそが，初めて『アゼルバイジャン語』という用語を学問的に裏付け，用いたのである」と指摘している［Гусейнов 1958:

---

2) Mirza A. Kasem-beg, *Allgemeine Grammatik der türkisch-tatarischen Sprache*, J. Th. Zenker (tr.), 1848.

3) Мирза Александр Казембек, *Грамматика турецко-татарского языка*, Казань, 1839.

126]。

2. カーゼム＝ベクの生涯とカザン学派

　カーゼム＝ベクは，1802年にミールザー・ハージー・ガーセム（Mīrzā Ḥājjī Qāsem）の長男としてラシュト（第4章の注3を参照）で生まれた。彼の一族は，もともと南東コーカサスの町デルベントの名士の家系であったらしい。しかし，19世紀末にロシアがこの町を征服したことで，ハージー・ガーゼムは故郷を離れることを余儀なくされたのだった。

　1808年，ロシアによる支配を認めたハージー・ガーセムはデルベントに戻り，当地のカーディーに任命された。息子のカーゼム＝ベクは，この地で伝統的なイスラーム教育を受けることとなる。彼は非常に優れた学問の資質を開花させ，17歳の時には既にアラビア語の文法に関する作品を著していたという。

　しかし，1820年，ハージー・ガーセムは，ロシアの統治に対する陰謀を企てたとして，財産没収の上，アストラハン（Астрахань）[4]に追放となってしまう。追放後しばらくして当局の許可を得たハージー・カーセムは，息子カーゼム＝ベクをアストラハンに呼び寄せた。カーゼム＝ベクはこの地で，非キリスト教徒住民への布教活動を行っていた長老派の宣教師であるスコットランド人と知り合う。彼らは，互いの宗教に関する議論を通じて親しくなっていった。

　当初，カーゼム＝ベクは，イスラーム教を擁護し，キリスト教とユダヤ教を批判していた。しかし，宣教師との交流を通じて，彼の信仰心には徐々に変化が生じていったらしい。1823年，カーゼム＝ベクはキリスト教に改宗し，洗礼名アレクサンドルを与えられた。息子の棄教に激怒した父ハージー・ガーセムとは疎遠になった一方で，宣教師たちとより親密になっていったカーゼム＝ベクは，彼らから英語とヘブライ語を学んだ。その後，カフカース軍団司令官エルモーロフ（Алексей Петрович Ермолов, 1777-1861）の介入もあり，彼は東洋諸言語の教師としてオムスク（Омск）[5]に赴任するよう

---

4) ヴォルガ川下流，カスピ海から約100 kmの地に位置する都市。現在はロシア連邦の同名の州の州都。

命じられた。

　アストラハンからオムスクに向かう途中、カーゼム＝ベクは病にかかり、経由地であったカザンに留まることを余儀なくされた。この時、たまたま新しいタタール語教師を探していたカザン帝国大学総長カール・フックス（フークス）（De. Karl Friedrich Fuchs / Ru. Карл Фёдорович Фукс, 1776-1846）の目にとまったことで、彼の人生は劇的に変化した。フックスの働きかけによって彼はオムスクにおける任務から解放され、1826年、大学の正式な教員に任命される。その後、1830年に准教授、1837年には正教授と順調に昇進を重ね、1845年には東洋学部の学部長に選任された。また、1835年には、ロシア科学アカデミーの会員に選ばれている。

　この時期のカザン大学は、カザン学区監察官（попечитель казанского учебного округа）のミハイル・ムースィン＝プーシキン（Михаил Николаевич Мусин-Пушкин, 1795-1862）による働きかけもあり、東洋学研究を大きく発展させていた。1828年に開設された「トルコ語・アラビア語・ペルシア語」講座を皮切りに、1833年に「モンゴル語」、1837年に「中国語」、1842年に「アルメニア語」と「サンスクリット語」の講座が次々と開講されたこの大学は、19世紀半ばには全ヨーロッパにおいても指折りの東洋学の拠点となったのである[6]。

　大学には、トルコ語・アラビア語・ペルシア語を担当するカーゼム＝ベクや、モンゴル語の教授オシップ・コヴァレーフスキー（Осип Михайлович Ковалевский, 1800-1878）をはじめとする優秀な教員がそろっていた。また、大学の図書館は、アジア各地から集められた写本の一大コレクションで知られていた。当時のヨーロッパでは最大級のアジア貨幣コレクションも、この大学にあった。このような環境の中で、後に「カザン学派」と呼ばれることとなる優秀な東洋学者たちがこの大学で育てられた。この学派は言語教育・研究に対する実用的アプローチを特徴としており、学者以外にも、多くの翻訳

---

5) 西シベリア中部の都市。現在はロシア連邦における同名の州の州都。水陸交通の要所に位置し、1824年から1882年には西シベリア総督府が置かれた［ロシア：“オムスク”］。
6) アルメニア語講座は受講生が少なく、1851年に閉講された。

官，外務官僚が輩出している。そして，この「カザン学派の父」と評価されるのが，カーゼム＝ベクなのである。

前項で述べたテュルク語文法書以外のカーゼム＝ベクの業績としては，ロシア国内のムスリム社会で依然として重要な役割を果していたイスラーム法学に関連するものがある。これらは，ロシア人の行政官による現地ムスリム住民の統治を助けるために準備されたものであった。1845年に，ロシア帝国のタタール人やその他のテュルク系民族が用いていたハナフィー派イスラーム法学の重要な注釈書である『「護持」要約 Muḫtaṣar al-Wiqāyah』をアラビア語で出版したのが，この分野における彼の代表的な業績である[7]。

1849年，サンクトペテルブルク大学に赴任した彼は，同時に典礼書のタタール語への翻訳を監督する政府委員会と，イスラームの法典を検討する委員会に召喚された。後者の仕事に対する報償として，1863年には，3等官という文官の高い官位に上っている。

首都での生活は，彼にイスラーム世界の時事問題に対する関心を惹起した。彼はこの時期に，ミュリディズムを指導したシャミーリ（第1章第3節第2項参照）や，バーブ教[8]に関する論考を著している。また，彼は少年期から青年期を過ごした南東コーカサスに対しても大きな関心を寄せていた。この地方の代表的な歴史書である『デルベントの書』の校定は，彼の重要な業績の1つである［Derbend-Nâmeh］。

傑出した学者であり，有能な行政官であったカーゼム＝ベクは，同時に優れた教育者でもあった。彼は非常に評判の良い講師であり，社交の場における人気者でもあったようだ。優秀な学生も多く育て，特にイリヤ・ベレーズィン（Илья Николаевич Березин, 1818–1896），ニコライ・イリミンスキー（Николай Иванович Ильминский, 1822–1891）[9]の名は重要である。また，後の文

---

7) *Мюхтесерюль вигкает, или сокращенный вигкает: курс мусульманского законоведения по школе Ханефидов*, Казань, 1845.
8) 19世紀半ばにシーア派から派生した新宗教。シーラーズ出身のバーブことセイイェド・アリー・モハンマド（1819–1850）によって創始された。ガージャール朝による弾圧を受け崩壊，バーブも1850年に処刑された。生き残った信徒の一部は，後継宗教たるバハーイー教を興した［岩波イスラーム:"バーブ教"］。

豪トルストイがカザン大学東洋学部に入学した事実も，よく知られている。しかし，彼は放蕩にふけって落第し，大学内でも厳しくない法学部に転学部した挙句，1847年に退学してしまった。

カーゼム＝ベクは進歩的で改革的な知識人ではあったが，一方で暴力的な急進主義を嫌悪していた。彼はロシア政府の忠実な臣民であり，帝国政府の側でもそれに報いて，高い官位，多くの勲章，多額の年金を与えたのだった。

カーゼム＝ベクの帰属意識に関しては，1842年に婚約者の叔母に宛てた手紙が参考になる。この手紙で，彼は自身を「ペルシア人の祖先を持ち，プロテスタントの信者で，ロシア帝国の臣民，そして，カザン大学のトルコ・タタール学の教授です」と自己紹介しているという。彼が自身の血統を〈ペルシア人〉と表現している点が，興味深い［Рзаев 1965: 12-39；シンメルペンニンク＝ファン＝デル＝オイェ 2010: 127-150］。

3．〈アゼルバイジャン・タタール語〉の普及

さて，カーゼム＝ベク以降，〈アゼルバイジャン語〉という言語名が用いられるロシア語出版物がいくつか現れる。ヴェズィーロフの『タタール・アゼルバイジャン語入門』[10]は，それを書名に用いている例である［АКП（ред.）1963: 8］。1893年には，『新約聖書』の「トランスコーカサス・トルコ語，あるいはアゼルバイジャン・トルコ語（Transcaucasian or Azerbijan Turkish）」への翻訳も出版された［KM: [iii]］。また，カーゼム＝ベクの弟子であったベレーズィンの『ダゲスターン・ザカフカース旅行記』には，以下のような記述がある。

> バクーの村々のうち，6つだけがテュルクの種族（тюркское премя）によって占められている。残りの全ての村落にはペルシア人（Персияне）

---

9) 東洋学者，教育家，宣教師。後にカザン大学の教授などを務め，ロシアにおける異族人教育政策を主導した［中央ユーラシア："イリミンスキー"］。

10) Мирза Абдул Хасанбек Везиров, *Учебник татар-адербайджанского наречия*, С.-Петербург, 1861.

が住んでいる。〔中略〕最近になっても，ペルシア人はバクーへの移住をやめていない。逆にバクーからペルシアへと発つ者もいる。バクーのペルシア系住民（персидское народонаселение）は全員，テュルク語のアゼルバイジャン方言（тюркский адербайджанский диалект）の他に，風変わりなペルシア語（особенное персидское наречие）を話す。それはダゲスターンの様々な地域でも用いられているタート語（татский）である。〔Бе-резин: II. 123, III. 39〕

このように，〈アゼルバイジャン語〉に該当する言語名は徐々に普及していくのであるが，一部の政府関連文書などでも用いられるようになったようだ。例えば，ロシア軍が1869年に定めた規則では，イスラーム教徒のロシア軍軍人はチャガタイ・タタール語（Джагатайско-Татарское наречие），トルコ語（Турецкий язык），ペルシア語（Персидский язык），アラビア語（Арабский язык）の他に，〈アゼルバイジャン・トルコ語 Адербиджано-тюркское наречие〉で宣誓を行うことができるとされ，その宣誓の文句が定められている〔СВП: 6, 71-74; cf. ИРИ: 263-265〕。

『コーカサスとその諸民族』（1887年）では，〈アゼルバイジャン・タタール人 Aderbeidshan-Tataren〉が用いられている〔Erckert: 317-327〕。ただし，ここで用いられる「タタール」という言葉に関しては，次のような保留がされている。

> タタール（tatar）という名は一般的に受け入れられ通用しているが，まったくもって不当〔な用語〕であり，これはトルコ（Türke）に置き換えた方が良い。大半の人々がこの言葉をヨーロッパのトルコ人〔＝オスマン帝国領内のトルコ人〕と理解してしまう，ということさえなければ，であるが。〔Erckert: 322〕

つまり，南東コーカサスの住民は本来〈アゼルバイジャン・タタール人〉ではなく〈アゼルバイジャン・トルコ人〉と呼ぶべきであるが，「トルコ」という言葉から一般的に連想されるのはオスマン帝国であるために，その使用を避けると述べられているのである。

また，ヴェイデンバーウム（Евгений Густавович Вейденбаум, 1845-1918）の『カフカース案内』という作品は，コーカサス地方の民族と言語に関する網羅的な解説に大きな部分を割いており，南東コーカサスの住民に関しては以下の様に記している。

> アゼルバイジャン・トルコ人（Адербиджанские турки）──通例，ザカフカースのタタール人（закавказские татары）と呼ばれる。ザカフカースの東側半分の住民の大半を構成する。ペルシア語の強い影響を受けた彼らのテュルク語（тюркское наречие）は，通例，ザカフカースと国境を接するペルシアの地方の名に従って，アゼルバイジャン語（адербейджанский）と呼ばれる。[Вейденбаум: 120-121]

ただし，『カフカース案内』において〈アゼルバイジャン・トルコ人〉という民族名が使われているのは，前述の1ヶ所のみである。この作品の他の箇所で一貫して用いられるのは，著者自身が「通例」の呼称としている〈ザカフカースのタタール人〉の方である。やはり当時，〈アゼルバイジャン・トルコ人〉は，広く普及した民族名ではなかったようだ。一方で，彼の書きぶりから，〈アゼルバイジャン語〉という言語名の方は，既にある程度普及していたらしいことも窺える。

『カフカース案内』は1888年に出版された作品で，発行地はティフリスである。それ故，ジェラール・ウンスィーザーデやシャーフタフティンスキーの目に触れていた可能性が高い。ヨーロッパ人の学者が〈アゼルバイジャン・トルコ〉を民族の呼称とする，というシャーフタフティンスキーの言は，この『カフカース案内』などの作品を参照してのものだったのだろう。

第3節 〈アゼルバイジャン語〉とは，いかなる言語か

1. なぜ〈アゼルバイジャン〉だったのか

では，なぜカーゼム＝ベクは，南東コーカサスの言語の名に〈アゼルバイ

ジャン〉を採用したのだろうか。彼は1853年に発表した「サンクトペテルブルク大学東洋言語学科開設に際しての演説（Речь по случаю открытия в С.-Петербургском Университете факультета восточных языков）」において，〈アゼルバイジャン語〉を以下のように説明する。

> ロシア領ザカフカースとその隣接地域で用いられているテュルク語（тюркское наречие）は，「アゼルバイジャン・タタール語（Адербиджанский-татарский）」と呼ぶ。地方自体の名（アゼルバイジャン）にちなんで名付けられた。その地方の中心は，タブリーズ市とみなされている。[Казем-бек: 355]

このように，その話者の住む地方の名に由来する言語名である，という極めて簡潔な説明が与えられている。ただし，ここで問題となるのは，カーゼム＝ベクが〈アゼルバイジャン〉という地名の示す領域をどう捉えていたか，である。元来の〈アゼルバイジャン〉は南東コーカサスを含まないこと，一方で，19世紀には南東コーカサスをも含む〈アゼルバイジャン〉の用例がペルシア語作品を中心に普及しつつあったことは，第2章などで述べた通りだ。

カーゼム＝ベクは，『トルコ語暫定コースの学習参考書』（1854年）の末尾に付けた用語集において，「アゼルバイジャン（Азербиджан или Адербиджан）」に以下のように説明を付している。

> 〔前略〕アルメニア，アジャムのイラク，クルディスターンの間にある広大な地方（現在は総督領）である。その東と南の境界には，シルヴァーンとギーラーンとマーザンダラーンがあり，カスピ海に接する。この地方の中心都市はタブリーズである。[УПВКТ: III. 2（3rd part）]

各地方の位置関係の記述に若干の混乱は見られるものの，〈アゼルバイジャン〉は〈シルヴァーン〉とは別の地方であることが明記されているのである。

一方で，カーゼム＝ベクは，時に南東コーカサスをも含める形で〈アゼルバイジャン〉を用いている。『デルベントの書』の序文に見られる「オスマ

ン帝国のアゼルバイジャンとダゲスターン（Aderbijan and Daghistan）への遠征」といった表現が，その代表的な用例である［Derbend-Nâmeh: ix］。『トルコ・タタール語一般文法』においても，南東コーカサスを含むような文脈で「小アジアとアゼルバイジャン（малая Азия и Адербиджан）」という表現が用いられている［ОГТ: 21, 53, 147］。いずれも，補論1第3項で示したペルシア語史書に見られるものと同様の用語法である。

　カーゼム＝ベクにとって，南東コーカサスと〈アゼルバイジャン〉は基本的に別の地域であった。しかし，南東コーカサスを〈アゼルバイジャン〉に含めることは違和感を抱かせるようなものであったわけでもなく，それ故に，その地で話されている言語の名に〈アゼルバイジャン〉を用いるのも，彼にとっては自然なことだったのであろう。

　では，カーゼム＝ベクは，そもそもなぜ〈アゼルバイジャン〉という言語集団を切り取ったのか。もちろん，実際の言語分布に基づくというのもあるだろうが，この手の言語区分は多くの場合，政治的な境界線や歴史的な事情に左右される（次項も参照）。〈アゼルバイジャン語〉の分布がイランとロシアの国境を越えるものとされた背景には，かつてのイラン領という要素の他に，「キズィルバーシュ（36頁参照）が用いる言語」という要素があったと考えられる。

　ドイツ出身の東洋学者ユリウス・クラプロート（Julius Heinrich Klaproth, 1783-1835）は，コーカサス地方の調査旅行の記録に「トルコ諸方言（dialectes turcs）」の単語リストを付している。そこでは，ノガイ方言（Nogaï），カラチャイ方言（Qaratchaï），クムク方言（Qoumouq），カザフ方言（Qazakh），シベリアのトボリスクのトルコ語（turc de Tobolsk en Sibérie），コンスタンティノープルのトルコ語〔＝オスマン語〕（turc de Constantinople）と区別されて，〈キズィルバーシュ方言 Qizylbach〉の名が挙げられている［Klaproth: II. 545-577］。このように，「キズィルバーシュ」と呼ばれる集団が独自の方言を用いていることは，当時の学界の定説の1つであったと考えられるのである。

　話は変わるが，カーゼム＝ベクは『トルコ・タタール語一般文法』の中で，〈アゼルバイジャン・タタール人 Адербиджанские татары〉や〈アゼルバ

イジャン人 Адербиджанцы〉という語を用いている [e.g. ОГТ: 20, 57, 92]。〈アゼルバイジャンのテュルク人 тюрки Адербиджана〉という表現が使われることもある [ОГТ: 340]。

ただし，これらは〈アゼルバイジャン語〉を説明する文脈でのみ登場する。すなわち，あくまで「アゼルバイジャン語を話す人々」を示すために便宜的に使われる言葉であることにも留意しなくてはならない。例えば，「タタール人（Татары），あるいはトルコ人（Турки）は○○というところを，アゼルバイジャン人は△△という」といったような文脈で用いられる言葉なのだ [e.g. ОГТ: 114, 122 131]。また，次のような用例もある。

> この方法〔＝不定形の代わりに名詞化接尾辞 "-iş" を用いること〕は，前述の全てのテュルク諸語において，特にアゼルバイジャン人たち（Адербиджанцы）の間で，はるかに頻繁に適用される。[ОГТ: 67]

また，方言の分布を説明する文脈で，〈南アゼルバイジャン〉，〈北アゼルバイジャン〉といった表現も用いられている [e.g. ОГТ: 276, 278]。南北の境界線に関しては記されていないが，おそらくそれぞれアーザルバーイジャーンと南東コーカサスを指しているのだろう。このように，後の時代に普及していく各種の用語は，カーゼム＝ベクによって用意されたものと言ってよい。

2. 言語か，方言か

ここで，「言語」と「方言」に関して付記しておこう。〈アゼルバイジャン語〉が「言語」とみなされたか，「方言」とみなされたかは，重要な論点である。なぜならば，民族の形成においては，「国語」の感覚が重要な意味を持つからである。補論 3 で紹介したフィヒテの民族の定義に見るように，しばしば言語は「民族」を構成する主要な要件とされる。特にドイツ民族学においてはそうであったし，その影響を強く受けたロシアにおいても同様であった。

しかし，固有の「言語」を持つ集団が「民族」であるとするなら，そもそも何をもって「言語」とするかが問題となる。実のところ，特定の言語グ

ループが「言語」であるか「方言」であるかを言語学的に決定するのは不可能と言ってよく，その区分は多かれ少なかれ恣意的である。言語が民族を規定するのではなく，行政区分や文化の共通性等によって形成された「民族」から「言語」が創出されるということも，しばしば生じる。それ故に，ある言葉が「言語」であるとみなされている事実そのものが，それを話す人々が「民族」とみなされていることを判別する指標となるわけだ。では，〈アゼルバイジャン語〉は，「言語」とみなされたのだろうか，それとも「方言」とみなされたのだろうか。

　実のところ，少なくとも 19 世紀の諸文献を対象とする限り，これを判断することは極めて困難である。その原因は，使われている用語が曖昧なことにある。例えばロシア語では，〈アゼルバイジャン語〉を示す際に "язык" や "наречие"，あるいは "диалект" という語が用いられる。これらのうち後二者は，「方言」の意味合いを含む言葉である。しかし，これらに画一的に「言語」や「方言」という訳語をあてはめることは難しく，文脈に応じて訳し分けるしかない [cf. 高田 2012: 154, 294]。

　テュルク語にも "dil" や "ləhcə"，"şîvə" という言葉がある。時に "lisân" や "zəbân"，"lüğət" という語が使われることもある。これらはいずれも「言語」ないし「方言」を意味するが，やはり訳し分けることは困難であり，また互いの階層関係も曖昧である。実際のところ，これらの語は時にはそれほど厳密な意味合いで使われていないし，時には混同されて使われている。また，ロシア語における "азербайджанский"，あるいはペルシア語における "Āzarbāyjānī" などの形容詞形，さらにはテュルク語における "azərbaycanca" など「～語」を意味する接尾辞 "-ca" を伴った形のように，前述の単語のいずれもを用いずに言語名が示されることも多い。

　しかしながら，19 世紀の知識人たちが南東コーカサスの言語に階層構造を見出していたことは確かである。これは，その論者が「ウチ」の，すなわち現地の知識人であるか，「ソト」の研究者であるかによらない。第 3 章第 3 節第 2 項で述べたように，バキュハノフは自分たちの言語を〈トルコ語〉という大きな "zabān" に属する "eṣṭelāḥ" の 1 つと考えていた。筆者は，これらにそれぞれ「言語」，「方言」という訳語をあてたが，一方でこれらを

表32 『ケシュキュル』における〈アゼルバイジャン語〉

号	発行年	dil	şivə	ləhcə	şîvə-yi ləhcə
№ 1	1883	○			
№ 44	1887	○			
№ 57	1887				○
№ 60	1887		○		
№ 90	1889	○			
№ 91	1889				○
№ 114	1890			○	○
№ 118	1891	○			

「言語群」,「言語」と訳すことも可能であろう。

　カーゼム゠ベクもまた,〈アゼルバイジャン語〉をトルコ語,あるいはタタール語の下位区分の1つと考えていた。しかし,どの階層が「言語」で,どの階層が「方言」かは,やはり曖昧である。『トルコ・タタール語一般文法』において彼は,「トルコ語」や「タタール語」を指す際に, "язык" と "наречие" の両方を用いている。〈アゼルバイジャン語〉を示す際には "наречие" が用いられるのが一般的であるが, "язык" が用いられることもある [ОГТ: 340]。

　第6章で扱った『ケシュキュル』においても,〈アゼルバイジャン語〉を示す際に, "dil", "ləhcə", "şivə" など様々な表現が混在している。そこに時期的な偏りは確認できない(表32),そもそも同一の記事の中で複数の表現が用いられることすらある。第7章で紹介する20世紀初頭の民族主義者たちにおいても,この傾向は見られる。確かなことは,〈アゼルバイジャン語〉がトルコ(テュルク)語,あるいはタタール語の下位区分だと考えられていた点,この言語が「母国語」とみなされていた点である。

　ここまで述べてきたように,19世紀,南東コーカサスの住民に〈アゼルバイジャン〉を含む呼称を用いるのは,ヨーロッパ諸言語の作品においても,ペルシア語やオスマン語の作品においても,一般的ではなかった。言語の呼称に関しても同様であったが,一方で1840年前後にカザン大学東洋学

部の教授であったカーゼム＝ベクが〈アゼルバイジャン・トルコ語〉，あるいは〈アゼルバイジャン語〉という言語名を提唱し，これが徐々に普及していった。その言語の話者に〈アゼルバイジャン人〉に該当する呼称を用いることも，1880年代後半には徐々に広まりつつあった。

　イランや南東コーカサスとも関わりの深い人物であったカーゼム＝ベクは，同時代のイランでは一般的になっていた，南東コーカサスを含む「広いアゼルバイジャン」という地理概念を知っていたようだ。実際に，自身の作品の一部で，この「広いアゼルバイジャン」を用いている。彼が南東コーカサスの言語を示す際に〈アゼルバイジャン〉を用いた理由は，ここにある。

　この言語名としての〈アゼルバイジャン〉がティフリスのテュルク系知識人たちによって導入され，後に民族の呼称となっていくことは前章で述べた通りである。その背景には，〈アゼルバイジャン語〉が独立の「言語」であって，「方言」ではないという意識があったであろう。しかし，その考えがいつ，どのようにして，誰によって広められたものかは明らかではない。カーゼム＝ベクにせよ，ウンスィーザーデら『ケシュキュル』の執筆陣にせよ，「テュルク語群（語）－アゼルバイジャン語（方言）」という階層構造を想定していたことは確かである。しかし，彼らの用語法は一定ではなく，彼らが〈アゼルバイジャン語〉を「言語」とみなしていたか，「方言」とみなしていたかは判断が付かないのである。

第 7 章

祖国〈アゼルバイジャン〉の形成
——『モッラー・ネスレッディーン』誌に見る帰属意識の変化——

第7章　祖国〈アゼルバイジャン〉の形成　263

　補論4では，ロシアの学界を中心に〈アゼルバイジャン語〉という言語名が普及し，後にこれが南東コーカサスの知識人に受容されたことが確認された。また，それを土台にして〈アゼルバイジャン人〉という民族意識が創出されたのは，第6章で述べた通りである。本章では，そこから「祖国」としての〈アゼルバイジャン〉の感覚が形成され，民族国家形成へと至る道筋を分析する。さらにその後に，〈アゼルバイジャン人〉が民族名として完全に定着する過程を確認する。

　主な分析の対象となるのは，20世紀初頭に劇的に増大した定期刊行物の記事である。特に，『モッラー・ネスレッディーン Mollâ Naṣr əd-Dîn』誌と，その編集長を務めたジェリール・メンメドグルザーデ（Cəlil Məmmədqulu-zadə, 1869-1932）が重視される。分析は主にメンメドグルザーデの全集を用いて行う［Məmmədquluzadə］。ただし，重要な記事に関しては『モッラー・ネスレッディーン』等の定期刊行物の現物も部分的に利用した［Mollâ］。また，現物を入手できなかった号に関しては，現代アゼルバイジャン語への翻刻版も参照している［Mollâ（translit.）］。

　なお，『モッラー・ネスレッディーン』誌は，第5章で扱った『種蒔く人』と同様，「〇年目第△号」といった巻号表記を用いている。本章でもこれを「第〇巻第△号」と読み替え，史料引用の表記もそれに準じたものとする。

第1節　アゼルバイジャン人民共和国への道

1. 20世紀初頭の南東コーカサス

　転機は1905年に訪れた。まず，この年に発生したロシア第1革命を受けて，ロシア帝国全土で出版の自由が拡大されることとなる。また，同年，ロシア帝国はカフカース総督府を復活させた。総督に任じられたヴォロンツォーフ＝ダーシュコフ（Илларион Иванович Воронцов-Дашков, 1837-1916, 任1905-1915）は，前時代と比較すると開明的な政策を採用し，「タタール人」の啓蒙の必要性も説いていた［伊藤1997: 51］。これらの結果，南東コーカサ

図51 ジェリール・メンメドグルザーデ

スでは，テュルク語出版活動が再び活性化していくこととなった。

　この頃，テュルク語出版の中心は，ティフリスからバクーへと移動していた。表30（216頁）からは，20世紀初頭のバクーにおいてテュルク語出版物の発行数が劇的に増加したこと，定期刊行物も多くがバクーで刊行されるようになったことが分かる。なお，ここで挙げられている定期刊行物に関しては，付録2も参照されたい。

　当時のバクーは，ティフリス同様，多様な民族が居住する国際都市であった。18世紀後半から19世紀初頭の時点では4000〜5000人程度であったバクー市の人口は，1854〜1857年に8374人，1874年に1万4577人，1897年に11万1904人，1903年に15万5876人，1913年に21万4672人と急増している。また，この都市にはロシアやヨーロッパの各地からやって来た石油技術者たちが多数暮らしていた。1903年の統計によると，バクー市におけるロシア人の人口は全体の約36%を占めており，これは〈タタール人〉の約28%よりもはるかに多い。また，同時に南のアーザルバーイジャーン地方から，国境を越えて労働者が流入していた。バクー市の全人口に占める「イラン国籍者」の割合は，1897年に約8%，1903年に約7%，1913年に約12%であった［Абдуллаев 1965: 127; Quliyeva 2011: 9; Мильман 1966: 205; Altstadt 1992: 32］。

バクーを中心としたテュルク語出版活動が盛んになるのと並行して啓蒙活動の規模も拡大し，〈アゼルバイジャン人〉という民族名も普及していくこととなった。〈アゼルバイジャン人〉アイデンティティが本格的に形成されるのがこの時代であることは，多くの先行研究が指摘する通りである [e.g. Swietochowski 1985: 191-194; Altstadt 1992: 27-73]。この潮流は，1918年に南東コーカサスがアゼルバイジャン人民共和国として独立を果たすことで，1つの結末を迎えることとなる。

2. 民族意識の普及

20世紀初頭には，多くの南東コーカサスの知識人たちが〈アゼルバイジャン〉を含む民族名や言語名を用いるようになっていた。例えば，アリー・ベイ・ヒュセインザーデ（Əli bəy Hüseynzadə, 1864-1940）は，自分たちの言語を基本的に〈アゼルバイジャン語 Azərbaycan şivəsi〉，あるいは〈アゼルバイジャン・トルコ語 Azərbaycan türkü şivəsi〉と呼称する [e.g. Hüseynzadə: 44, 132, 192]。また，1905年に『暮らし』誌で断続的に連載された「トルコ人とは誰で，誰から構成されるのか？（Türklər kimdir və kimlərdən ibarətdir?）」という記事の中で，以下のように語っている。

> カフカースの隣接する諸民族にタタールという誤った名で呼ばれているトルコ人たちは，以下のような者たちである。カフカース山脈の南側に住むアゼルバイジャン・トルコ人（Azərbaycan türkləri）は，シルヴァーン人（şirvanlı），バクー人（bakılı），ガラバーグ人（qarabağlı），エレヴァン人（irəvanlı）などから構成される（イランの北西部の住民たちも，これに属する）。また，前述のカフカース山脈の北側に居住するノガイ人，ブルガール人，部分的にはレズギ人たちと対立するクムク人，そして表面的にはチェルケス人たちに非常によく似ていて，習俗の面でもチェルケス化している「カバルダ人」などである。[Hüseynzadə: 49]

この記事からは，ヒュセインザーデが〈アゼルバイジャン・トルコ人〉をトルコ（テュルク）人の一派とみなしていたこと，そして彼らは南東コーカサスやアーザルバーイジャーンに居住していると考えていたことなどが分か

る。

　やや時代は遡るが，ネリマーン・ネリマーノフ（Nəriman Nərimanov, 1870–1925）もまた，1899 年に発行された『簡略アゼルバイジャン・トルコ語文法』(218 頁参照) で〈アゼルバイジャン語 Azərbaycan dili〉や〈アゼルバイジャン・トルコ語 türk-Azərbaycan dili〉といった言語名，〈アゼルバイジャン・トルコの集団 türk-Azərbaycan tayfası〉といった民族名を用いている［Nərimanov: 248–250］。

　彼らの他にもユースィフ・ヴェズィール・チェメンゼミーンリ（Yusif Vəzir Çəmənzəminli, 1887–1943）が，イラン文化の影響の排除を主張する「イラン性の印と彼らとの戦い（Əcəmilik möhürü və onunla mebarizə）」(1913 年)，自分たちの言語とオスマン語との違いを説く「言語問題（Dil məsələsi）」(1914 年) といった論説で，〈アゼルバイジャン・トルコ人 Azərbaycan türkləri〉や〈アゼルバイジャン・トルコ語 Azərbaycan türkcəsi〉という表現を繰り返し用いている［APA: 639–644］。

　以上で言及した 3 人の人物の思想的背景や志向は様々である。例えば，ヒュセインザーデの思想には，汎テュルク主義的な傾向が強く見られる。彼はサリヤーン地域の出身で，ティフリスで学んだ後にサンクトペテルブルク大学（1885～1889 年），イスタンブル大学（1890～1895 年）で医学などを修めた。その後，オスマン帝国軍の軍医として，希土戦争（1897 年）に従軍している。学業のかたわら政治活動にも参加していた彼は，1903 年にバクーに移った後に，様々な新聞・雑誌を通じて社会改革を論じていくことになる［Mahmudov（red.）2004: 437–439］。

　ネリマーノフはティフリス出身の文筆家，社会主義運動家である。我が国においては，ロシア語の表記に準拠してナリマン・ナリマノフ（Нариман Нариманов）と転写されることが多い。彼はゴリ師範学校（後述）で学んだ後，1891 年にバクーに移り，啓蒙活動に従事した。1920 年にソヴィエト・アゼルバイジャンが成立した後は，人民委員会議議長を務めている。スターリンと近く，ソヴィエト・ロシアの対ムスリム政策に影響力があったと言われる［中央ユーラシア:"ナリマノフ"; Mahmudov（red.）2005: 258–265］。

　チェメンゼミーンリは，生まれ故郷のシュシャとバクーで初等・中等教育

を受けた後，キエフ大学の法学部で学んだ（1915年卒）。1917年には，ミュサーヴァート党のキエフ支部を設立，その議長を務めた。また，同年11月，『アゼルバイジャンの自治 Azərbaycan müxtariyyəti』なる作品を執筆している。バクーで出版されたこの作品は，アゼルバイジャン独立の考えが明確に示された最初期の著作の1つである。アゼルバイジャン人民共和国が成立した後には，同国の駐ウクライナ大使，後に駐トルコ大使を務めた。彼の思想には，「アゼルバイジャン民族主義」というべき特徴が強く現れている［Mahmudov (red.) 2004: 288-291］。

このように，20世紀初頭，言語名・民族名としての〈アゼルバイジャン〉は，特定の思想家集団に限定されない広い範囲で普及していたと言える。

一方で，20世紀に入った後も，〈アゼルバイジャン〉は，言語や民族の呼称として完全に確立していたわけではなかった。自分たちが〈アゼルバイジャン人〉であるのか，〈トルコ人〉であるのか，あるいは〈（カフカースの）ムスリム〉であるのかは，依然として曖昧なままであったようだ。実際，20世紀初頭に活躍した著作家の多くが，これらの呼称のうちの複数を並行して用いている。その例として，フィリードゥーン・ベイ・キョチェルリ（Firidun bəy Köçərli, 1863-1920）[1]が1906年に発表した論説の一部を引用しよう。

30年前にバクーでトルコ語のアゼルバイジャン方言（türk dilinin Azərbaycan ləhcəsi）で出版され始めた『種蒔く人』は，最初のムスリムの新聞であった。〔中略〕あらゆる新しいものに対する狂信的な関係を育んでいたザカフカースで暮らすアゼルバイジャン人たち（Zaqafqaziyada yaşayan azərbaycanlıları）の当時における後進的状況を鑑みると，当然，『種蒔く人』誌が大きな成功を収めることは，全く予想されていなかったのである。〔中略〕

『ケシュキュル』誌が廃刊した後，ザカフカースのムスリム（Zaqafqaziya müsəlmanları）には，10～15年間，その母語による出版組織が禁止された。何人かの人物がアゼルバイジャン語（Azərbaycan dili）の新聞発行

---

1) シュシャ出身の啓蒙活動家，著作家。ミュサーヴァート党員であり，アゼルバイジャン人民共和国時代には国会議員も務めた［Mahmudov (red.) 2005: 84-85］。

を訴えたが, それらは当局によって拒絶された。〔中略〕しかし, カフカースの他の諸民族 (xalqlar) よりも遅れており, 文化もほとんど発展させられなかったアゼルバイジャン人 (azərbaycanlılar) は, 良い出版機関を何よりも必要と感じていた。さて, もしも, 『カフカースの光』と『ケシュキュル』〔の出版所〕を社会的な出版機関ではなく, 失敗に終わった個人的で商業的な団体であったとみなすならば, カフカースのムスリム (Qafqaz müsəlmanları) が 25 年間にわたって出版物を通じて自分たちに必要なことや要求を主張してきたことが, 学校の件を改善することが, そして総合的に自分たちの生活を進歩させることが〔実現する〕可能性はなかったということである。[APA: 74-76]

このように, キョチェルリは自身が属する集団を示す際に,〈アゼルバイジャン人〉や〈カフカースのムスリム〉をはじめとする様々な表現を用いているのである。1914 年に『モッラー・ネスレッディーン』に掲載された彼の「母語 (Ana dili)」という記事などにおいても, 同じ傾向が見られる [Mollâ: IX-22. 2-3, IX-23. 2-3 (APA: 123-126)]。なお, 前述の引用箇所においては, 『種蒔く人』が賞賛される一方で, 『カフカースの光』や『ケシュキュル』が「個人的で商業的」であり「失敗に終わった」と批判されている点も興味深い。

アフメト・アアオール (Ahmed Ağaoğlu, 1869-1939)[2] にも, キョチェルリと同様の傾向があったらしい。シスラーは, アアオールの帰属意識が曖昧であり,〈ムスリム〉と〈トルコ人〉との間で揺れがあったことを指摘している [Shissler 2003: 135, 154]。なお, アアオールは, 南東コーカサスのシュシャに生まれ, パリでの留学などを経て南東コーカサスに戻り, バクーを中心に民族主義運動を唱導した人物である。1908 年にはイスタンブルに移住し, アクチュラ (Yusuf Akçura, 1876-1935) などと交流, 汎テュルク主義的な論説を多く発表した [岩波イスラーム: "アアオール"; Shissler 2003]。

キョチェルリやアアオールに見られるような帰属意識の多重性は, 実のと

---

[2] 現在のアゼルバイジャン共和国では, アーガーエフ (Əhməd bəy Ağayev) と呼ばれる。

ころ，前述のヒュセインザーデにも見られるものである。彼は〈アゼルバイジャン・トルコ人〉の他に〈カフカースのムスリム Qafqaziya müsəlmanları, Qafqaz müsəlmanları〉を何度か用いている［e.g. Hüseynzadə: 130, 149, 191］。また，彼の自己規定が〈カフカース人 qafqazlı〉，〈ムスリム müsəlman〉，〈トルコ人 türk〉という三重のものであったことが窺える記述もある［Hüseynzadə: 136］。

　オメル・ファーイグ・ネーマーンザーデ（Ömər Faiq Nemanzadə, 1872-1937）[3]は，1917年に発表した「私は誰なのか!?（Mən kiməm?!）」という記事の中で，自分たちはトルコ人の一派である〈カフカースのトルコ人 Qafqaz Türkləri〉であると考えているようである。しかし，実際には「我々は自分自身のことを分かっておらず，自分自身の民族（millət）の名が無いことも，かように知らない」と言い，もし「我々」に「お前は誰か？」と問いを投げれば，人によって「マラーゲ人（marağalı）」，「シャマフ人（şamaxılı）」，「エルズルム人（ərzurumlu）」，「イラン人のシーア派（İranlı və şiə məznəb）」，「カフカース人のバーブ教徒（qafqazlı babı）」，「オスマン人でスンナ派（osmanlı və sünni）」といった様々な答えが返ってくるであろうと語っている［Nemanzadə: 234］。

　このように，20世紀初頭には，〈アゼルバイジャン語〉や〈アゼルバイジャン人〉という呼称が広い範囲で用いられるようになっていた。しかし，〈アゼルバイジャン〉という帰属意識が普及する一方で，〈トルコ人〉，〈ムスリム〉，〈カフカース人〉，〈カフカースのムスリム〉，〈カフカースのトルコ人〉などといった様々な形の帰属意識が存在していたこと，多くの知識人の帰属意識が多重的・複合的なものであったことも明らかとなった。

3．ゴリ師範学校

　20世紀初頭のアゼルバイジャン民族形成史において重要な役割を果たした知識人たちを語る際に避けては通れないのが，ザカフカース師範学校

---

3) 現ジョージア領のアハルツィヘ（Ахалцихе）近郊の村の出身。『ロシアの東方』，『モッラー・ネスレッディーン』の他，多くのテュルク語雑誌に関わった［Mahmudov (red.) 2005: 280-281］。

(Ru. Закавказская учительская семинария / Az. Zaqafqaziya Müəllimlər Seminariyası），通称「ゴリ師範学校」である。この学校は，初等学校教員の養成を目的に，ティフリス西方の町ゴリ（Гори）[4]に設立された中等教育機関である。1876年に開校，1879年には「タタール科」[5]が開設された。これに際しては，第4章で扱ったアーフンドザーデによる働きかけもあったらしい。また，この時の教員の1人が，『母国語』の著者であるチェルニャーエフスキー（217～218頁参照）である。

この学校の教育内容は極めて多様で，代数，幾何学，歴史，地理，理科，教育学，心理学，医学などの他，書道，絵画，音楽といった芸術分野の科目も教えられたという。これらの授業は，主にロシア語で行われた。それに加えて，所属する科に応じた「母国語」による授業も存在した。すなわち，グルジア語，アルメニア語，そして「タタール科」においてはテュルク語（あるいはアゼルバイジャン語）である。第6章第1節第1項で紹介した『母国語』や『神の力』は，この学校の教科書として用意されたものである。

後に南東コーカサスにおいても，同様の師範学校が1914年にギャンジャで，1916年にバクーで開設された。また，ゴリ師範学校の「タタール科」も，アゼルバイジャン人民共和国が成立した後にガザフに移転し，ガザフ師範学校（Qazax Müəllimlər Seminariyası）となった。この学校は，アゼルバイジャンがソヴィエト化した後も継続した [Mahmudov (red.) 2005: 114, 151-152]。

さて，20世紀初頭の南東コーカサスで活躍した教育者，作家，記者，芸

---

4) 現ジョージア，シダ＝カルトリ地方（Шида-Картли）の中心都市。スターリンの生地としても知られる。

5) 現代の研究書・概説書などでは「アゼルバイジャン科（Ru. азербайджанское отделение / Az. Azərbaycan şöbəsi）」という呼称で言及されるが，おそらく当時の呼称は「タタール科」あるいは「ムスリム科」であったと思われる [cf. Mahmudov (red.) 2004: 323; АКП (ред.) 1963: 13]。仮に「アゼルバイジャン科」への呼称変更があったとしても，それは人民共和国成立に前後する時期のことであっただろう。実際，1910年の『モッラー・ネスレッディーン』誌に掲載された『母国語（第7版）』の広告では，「ムスリム科（müsəlmân şö'bəsi）」が用いられている [e.g. Mollâ: V-13]。また，本校の卒業生であるネリマーノフやキョチェルリも，ともに1906年に著した記事の中で「ムスリム科」という呼称を用いている [Nərimanov: 287; APA: 76]。

術家には，この学校の卒業生が非常に多い。前項で紹介したキョチェルリ（1885年卒）や，ネリマーノフ（1890年卒）も，この学校の出身者である。

　この2人以外の卒業生の中で特に有名なのが，作曲家ユゼイル・ハージュベヨフ（Üzeyir Hacıbəyov, 1885-1948)[6]である。1899年から1904年までゴリ師範学校で学んだ彼は，ここでロシアや西欧の先進文化，特に音楽に触れ，大きな影響を受けた。彼の最初のオペラ作品である『ライラーとマジュヌーン *Leyli və Məcnun*』[7]は，1908年にバクーの劇場で上演され，大きな反響を呼んだ。その後も6篇のオペラ，3篇のオペレッタを中心に様々な音楽作品を残し，アゼルバイジャンの「国民音楽」の形成に多大な影響を与えた[8]。また，1938年には，芸術家としての最高の栄誉であった「ソヴィエト連邦人民芸術家（народный артист СССР）」の称号を与えられている。彼は，著作家・啓蒙活動家としての側面も持ち，当時の南東コーカサスで発行された様々な新聞に論説を寄せている［Mahmudov（red.）2004: 404-409］。

　ハージュベヨフの同級生であったミュシュルム・マゴマエフ（Müslüm Maqomayev, 1885-1937）もまた，作曲家として有名である。ハージュベヨフと互いに影響を与えあったと言われる彼は，『シャー・イスマーイール *Şah İsmayıl*』（1916年）や『ネルギーズ *Nərgiz*』（1935年）といったオペラ作品などを残した［Mahmudov（red.）2005: 172-173］。

　また，シェレフェリー・ベイ・ヴェリーベヨフ（Səfərəli bəy Vəlibəyov, 1856-1902）は，ゴリ師範学校を卒業した最初の〈タタール人〉の1人であり，後に自身も同校の教師となった。彼は，前述した『母国語（第2版）』第2巻の共著者でもあり，〈アゼルバイジャン語〉の形成に大きな役割を果

---

6) 現代のアゼルバイジャン共和国では，ハージュベイリ（Hacıbəyli）とも呼ばれる。我が国においては，ハジバヨフ，ハジベヨフの他，ロシア語の表記 "Гаджибеков" に基づくガジベコフなどのカタカナ表記がされている。

7) 32頁で紹介したニザーミーの作品と同名で，同じ題材を扱っている。ただし，ハージュベヨフが直接下敷きにしたのは，フズーリー（第4章の注21を参照）による，やはり同名の作品である。

8) 現在のアゼルバイジャン共和国の国歌は，ハージュベヨフの作曲である。また同国における音楽教育の最高権威である「バクー音楽アカデミー」には，彼の名が冠されている（Ü. Hacıbəyov adına Bakı Musiqi Akademiyası）。

たした(第6章の注2を参照)。1900年卒のフェルハード・アーガーザーデ (Fərhad Ağazadə, 1880-1931) も，後にアゼルバイジャン語のラテン文字化において大きな役割を果たしている [Mahmudov (red.) 2004: 105-106]。

彼ら以外の著名な卒業生としては，レシート・ベイ・エフェンディエフ (Rəşid bəy Əfəndiyev, 1863-1942, 1882年卒)，マフムート・ベイ・マフムードベヨフ (Mahmud bəy Mahmudbəyov, 1863-1923, 1883年卒)，スレイマーン・サーニー・アフンドフ (Süleyman Sani Axundov, 1875-1939, 1894年卒)[9]らがいる。その他，同校の関係者としては，1905年から1908年に教員として勤務したスルタン・メジート・ガニーザーデ (Sultan Məcid Qənizadə, 1866-1937) などの名を挙げることができる [Mahmudov (red.) 2004: 110-111, 323-324; Mahmudov (red.) 2005: 149-150, 170]。

ゴリ師範学校で学んだ学生たちは，『母国語』などの教科書を通じて〈アゼルバイジャン語〉という言語名に馴染んでいたに違いない。そういった環境の中で，彼らは自分たちの言語や民族に関して互いに語り合い，認識を共有していったであろう。そして，彼らは同校を卒業すると，教師として，あるいは著作家として，自分たちの考えを次の世代へと広めていくこととなった。先に言語名・民族名としての〈アゼルバイジャン〉の使用は特定の思想家集団に限定されない旨を記したが，一方で，〈アゼルバイジャン〉の普及の中心に彼らゴリ師範学校の卒業生がいたことも確かであろう。彼らは，19世紀末から20世紀初頭までの「冬の時代」に〈アゼルバイジャン〉を保存し，1905年以降はそれを広める役割を担ったのである。

さて，このようにアゼルバイジャン民族形成史において重要な役割を果たしたゴリ師範学校であるが，ここでもう1人，この学校の著名な卒業生を取り上げよう。それが，本章の中心人物であるメンメドグルザーデである。

---

9) 彼の名に含まれる「サーニー」は「2番目の」の意味。すなわち，「アフンドフ2世」程度の意味になる。彼は同姓のアフンドフ(第4章で扱ったアーフンドザーデ)との混同を避けるため，この名を用いたという。ただし，両者の間に血縁関係はない。

第2節　メンメドグルザーデと『モッラー・ネスレッディーン』

1. メンメドグルザーデの生涯

　ジェリール・メンメドグルザーデは，1869年，ナヒチェヴァン市に生まれた。この地で初等教育を受けた後，1882年にゴリ師範学校に入学，前述のチェルニャーエフスキーやヴェリーベヨフの指導も受けた。1887年に卒業すると，エレヴァン県のマスィス（Масис）[10]，後にナヒチェヴァン地方のバシュ＝ノラシェン（Баш-Норашен）[11]やネフレム（Nehrəm）の学校で教師として働く。そのかたわら，いくつかの戯曲作品を執筆した。1895年には，モスクワやサンクトペテルブルクに旅行している。1896年に結婚するが，妻は長女を生んだ後，1年ほどで死去した。妻の死後，メンメドグルザーデはネフラムでの教師の職を辞し，1897年から1903年までエレヴァンやナヒチェヴァンの裁判所に勤務した。

　1903年は，彼の人生の大きな転機となった。彼は，同年11月12日に書き上げた「郵便箱（Poçt qutusu）」という小説を『ロシアの東方』誌に投稿する。この新聞の編集長であったシャーフティンスキーの影響でジャーナリズムに関心を抱いた彼は，同年12月にはティフリスに転居する。そして，『ロシアの東方』の出版を手伝い始め，ジャーナリズムの世界に足を踏み入れることとなった。なお，作品は翌年1月の同誌第5〜6号で掲載された。

　1905年に『ロシアの東方』が廃刊になると，前節で触れたネーマーンザーデやナヒチェヴァンの商人バーグルザーデ（Məşədi Ələsgər Bağırzadə, 1868-1943）らとともに，ティフリスで出版社「熱情（Qeyrət）」を設立する。この出版社の最初の刊行物の1つに，前述したメンメドグルザーデの作品「郵便箱」がある。

　1906年4月7日，「熱情」出版社は，週刊雑誌『モッラー・ネスレッ

10）現アルメニア共和国領。エレヴァン市の南方，トルコ国境付近の町。アゼルバイジャン語での呼称はウルハーンル（Uluxanlı）。
11）現在のジェリールケント（Cəlilkənd）。

ディーン』の刊行を開始する。主要な執筆陣には，メンメドグルザーデ本人の他，ネリマーノフ，ネーマーンザーデ，ミールザー・エレクベル・サービル（Mirzə Ələkbər Sabir, 1862-1911）[12]，エブドゥッレヒーム・ベイ・ハッグヴェルディエフ（Əbdürrəhim bəy Haqverdiyev, 1870-1933）[13]，メンメト・セイト・オルドゥバーディー（Məmməd Səid Ordubadi, 1872-1950）[14]らがいた。多色刷りの風刺画と機知に富んだ政治・社会批評で人気を博したこの雑誌は，10月革命後の混乱で1917年に一時休刊するが，1921年にタブリーズで復刊，1922年以降はバクーで刊行が続けられた。ティフリス時代に340号，タブリーズで8号，バクーで400号が発行されている。

なお，この雑誌の名は，テュルク系諸民族を中心に語り継がれた説話の主人公モッラー・ネスレッディーン[15]に由来する。この名は，雑誌の主筆であったメンメドグルザーデの筆名としても用いられた。また，各号の表紙に掲載される風刺画の大半に，この人物が描かれている。

ソヴィエト期になると，メンメドグルザーデは『モッラー・ネスレッディーン』に加え，『新たな道 Yeni yol』誌の編集にもたずさわるようになる。その一方で，新アルファベット委員会の委員など，政府関係の職も務めた。

1920年代後半になると，『モッラー・ネスレッディーン』は，ソヴィエト官憲による厳しい検閲にさらされるようになり，そうした中でメンメドグルザーデは編集の実務から遠ざけられていった。結局，『モッラー・ネスレッ

---

12) シャマフ出身の風刺詩人。セイイト・エズィーム・シルヴァーニーが開いた私塾で学んだ（196頁参照）。『モッラー・ネスレッディーン』を中心に『ロシアの東方』，『暮らし』，『恩寵 Füyûzât』など様々なテュルク語新聞・雑誌で風刺詩を発表した。それらの作品をまとめた『ヤツガシラの書 Hophopnamə』の名もよく知られる［Mahmudov（red.）2005: 320-322］。

13) シュシャ出身の著作家・劇作家。ティフリスで教育を受けた後，サンクトペテルブルク大学で学んだ。シェイクスピアの『ハムレット』をはじめとするヨーロッパ文学の翻訳でも知られる［Mahmudov（red.）2004: 416-417］。

14) オルドゥバード出身。故郷で初等教育を受けた後，生糸工場で働いていた。ロシア第1革命の発生後，社会主義運動に参加するようになる。ネリマーノフと近く，1920年にアゼルバイジャンがソヴィエト化した後は，代議員を務めた［Mahmudov（red.）2005: 277-278］。

ディーン』は，1931年1月7日付の号をもって25年の歴史に幕を下ろすこととなる。メンメドグルザーデ自身も，1931年末に病に倒れ，翌1932年1月4日に死亡した［Məmmədquluzadə: I. 4-38, 649; Mahmudov（red.）2005: 186-189, 203-205］。

　メンメドグルザーデは，様々な雑誌に戯曲，小説，詩，文芸批評，社会批評などを投稿した作家として，また風刺雑誌というジャンルのアゼルバイジャンにおける創設者として，非常に重要な役割を果たした。ネリマーノフ，ハージュベヨフ，レスールザーデといった同時代人たちが彼を高く評価している他，現在のアゼルバイジャン共和国においても『メンメドグルザーデ百科事典』が出版されるなど，非常に重要視されている［Anar və s.（red.）2008］。

2.『モッラー・ネスレッディーン』に見る帰属意識

　では，ここで『モッラー・ネスレッディーン』誌に掲載された記事を中心に，メンメドグルザーデの民族観や帰属意識を分析しよう。

　まず，言語の呼称から確認する。メンメドグルザーデは，南東コーカサスのテュルク語を単に〈トルコ語 türk dili, türkcə〉と呼ぶことも少なくない［e.g. Məmmədquluzadə: II. 68, 397, 430］。しかし，より頻繁に用いるのは，〈アゼルバイジャン語 zəban-i Azərbaycani, Azərbaycan dili〉や〈アゼルバイジャン・トルコ語 Azərbaycan türkcəsi〉という言語名である［e.g. Məmmədquluzadə: II. 382, 425, 489］。

　一方で，民族の名として〈アゼルバイジャン〉が用いられることは，ほとんどない。メンメドグルザーデが主に用いているのは〈ムスリム müsəlmânlar〉，〈ムスリム民族 müsəlmân millətı〉，〈カフカースのムスリム Qâfqâz müsəlmânları〉などである［e.g. Məmmədquluzadə: II. 42, 55, 159］。このように，

15）この人物の呼称は地域によって異なり，例えばトルコではナスレッディン・ホジャ（Nasreddin Hoca），ウズベキスタンではナスリッディン・アファンディ（Nasriddin afandi），カザフスタンではコジャナスル（Қожанасыр）として知られる。彼を主人公とするユーモアに富んだ笑い話・とんち話は，民衆に広く愛された［中央ユーラシア: "ナスレッディン・ホジャ物語"］。

民族の呼称は〈ムスリム〉とされるのが基本であり，時に〈イスラーム民族 islâm milləti〉などの変形表現が使われることもある [e.g. Məmmədquluzadə: II. 350, 540]。この点では，彼は前時代の知識人たちと変わるところがない。同時代の知識人の中では，民族名としての〈アゼルバイジャン〉を遅くまで受け入れなかったと言うことができる。

〈アゼルバイジャン〉が地名として用いられる場合，それが指す領域はアーザルバーイジャーンのみである [e.g. Məmmədquluzadə: II. 39, 140, 393]。そのことが最も分かりやすく表れているのは，『モッラー・ネスレッディーン』第3巻第47号（1908年11月24日付）の「政治問題（Siyâsî məs'ələ）」である。この記事には，イラン立憲革命のタブリーズ蜂起において指導的な役割を果たしたサッタール・ハーン（Sattār Ḫān, 1867/8-1914）に関して，次のような記述がある。

> サッタール・ハーンはアゼルバイジャンの全域（Âzərbâycânın hamısı）を占領し，帝王となった。[Mollâ: III-46. 7（Məmmədquluzadə: II. 340）]

この件に関しては，第3巻第14号（1908年4月6日付）に掲載された「イラン連邦王国の地図（Nəqşə-'i məmâlik-i müttəfiqə-'i Îrân）」も参考になる（図52）。ガージャール朝イランとその周辺部を記したこの地図では，アラズ川以南のアーザルバーイジャーンの地が〈アゼルバイジャン〉と，アラズ川以北が〈カフカース〉として区分されている。

そもそも，メンメドグルザーデは，〈アゼルバイジャン〉という地名を特に重視していない。アラズ川の南側の地は，単に〈イラン〉と呼ばれることも多い。例えば，「イランから〔アラズ川を〕こちら側へ渡る」という表現が見られる [Məmmədquluzadə: II. 95]。また，第1巻第30号（1906年10月27日付）に掲載された「断食を無駄にするもの（Orucu bâṭil ələyən şeylər）」という記事には，以下のようにある。

> 〔前略〕断食を無駄にするのは，新聞を読むことでしょうか，それとも孤児や不具者の財産を奪い，彼らの血をすすることでしょうか？
> もしそのようなことが断食を無駄にするのならば，イランの支配者た

第7章　祖国〈アゼルバイジャン〉の形成　277

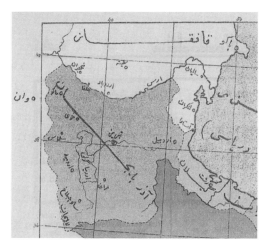

図52　〈カフカース〉と〈アゼルバイジャン〉

図53　ロシア・イラン国境に立つモッラー・ネスレッディーン

ちやウラマー，カフカースの貴人たちやハージーたちは，どうして無駄に骨折って，断食をするのでしょうか？［Mollâ: I-30. 3（Məmmədquluzadə: II. 91）］

このように，ここでは〈イラン〉と〈カフカース〉が対置されている。同様の例としては，「イランにおけるムスリムとカフカースのムスリム（Îrânda və Qâfqâz müsəlmânları）という表現も見られる［Məmmədquluzadə: II. 19, 22］。なお，ハージー（ḥājjī）というのはメッカ巡礼を果たした者のことだが，ここでは「宗教家」程度の意味で用いられていると思われる。

同様に，アーザルバーイジャーンの住民も，単に〈イラン人 îrânlı〉や〈イランの住民 Îrân əhli〉として言及されることが多い［Məmmədquluzadə: II. 24, 53, 80, 172］。〈カフカースのムスリム〉と〈イラン人〉を対置する以下の引用箇所は，その代表的な用例である。

我らカフカースのムスリム（biz Qâfqâz müsəlmânları）は，今まで，イラン人たち（îrânlılar）を，貧乏人のままであると言って笑ってきた。［Mollâ: II-20. 6（Məmmədquluzadə: II. 171）］

また，バクーに出稼ぎに来ている者たちは，「イランの労働者（Îrân fə'lələri（fəhlələri））」と呼ばれている［e.g. Məmmədquluzadə: II. 81, 83, 103］。彼らが「アゼルバイジャンの労働者」とは呼ばれていないという点には注意が必要であろう。このような「〈カフカース〉と〈イラン〉」という認識は，同時代の他の知識人にも見られるものである。例えば，サービルが〈カフカースのムスリム Qafqazlı müsəlmanlar〉と〈イランのムスリム iranlı müsəlmanlar〉を対置する詩を詠んでいる［Sabir: 35］。また，サービルが用いる〈アゼルバイジャン〉は，アーザルバーイジャーンのみを指す地名である［Sabir: 345］。

先に示した箇所からも分かるように，メンメドグルザーデにとって，自分たちの土地の名は〈カフカース〉であった。時に「我らのカフカース（bizim Qâfqâz）」と言って，その帰属意識が明確にされることもある［Məmmədquluzadə: II. 92, 163］。そして，この〈カフカース〉がロシアに属するという意識も見られる。例えば，1892年に書かれた戯曲作品において，「イランの住民

である我々2人のサイイドは，アラズ川をロシアの土地へと渡って」という表現が見られる他，1906年の記事に「イランからロシアへ，またロシアからイランへ渡った者たち」という表現が見られる［Məmmədquluzadə: I. 129, II. 81］。また，『モッラー・ネスレッディーン』第1巻第8号（1906年5月26日付）の表紙には，国境の検問所に立つモッラー・ネスレッディーンの姿が描かれているが，国境の柵の手前側は〈ロシア〉，向こう側は〈イラン〉と記されている（図53）。前時代よりも，「国家」という枠組みや「国境」がより強く意識されていると言えるだろう。

第3節　祖国としての〈アゼルバイジャン〉

1. 〈カフカース〉から〈アゼルバイジャン〉へ

　以上で示したように，メンメドグルザーデは当初，自分たちが暮らす領域を〈カフカース〉，あるいは〈ロシア〉と呼び，〈アゼルバイジャン〉はアーザルバーイジャーンを示す地名として用いていた。一方，南東コーカサスを指す地名としての〈アゼルバイジャン〉は『ケシュキュル』の記事などでも既に見られるものであるし，20世紀初頭の知識人の中では，ヒュセインザーデが用いたことがある［Hüseynzadə: 45］。しかし，これらの用例の多くは〈アゼルバイジャン〉を「ふるさと」，あるいは「祖国」とみなすものとは言いがたい。第6章でも言及したように，地名としての〈アゼルバイジャン〉は，言語名・民族名としてのそれに付随する形で登場したものであった。

　当時，南東コーカサスの知識人の多くが「ふるさと」や「祖国」という感覚とともに用いた地名は，〈カフカース〉であった。地名としての〈アゼルバイジャン〉は，何ら特別視されるものではなく，アーザルバーイジャーン地方も，単にイランの一地方というのが典型的な認識であった。南東コーカサスの知識人の中にイランに対する紐帯を持つ者はいたが，アーザルバーイジャーン地方のみを切り取って，それに対する連帯意識を抱く者はいなかっ

た。

　地名としての〈アゼルバイジャン〉が普及していなかったことは，当時の出版物の状況からも窺える。出版目録を利用して第6章第1節第1項などと同様の分析を行った結果，1917年までに〈カフカース Qafqâz, Qâfqâz, Qafqâzîya, Кавказ〉を含む作品が34点，〈ザカフカース Zaqafqâz, Zaqafqâzîya〉を含む作品が26点出版されているのに対し，南東コーカサスを指す地名としての〈アゼルバイジャン〉を含む作品は1点もないことが分かった。このような意味での〈アゼルバイジャン〉を用いている作品は，人民共和国成立後の1918年に1点，1919年に2点が確認できるのみである［АКП (ред.) 1963］。

　一方で，各定期刊行物の記事を分析すると，1915年に前後する時期から，ミュサーヴァート党の関係者たちが南東コーカサスを指して〈アゼルバイジャン〉と呼称する例が増大していることも確認できる。党の中心人物であったレスールザーデは，1916年頃から，〈カフカース〉や〈ザカフカース〉と並行して〈アゼルバイジャン〉を用い始めている［e.g. Rəsulzadə: III. 438, 536, IV. 388］。同党キエフ支部の議長チェメンゼミーンリも，1914年の記事で1度だけではあるが，南東コーカサスを指す地名としての〈アゼルバイジャン〉を用いている［APA: 643］。また，彼が1917年に『アゼルバイジャンの自治』なる作品を出版したことは，266～267頁で述べた通りである。

　そのような状況の中で『モッラー・ネスレッディーン』第12巻第24号（1917年11月27日付）に掲載されたのが，メンメドグルザーデによる「アゼルバイジャン（Azərbaycan）」と題された記事である。この記事は，〈アゼルバイジャン〉がはっきりと「祖国」の名として言及された，最初期の事例であると言える。以下，その一部を引用しよう。

> 時に私は座り，帽子を前に置いて考え，思索にふけって，自問する。
> 「私の母は誰か？」
> 私は自答する。「私の母は，今は亡きゾフレバーヌー女史だ。」
> 「私の言葉は，何語か？」
> 「アゼルバイジャン語（Azərbaycan dili）だ。」

第7章 祖国〈アゼルバイジャン〉の形成 | 281

「つまり，私の祖国（vətənim）は，どこか？」

「アゼルバイジャン地方（Azərbaycan vilayəti）だ。」

つまりは，私の言葉の名はアゼルバイジャン・トルコ語（türk-Azərbaycan dili）であり，それ故に，私の祖国がアゼルバイジャン地方であることも明らかなのである。

「アゼルバイジャンとは，どこか？」

「アゼルバイジャンの多くの部分はイランにあり，中心はタブリーズの町が占めていよう。残りの部分は，ギーラーンに始まり，古きロシアの王朝とオスマン朝の内側にあるところの我らがカフカース地方の大部分（bizim Qafqazın böyük parçası）とオスマン朝〔領〕のクルディスターン，バヤズィト（Bayazid）[16]から構成されよう〔後略〕。」[Mollâ (translit.): V. 189 (Məmmədquluzadə: III. 4)]

　この記事は，続けて，アーザルバーイジャーン地方との結び付きを主張する。

　ああ，美しきアゼルバイジャンこそが，我が祖国。〔中略〕ねえ，郷土のパンを頬張るタブリーズの我が兄弟たちよ。ねえ，羊毛の帽子をかぶったホイの，メシュギーンの，サラーブの，GorusとMorusの我が兄弟たちよ。ねえ，シラミだらけのマラーゲの，マランドの，ゴレスターンの，荒野の魔物のごとき我が同郷の者たちよ（qul-i biyaban vətəndaşlarım）。ねえ，アルダビールの，Qalxanの野蛮なる我が兄弟たちよ。さあ，さあ，さあ，私に道を示してくれ。[Mollâ (translit.): V. 190 (Məmmədquluzadə: III. 5)]

　このようにタブリーズやアルダビール，マラーゲ，ホイといったアーザルバーイジャーン地方各地の住民が，「アゼルバイジャンの我が兄弟たち」として描かれているのである。

　メンメドグルザーデの帰属意識が〈カフカース〉から〈アゼルバイジャ

---

16) 現代のトルコ共和国の東端，アルメニアやイランとの国境に近いドーバヤズィト（Doğubayazıt）とその周辺の地域のこと。

ン〉に変化した過程や理由に関しては,明らかではない。というのも,1915～1917年の間,メンメドグルザーデの執筆活動は非常に低調で,文章がほとんど残されていないのである。上で引用した記事は,メンメドグルザーデが長い沈黙を破って発表したものである。

2. 民族国家の成立と祖国の呼称

　前項で引用した記事を発表して以降,メンメドグルザーデは,自分たちの「祖国」を基本的に〈アゼルバイジャン〉と呼ぶようになる。それは例えば「バクーにおいてのみならず,アゼルバイジャンの他の町々でも」や,「アゼルバイジャンのアグダム(Ağdam)やガラバーグといった大きな地域(qəza)において」といった表現から窺える [Məmmədquluzadə: III. 111, 198]。また,「我らのアゼルバイジャン(bizim Âzərbâycân)」と言って帰属意識が明確に示されることもある [e.g. Məmmədquluzadə: III. 72, 93, 409]。

　1918年にアゼルバイジャン人民共和国が成立すると,国家という非常に明確な行政区分としての〈アゼルバイジャン〉の誕生で,この地名は南東コーカサスを指すものとして定着することとなった。当然ながら,この地名は「祖国」の感覚とも深く結び付いていくこととなる。祖国としての〈アゼルバイジャン〉に対する熱烈な思いは,ネジェフ・ベイ・ヴェズィーロフ(192～193頁参照)の以下の文章によく表れている。なお,この文章の執筆年代は不明だが,おそらくアゼルバイジャン人民共和国成立前後に書かれたものと推測される。

> 美しきアゼルバイジャン,その高き山々に我が命を捧げる,チューリップや花々の咲く草原に我が財産を捧げる,清涼な泉と果実の実る園に我が子を捧げる! ムガーン草原のごとき,ミル平原(Mil düzü)[17]のごとき,シルヴァーンの野のごとき,アプシェロン半島(Abşeron yarımadası)のごとき場所,土地を有する民族(millət)が〔他に〕いるだろうか? どの民族も持っていない! ……不滅であれ,我が祖国よ,とこしえに不滅であれ! (Yaşa vətənim, çox yaşa!) [Vəzirov: 283]

---

17) キュル川とアラズ川の合流地点の北東部に広がる平原。

第7章　祖国〈アゼルバイジャン〉の形成　283

　〈アゼルバイジャン〉という地名で南東コーカサスを示すことが一般的になるに従って，これを南北に分ける発想も普及していくこととなる。例えば，1920年に完成し1923年にバクーで初演された『我が母の手紙 Anamın kitabı』というメンメドグルザーデの戯曲作品の中に，次のような台詞がある。

　　〔前略〕一方ではカフカース・アゼルバイジャン（Qafqaz Azərbaycanı），他方ではイラン・アゼルバイジャン（İran Azərbaycanı）——タブリーズ，テヘラン，ギーラーン，オスマン朝〔領〕とイラン〔領〕のクルディスターン，オルーミーイェなどから構成される——これら〔2つ〕の地方を互いに合併させ，アゼルバイジャンの独立政権を実現させる〔後略〕。［Məmmədquluzadə: I. 462］

　ここでは，テヘランやギーラーンも〈アゼルバイジャン〉に含まれている点が興味深い。また，『モッラー・ネスレッディーン』第19巻第19号（1924年10月18日付）に掲載された記事においても，〈カフカースのアゼルバイジャン〉と〈タブリーズとイランのアゼルバイジャン〉が対置されている［Məmmədquluzadə: III. 162］。これ以外の箇所でも「イランのアゼルバイジャン」は繰り返し使われている［e.g. Məmmədquluzadə: III. 129, 177, 221］。同様に，〈イランのアゼルバイジャン人 İran azərbaycanlıları〉という表現も頻繁に用いられるようになる［e.g. Məmmədquluzadə: III. 176, 224, 280］。

　このような地理認識は，1920年に発行された地図にも見られる（図54）。この地図においては，南北アゼルバイジャンが〈ペルシア Fârsistân, Фарсистан〉から区別され，それぞれ〈イラン（ペルシア）のアゼルバイジャン Îrân Âzərbâycânı, персидский Азербайджан〉，〈カフカースのアゼルバイジャン Qâfqâsiyâ Âzərbâycânı, кавказский Азербайджан〉と呼称されている。「2つに分断されたアゼルバイジャン」という認識は，この時代には既に確立していたことが分かる。

　また，『モッラー・ネスレッディーン』第18巻第4号（1924年2月1日付）に掲載された挿絵では，中心にアラズ川が流れており，右側にバクー市，左側にタブリーズ市が描かれている（図55）。図のキャプションには，「それは

そのアゼルバイジャンに,これもこのアゼルバイジャンに」との文句が見える。バクー(南東コーカサス)とタブリーズ(アーザルバーイジャーン)に代表されるアラズ川の両側が,ともに〈アゼルバイジャン〉である,という主張が窺える。

このように,南東コーカサスを指す地名としての〈アゼルバイジャン〉が確立することで,アーザルバーイジャーン地方との連帯意識が強く意識されるようになったのである。なお,人民共和国の指導者たちが国家の呼称に〈アゼルバイジャン〉を選んだ理由に関して,筆者はいまだに定見を有していない[18]。本書で追ってきた〈アゼルバイジャン〉に対する帰属意識の誕生,普及の過程を考えると,それはごく自然な命名のようにも思える。

一方で,イラン人研究者のレザーが言うように,その背景に彼らの政治的,あるいは領土的な野心があったこともまた事実であろう。彼によると,アゼルバイジャン人民共和国の指導者層は,「まずカフカースとアーザルバーイジャーンを『アゼルバイジャン』という単一の呼称のもとに統合し,その後に,前述の2つの地域を自らの領土に加えようとした」のだった[Rezā 1360š: 215]。

3. 祖国の呼称,民族の呼称

このようにして祖国の呼称としての〈アゼルバイジャン〉が確立することとなったのであるが,それと同時に,メンメドグルザーデは〈アゼルバイジャン〉を民族の名としても用いるようになっていった。例えば,〈アゼルバイジャン民族 Âzərbâycân millәti〉や,〈アゼルバイジャン人 âzərbâycânlı〉がしばしば用いられる[e.g. Məmmədquluzadə: III. 127, 392, IV. 360]。また,〈アゼルバイジャン・トルコ人 Âzərbâycân türkləri〉の用例も多い[e.g. Məmmədquluzadə: III. 75, 297, IV. 229]。〈アゼルバイジャンの住民 Âzərbâycân әhâlisi〉や〈アゼルバイジャンの集団 Âzərbâycân țâ'ifası(tayfası)〉といった別の形が用いられることもある[Məmmədquluzadə: III. 281, 336]。

メンメドグルザーデの考える〈アゼルバイジャン人〉の定義に関しては,

---

18) この件に関する結論を得るためには,レスールザーデらミュサーヴァート党員の言説をより詳細に分析する必要があるだろう。

第7章　祖国〈アゼルバイジャン〉の形成 | 285

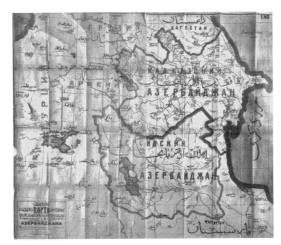

図54　1920年の地図

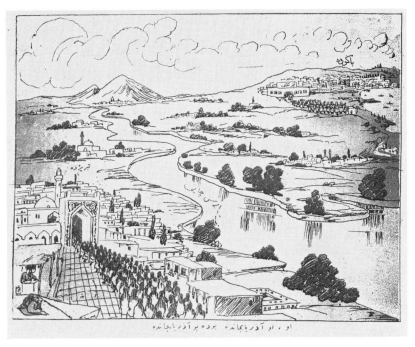

図55　アラズ川をはさんだ2つの〈アゼルバイジャン〉

以下の記述が参考になる。

> フズーリーはアゼルバイジャン人である。なぜなら，彼の言葉は，アゼルバイジャン語だからである。[Mollâ: XX-21. 2（Məmmədquluzadə: IV. 248）]

このように，メンメドグルザーデも，第6章で扱ったウンスィーザーデらと同様，アゼルバイジャン民族を定義する要素として言語を重視していたようだ。なお，その言語の呼称としては，メンメドグルザーデは，以前より〈アゼルバイジャン語〉を用いることが多かった。これは本章第2節第1項で述べた通りである。当然，人民共和国の成立後も，変わらず〈アゼルバイジャン語〉が多く用いられている。

　一方で，言語や民族の呼称は，完全に〈アゼルバイジャン〉に固定されたわけではなかった。メンメドグルザーデは，アゼルバイジャン人民共和国の成立後も，〈アゼルバイジャン語〉，〈アゼルバイジャン人〉と並行して，しばしば〈トルコ語 türk dili〉や〈トルコ人 türklər〉を用いている [e.g. Məmmədquluzadə: I. 252, III. 75, 175, 233]。

　これはメンメドグルザーデに限ったことではない。例えば，アゼルバイジャン人民共和国の公用語は，〈テュルク語 Ru. тюркский язык / Az. türk dili〉と公称されていた [Mahmudov（red.）2004: 66-67; Balayev 2002: 59]。また，民族名に関しても，〈トルコ人〉や〈ムスリム〉が引き続き用いられていた。例えば，1920年に出版された『地理学』には，以下のような記述がある。

> アゼルバイジャンには300万の人々がおり，イスラーム〔教徒〕のトルコ人（islâm və türk）が，そのうちで最も多い（90パーセント）。ここには，イスラームの他に，ある程度のグルジア人，ロシア人，ユダヤ人，アルメニア人がいる。ムスリム（müsəlmânlar）のうちでは，農業と畜産業に従事するものが最も多く，一部は商業や工業に従事している。その他の民族（millət）は，商業で暮らしている。[Coğrâfiyâ: 122]

成人教育用の教科書である本書からは，民族名，あるいは民族意識に関する当時の啓蒙活動の方向性が窺えよう。

さらに1920年には人民共和国が崩壊し，南東コーカサスはソヴィエト連邦の一部となる。当初，ソヴィエトが南東コーカサス住民を示す公式の民族名として採用したのは，〈テュルク人 тюрк〉であった。〈アゼルバイジャン人〉，〈アゼルバイジャン語〉が公称とされるのは，いわゆる「スターリン憲法」が制定された1936年のことである［Балаев 2005: 91; 北川 1998: 149］。

ここで，当時のソ連の民族政策の基礎となったと考えられるスターリンの民族観を確認しておこう。スターリンは「マルクス主義と民族問題（Марксизм и национальный вопрос）」（1913年）において，非常に有名な民族（ネイション）の定義を提唱した。彼によると，民族（нация）とは，「なによりもまず1つの共同体，すなわち人々の一定の共同体」である。それは，人種的な（расовый）共同体でも，種族的な（племенной）共同体でもなく，歴史的に構成された共同体である。そして，民族とは，「言語，地域，経済生活，および文化の共通性のうちにあらわれる心理状態，の共通性を基礎として生じたところの，歴史的に構成された，人々の堅固な共同体」であり，これらの全てが同時にそろって，初めてネイションが形成される。これらの特徴が1つでも欠ければ，民族は民族ではなくなるのである［スターリン全集刊行会（訳）1952: 323-336］。なお丸山敬一によると，スターリンのこの民族の定義は，オットー・バウアーとカール・カウツキー（Karl Johann Kautsky, 1854-1938）による民族理論を折衷したものであり，スターリン自身の独創性はほとんど見られないという［丸山 1987］。

言語や民族の公称が〈アゼルバイジャン〉に変更された背景に，このスターリンの民族観の影響があったのは間違いないだろう。ソヴィエト連邦におけるナロードノスチ（народность）[19]論などとも関連しながら，具体的にどのような影響があったのかは，より詳細な検討を要する。ひとまずは，今後の課題としたい。

いずれにせよ，この公式化によって，南東コーカサス住民の民族名と言語名が〈アゼルバイジャン〉に固定されたことは確かである。この件に関する

19）「民族体」，「亜民族」，「準民族」，「前民族」など様々な訳語がある。ナーツィヤ（ネイション）の前段階で留まった，発展途上の集団とされる。その自治権は，ナーツィヤよりも制限された。

ある程度定量的なデータとしては，表33を参照されたい。これは，南コーカサスで出版された書籍に現れる言語・民族の呼称をまとめたものである[20]。言語名・民族名ともに，1937年以降は完全に〈アゼルバイジャン〉に統一されていること，それ以前にはかなり多様な表現が用いられ続けていたことが分かる。

　本章では，20世紀初頭に活躍した様々な知識人の言説を分析することで，〈アゼルバイジャン〉に対する帰属意識の普及と定着の過程を追った。1905年以降に発行された各種定期刊行物には〈アゼルバイジャン語〉や〈アゼルバイジャン人〉という表現が多く見られ，これらが既に一般的な言葉となっていたことが分かる。一方で，彼らの言葉を用いた知識人たちの帰属意識は，多くの場合，複合的・多重的なものであった。また，〈アゼルバイジャン〉は，彼らの「祖国」として表象されるものではなかった。

　『モッラー・ネスレッディーン』の編集長であったメンメドグルザーデも，もともとは〈カフカース〉あるいは〈ロシア〉を祖国とし，当初は〈カフカースのムスリム〉という集団に帰属意識を有していた。しかし，彼のアイデンティティのあり方は，1915年から1917年の間に大きく変化していたらしい。それは，1917年に発表された記事の中で，劇的な形で示される。この記事において，〈アゼルバイジャン〉は，初めて明確に「祖国」の呼称として示された。非常な人気を誇った『モッラー・ネスレッディーン』誌に掲載されたこの記事は，南東コーカサスの住民たちに広範かつ深甚な影響を与えたことだろう。独立を果たした彼らの民族国家の呼称に〈アゼルバイジャン〉が採用されるのは，この記事が発表されたおよそ半年後のことである。

　国家の名称となったことで，南東コーカサスを指す地名としての〈アゼルバイジャン〉は定着した。その結果，「南北に分断されたアゼルバイジャン」という認識も普及していくこととなる。すなわち，南北アゼルバイジャンの連帯意識の土台となったものは，「民族」の共通性などではなく，「祖国」の感覚であったと言えるかもしれない。

20）表30（216頁）と同じく，出版物カタログ［АКП（ред.）1963; АКП（ред.）1982］を利用して作成した。

表33　南コーカサスの出版物にみる言語名と民族名

年代	言語 ムスリム語	カフカース語	カフカース・トルコ語	タタール語	トルコ・タタール語	トルコ語	アゼルバイジャン語	アゼルバイジャン・トルコ語	民族 ムスリム	カフカースのムスリム	ザカフカースのムスリム	タタール人	トルコ人	カフカース・トルコ人	アゼルバイジャン人	アゼルバイジャン・トルコ人
～1879	2					1			1							
～1884	1				2				1							
～1889					1	3	2		1							
～1894					2		2		3							
1895						1										
1896						2			2							
1897							1	1	1							
1888						2										
1899						3	1	2	2			1				
1900						2										
1901				1		5			1							
1902				1		3	1	1								
1903				1		2			1							1
1904			1				1	6	2			1				
1905																
1906						3			2							
1907						5	2	1	2			1	2			
1908			1	4			4	2	4							
1909						8	1		2							
1910	1		1			6		1	6	2						
1911	1		1			10	1		4	2		1				
1912	1	1				6	1		8	1						
1913		2	1			8	1	1	5	2		1	2	1		1
1914						8			8	1		1	1			
1915						1			1			1	2			
1916						2			1	2		1	1			
1917						2			1							
1918						4										
1919						4							6			
1920						1							1			
1921						1										
1922						4	1							1	1	
1923						1	1							1	2	
1924				1	6	1	1				3				1	
1925						6	2					6	2			
1926						8						2	6			
1927						6						2				
1928						4	1					1	3			
1929						8	1					4	2			
1930						6		1				3	4			
1931						8	1					1	2			
1932						12	1					4				
1933						11						4	1			
1934						9										
1935						2	1					1	1			
1936						16		1				5				
1937							17									
1938							18								4	
1939							23								2	
1940							23								7	

※史料における実際の表現（主なもの）

言語名
ムスリム語
　müsəlmân dili
カフカース語
　Qâfqâz ləhcəsi
カフカース・トルコ語
　türk-i Qâfqâz dili
タタール語
　татарский язык
トルコ・タタール語
　турецко-татарский язык
トルコ語
　Türkcə
　türk dili
　türkî dili
　lisân-i türkî
　турецкий язык
アゼルバイジャン語
　Âzərbaycân dili
　Âzərbaycân şivəsi
　Âzərbaycânca
　Азербайджанский язык
アゼルバイジャン・トルコ語
　Türkî-Âzərbaycân dili
　Türk-Âzərbaycân dili
　Türkî-Âzərbaycân
アゼルバイジャン・タタール語
　татарско-адербайджанское наречие

民族名
ムスリム
　müsəlmân
カフカースのムスリム
　Qâfqâz müsəlmânları
　Qâfqâzîyâ müsəlmânları
　qâfqâzîyâlı müsəlmân
ザカフカースのムスリム
　закавказские мусульмане
タタール人
　tâtâr
　татар
タタール・トルコ人
　турецко-татарский
トルコ人
　türk
　Qâfqâz türkləri
アゼルバイジャン人
　Âzərbaycân
　âzəri
アゼルバイジャン・トルコ人
　Âzərbaycân türkləri
アゼルバイジャン・タタール人
　азербайджанские татары

一方で，汎イスラーム主義や汎テュルク主義，あるいは当時の世界情勢，ソヴィエト連邦の政策の影響などもあり，民族名・言語名は，その後も〈アゼルバイジャン〉に完全に固定されたわけではなかった。それが果たされるのは，1936年に「スターリン憲法」が成立した時のことである。

　また，20世紀初頭の啓蒙活動の中核を担ったのが，メンメドグルザーデをはじめとするゴリ師範学校の卒業生たちであったことも，本章の重要な結論の1つである。彼らの民族主義の方向性は，この学校の教育を通じて，あるいは卒業後も続いたお互いの交流を通じて育まれたものであっただろう。

終　章
ニザーミーとハターイー
——〈アゼルバイジャン人〉とは，誰か——

ソヴィエト連邦の崩壊は，旧共産圏の歴史学者たちに重大な変化をもたらした。ポーランド史研究者の小山哲は，社会主義体制崩壊後の東欧諸国の歴史研究者たちが背負っている1つの課題として「体制の転換にともなって，それぞれの国のナショナル・ヒストリーをどのように見直し，再構築するか」を挙げている［谷川（編）2003: 173］。この点は，コーカサスや中央アジアの旧ソ連諸国においても，変わらない[1]。民族国家として独立した後のアゼルバイジャンの歴史学界においても，新たなる「民族史（国民史）」の形成が重要事となっている。

ルナンは，「偉人たちや栄光（真正の栄光です）からなる英雄的な過去，これこそその上に国民〔＝ネイション〕の観念を据えるべき社会的資本です」と述べ，英雄崇拝を「民族となるための本質的な要件」の1つとして挙げた［鵜飼ほか（訳）1997: 61］。スミスもまた，民族（ネイション）は「黄金時代」と「英雄」を必要としていると論じ，「名声ある過去の英雄を顕彰し天才を崇拝することは，英雄と天才を『ネイション』に帰属されることによって，大衆に訴える力と意味を与える」と述べている［スミス 1986: 234, 251］。

現代のアゼルバイジャンにおいて，民族の英雄と黄金時代は，どのように語られるのだろうか。本章では，前章までの状況の1つの帰結として，現在のアゼルバイジャン共和国において〈アゼルバイジャン人〉がどのように「想像」されているのかが考察される。その考察の軸となるのは，ニザーミーとハターイーという2人の「英雄」である。

第1節　〈アゼルバイジャン人〉としてのニザーミー

1.「イラン詩人」ニザーミーという「誤解」

32頁でも若干触れたようにニザーミー・ギャンジャヴィーは，南東コー

---

[1] 中央アジアの例としては，独立後のウズベキスタン共和国において，ティムール（1336-1405）を「ウズベク人の英雄」とする歴史観が成立したことが特によく知られている［cf. 酒井・臼杵（編）2005: 185-212］。

カサスの町ギャンジャで生まれ，生涯の大半をその地で過ごした人物である。現在のアゼルバイジャン共和国においては，祖国の生んだ偉大な詩人とされ，彼の作品は多くの人々に愛誦されている（ただし，ペルシア語の原文ではなく，現代アゼルバイジャン語訳）。その名が国立アゼルバイジャン文学博物館に冠されている（Nizami Gəncəvi adına Milli Azərbaycan Ədəbiyyatı Muzeyi）ことからも，彼がアゼルバイジャン文学史上における最重要人物と位置付けられていることが分かる。

現在のアゼルバイジャン共和国で最も権威のある通史である『アゼルバイジャンの歴史』（7巻本，2007年）は，ニザーミーを「アゼルバイジャン詩をさらに高い水準に至らしめた」人物と評価している［Əliyev və s.（red.）2007: II-537］。また，2004年に出版された中等教育用の歴史事典は，ニザーミーを「偉大なるアゼルバイジャンの詩人にして思想家」としており，同様の表現は2004年に出版された彼の全集の序文にも見られる［Məlikov və Ibrahimov 2004: 267; Ulutürk（tər.）2004: 3］。

さらに，首都バクー市や彼の生地であるギャンジャ市を始め，多くの町に彼の銅像が立てられている。これらの大半は，エブドゥッレフマーノフ（Fuad Əbdülrəhmanov）の作品を複製したものである。中でも1949年に完成したバクー市のものは，全高6mとアゼルバイジャン国内の銅像の中でも最大規模の大きさで，また市の中心部に存在する（図56）［Əfəndi 2007: 145-146, [242]]。さらに，バクー市の目抜き通りの名は，彼の名をとって「ニザーミー通り（Nizami küçəsi）」と名付けられている。男性のファーストネームとしても，ニザーミーの名は一般的なものとなっている。いずれも，アゼルバイジャンにおける彼の重要性が窺える事例と言えよう。

筆者がアゼルバイジャンに留学中のことである。ある日テレビのニュース番組を見ていると，イランにおけるニザーミーに関する特集が始まった。その内容は，ニザーミーを「イランの詩人」であるとするイラン人の「誤解」を糾弾するものであった。彼を「アゼルバイジャンの詩人」とみなす考えは，アゼルバイジャン共和国においては極めて一般的な考え方である。1000年近く前に生きた人物を，現代における国家の枠組みでもって語るという，極めて不毛な議論のように我々には思えるが，当人たちにとっては，重要な

図56　バクー市のニザーミー像

意味を持っているのだろう。

2.「ふるさとの大詩人」から「民族の大詩人」へ

　ニザーミーの出自や人生に関して分かっていることは多くないが，どうやら母親はクルド系の血統を有していたらしい［Boyle（ed.）1968: 578］。また，彼が詩作に用いたのは，主にペルシア語であった。ニザーミーは，血縁や言語の共通性によって〈アゼルバイジャン〉と結び付く人物ではないのである。

　南東コーカサスの知識人たちは，この詩人をどのように捉えてきたのだろうか。第3章第3節第1項で述べた通り，バキュハノフは，ニザーミーを〈東コーカサス地方〉の偉人の1人とみなしていた。そして，以下のような非常に高い評価を与えている。

　　彼〔＝ニザーミー〕の卓越性や偉大さに関しては筆舌に尽くしがたい。

彼の言葉からは詩人たる地位と見識が明白である。人々とともに宴席を華やかにすることにおいては，彼に比肩するものはなく，全ての詩人たちが彼の匠の技を認めたのである。[GE a: 255]

　アーフンドザーデが6人しかいない真のペルシア語詩人の1人としてニザーミーの名を挙げていることも，第4章第3節第2項で述べた通りだ。第5章で取り上げたセイイト・エズィーム・シルヴァーニーも，以下のようにニザーミーを讃えた詩を詠んでいる。

　　おお，シェイフ・ニザーミーよ，おお，詩（ニザーム）を広めし者よ
　　おお，ギャンジャで栄誉と名誉を広めし者よ　［Şirvani: I. 348］

19世紀の南東コーカサスの知識人たちは，ニザーミーに対して，単に「イラン世界の詩人」という以上の意識を抱いていたように思われる。そこに見られるのは，「ふるさと」の大詩人という誇りである。「民族の違い」というのが現代とは違う意味を持っていた時代，血縁や文化の共通性を無視した地縁的な要素による結び付きは，より意識しやすいものであっただろう。

　では，この「ふるさとの大詩人」は，いかにして「民族の大詩人」，あるいは「アゼルバイジャンの大詩人」となったのだろうか。すなわち，地縁的要素よりも民族的要素が重視されるようになったのは，いつ頃からだったのだろうか。

　20世紀初頭の南東コーカサスで活躍した民族主義者たちは，ニザーミーをそれほど重視しているようには見えない。例えば，ハージュベヨフによる音楽の中にはニザーミーの詩を歌詞に採用するものもあるが，その数は少ない。彼のオペラ『ライラーとマジュヌーン』の土台となったのも，ニザーミーの作品ではなく，フズーリーの作品であった（271頁参照）。また，ニザーミーの作品は長い間南東コーカサスでは出版されなかった。この背景には，当時の南東コーカサスにおける地元エリートたちに，ペルシア語を解さない者が増えてきていたこともあるだろう。つまり，ペルシア語に対する需要が減少し，ペルシア語で詩を詠んだニザーミーの価値も低下していたのである。

終章　ニザーミーとハターイー　297

図57　ニザーミー『イスカンダルの書』（1941年）の挿絵

この状況は，アゼルバイジャン人民共和国を経てアゼルバイジャン・ソヴィエト社会主義共和国が成立し，領域的な〈アゼルバイジャン〉が確立した後に変化したと思われる。1940 年には「五部作」をはじめとするニザーミー作品のアゼルバイジャン語への翻訳版がアゼルネシュル社（Азәрнәшр）から出版された［АКП（ред.）1982: 551-552］。筆者の手許には，アゼルバイジャン国立出版局によって再版された刊本がいくつかあるが，その『イスカンダルの書』第 2 巻や『神秘の宝庫』の序文には，ニザーミーを「アゼルバイジャンの詩人（Азербайчан шаири）」としている箇所がある［Рзагулузадә（тәр.）1941: v; Рүстәм（тәр.）1947: II. v］。また，これらは美麗な挿絵（一部は多色刷り）を多く含む，非常に豪華な書物である（図 57）。この点からも，ニザーミーが再び重視され始めたことが窺える。また，1951 年には，レスールザーデが亡命先のアンカラで『アゼルバイジャン詩人ニザーミー *Azerbaycan Şairi Nizami*』を出版した［cf. Əliyev（tər.）2008］。

これは，言語に基づく民族観から，領域に基づく民族観への変化の結果と言えるかもしれない。すなわち，国家としての〈アゼルバイジャン〉の成立によって，その領土に暮らす者，そして暮らした者が〈アゼルバイジャン人〉とみなされるようになったのである。

第 2 節 「アゼルバイジャン・サファヴィー朝国家」

1.「アゼルバイジャンの英雄」シャー・イスマーイール 1 世

16 世紀から 18 世紀初頭のイラン世界を支配したサファヴィー朝の創始者シャー・イスマーイールは，現在のアゼルバイジャン共和国において，非常に重要な位置を占めている。サファヴィー家は，血統的にはクルド系とも言われているが，イスマーイール自身は祖母からアクコユンル王家の血を引いており，テュルク系の血縁要素を有していた。さらにテュルク語を母語とし，ハターイー（Pe. Ḫaṭā'ī / Az. Xətai）の筆名でテュルク語による詩作も行ったこの君主は「アゼルバイジャン人の英雄」とされている。独立後の 1996

終章 ニザーミーとハターイー | 299

図58 バクー市のシャー・イスマーイール1世像

年には，ゼイナロフ（İbrahim Zeynalov）の作による非常に立派な彼の像がバクー市内の「ハターイー地区」に立てられた（図58）［Əfəndi 2007: 146, [270]］。

さて，現在のアゼルバイジャン共和国には，サファヴィー朝を「アゼルバイジャンの王朝」とする歴史観が存在する。この件に関しては，我が国においても羽田正らの紹介により，よく知られている。以下，引用しよう。

> 1996年9月末のことである。私は〔中略〕サファヴィー朝史研究のパイオニアの1人，アゼルバイジャン共和国のエフェンディエフ博士と出会った。〔中略〕
> 博士は私が水を向けるサファヴィー朝史の細かい議論にはあまり興味を示さず，「サファヴィー朝はトルコ人の国家であって，イラン人の国家では断じてない」と強い口調で何度も繰り返し，しつこく私に同意を求めるのである。〔中略〕私は，生意気にも「サファヴィー朝がトルコ

人の国家かイラン人の国家かという議論は，あまり生産的だとは思えません。そんなことはどちらでもいいじゃないですか」とやり返した。すると，博士の語調は急に哀しげなものに変わり，「あなた方日本人にとっては，どうでもよいことかもしれない。でも，私たちアゼルバイジャン人にとっては，これは生きるか死ぬかの大問題なのです」とポツリと言った。〔中略〕

　新生アゼルバイジャン共和国の場合は，サファヴィー朝，特にトルコ系のキジルバシを率いて戦った初代のイスマーイール 1 世がアゼルバイジャン人の祖と考えられ，民族統合の象徴となっているようである。サファヴィー朝はアゼルバイジャン人の国家だったというわけである。〔羽田 1998: 252-254〕

　さて，サファヴィー朝がアゼルバイジャンの王朝であるという歴史観は，アゼルバイジャン共和国の歴史学者がこの王朝を指し示す際にしばしば用いる "Азербайджанское государство Сефевидов", "Azərbaycan Səfəvilər dövləti" という術語に端的に表れている。前者はロシア語，後者はアゼルバイジャン語の表現であるが，どちらも直訳すると，「アゼルバイジャンのサファヴィー朝国家」，「アゼルバイジャンのサファヴィー政権」，「アゼルバイジャン的サファヴィー朝」程度の意味になる。以後，本書では，これに「アゼルバイジャン・サファヴィー朝国家」の訳語をあてる。また，これが存在したとする主張が「アゼルバイジャン・サファヴィー朝国家史観」であるが，煩雑を避けるため，以下，単に「史観」と呼称する。

　では，「史観」とは，どのようなものなのだろうか。『アゼルバイジャンの統治機構とそのシンボル』（2000 年）にある次の一文は，その内容を端的に示すものである。

　　16 世紀を通じたオスマン朝君主たちのアゼルバイジャン征服の試み，アゼルバイジャンの領域が彼らによって荒廃させられ，さらには占拠されたこと，サファヴィー朝君主アッバース 1 世（1587-1629）が国内統治のために，そしてオスマン朝の勢力をアゼルバイジャンや他の占領されていた地方から追い払うために行った改革，とりわけ首都がエスファ

ハーンに移されたことは，アゼルバイジャンがサファヴィー朝国家（Səfəvilər dövləti）において占めていた指導的な役割を消失させる原因となった。キズィルバーシュのエリート層（qızılbaş ə`yanlar）は，ペルシア系（farslar）やイランの他の民族集団に抑圧され始めた。このようにして，アゼルバイジャン・サファヴィー朝国家（Azərbaycan Səfəvilər dövləti）がイランの国家（İran dövləti）へと転換してゆく基礎が築かれたのだ。

17世紀末〜18世紀初頭にサファヴィー朝国家を取り巻いた政治的・経済的な危機は，当時いまだにその一部をなしていたアゼルバイジャンをも弱体化させた。[Azərbaycan Tarixi Muzeyi 2000: 9]

ここで重要となるのは，以下の3点である。まず1点目は，アゼルバイジャンがサファヴィー朝国家において占めていた指導的な役割である。なお，ここで言う「アゼルバイジャン」とは，領域の呼称であると同時に民族集団の呼称でもある。この民族集団は，「キズィルバーシュ」とも呼ばれている。2点目は，「アゼルバイジャン・サファヴィー朝国家」が「イランの国家」へと転換していった，と主張されていることである。3点目は，17世紀末から18世紀初頭にかけてのこの王朝が単に「サファヴィー朝国家」と呼ばれており，もはや「アゼルバイジャン・サファヴィー朝国家」とは呼ばれていないことである。つまり，「アゼルバイジャン・サファヴィー朝国家」はアッバース1世の改革によって「イラン的」な王朝へと変質し，終わりを迎えたとされているのだ。

すなわち，「アゼルバイジャン・サファヴィー朝国家」とは，サファヴィー朝前期における「アゼルバイジャン的」な要素が強い政権を指す。その構成要素としては，以下の2つが想定されており，その両方の要件がそろってはじめて，「アゼルバイジャン・サファヴィー朝国家」であると主張される。

1つ目は，キズィルバーシュ中心の政権という，民族的な要素である。この「キズィルバーシュ」は，テュルク系，あるいは「アゼルバイジャン系」の部族集団と認識される。言い換えれば，「アゼルバイジャン人によるサ

ファヴィー朝」である。
　2つ目は，アゼルバイジャン地方を中心とする国家という，領域的な要素である。ただし，ここで言うアゼルバイジャンとは，アルダビールやタブリーズといったアーザルバーイジャーン地方のことである。こちらは，「アゼルバイジャンにおけるサファヴィー朝」と言い換えることもできるだろう。
　なお，この「アゼルバイジャン・サファヴィー朝国家」という術語の提唱者は，本節の冒頭にも登場したオグタイ・エフェンディエフ（Oqtay Əfəndiyev, 1926-2013）と思われる。ソヴィエト連邦におけるサファヴィー朝研究の第一人者であった彼は，独立後のアゼルバイジャン共和国の歴史学界においても非常に重要な位置を占めていた。2007年には，80歳の誕生日を記念して，『アゼルバイジャンのサファヴィー朝研究の創始者——オグタイ・エフェンディエフ』なる書物も出版されている[2]。

2.「アゼルバイジャン・サファヴィー朝国家」の源流

　「史観」は，いつ，どのようにして誕生したのだろうか。20世紀初頭以前に，こういった歴史観が見られないことは確かである。例えば，バキュハノフは，『エラムの薔薇園』において，サファヴィー朝を特に重視していない。サファヴィー朝は，あくまでイランの一王朝と認識されている [GE a: 110-177]。アーフンドザーデはサファヴィー朝の栄華を賞賛しているが，それはあくまで「イラン人の偉大なる王朝」として重視したものである。彼にとってサファヴィー朝は，〈イラン民族〉の象徴の1つであった（第4章第2節第1項参照）。19世紀の他の歴史書や，20世紀初頭の知識人たちにも，この王朝をとりわけ自分たちの民族，あるいは自分たちの祖国と結び付けるような発想は見られない [e.g. Hüseynzadə: 324-329]。
　さて，「アゼルバイジャン史」が書かれるのは，当然，現代的な意味における〈アゼルバイジャン〉，あるいは〈アゼルバイジャン人〉という概念が確立した後のことである。1924年に出版されたゼイナル＝オグル著『アゼ

---

2) Elmira Mirzəyeva (red.), *Azərbaycan Səfəvişünaslığının banisi: Oqtay Əfəndiyev - 80*, Bakı, 2007.

ルバイジャン略史』は、その最初期の作品である。この著作において、サファヴィー朝時代の記述は、第5章第1節「アゼルバイジャンにおけるオスマン朝の保護」に含まれる。以下、当該節の冒頭部を引用しよう。

> 907年にシャルール（Şərur）で起こった戦闘の結果、アクコユンル朝の王族は〔歴史の〕舞台から追われ、アゼルバイジャンの支配権はサファヴィー朝のシャー・イスマーイールの手に落ちた。〔中略〕この時代、独立を失っていたアゼルバイジャンの人々の生活もまた、脅かされていた。誰もが〔オスマン帝国に〕希望〔を抱き〕、兄弟であるオスマン朝政権（гардаш Османлы һөкумәти）にその視線を向けていた。［Зејналоғлу 1992: 62］

このように、汎テュルク主義の文脈の中でオスマン帝国との結び付きが強く意識されている一方で、サファヴィー朝は全く重視されていない。むしろ、サファヴィー朝は〈アゼルバイジャン人〉から「独立」を奪ったイランの、あるいはペルシア人の王朝、という認識が窺える。

一方で、「史観」の源流である、サファヴィー朝をテュルク的な王朝とする言説は、この時代既に登場していた。エフェンディエフは、バルトリド（Василий Владимирович Бартольд, 1869-1930）とクルムスキー（Агафангел Ефимович Крымский, 1871-1942）を、ロシア東洋学において最初に「サファヴィー王朝とその支持者層のテュルク（アゼルバイジャン）起源」を指摘した人物としている［Эфендиев 1981: 35］。

一例として、バルトリドの「イスラーム世界の歴史におけるカスピ海沿岸地域の位置付け（Место прикаспийских областей в истории мусульманского мира）」（1925年）を取り上げよう。これは、1924年11～12月にバクーで行われた連続講義のノートである。

> これらのアルダビールのデルヴィーシュたち〔＝サファヴィー教団〕は、疑いなく、ペルシア系ではなく、テュルク系の起源（тюркское происхождение）を持つ。アゼルバイジャンは、その当時既に、住民構成の点でテュルク化していた。〔中略〕

> ペルシアにおける〔この〕シーア派国家の成立は，以上のようであって，その上，テュルク人（тюрк）によるものであった。このことには留意する必要がある。というのも，トルコ（Турция）〔＝オスマン帝国〕とペルシア〔＝サファヴィー朝〕の間の戦争は，しばしば，民族間の（национальная）戦争という性格でもって描かれるからだ。この戦争は，民族的な特徴を全く帯びておらず，そこでは民族の原理は，いかなる役割も演じていない。［Бартольд 1963: 748］

このように，バルトリドは，サファヴィー家がテュルク起源であることや，サファヴィー朝がテュルク的要素を有していたことを記している。この点で，エフェンディエフの指摘は正しい。ただし，バルトリドが用いた言葉は「テュルク」であり，「アゼルバイジャン」ではないことには留意しなくてはならない。

3.「アゼルバイジャン・サファヴィー朝国家」の成立

エフェンディエフが「アゼルバイジャンの歴史に関する最初の総合的な作品」であり，「シャー・イスマーイール 1 世の政権をアゼルバイジャン的国家（азербайджанское государство）と特徴付け」，「サファヴィー朝の創設においてアゼルバイジャンの封建エリートが果たした決定的な役割を指摘した」と評価するのが，1941 年に出版された『アゼルバイジャンの歴史』である［Эфендиев 1981: 35］。以下，該当箇所を引用しよう。

> サファヴィー朝国家（государство Сефевидов）は，アゼルバイジャンの封建諸侯（азербайджанские феодалы）によって，封建的な暴力による方法で創立された。それは，その当時の世界で最大・最強の国家の 1 つであった。アカデミー会員バルトリドは，サファヴィー朝国家を「大国」と評している。［ИИ 1941: 133］

このように，本作品では，バルトリドの言う「テュルク」が「アゼルバイジャン」に読み替えられている。そして，〈アゼルバイジャン人〉によって創立されたサファヴィー朝は，唯物史観に基づく批判にさらされつつも，

終章　ニザーミーとハターイー

「大国」であったと誇らしげに語られているのである。本作品は、アゼルバイジャン国立科学アカデミー歴史学研究所によって編纂された書物であるという点も重要である。すなわち、ここで示されているのは、いわば国家の公式な歴史観とみなしうるものであるのだ。一方で、この作品では「アゼルバイジャン・サファヴィー朝国家」という言葉が使用されていない点にも留意しなくてはならない。

管見の限り、「アゼルバイジャン・サファヴィー朝国家」に相当する言葉の最初の用例は、1943年に出版されたヒュセイノフ著『イスマーイール・サファヴィー』の中で確認できる[3]。

> シャー・イスマーイールによるこの〔シャイバーニー朝に対する〕勝利の結果、アゼルバイジャン・サファヴィー国家（Азәрбайчан Сәфәви дөвләти）は東に向かってさらに拡大し、近東における最も強大な国家となった。アゼルバイジャン・サファヴィー国家の国境は、東においてはアムダリヤに始まり、西においてはアルメニア（Әрмәнистан）にまで広がっていた。[һүсейнов 1943: 14]

このように、ここで実際に用いられている言葉は "Azərbaycan Səfəvilər dövləti" ではなく、"Азәрбайчан Сәфәви дөвләти（Azərbaycan Səfəvi dövləti）" である。微妙な違いではあるが、とにかくこの時点では用語が確定していないと言える。

また、この作品は、サファヴィー朝を「アゼルバイジャンの国家」と特徴付けているが、その議論は以下に見るように非常に大雑把である。

> サファヴィー国家（Сәфәви дөвләти）は、アゼルバイジャンの国家（Азәрбайчан дөвләти）であった。この国家の領域の大部分はアゼルバイジャンの地であり、その人口の4分の3はアゼルバイジャン人（Азәрбайчанлылар）が構成していた。[һүсейнов 1943: 19]

1940年代には、シャー・イスマーイールを〈アゼルバイジャン人〉とす

---

3) 本書は、同年にロシア語版（И.А. Гусейнов, *Исмаил Сефеви: азербайджанский полководец XV-XVI вв.*, Баку, 1943）も出版されたようだが、そちらは未見。

る認識が一般的なものになっていたようだ。例えば，1946年に出版された彼の作品集『シャー・イスマーイール・ハターイー』には，「アゼルバイジャン人のシャー・イスマーイール（Âzərbâycânlı Şâh İsmâ'îl (İsmayıl)）」という表現が存在する［Naməlum 1946: 7］。

ソヴィエト連邦で最も権威ある百科事典と言える『大ソヴィエト百科事典（第2版）』の「サファヴィー朝」の項目（1955年）も注目に値する。以下，引用しよう。

> サファヴィー朝（Сефевиды）――1502〜1736年にペルシア，アゼルバイジャン，アフガニスタン，そしてアルメニアの一部を支配したシャーたちの王朝。〔中略〕サファヴィー家は，アゼルバイジャンのキズィルバーシュの諸部族（азербайджанские кызылбашские племена）の軍事的支援によって，権力へと到達した。イスマーイール1世が，この王朝の創立者である。サファヴィー朝国家の前期においては，アゼルバイジャンの諸部族の封建エリート層（феодальная знать азербайджанских племён）が最も重要な役割を演じており，タブリーズの町がその首都であり，宮廷や軍においてはアゼルバイジャン語が優位を占めていた。ホラーサーンの諸部族の封建エリート層によって王位へと昇らされたシャー・アッバース1世の治世（1587-1628）における相異なる封建諸侯の派閥間での流血を伴った内訌の後，アゼルバイジャンのエリート層は，国家における最重要の地位を喪失した。アッバース1世期の全体的な中央権力の強化の中で，軍の改革も遂行され，キズィルバーシュのエリート層――彼らの軍は，それまでサファヴィー朝の主要な軍事力を構成していた――の影響力は，著しく失墜した。ペルシア人の官僚層と地主層がサファヴィー朝の主要な基盤となった。首都は，エスファハーンへと移された。［БСЭ²: "Сефевиды"］

このように，サファヴィー朝前期における「アゼルバイジャン的」な要素に言及されているのである。「アゼルバイジャン・サファヴィー朝国家」という言葉こそ使われていないものの，この項目の内容は「史観」そのものであると言える。すなわち，この歴史観の主要な要素であるところの「『キ

ズィルバーシュ』の『アゼルバイジャン人』への読み替え」,「テュルク系の支配層」,「テュルク語の重要性」,「アゼルバイジャン地方を中心とする支配体制」が全てそろっているのである[4]。なお，残念ながら，この項目の執筆者は不明である。

　具体的な議論を伴った「史観」は，ヒュセイノフほか著『アゼルバイジャンの歴史』第 1 巻（1958 年）でも提示されている。

> 　サファヴィー朝国家の創設期，民族的・文化的な共通性を有したその住民の大部分は，アゼルバイジャン人（азербайджанцы）であった。アゼルバイジャンの民族的要素（азербайджанский этнический элемент）が，国家の政治的活動において指導的役割を演じた。軍事の指揮権，財務関係の官庁〔の監督権〕，諸地域の統治権，ほぼ全ての宮廷内の役職は，アゼルバイジャンのエリート層（азербайджанская знать）の手のうちにあった。16 世紀中頃まで，国家のアミール〔＝将軍〕たち 74 名のうち，69 名がアゼルバイジャン人であった。サファヴィー朝の軍隊は，主としてアゼルバイジャン人によって編成されていた。シャーの宮廷内や，軍隊において，また一部の外交書簡においては，アゼルバイジャン語が用いられていた。[Гусейнов и др. 1958: 227-228]

『大ソヴィエト百科辞典（第 2 版）』の項目やヒュセイノフの作品では，1940 年代前半と比べて，議論がはるかに細かく，具体的になっていると言える。1950 年代半ばには，「史観」の理論的骨子は完成していた，と言えよう。一方で，この時点では，まだ「アゼルバイジャン・サファヴィー朝国家」という言葉が使われていないという点にも留意しなければならない。

　「アゼルバイジャン・サファヴィー朝国家」という言葉が使われたのは，管見の限り，エフェンディエフが 1961 年に発表した研究書『16 世紀初頭におけるアゼルバイジャン・サファヴィー朝国家の創設』においてが最初であ

---

[4] なお，『大ソヴィエト事典（第 1 版）』（1945 年）の「サファヴィー朝」の項目は，分量的には第 2 版の 5 分の 1 以下と非常に簡潔であり，同王朝のアゼルバイジャン的（あるいは，テュルク的）な要素に言及していない。そもそも，この項目には，「アゼルバイジャン」という単語が 1 度も登場しない [БСЭ[1]: "Сефевиды"]。

る[5]。タイトルに「アゼルバイジャン・サファヴィー朝国家」を含み，後にその中心的な論者となるエフェンディエフによる本書は，「史観」の歴史を考える上で記念碑的な意味を持つ作品と思われるが，現物は未入手である。

4.「アゼルバイジャン・サファヴィー朝国家」の定着

さて，『大ソヴィエト百科事典（第3版）』の「サファヴィー朝」の記事（1976年）の執筆者はナヴァセーリツェフ（А.П. Новосельцев）とエフェンディエフである［БСЭ³: "Сефевиды"］。ここでは，前述の第2版と同様，「史観」に基づいた記述がなされている。「史観」は，ソヴィエト連邦における「正統な」歴史観として，着実に引き継がれていたのである。また，そもそも，エフェンディエフがこの項目を執筆しているということ自体が重要であろう。すなわち，「史観」の主張者が，ソヴィエトの学界におけるサファヴィー朝研究の権威とみなされるようになったのだ。ただし，この項目においても，「アゼルバイジャン・サファヴィー朝国家」やそれに類する言葉は，やはり使われていない。

一方，この頃から「アゼルバイジャン・サファヴィー朝国家」の用例は増加していくこととなる。ラフマーニー著『16世紀末〜17世紀におけるアゼルバイジャン』（1981年）は，その典型的な例として挙げられる［Рахмани 1981］。本書のテーマは「アゼルバイジャン・サファヴィー朝国家」の終焉と，「イラン的サファヴィー朝」への変容である。本書は，第1章第1節が「アゼルバイジャン・サファヴィー朝国家の終焉」，第3章が「アゼルバイジャンにおけるサファヴィー・イランの支配権（владычество сефевидского Ирана）」，その第1節が「アゼルバイジャンにおけるイラン的国家（иранское государство）の確立。1639年の平和条約」と題されている。これらからは，本書の内容を端的に窺い知ることができよう。

そして，同じ1981年に出版されたのが，エフェンディエフによる前期サファヴィー朝史の研究書，『16世紀におけるアゼルバイジャン・サファヴィー朝国家』である[6]。「史観」の集大成とも言える本書において，エフェ

---

5) О.А. Эфендиев, *Образование азербайджанского государства Сефевидов в начале XVI в.*, Баку, 1961.

ンディエフは「アゼルバイジャン・サファヴィー朝国家の創設は，アゼルバイジャン中世史における画期的な出来事のうちの 1 つ」と主張する［Эфендиев 1981: 282］。そして，アゼルバイジャン史におけるサファヴィー朝の位置付けについて，以下のように記している。

> サファヴィー朝の歴史は，その後の民族的な結束（этническая консолидация）という点において，アゼルバイジャン人（азербайджанский народ）の歴史と不可分に結び付いている。統一的で，比較的中央集権的なサファヴィー朝国家の国境地帯において南北アゼルバイジャン地方が統合されたことは，これら両地方の，過去に比べてより緊密な政治的，経済的，文化的，民族的交流の土台を作り出した。数十年間の封建的分裂状態の後，アゼルバイジャンは 16 世紀に再び，自らの国家的統一を勝ち取り，これらの地方における明白な経済的，文化的発展へと結実した。サファヴィー朝国家の創設は，アゼルバイジャン及び隣接諸国の領域における封建的社会階層の発展における重要な段階であることが判明した。［Эфендиев 1981: 4］

また，本書の示す「アゼルバイジャン・サファヴィー朝国家」の概要は，以下の通りである。

> サファヴィー朝の国家（сефевидская держава）は，アゼルバイジャンの封建的特権階級（азербайджанская феодальная верхушка），何よりもまずアゼルバイジャンの部族エリート層（азербайджанская племенной знать）——すなわちアミールたち——によって，その階級の利益に寄与するように創設された。それ故に，まさにそのアゼルバイジャンのエリート層が，新しく出現した国家における支配的な権力となった。その〔国家の〕主要な機能は，自身の同族や，征服した諸地域の住民たちの上に立つキズィルバーシュのアミールたち（кызылбашские эмиры）の権力の強化と拡大にあった。16 世紀，アゼルバイジャンと，その商業・手工業の中心地であった都市タブリーズ——サファヴィー朝の国家の最初の首

---

6) 本書の内容に関しては，北川による書評も参照［北川 1986］。

都である——は,政治面のみならず,経済面においても,サファヴィー朝国家の土台となった。

　前述の状況を無視して,ブルジョア〔＝西側世界〕の歴史界は,断固として,16世紀におけるサファヴィー朝国家をイランの国家(иранское государство)とみなしてきたし,〔今も〕みなし続けている。[Эфендиев 1981: 4-5]

　このように,エフェンディエフは,16世紀におけるサファヴィー朝を「イランの国家」とみなすのは誤りである,と明確に主張しているのである。

　この時期の研究書では,ヘイダロフ著『13～17世紀におけるアゼルバイジャンの諸都市と手工業——手工業とその中心地』(1982年)[7],ヌーリーエフ著『アゼルバイジャン・ソヴィエト社会主義共和国シェキ＝ザガタラ地域の地名学』(1989年)[8]などでも,「史観」が採用されている。1987年に出版された『アゼルバイジャンの歴史地理学』では,エフェンディエフが「15～16世紀におけるアゼルバイジャン諸国家(азербайджанские государства)の領域と境界」を,ラフマーニーが「アゼルバイジャン——16世紀後半～17世紀における境界と行政区画」をそれぞれ執筆しており,当然ながら「史観」に基づいた記述がなされている[Буниятов (ред.) 1987: 110-128]。また,高等教育向けの教科書である『15～18世紀前半におけるアゼルバイジャン』(1981年)[9]でも,「史観」が採用されている。

　アゼルバイジャン語による初の総合百科事典である『アゼルバイジャン・ソヴィエト百科事典』(全10巻)の「サファヴィー朝」の項目にも,「大半のブルジョアの研究者たちは,サファヴィー朝を完全にイランの国家として描こうとしている。一方,ソヴィエトの学者たちは,サファヴィー朝が16世紀末まではアゼルバイジャンの国家であったことを証明している」とある[АСЕ: "Səfəvilər dövləti"]。なお,この事典は1976年から1987年にかけて

---

7) М.Х. Гейдаров, *Города и городское ремесло Азербайджана XIII-XVII веков: ремесло и ремесленные центры*, Баку, 1982.

8) Елхан Нуријев, *Азәрбајчан ССР Шеки-Загатала зонасынын топонимијасы*, Бакы, 1989.

9) Сүлејман Мәммәдов, *Азәрбајҹан әсрин биринчи јарысында*, Баку, 1981.

刊行されたもので，当該項目は 1984 年に出版された第 8 巻に収録されている。執筆者は不明であるが，その内容からして，エフェンディエフである可能性が高い。

1970 年代半ば以降すっかり定着したように見える「史観」であるが，一方で，この歴史観を採用しない研究書もある。サラームザーデほか著『アゼルバイジャンの美術』(1977 年)[10]がその例である。また，ソ連期アゼルバイジャンの歴史学界における重鎮の 1 人であったアシュールベイリの一連の著作においても，「史観」は採用されていない [Ашурбейли 1983; Ашурбейли 1992]。

第 3 節　拡大していく〈アゼルバイジャン〉

1. その後の「アゼルバイジャン・サファヴィー朝国家」

本章冒頭でも記したように，独立以降のアゼルバイジャン共和国では，歴史学関連の出版は非常に盛んである。また，過去のロシア語による研究書も，盛んにアゼルバイジャン語に翻訳されている。エフェンディエフの『16 世紀におけるアゼルバイジャン・サファヴィー朝国家』も，1993 年にアゼルバイジャン語訳が出版され，2007 年に再版された[11]。

現在のアゼルバイジャンにおけるサファヴィー朝研究では，基本的に「史観」が継承されている[12]。例えば，サファヴィー朝建国 500 年を記念して 2001 年に開催された学術会議の会議録である『アゼルバイジャン政治史におけるサファヴィー朝の位置付け』の序文からは，この王朝が現在のアゼル

---

10) Ə.R. Саламзадә вә с., *Azərbајјаn инчәсәнәти*, Бакы, 1977.
11) Oqtay Əfəndiyev, *Azərbaycan Səfəvilər dövləti*, Kamil Muxtarov (tər.), təqrar nəşri (1-ci nəşr 1993-cü ildə), Bakı, 2007.
12) 例えば，Гюльшан Сендова, *Азербайджан во взаимоотношениях сефевидской империи и русского государства в XVII веке: по русским источникам*, Баку, 2007; Namiq Musalı, *I Şah İsmayılın hakimiyyəti: "Tarix-i Aləmara-yi Şah İsmayıl" əsəri əsasında*, Bakı, 2011.

バイジャン共和国において，どのように捉えられているかが端的に窺える。

> ひとことで言うならば，アゼルバイジャン・サファヴィー朝国家が存在していた歳月は，我らの歴史において最も輝かしい1ページであるとみなしうるのである。[Səlimbəyli（red.）2001: 3]

アゼルバイジャン人にとってのサファヴィー朝は，まさにスミスの言う「民族の黄金時代」なのである。

　もちろん，中等教育においても「アゼルバイジャン史」の授業は重視され，その教科書や参考書なども数多く出版されている。サファヴィー朝は，8～9年生の学習範囲のようだ[13]。以下に示すのは，2011年に出版された6～11年生向けの問題集に収録された問題である。

> 問5．サファヴィー朝がアゼルバイジャンの国家（Azərbaycan dövləti）であったことの論拠となる事実として不適切なものを選べ。
> 　A）この国家はアゼルバイジャンに建設された。また，その住民の大半はアゼルバイジャン・トルコ人によって，構成された。
> 　B）アゼルバイジャンの民族的要素（Azərbaycan etnik ünsürü）がこの国家の政治的生活において，主要な役割を果たした。
> 　C）シャーの宮廷において，軍隊の内部において，〔また〕一部の外交文書において，アゼルバイジャン語が用いられた。
> 　D）軍の指揮官，財務機構，各州の統治，ほぼ全ての宮廷における職位が，アゼルバイジャン人の貴族たちの手中にあった。
> 　E）この国家の建設にはアゼルバイジャンの諸民族集団（Azərbaycan etnik qrupları）のみが参加し，滅亡に至るまで，そのテュルク性（türk kimliyi）を維持し続けた。　　　[İmanov 2011: I. 176]

本章第2節で紹介したエフェンディエフらの主張を理解していれば，この問題の答えがEであることが分かるだろう[14]。本問には，「アゼルバイジャン

13）現在のアゼルバイジャンにおける初等・中等教育は，全11学年制である。
14）より具体的には，この問題の内容は，307頁で紹介したヒュセイノフらの『アゼルバイジャンの歴史』に基づいている。

地方で建国」,「アゼルバイジャン語の利用」,「アゼルバイジャン人の支配層」,「後期サファヴィー朝におけるアゼルバイジャン性の喪失」という「史観」の主要な要素が全てそろっている。

このように，現在のアゼルバイジャン共和国においては,「史観」が公式の歴史観となっているようである。表34は，筆者の手許にある概説書や教科書において，サファヴィー朝がどのように記述されるのかを調べたものである。実に36作品中33作品で，「史観」が採用されていることが明らかとなった。その中でも20作品は,「アゼルバイジャン・サファヴィー朝国家」という用語を用いてその詳しい特徴を語るか,「アゼルバイジャン・サファヴィー朝国家」をもはや自明のものとして扱っている。また，アッバース1世の改革後の「イラン的サファヴィー朝」の記述がやや大雑把になる傾向があり，中にはサファヴィー朝滅亡の状況が記されていないものさえある（No. 1-20）。また，残りの13作品は,「アゼルバイジャン・サファヴィー朝国家」という言葉は用いていないが，この王朝が「アゼルバイジャンの国家」であることは明記するものである（No. 21-33）。

「史観」を採用しないのは，3作品のみである（No. 34-36）。しかも，このうちNo. 34とNo. 36は同じ作品のアゼルバイジャン語版とロシア語版である。これらの編者であるアリーヤールルは「キズィルバーシュ」を安易に「アゼルバイジャン」と置き換えることを避けており，前期サファヴィー朝におけるテュルク的要素，すなわち「史観」が言うところの「アゼルバイジャン的」要素も，特に強調しない。ただし，アゼルバイジャン語版においては，以下のような文脈で1度だけ「アゼルバイジャン・サファヴィー国家（Azərbaycan Səfəvi dövləti）」という表現を用いている。

> このように，サファヴィー朝の設立は，ある程度は内部的要因の，またある程度はアゼルバイジャンと一部の隣接国を席巻したキズィルバーシュの運動の所産であった。この運動はイデオロギーの面では，政権獲得の闘争に適応した異端シーア派の旗のもとに喧伝された。この運動の幸運なる政治的成功によって建国されたアゼルバイジャン・サファヴィー国家は，その設立者であるシャー・イスマーイールのマフディー

表34 独立後の歴史概説書と教科書にみる「アゼルバイジャン・サファヴィー朝国家」

No.	書名	著者・編者など	出版年	備考
	「史観」を採用			
1	Azərbajčan tarixi	Mahмуд Исмајыл	1993	
2	Azərbajčan tarixi: ən gədim dövrlərdən XX əsrin əvvəllərinə gədər	—	1993	
3	Kəncə: tarixi očerk	М.Ә. Исмајылов и др.	1994	ギャンジャ史の概説書 該当箇所の執筆はΓ. Әhмәдов と C. Онуллаhи
4	История Азербайджана: краткий обзор с древнейших времен до 1920 г.	Махмуд Исмаил	1995	
5	История Азербайджана: с древнейших времен до начала XX века	Играр Алиев	1995	
6	Azərbajčan tarixi（新版）	Mahмуд Исмајыл	1997	No. 1 の改訂版
7	Azərbaycanda dövlətçilik və onun rəmzləri	Azərbaycan Tarixi Muzeyi	2000	該当箇所の執筆は N. Vəlixanlı [Azərbaycan Tarixi Muzeyi 2000]
8	Məktəblinin tarix lüğəti	Rauf Məlikov Nizami İbrahimov	2004	中等教育用参考書 [Məlikov və İbrahimov 2004]
9	Azərbaycan tarixi（第1巻）	Z.M. Bünyadov Y.B. Yusifov	2005	[Bünyadov və Yusifov (red.) 2005]
10	Azərbaycan tarixi: ali məktəblər üçün dərslik	İsmayıl Məmmədov	2005	高等教育用教科書
11	Azərbaycan tarixi（第3巻）	Oqtay Əfəndiyev	2007	[Əliyev və s. (red.) 2007: III]
12	Azərbaycan tarixi: ən mühüm hadisələrin xronoloji xülasəsi	Əkbər Qocayev	2007	
13	Azərbaycan tarixi (VI-XI siniflər): suallar və cavablar	Vüqar Vaqifoğlu	2007	中等教育用参考書
14	Ümumi tarixi（第1巻）	Tofiq Mustafazadə	2009	
15	Azərbaycan tarixi: abituriyentlər üçün vəsaiti	Mehdi B. Həsənov	2010	中等教育用教科書
16	Azərbaycan tarixi: abituriyentlər, mərkəzləşdirilmiş imtahanlara hazırlaşanlar və müəllimlər üçün vəsaiti（第2版）	S. Allahverdiyev Ə. Haqverdiyev M. Behbudov	2010	中等教育用教科書
17	Azərbaycanın qadın hökmdarları	Asif Hüseynli	2012	歴史上の女性統治者を紹介する一般書
18	Azərbaycan tarixi: oçerkilər	Qəzənfər Rəcəbli	2013	
19	Azərbaycan tarixi（第2巻）	Ülvi Kazım	2015	
20	История Азербайджана: учебник для 8-го класса общеобразовательных школ	Якуб Махмудлу и др.	2015	中等教育用教科書
	「史観」を採用するが,「アゼルバイジャン・サファヴィー朝国家」という語は用いない			
21	Azərbaycan tarixi (mühazirə mətnləri): ali məktəb tələbələri üçün dərs vəsaiti	Mail Dəmirli Mahal Məmmədli	1997	高等教育用教科書

22	*Azərbaycan tarixi (mühazirə mətnləri): ali məktəb tələbələri üçün dərs vəsaiti* (第 2 版)	Mail Dəmirli Mahal Məmmədli	2000	No.21 の改訂版 「アゼルバイジャン・サファヴィー朝国家」という語が存在していることは記す
23	*Tarixi şəxsiyyətlər*	Ə.Ə. Qocayev	2008	歴史上の偉人を扱った一般書 表記は "Azərbaycan Safavi dövləti"
24	*Azərbaycan tarixi: abituriyentlər üçün vəsaiti*	Cavid Qasımov	2009	中等教育用教科書
25	*Tarix: qəbul imtahanlarına hazırlaşanlar, yuxarı sinif şagirdləri və müəllim üçün dərs vəsaiti*	Y.M. Mahmudlu və s.	2009	中等教育用教科書 表記は "Azərbaycan Safavi dövləti"
26	*Azərbaycanın dövlət və hüquq tarixi*	Rahib A. Əkbərov	2009	アゼルバイジャンにおける法制史の概説書 表記は "Azərbaycan Safavi dövləti"
27	*Azərbaycan tarixi: test bankı* (第 1 巻) (第 4 版)	Elmin İmanov	2011	中等教育用参考書 [İmanov 2011]
28	*Azərbaycan tarixi: abituriyentlər üçün vəsait*	Həsənov Mehdi Bəylər oğlu	2013	高等教育用教科書 表記は "Azərbaycan Safavi dövləti"
29	*Azərbaycan tarixi: ümumtəhsil məktəblərinin 7-ci sinfi üçün dərslik*	Yaqub Mahmudlu və s.	2014	中等教育用教科書 表記は "Azərbaycan Safavi dövləti"
30	*История Азербайджана: учебник для 7-го класса общеобразовательных школ*	Якуб Махмудлу и др.	2014	中等教育用教科書 No.29 のロシア語版 表記は "Азербайджанское Сефевидское государство"
31	*Azərbaycan tarixi: ümumtəhsil məktəblərinin 8-ci sinfi üçün iş dəftəri*	Ruslan Rzayev	2015	中等教育用参考書 表記は "Azərbaycan Safavi dövləti"
32	*Azərbaycan tarixi: sxemlərdə, xəritələrdə, cədvəllərdə*	İkram Ağasiyev	2015	高等教育用教科書 表記は "Azərbaycan Safavi dövləti"
33	*Test tapşırıqları: Azərbaycan tarixi 8*	M.M. Abbaszadə və s.	n.d.	中等教育用参考書 表記は "Azərbaycan Safavi dövləti"
	「史観」を採用しない			
34	*Azərbaycan tarixi: uzaq keçmişdən 1870-ci illərə qədər*	Süleyman Əliyarlı	1996	[Əliyarlı (red.) 1996]
35	*Qafqaz tarixi: ali məktəb tələbələri üçün dərslik*	Rafiq Qurbanov	2008	カフカース史の大学生向け教科書 [Qurbanov 2008]
36	*История Азербайджана: с древнейших времен до 70-х гг. XIX в.* (第 2 版)	Сулейман Алиярлы	2009	No.34 のロシア語版 [Алиярлы (ред.) 2009]

※出版地はいずれもバクー

（救世主）的国家として描かれた。[Əliyarlı (red.) 1996: 368]

　なお，ロシア語版の対応する箇所は，単に「サファヴィー朝（государство Сефевидов）の設立者であるシャー・イスマーイールは，同時代人たちにこの王朝をマフディーの国家として提示しようとした」となっている [Алиярлы (ред.) 2009: 344]。アリーヤールルが，サファヴィー朝を描く際に可能な限り「アゼルバイジャン」を避けようとした意思が窺える。その彼においてすら，前述のようにアゼルバイジャン語版では「史観」に基づいた表現を用いざるを得なかったのである。この点に，現在のアゼルバイジャン共和国において，この歴史観がいかに深く浸透しているかが窺える。

2.「アゼルバイジャン・サファヴィー朝国家」の変容

　共和国独立後に書かれた書籍の中には，「アゼルバイジャン・サファヴィー朝国家」が本来の定義を越えて使用されている例が散見される。例えば，『アゼルバイジャン歴史地図』には，「アゼルバイジャン・サファヴィー朝国家（シャー・アッバース1世とその後継者の時代，1587〜1736年）」という項目がある [ATXK 2007: 30]。すなわち，アッバース1世の改革によってサファヴィー朝は「イランの国家」に変質した，とする本来の主張が忘れられているのである。

　また，前述の『16世紀におけるアゼルバイジャン・サファヴィー朝国家』の翻訳版のタイトルは，単に『アゼルバイジャン・サファヴィー朝国家』とされている。うがちすぎかもしれないが，わざわざ「16世紀の」を外した背景には，「アゼルバイジャン・サファヴィー朝国家」をより大きく見せようとする意図があったのかもしれない。

　これは，「テュルク」を「アゼルバイジャン」と読み替える一連の流れの一環でもある。例えば，マフムードフによる研究書『アクコユンル朝，サファヴィー朝と西欧諸国の相互関係』(1991年) は，サファヴィー朝のみならず，アクコユンル朝も「アゼルバイジャンの国家」とみなしている [Maxмудов 1991]。

　概説書や一般書においても，同様の傾向が確認できる。例えば，ターヒル

ザーデによる「アゼルバイジャンの帝王たち（Azərbaycan imperatorları）」は，「アゼルバイジャン・トルコ人（Azərbaycan türkü）」の帝王たちの伝記シリーズである。このシリーズの第1巻［Tahirzadə 2005］の題材はアフシャール朝のナーデル・シャーであり，第2巻[15]の題材はガージャール朝のアーガー・モハンマド・シャーである。アフシャール族，ガージャール族ともに，キズィルバーシュを構成する部族であったことが，これらを「アゼルバイジャン・トルコ人の王朝」とみなす根拠と思われる。さらにターヒルザーデは，このシリーズの序文において，サファヴィー朝は当然として，イールドゴズ朝，カラコユンル朝，アクコユンル朝なども「アゼルバイジャン・トルコ人の王朝」として挙げている［Tahirzadə 2005: 3］。

また，ヒュセインリ著『イランの支配者たち』（2009年）はイランの歴代君主を列挙した書物であるが，ムザッファル朝（1314-1393）の君主の次が，サファヴィー朝を滅ぼしたアフガーン族のマフムード（d. 1725）となっており，アフシャール朝のナーデル・シャー，ザンド朝（1751-1794）のキャリーム・ハーン（Karīm Hān Zand, 1701/2-1779）と続く［Hüseynli 2009: 105-124］。マフムードは，1722年にエスファハーンを占領し，サファヴィー朝を実質的に滅亡させた人物である。つまり，サファヴィー朝君主は1人も挙げられておらず，「サファヴィー朝はイランの王朝ではない」という意識が窺える。また，この書物では，セルジューク朝やイルハーン朝，ティムール朝の君主も基本的に無視されている。ただし，アフシャール朝やガージャール朝の君主は取り上げられていることから，テュルク・モンゴル系を一律に除外している，というわけではないらしい。

3. アラズ川を越えて

ここで，「史観」についてまとめておこう。「史観」とは，サファヴィー朝前期を「アゼルバイジャン・サファヴィー朝国家」とし，アッバース1世の改革以降の「サファヴィー朝イラン」と特に区別する歴史観である。主にアゼルバイジャン・ソヴィエト社会主義共和国，後にアゼルバイジャン共和国

---

15) Ədalət Tahirzadə, *Ağaməhəmməd şah Qacar: tərcümeyi-hal oçerki*, 3-c ü nəşr（1-ci nəşr 2002-ci ildə）, Bakı, 2005.

の歴史家によって主張され，中でも中心的な役割を果たしたのが，バクー出身のサファヴィー朝史研究者オグタイ・エフェンディエフである。

「史観」は，1910年代から1920年代にかけてのロシア東洋学の成果を源流としている。特に重要な位置を占めたのは，サファヴィー朝の「テュルク性」を強調したバルトリドの学説である。後にこの「テュルク」が「アゼルバイジャン」に置き換えられ，「史観」が形成されたのである。この歴史観の大筋は，1940年代前半には完成していたが，その時点では学問的な裏付けに乏しく，用語も未確定であった。

この歴史観に実証的な裏付けがなされていったのは，1940年代後半以降のことである。1950年代中頃までには，かなり研究が進展し，理論的骨子が完成していたと思われる。そして，1960年代以降，エフェンディエフらによって，「アゼルバイジャン・サファヴィー朝国家」という用語も確定していった。「史観」は，遅くとも1980年代には定説の1つとして確立していた。この歴史観はアゼルバイジャンの歴史学界全体で共有された見解ではなかったが，支持派が大勢を占めていたようである。

そして，民族国家としての独立以降，アゼルバイジャン共和国では，「史観」が本来の意味を超えたものに変貌している。その背景にあるのは，同国における，南北アゼルバイジャンが歴史的に一体であったとする「大アゼルバイジャン主義」とも言うべき思想潮流である。「史観」は，この「大アゼルバイジャン主義」を支える，強力な論拠の1つとなっている。

サファヴィー朝，特に前期サファヴィー朝において，テュルク系の人々や言語が重要な役割を果たしたというのは，歴史的事実と言えるだろう。しかし，それを「アゼルバイジャン」と呼称するのは，適切と言えるだろうか。本書が明らかとしたように，〈アゼルバイジャン人〉という自己認識や，南北アゼルバイジャンの一体感が登場するのは，サファヴィー朝よりもずっと後の時代なのである。

以上，ニザーミーとシャー・イスマーイール（ハターイー）に関する考察から明らかになったのは，〈アゼルバイジャン人〉の定義に関する，2つの相反する側面である。ニザーミーを〈アゼルバイジャン人〉とする論理の背

後にあるのは、地縁的要素に基づく民族の定義である。テュルク系とは無関係の血統を有し、ペルシア語を用いた彼は、現在のアゼルバイジャン共和国の領域で生きたという事実のみによって、〈アゼルバイジャン人〉と考えられている。

一方、シャー・イスマーイールが代表するのは、血縁的要素や文化的要素に基づく定義である。彼が生まれ、活躍したのはアーザルバーイジャーン地方であり、南東コーカサスとは地縁を持たない。しかし、テュルク系（アゼルバイジャン系）の血統を有したという事実によって、彼は〈アゼルバイジャン人〉とされる。さらに、彼がテュルク語（アゼルバイジャン語）を母語としたという事実が、これを補強するわけである。

さて、現在のアゼルバイジャン共和国における民族主義は、アルメニアとの間の領土問題に対する「武器」としての側面がある。アゼルバイジャン語で「アルメニア人」は「エルメニ（erməni）」と呼ばれる。アゼルバイジャンに留学中、とある現地研究者がこの言葉に関する興味深い民間語源説を筆者に語ってくれたことがあった。彼によると、この語は「イェル・メニン」からの転化である。すなわち、アゼルバイジャン語で「土地 (yer) は、私のもの (mənim)」を意味しており、彼らの侵略者としての本質を表したものだというのだ。

彼の話は、語源説としては全くのナンセンスではあるが、現在のアゼルバイジャン共和国における歴史認識のあり方を端的に表すものでもある。その根幹をなすのは、「アルメニア人に自分たちの土地を奪われた」という被害者意識である。そして、ナゴルノ＝カラバフに代表される係争中の土地に対する正当性を主張するために、彼らはアゼルバイジャン人の「古さ」を主張しようとする。

「自分たち」の起源をより古く、特にアルメニア人よりも古く遡ろうとする彼らの主張を支えるのも、「地縁」、「血統」、「文化」という相反する要素に基づく民族の定義である。そして、血統による定義は、さらに2つに分かれる。本章では、そのうちの1つ、すなわち「テュルク（アゼルバイジャン）性」を強調する定義を扱った。すなわち、テュルク系の定着をより古くに遡り、その影響力をより強く見積もる主張である[16]。その影響を受けて、「史

観」は，本来の学術的な定義を超えた意味を持つようになった。

　このように，テュルク要素を強調する一方で，それを薄めるような潮流もある。それが血統による定義の2つ目，すなわち，古代のコーカサス地方に居住した様々な民族の血統が現在のアゼルバイジャン人に引き継がれている，とする主張である。地縁に基づいた定義の変形ともみなしうるこの主張において特に重視されるのは，アルバニア人（第1章第1節参照）である。アゼルバイジャンの歴史学界は，例えばこの地のキリスト教会などの遺構を，アルメニア人のものではなくアルバニア人のものであったと論じる。そうすることで，「自分たち」こそが該当地域のより古い住民であった，と主張するのである［cf. Altstadt 1992: 2-7; 北川 1998: 152-157］。この主張は，歴史の舞台から消えてしまったアルバニア人の血が，アゼルバイジャン人には引き継がれているがアルメニア人には引き継がれていない，という非常に奇妙で，おそらく証明不可能な論理によって支えられている。

　このようにして，民族国家アゼルバイジャンは，〈アゼルバイジャン民族〉という概念が成立する以前の人々を，あるいは古代の王国を，〈アゼルバイジャン〉へと取り込んでいくのである。そのためには，地縁，文化，血統など，あらゆる要素がその時々に応じて，都合よく用いられる。それ故に，〈アゼルバイジャン人〉の定義は一定しない。これはどの民族にも見られる現象であろうが，新生国家である点，深刻で苛烈な領土問題を抱えている点で，アゼルバイジャンにおいては特に強く現れているように見える。

---

16)「テュルク人」という概念自体も，拡大している。例えば，アゼルバイジャン共和国においては，トルコ共和国の学界と同様，シュメール人をテュルク系とするのが一般的である［e.g. Qaraoğlu 2007: 44-45］。

結　論

　本書の議論を通じて復元された〈アゼルバイジャン人〉創出の過程は、以下の通りである。
　まず、〈アゼルバイジャン〉という地名は、もともとアラズ川の南側のアーザルバーイジャーン地方だけを意味していた。これが段階的に拡大し、南東コーカサスをも含む地名へと変化していった。まず、16世紀後半に〈アゼルバイジャン〉の北限がアラズ川からキュル川へと移動する。それまで〈アッラーン〉、あるいは〈ガラバーグ〉と呼ばれていた領域が、〈アゼルバイジャン〉の一部とみなされるようになったのである。この地理認識は17世紀前半には定着し、オスマン語やヨーロッパ諸言語の作品でも見られるようになった。そのキュル川の北方の地であるシルヴァーン地方も、18世紀には〈アゼルバイジャン〉の一部とみなされるようになった。少なくとも19世紀後半のペルシア語の地理書や歴史書においては、この地理認識が一般的なものとなっている。一方で、このような地理認識は、南東コーカサスにおいては一般的ではなかった。「現地」の知識人や詩人たちは、〈アゼルバイジャン〉に何ら特別な感情も抱いていなかったのである（第2章、補論1、補論2）。
　南東コーカサスにおいては、11世紀頃から住民のテュルク化が進展、口語も主にテュルク語が用いられるようになっていった。この南東コーカサスのテュルク語に対して、ヨーロッパ言語の作品は〈トルコ語〉や〈タタール語〉など、様々な呼称を用いていた。この言語を〈アゼルバイジャン語〉と呼称し始めたのは、カザン学派の東洋学者カーゼム＝ベクと考えられる。管見の限り1846年の著作における用例が最古であるが、これは1839年まで遡れる可能性がある。彼は、オスマン・トルコ語やカザン・タタール語といった他のテュルク諸語との区別のために、この名称を用いたのだった。以降、この言語名は、ロシアの学界を中心に一部で広まっていく（補論4）。
　一方で、同時代の南東コーカサスでは、自分たちの言語を主に〈トルコ

語〉と呼称していた。彼らは自分たちの言語が他のテュルク諸語と異なることを認識していたが，一方でこれを他から区別するための言語名を持たなかった。〈アゼルバイジャン語〉という言語名を最初に受容したのはジェラール・ウンスィーザーデをはじめとするティフリス在住のテュルク系知識人たちで，それは1883年頃のことであった。さらに，言語が「民族」を定義する重要な要素の1つであると考えていた彼らは，やがて〈アゼルバイジャン語〉の話者である自分たちは〈アゼルバイジャン人〉という民族である，との認識に目覚める。彼らによって初めて〈アゼルバイジャン〉が明確に民族の名称として打ち出されたのは，1890年，『ケシュキュル』誌においてであった（第6章）。

〈アゼルバイジャン人〉は，ロシア語などによる他称〈タタール人〉や，それまで南東コーカサスで用いられていた自称〈カフカースのムスリム〉に置き換わる語として提唱された。〈カフカースのムスリム〉は，単一の民族であるという意識が元来は希薄であった南東コーカサスの住民を，1つの集団として過不足なく表現しえた最初の言葉として重要である。その最初期の用例は，ゼルダービーらによって1875年に創刊された新聞『種蒔く人』などで確認できる（第5章）。

〈アゼルバイジャン人〉の原型が〈カフカースのムスリム〉であることを考えると，ロシア帝国による南東コーカサス征服こそが，アゼルバイジャン民族意識形成の端緒であったということができるだろう。ロシア領カフカース地方への編入と，地理的概念，あるいは地名としての〈カフカース〉の普及によって，初めて彼らは自分たちの民族集団の輪郭を明確に想像することができたのである。この時期の南東コーカサスにおける啓蒙活動を主導した人々の大半がロシア式の教育を受けた人物，あるいは帝政ロシアの官吏などとして働いた人物であったことも重要である。

〈カフカースのムスリム〉という民族名の成立には，アーフンドザーデが用いた民族名〈イスラーム民族〉の影響も窺える。19世紀半ばに活躍した著作家であり，帝政ロシアの軍官僚でもあった彼は，この言葉を主にイラン，オスマン帝国，南東コーカサスの住民を指す呼称として用いていた。一方で，彼の自他認識が複合的・多重的なものであったことも，見逃せない事

実である。彼の帰属意識は，語りかける相手に応じて，〈イラン民族〉や〈トルコ人〉，〈タタール人〉など，様々に変化するものでもあった。しかし，最も用いられる頻度が高かった集団名は，〈イスラーム民族〉である。輪郭の曖昧なこの言葉を彼が好んだ背景には，自身の出自と帰属意識との齟齬を隠すという意図もあっただろう（第4章）。

　このように，〈カフカースのムスリム〉が登場する以前，南東コーカサス現地の知識人たちの「我々」意識のあり方は極めて曖昧であった。アーフンドザーデの一世代前の知識人であるバキュハノフに見られる〈東コーカサス〉という地理認識も，そういった例の1つである。この地理認識においては，シルヴァーン地方とダゲスターン地方の一体性が強く意識される一方で，シルヴァーン地方とアッラーン（ガラバーグ）地方との結び付きが明確ではない（第3章）。

　ここで，「民族」とは必然的に存在するものではなく，特定の歴史的状況の産物である，という近年の民族研究の潮流を思い起こしてみよう。この考え方は，南東コーカサスの事例においても，よくあてはまるように思われる。バキュハノフの〈東コーカサス〉，アーフンドザーデの〈イスラーム民族〉や〈イラン民族〉，ゼルダービーの〈カフカースのムスリム〉は，南東コーカサスにおいて〈アゼルバイジャン人〉とは別の民族が形成される余地があったことを示している。現在のアゼルバイジャン人は，「イラン人」を名乗っていた可能性もあったし，「東コーカサス人」を名乗っていた可能性もあった。そうならずに，〈カフカースのムスリム〉から発展した〈アゼルバイジャン人〉が生き残ったのは，必然であっただろうか，それとも偶然に過ぎないものだったのだろうか。残念ながら，我々はそれを判断する術を持たない。

　また，〈東コーカサス〉や〈イラン民族〉は失敗に終わったアイディアであったが，一方でバキュハノフやアーフンドザーデが唱導した啓蒙主義は，後の世代に確実に継承されていった。彼らの全員が知性と学問の強力さを信じ，一般大衆を無知から脱却させ，自由を獲得させることを目指したのだった。また，彼らが「簡単な言葉」での説明を重要視したことも見逃せない。美文調の文体や，アラビア語やペルシア語に由来する難解な語彙・表現を廃

した彼らのテュルク語は，現代アゼルバイジャン語の基礎となった。

さて，〈カフカースのムスリム〉を経て〈アゼルバイジャン人〉が登場した後も，南東コーカサスにおける「我々」意識の輪郭は揺れていた。20世紀初頭に〈アゼルバイジャン人〉，〈アゼルバイジャン語〉といった用語がかなりの程度普及・定着していたことは事実である。一方で，この時代においても，多くの知識人たちの自他認識は多重的なものであった。1918年に建国された民族国家の名に〈アゼルバイジャン〉が採用され，南東コーカサスを指す地名としての〈アゼルバイジャン〉が定着する一方で，民族や言語の公称は〈テュルク〉であり続けた。〈アゼルバイジャン〉が公式の民族名・言語名となるのは，1936年のことである。祖国の名，民族の名，言語の名が一致した時，その民族意識はより強力なものとなったであろう。〈アゼルバイジャン人〉が真の意味で誕生したのは，この時であったと言える（第7章）。

アゼルバイジャン民族意識の形成過程を，南東コーカサスの「ウチ」と「ソト」で起きた出来事に分けて，まとめたのが図59である。「ウチ」か「ソト」かを無視して，領域・言語・民族の呼称の提唱（登場），普及，定着（公式化）という3つの段階に分けるなら図60のようになる。また，南東コーカサス住民の「我々」意識の変化に注目するならば，19世紀前半の集団としての実体を持たない状況から，1870年代の「カフカース地方に住む，トルコ語を話す，カフカースのムスリム」，1880年代前半の「カフカース地方に住む，アゼルバイジャン語を話す，カフカースのムスリム」，1890年以降の「カフカース地方に住む，アゼルバイジャン語を話す，アゼルバイジャン人」を経て，最終的に「アゼルバイジャンに住む，アゼルバイジャン語を話す，アゼルバイジャン人」へと至った，とまとめることができるだろう。

アゼルバイジャン民族意識はこのようにして成立したわけだが，現代においては，逆にこの民族名を根拠として「大アゼルバイジャン主義」が語られ，南アゼルバイジャンを「取り戻す」運動が行われている。「大アゼルバイジャン主義」は，民族主義に基づく典型的な失地回復運動ではあるが，歴史的事実に即して見る限り，それは誤りと言わざるをえない。〈アゼルバイジャン〉は，いかなる土地を失ったこともないし，「南北に分断」されたこ

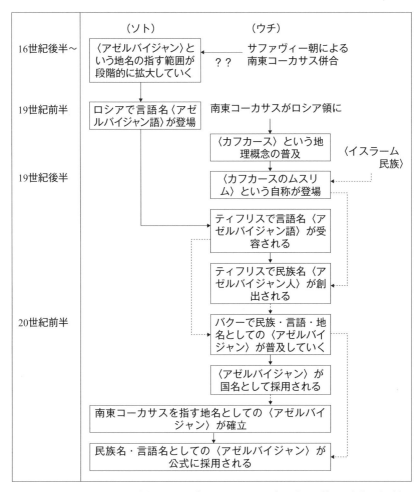

図59 領域・言語・民族の呼称としての〈アゼルバイジャン〉の成立・普及・定着過程（1）
※実線の矢印は直接的な影響，点線の矢印は変化を表す

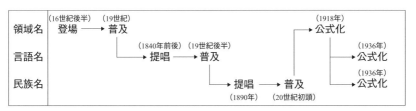

図60 領域・言語・民族の呼称としての〈アゼルバイジャン〉の成立・普及・定着過程（2）

ともない。南東コーカサスがロシア帝国に併合された時点では，現在用いられる意味における〈アゼルバイジャン〉は存在していなかったからである（終章）。

さて，このようにして見てみると，現在のアゼルバイジャン人の重要な特徴の1つとされる「シーア派」は，民族意識形成の過程に直接関わっていないように思われる。本書で示されたように，後に〈アゼルバイジャン人〉となる人々が最初に集団意識を形成した際，その基層にあったのは，〈カフカース〉という地理概念であった。また，用いられた集団名は〈ムスリム〉であったが，その背景には，スンナ派・シーア派という宗派の区別を超えるという意図があったのである（第5章）。また，後年，〈アゼルバイジャン人〉の提唱者たちが，他のテュルク系民族から自分たちを区別する際の根拠としたのも，言語の差異であって，宗派の差異ではなかった。そもそも，彼らが〈アゼルバイジャン〉を民族名とした理由の1つは，宗教によらない呼称を欲したことにある（第6章）。

そうであるなら，サファヴィー朝の統治下で生じたシーア派化を民族形成の画期とする従来の説にも，実証的な研究に基づいた再検討が求められるだろう。序章などでも触れたように，先行研究は，サファヴィー朝時代に南東コーカサスとイランとの紐帯が強まったと説明する。しかし，南東コーカサスは，それ以前から「イラン世界」の一部であったし，地域のテュルク化も数世紀来の流れであった。サファヴィー朝時代，それらに決定的な変化が生じたと言えるだろうか。

確かに，地名〈アゼルバイジャン〉の拡大が始まったのはサファヴィー朝期であり，これは従来説を裏付けているようにも見える。しかしながら，本書からは，従来説を否定するような事実が，いくつも確認できる。まず，地名の拡大が16世紀後半から，すなわち，先行研究が重視するアッバース1世による移住政策が行われる以前から始まっていることが指摘できる。また，最初に〈アゼルバイジャン〉に包含されたのは，アルメニア人も多く暮らすガラバーグ地域であった。後に〈アゼルバイジャン〉がクルディスターンなども含むようになるまで拡大したことも，地名が指す領域の変化と民族意識の形成とが無関係であったことを示唆している。また，南東コーカサス

には 19 世紀の段階でも相当数のスンナ派住民が存在しており，シーア派という宗派の共通性によってアーザルバーイジャーンとの紐帯が強まったというのは無理があるように思われる。さらに繰り返しになるが，そもそも南東コーカサス現地の住民たちは，自分たちの暮らす土地を〈アゼルバイジャン〉とは呼んでいなかったし，アーザルバーイジャーンとの連帯意識も抱いていなかったのである（第2章）。民族意識形成期の南東コーカサスの知識人たちにも，サファヴィー朝をとりわけ重要視するような歴史観は見られない。例外はアーフンドザーデであるが，彼はシーア派を〈イラン民族〉の特徴として語ったのであって，サファヴィー朝も「イラン民族の象徴」として重視したのだった（第4章，終章）。

　以上のことから，地名としての〈アゼルバイジャン〉の拡大には，少なくとも民族（エトニ）や言語，宗派の共通性は関わっていないと考えられる。ただし，南東コーカサスのサファヴィー朝への政治的な統合が，地名の拡大に影響を与えた可能性は捨てきれない。

　先行研究は地域的な統合と民族の形成とを並行する過程であるとみなしているが，実際に生じた事態は，むしろ逆である。本書で確認されたように，〈アゼルバイジャン人〉意識の形成は，南東コーカサスのイラン世界からの断絶という段階を経ている。〈アゼルバイジャン人〉の形成は，まず〈イラン人〉から〈カフカースのムスリム〉を分離する過程であった。もともと，この民族の輪郭は，「ザカフカース」という地理区分と「イスラーム」という宗教によって決定されていたのである。民族の輪郭がアーザルバーイジャーン地方をも含む形に変化したのは，民族の名として〈アゼルバイジャン〉が採用された結果であろう。すなわち，〈アゼルバイジャン〉という地域が〈アゼルバイジャン人〉を形成したのではなく，〈アゼルバイジャン人〉が〈アゼルバイジャン〉という地域を形成したのだ。

　また，〈アゼルバイジャン人〉は〈カフカースのムスリム〉の後継者であるが，両者には大きな違いもある。〈カフカースのムスリム〉は，主に行政単位，すなわち領域的な要素を核に想像され，形成されたものであった。一方で，それを引き継いだ〈アゼルバイジャン人〉は，言語を核に民族の範囲を想像しようとした。すなわち，「アゼルバイジャンに住むからアゼルバイ

ジャン人」ではなく,「アゼルバイジャン語を話すからアゼルバイジャン人」だったのである。

〈アゼルバイジャン人〉の登場が,民族に対する抑圧の強まった 1880 年代から 1890 年代にかけてであり,ムスリムが少数派であったティフリスであったことも,興味深い事実である。また,当初のアゼルバイジャン民族主義者たちに「祖国」の感覚が希薄であるように見えるのは,彼らの活動の中心がティフリスであったことの影響と言えるかもしれない。「祖国」の感覚が明確に打ち出されるようになるのは,20 世紀初頭以降,すなわち民族主義運動の中心がバクーに移って以降のことである。

本書では扱うことのできなかったテーマもある。特に,ロシア帝政下の他のムスリム居住地域やオスマン帝国,あるいはアーザルバーイジャーン地方との比較の中で,19 世紀における南東コーカサスの状況をより大きな枠組みに位置付ける作業が今後必要になるだろう。南東コーカサスそのものについても,特に 20 世紀前半の状況に関してより詳しい分析を加える必要がある。これらに関しては,今後の課題としたい。

付録1　19世紀の南東コーカサスで著された歴史書・地誌

　第2章第3節第3項でも触れたように，19世紀の南東コーカサスでは，多くの歴史書や地誌が書かれた。アラビア語，ペルシア語，テュルク語によるこれらの作品は，多くが写本の形で残されており，現在ではアゼルバイジャン国立科学アカデミーのM・フズーリー記念写本研究所（以下，「写本研究所」）に保管されている。ここでは，日本国内はもとより，世界的にもあまり存在を知られていない，これらの作品を解説する。なお，各作品の番号は，86頁の表14のNo.と対応している。

　現在のアゼルバイジャン共和国においては，写本の校定，あるいは翻刻という作業はほとんど行われない。ペルシア語作品の一部は校定が行われているが，それらはソヴィエト時代の校定や，イランで出版されたものである。翻刻がなされているテュルク語作品もいくつかあるが，これらは全てソヴィエト時代のものである。校定や翻刻の代わりに盛んなのが，現代アゼルバイジャン語への翻訳である。しかし，これらは時に内容が不正確であり，また難読箇所を省略していることも多い。

　以上のような状況のため，筆者はこれらの作品を利用するにあたって，基本的に写本を用いた。写本の利用が困難なものなど一部の作品に限っては，翻刻や翻訳を利用している。

①『イラン史の要約』

・著者：ミールザー・ジャマール・ジャヴァーンシール・ガラバーギー（Az. Mirzə Camal Cavanşir Qarabaği ／ Pe. Mīrzā Jamāl Javānšīr Qarābāġī）
・言語：ペルシア語
・成立年：1816年
・分野：イラン史

　本書の著者であるミールザー・ジャマールは，1187／1773-4年，ガラバーグ地方の有力部族集団であったジャヴァーンシール族のミンバシ（千人長）の家系に生まれた。少年時代にペルシア語とテュルク語を学んだ彼は，1202／1787-8年にガラバーグ・ハーン国の知事エブラーヒーム・ハリール・ハーンの宮廷に出仕する。以後，彼はガラバーグ・ハーン国の重臣として，激動の時代を生きることとなる。

　第1章第3節で言及した19世紀末のガージャール朝による2度にわたる南東コーカサス遠征は，どちらもガラバーグ・ハーン国の征伐を主要な目的の1つとしていた。その2度目の遠征の直後，ミールザー・ジャマールは，ハーン国の大臣

任命されている。1804年に始まった第1次イラン・ロシア戦争に際してはロシア軍との交渉役を務める。1805年，ガラバーグ・ハーン国をロシア帝国の保護国とする条約が締結された後には，ロシア軍に従軍した。

彼はエブラーヒーム・ハリール・ハーンの死後も，そのあとを継いだマフディー・ゴリー・ハーン（Mahdī Qolī Ḫān, r. 1806-1822）によって引き続き大臣職を任された。1822年にガラバーグ・ハーン国が廃止された後は，ロシア軍政下の裁判所に役職を得た。1840年に引退し，1853年に死去するまでの十数年間に後述の『ガラバーグ史』（後述の⑩）の著述が行われたと考えられる［Qarabağnamələr: I. 118-119; һүсейнзадә 1967: 31-32; Bournoutian（tr.）2004: 3-11］。

1816年に彼がロシア側の求めに応じて著したこの無題の歴史書は，自筆本が写本研究所に保管されている［Mīrzā Jamāl Б-3050］。大きさは17×22 cm，37葉である。カヤーニー朝[1]からガージャール朝に至る，イランの王朝史を極めて簡潔に記している［РЭФ（ред.）1963: 52-53］。

管見の限り，本書に関する研究，校定，翻訳などは存在しない。

② 『エラムの薔薇園 Golestān-e Eram』

- 著者：バキュハノフ
- 言語：ペルシア語
- 成立年：1841年
- 分野：東コーカサス史

本書に関しては，第3章，及び付録3を参照。

③ 『ランキャラーンの宝石の書 Javāher-nāme-'e Lankarān』

- 著者：セイイト・アリー（Az. Seyid Əli b. Kazım bəy / Pe. Seyyed 'Alī b. Kāẓem Beyg）
- 言語：ペルシア語
- 成立年：1869年
- 分野：タールシュ地誌

ランキャラーン市を中心とするタールシュ地域の地誌・地方史である『ランキャラーンの宝石の書』は，19世紀の同地域に関する貴重な情報を多く含む重要な書物である。序文と全6章の本文，終章から構成される。第1章がランキャラーンの語源に関する解釈，第2章がタールシュという地域名に関する考察，第3章がタールシュ地域の範囲と境界線の説明，第4章が同地域の気候，第5章が同地域に縁の

---

1) イラン神話で語られる古代王朝。

ある聖者たちの紹介，第6章がタールシュ・ハーン国の18世紀の歴史に関する叙述，終章はこの地域に存在する遺跡・遺構の紹介にあてられている。

著者のセイイト・アリーに関しては，不明な点が多い。著者自身の言によると，曽祖父がタールシュ・ハーン国の知事であったガラ・ハーンことジャマール・アッ＝ディーン・ミールザー・ベグ（Jamāl al-Dīn Mīrzā Beyg（Qarā Ḫān），r. 1747-1786）のいとこにあたるという［ИР 2000: 271-272; һүсейнзадә 1967: 157-166］。

本書の写本は，写本研究所に保管されている1冊のみが知られている［JL Б-3049］。これは著者による自筆本であり，1869年に完成した。93頁，22×17 cmである。2000年にシェイフザマーンル（Rauf Şeyxzamanlı）による現代アゼルバイジャン語訳が出版されたというが，筆者は未見である。

④『諸情報の書 *Aḫbār-nāme*』

・著者：ミールザー・エフメト（Az. Mirzə Əhməd b. Mirzə Xüdâverdi / Pe. Mīrzā Aḥmad b. Mīrzā Ḫodāverdī）
・言語：ペルシア語
・成立年：1882 or 1883年
・分野：タールシュ史

19世紀のタールシュ地方に関するもう1つの重要な史料が，ミールザー・エフメトによる『諸情報の書』である。同地方で自立していたタールシュ・ハーン国に関する歴史書であり，1780年から1840年頃までの情報を含む。

著者ミールザー・エフメト自身の言葉によると，この作品が完成した1300／1882-3年，彼は97歳であったという。なお，この時既に失明していたらしい。彼の没年は明らかではないが，1307年ラビーウ・アル＝アウワル月（1889年10-11月）に生存していたことは確実である。つまり，彼の言葉を信じるとすれば，少なくとも103歳までは生きたということになる。

著者の父ミールザー・フダーヴェルディは，タールシュ・ハーン国の歴代ハーンのもとで大臣職を務めた人物である。『諸情報の書』には，この父から聞いた話が多く生かされているという［Aḫbār-nāme: 9-12; Hüseynzadə（tər.）2009: 3-11］。

本書の写本は，アゼルバイジャン国立科学アカデミーの歴史学研究所に保管されている1冊のみが知られている。近年，校訂本［Aḫbār-nāme］が出版された他，アゼルバイジャン語訳が利用できる［Hüseynzadə（tər.）2009］。

⑤『シェキのハーンたちの簡潔な歴史 *Şəki xanlarının müxtəsər tarixi*』

・著者：キャリーム・アーガー・シェキハノフ（ファーテフ）（Kərim ağa Şəkixanov（Fateh））

・言語:テュルク語
・成立年:1829 年
・分野:シェキ史

　本書の著者キャリーム・アーガーは,シェキ・ハーン国の知事の家系に生まれた。彼の父ファトフ・アリー・ハーン(Fatḥ 'Alī Ḫān, r. 1805)は,ごく一時的ながらもシェキ知事の地位に就いたことのある人物である。彼は,その出自に基づいたロシア語の通称シェキハノフの他,詩人としての雅号ファーテフの名でも知られる。生年は不詳だが,1858 年に死去したことが分かっている。[ŞXT: 3-7; hүсейн-задә 1967: 29-30, 183]。

　本作品は,キリル文字アゼルバイジャン語への翻刻が利用できる[ŞXT: 9-20]。翻刻版で 11 頁という,極めて短い作品であるが,18 世紀から 19 世紀初頭のシェキに関する貴重な情報を提供する。

⑥『シェキのハーンたちとその子孫たち Şəki xanları və onların nəsilləri』

・著者:ハージュ・セイイト・エブドゥルヘミート(Hacı Seyid Əbdülhəmid)
・言語:テュルク語
・成立年:19 世紀半ば
・分野:シェキ史

　著者ハージュ・セイイト・エブドゥルヘミートは 1210／1795-6 年にシェキ市で生まれた。故郷で伝統的な教育を受けた後に旅行に出発。メッカ,メディナ,エジプト,シリア,イスタンブルなどをめぐった後に,ティフリスに到着した。その後はギャンジャなどで一時的な生活を営んだが,最終的にはシャマフに落ち着いた[hү-сейнзадә 1967: 183-186]。

　彼のテュルク語による短い作品『シェキのハーンたちとその子孫たち』は,シェキ・ハーン国の知事の家系に関する歴史書である。15 世紀半ばから 1806 年までの記述を含む。リュスタモフ(S. Rüstamov)によると,本作品の著作が行われたのは,前述のキャリーム・アーガーの死後,すなわち 1858 年以降のことである。

　本作品は,キリル文字アゼルバイジャン語への翻刻版が,キャリーム・アーガーの作品との合冊の形で出版されている[ŞXT: 22-30]。

⑦『ヌハのハーンたちの過去の状況の話 Ḥekâyət-i əḥvâlât-i sâbiqə-yi xəvânîn-i Nûxû』

・著者:不詳
・言語:テュルク語
・成立年:19 世紀半ば?
・分野:シェキ史

シェキ・ハーン国の歴史に関する小作品の1つで、扱う時代や地域は上で紹介した2作品とほとんど変わらない。写本研究所にБ-3159の名で1冊のみ写本が残されている［ḤN Б-3159］。17 × 21 cm で8葉、筆写年代は1283／1866-7年。

⑧『ジャール年代記』

- 著者：モッラー・メヘンメト・エル＝ジャーリー（Az. Molla Məhəmməd əl-Cari ／ Ar. Mullā Muḥammad al-Jārī）
- 言語：アラビア語
- 成立年：不詳
- 分野：ジャール史

この無題のアラビア語史書は、通例『ジャール年代記 Car salnaməsi』と呼ばれる。18世紀のジャール地域に関する貴重な情報を提供する。南東コーカサスの北東端に位置するこの地域は、アヴァル人が多く暮らすことで知られ、18世紀においても彼らの共同体が存在していた。

この作品や著者に関しては不明な点が多い。作品は1108／1696-7年に記述に始まり、1178／1764-5年までの情報を含む。また、この作品には、アラビア文字アヴァル語版の写本も発見されている。これはアラビア語版からの翻訳であるようだ［Сулејманова 1997: 4］。

写本は1冊のみ知られている［Jārī Б-1835］。書写年代は不明、20葉、21 × 15 cm である。1932年にロシア語訳が、1997年にアゼルバイジャン語訳が出版されている［Сулејманова 1997］。

⑨『ガラバーグの書 Qarâbâğnâmə』

- 著者：ミールザー・アドゥギョゼル・ベイ（Mîrzə Adıgözəl bəy b. Ḥaqverdî bəy b. Adıgözəl ağa）
- 言語：テュルク語
- 成立年：1845年
- 分野：ガラバーグ史

19世紀の南東コーカサスにおいて、最も盛んに歴史書が書かれたのは、ガラバーグ地域である。ペルシア語、あるいはテュルク語で書かれたこれらの諸作品は、「ガラバーグ諸書（Qarabağnamələr）」と総称され、現代アゼルバイジャン語への翻訳・翻刻版が全3巻で出版されている［Qarabağnamələr］。

これら「ガラバーグ諸書」のうち、最初期に成立し、また最も有名なものの1つがアドゥギョゼル・ベイによる『ガラバーグの書』である。著者は、ガラバーグの中心都市であったシュシャの出身。正確な生年は分かっていないが、いくつかの記

録から1780年代前半の生まれと考えられている。

　彼の少年期については不明な点が多いが、1795年のアーガー・モハンマド・ハーンのガラバーグ遠征に際して、家族とともにグルジアに脱出したことが彼自身の記述から分かっている。1796年には既にティフリスで暮らしていたようで、この時期にロシア語を習得したようである。1799年以降、ロシア帝国の役人や軍人たちのもとで東洋諸言語の専門家として働き、1829年に大尉（капитан）に昇進した。

　1830年にはロシア軍を退役してガラバーグへと戻り、先述のミールザー・ジャマールとも親交を持った。『ガラバーグの書』の執筆はこの時期になされ、1845年に完成した。彼は1848年に死亡し、レヒームリ村（Rəhimli）の墓地に埋葬された[Qarabağnamələr: I. 8-33; Һүсейнзадə 1967: 30-31; Bournoutian (tr.) 2004: 11-13]。

　『ガラバーグの書』の記述はナーデル・シャーが南東コーカサスを制圧した1730年代から始まる。以降、トルコマンチャーイ条約が締結された1828年へと至る、ガラバーグ地方の政治史が簡潔なテュルク語で描かれる。全12章の本文に短い序文と、著者の自伝である終章が付されている。

　本書の写本は、5種類が知られている。Б-1150写本［Adıgözəl bəy Б-1150］は、その中で最も書写年代が古く、1261／1844-5年に作成された。大きさは17×22 cm、52葉である。M-87写本［Adıgözəl bəy M-87］は、1279／1862-3年の作成で、17×22 cm、90葉である。他に2写本が写本研究所に所蔵されている他、1写本がサンクトペテルブルクに存在するという［Quliyev (red.) 2004: 6]。

　前述した「ガラバーグ諸書」翻訳・翻刻集では、この作品が1番最初に収録されている［Qarabağnamələr: I. 22-116］。明記されていないが、これは翻刻ではなく、現代アゼルバイジャン語への翻訳である。残念ながら、写本の表現を正しく伝えていない箇所も多い。また、2004年には、ブルヌティアンによる英訳が出版された［Bournoutian (tr.) 2004］。ただし、写本からの翻訳ではなく、前述の現代アゼルバイジャン語訳からの重訳と思われる。

⑩『ガラバーグ史 *Tārīḫ-e Qarābāġ*』

　・著者：ミールザー・ジャマール・ジャヴァーンシール・ガラバーギー
　・言語：ペルシア語
　・成立年：1840年代
　・分野：ガラバーグ史

　「ガラバーグ諸書」のうちアドゥギョゼル・ベイの『ガラバーグの書』と同時期に成立し、史料的価値においても比肩するのが、ミールザー・ジャマールの『ガラバーグ史』である。

著者が公務を引退した 1840 年から死去する 1853 年までの間に本書が書かれたことは，①で既に述べた通りである。この歴史書は本文 7 章と終章，付録的ないくつかの小節から構成される。史料的価値が高いのは，18 世紀半ばのガラバーグ・ハーン国成立から，1822 年の滅亡までを記す第 3 章以降の部分である。

　本書の現存する写本は，1294／1877-8 年に書写された 1 冊のみである。写本研究所に M-195（旧ラベルでは Б-712）として保管されるこの写本は，ヘザーニーの『ガラバーグ史』（後述の⑬）との合冊本である。大きさは 18 × 23 cm，全 140 葉のうち 34 葉がこの作品にあてられている。

　ブルヌティアンによると，本書には少なくとも，あと 2 つ写本が存在した。失われた写本のうちの 1 つは 1840〜1844 年に作成された。1855 年にこの作品をロシア語に翻訳したアドルフ・ベルジェが参照したのが，この写本である可能性が高いという。もう 1 つは，1847 年にカフカース総督ヴォロンツォーフに献じられたものである［Bournoutian（tr.）2004: 8-9］。

　本書の校定本［TQ］は，2005 年に出版された。また，写本のファクシミリを付したロシア語・アゼルバイジャン語訳［Бабаев（пер.）1959］と，英語訳［Bournoutian（tr.）1994; Bournoutian（tr.）2004: 31-146］が出版されている。

⑪『清らかなる歴史 Tārīḫ-e ṣāfī』

　　・著者：ミールザー・ユースィフ・ガラバーギー（ネルセソフ）（Az. Mirzə Yusif Qarabaği（Nersesov）／ Pe. Mīrzā Yūsof Qarābāgī）
　　・言語：ペルシア語
　　・成立年：1855 年
　　・分野：ガラバーグ史

　本書の著者ミールザー・ユースィフは，1798 年，ガラバーグ地域の村で生まれた。その家系はアルメニア系で，もともとはアーザルバーイジャーン地方の町アハルに住んでいたという。彼の別称であるネルセソフは，そのアルメニア語名がロシア語化したものである。

　彼は少年時代に誘拐され，ガージャール朝宮廷の奴隷となった。イスラーム教に改宗した彼は，アラビア語，ペルシア語，テュルク語を学んだ後に書記となった。1828 年に第 2 次イラン・ロシア戦争が終結すると，ガラバーグに帰郷し，キリスト教（アルメニア教会）に改宗する。その後，シュシャのアルメニア人学校で，ペルシア語とテュルク語を教えた。1854 年からは，北カフカースに赴き，グリゴーリー・ジャンバクリヤン＝オルベリアニ将軍（Григорий Дмитриевич Джамбакуриан-Орбелиани）に仕えている。1855 年に『清らかなる歴史』を書き上げた後，1856 年に死去した［Qarabağnamələr: II. 8-12; Һүсейнзадə 1967: 88-113; Bournoutian（tr.）

2004: 13-15]。なお、モスクワ大学の教授となったネルセス・ネルセソフ（Нерсес Осипович Нерсесов, 1848-1894）は、彼の5人いる息子のうちの1人である。

本書は、全9章の本文と前文、終章からなる。1736年の出来事の記述に始まり、1828年のトルコマンチャーイ条約の締結までのガラバーグ地方の歴史を描く。同地方に存在していたアルメニア人共同体の情報に特に詳しく、史料的価値が高い。

本書の写本は、グルジアの国立写本センターに所蔵されている1冊のみが知られている。147葉、大きさは不明［Quliyev (red.) 2004: 7］。2011年には、校定本［TŞ］が出版された。また、現代アゼルバイジャン語への翻訳が利用できる［Qarabağnamələr: II. 7-106］。

⑫『ルザーグル・ベイによるガラバーグ史』

- 著者：ルザーグル・ベイ（Az. Rzaqulu bəy b. Mirzə Camal / Pe. Reẓā Qolī b. Mīrzā Jamāl）
- 言語：ペルシア語
- 成立年：19世紀後半
- 分野：ガラバーグ史

①と⑩の著者であるミールザー・ジャマールの息子ルザーグル・ベイによって著されたこの作品の正確な書名は不明である。内容は父の作品である⑩の要約で、写本が1冊のみ知られている［Reẓā Qolī Б-470］。研究所に保管されており、書写年代は19世紀後半、81葉、21×26 cmである［РӘФ (ред.) 1963: 53］。また、現代アゼルバイジャン語への翻訳が存在する［Qarabağnamələr: II. 235-285］。

ルザーグル・ベイ自身に関しては、ほとんど情報がない。19世紀前半にティフリスにいたこと、准尉（прапорщик）の階級にあったこと、1855年に①のロシア語訳が発表された際、それに付す形で父ミールザー・ジャマールの小伝を著していることが知られている。

⑬『ガラバーグ史 Târîx-i Qarâbâğ』

- 著者：ミール・メフディー・ミュセヴィー・ガラバーギー（ヘザーニー）（Mîr Məhəmməd Məhdî b. Mîr Hâşim b. Mîrzə Məhəmmədbâğır Müsəvî Qarâbâğî (Xəzânî)）
- 言語：テュルク語
- 成立年：1870年代
- 分野：ガラバーグ史

本書の著者ミール・メフディー・ミュセヴィー・ガラバーギー、通称ヘザーニーは、1819年、ガラバーグ地方のゼンゲズール地区で生まれた。幼少期に父を失い

家族は困窮したというが，この厳しい状況の中でヘザーニーはアラビア語やペルシア語，イスラーム諸学に関する教育を受けた。1838年にギャンジャに移住し，一時的にその地で教育に従事したが，後にガラバーグ地方に帰郷。1893年に死亡した。

彼のテュルク語による作品『ガラバーグ史』は，アラブによる征服から19世紀半ばまでのガラバーグ地域の歴史を扱う。特に1747年から1826年の記述が詳しい。全24章（写本によっては全25章）の本文に，序文と終章が付される［Qarabağnamələr: II. 108; Hүсейнзадə 1967: 113-134］。

現在残されているこの作品の写本としては，まず⑩との合冊であるM-195写本が挙げられる［Xəzânî M-195］。38葉目から140葉目までがこの作品にあてられているが，作品の冒頭部が欠けている。最も信頼性の高い写本は，Б-518写本である［Xəzânî Б-518］。筆写年代は1870年代，105葉で，18×22 cm。これら以外に3写本が知られており，いずれも写本研究所に保管されている［Quliyev (red.) 2004: 6-7; РЭФ (ред.) 1963: 53-54］。また，現代アゼルバイジャン語への翻刻が存在するが，質は高くない［Qarabağnamələr: II. 109-234］。

⑭『ガラバーグ・ハーン政権の1747年から1805年の政治的状況について *O политическом существовании Карабачского ханства с 1747 по 1805 год*』

・著者：エフメト・ベイ・ジャヴァーンシール（Əhməd bəy Cavanşir）
・言語：ロシア語
・成立年：1884年
・分野：ガラバーグ史

著者エフメト・ベイは1828年，シュシャ近郊のキャフリーズリ（Kəhrizli）村で生まれた。1843年，サンクトペテルブルクに行き，パヴロフ軍事教練隊（Павловский кадетский корпус，後のパヴロフ士官学校）に入隊，士官としての教育を受けた。1848年から軍務に就き，クリミア戦争にも従軍した。多くの武功をあげ，種々の勲章を得たという。1854年に除隊。生まれ故郷のキャフリーズリ村に帰り，当地の近代化に取り組んだ。その経歴と活動から，彼は村人たちから「ロシア人のエフメト・ベイ（urus Əhməd bəy）」と呼ばれたという。

その後も各地で様々な活動に従事したこの人物は，1903年に死去した。死の直前に自伝を書き，自身の娘に渡したらしいが，その原稿は未だに発見されていない。残念ながら，既に失われてしまった可能性が高いという［Qarabağnamələr: I. 168-177; Hүсейнзадə 1967: 134-157］。

文学作品なども多く残したエフメト・ベイであるが，その最も重要な作品が『ガラバーグ・ハーン政権の1747年から1805年の政治的状況について』である。ロシ

ア語で書かれたこの歴史書は，1884 年にティフリスで刊行された[2]。1901 年にはシュシャで再版されている。本文は 5 章構成である。現代アゼルバイジャン語への翻訳が利用できる［Qarabağnamələr: I. 178-207］。

⑮『ガラバーグの状況 Əḥvâlât-i Qarabâğ』

- 著者：バハールル（Baharlı）
- 言語：テュルク語
- 成立年：1888 年（1920 年代以降）
- 分野：ガラバーグ史

本書の著者バハールルに関しては，不明な点が多い。ガラバーグ・ハーン国の重臣であったミールザー・ヴェリー・ベグ・バハールルを祖父に持つ。本書のオリジナル版は 1888 年に完成されたようだが，現在我々に知られているものは，後世に書き足しがされたバージョンで，1920 年代に関する情報も含んでいる。

本作品の写本は 2 種類が知られている。写本研究所に保管されているものは，書写年代が 20 世紀前半，27 葉，19 × 30 cm である。もう 1 冊はアルメニア共和国のマテナダラン古文書館（Матенадаран）に保管されており，74 頁，書写年代・大きさは不詳。現代アゼルバイジャン語版が利用できるが，これが翻刻なのか翻訳なのかは判然としない［Quliyev（red.）2004: 5; Qarabağnamələr: III. 32-120］。

⑯『ガラバーグ地方の古今の状況と情勢 Qarabağ vilayətinin qədim və cədid keyfiyyət və övzaları』

- 著者：ヘセネリー・ガラダギー（Həsənəli Qaradaği）
- 言語：テュルク語
- 成立年：1880 年（1936 年）
- 分野：ガラバーグ史

著者のガラダギーは 1848 年にシュシャで生まれた。ガラダギーという名は，先祖がアーザルバーイジャーン地方のガラーダーグから移住してきたことに由来する。彼はテュルク語以外にもロシア語，ペルシア語，アラビア語の知識を持ち，シュシャを拠点に多彩な活動を行った。1928 年に死亡。

1880 年に著された『ガラバーグ地方の古今の状況と情勢』の原本は既に失われており，著者の息子によって 1936 年に作成された 10 葉の要約のみが知られている［Qarabağnamələr: III. 123; Quliyev（red.）2004: 6］。現代アゼルバイジャン語版が利

2） Ахмед-бек Джеваншир, *О политическом существовании Карабагского ханства с 1747 по 1805 год*, Тифлис, 1884.

用できるが，これが翻刻なのか翻訳なのかは判然としない［Qarabağnamələr: III. 121-130］。

付録2　ロシア帝政期南東コーカサスにおける
テュルク語定期刊行物

　ここでは，ロシア帝政期の南東コーカサスで刊行されたテュルク語の定期刊行物を紹介する。筆者が実際にアクセスできた定期刊行物は多くなく，ここで提供する情報の大半は，先行研究やカタログに拠っている［Şahverdiyev 2006; Zeynalzadə 2006; Aşırlı 2009; İSTİİ 1993; Mahmudov（red.）2004; Mahmudov（red.）2005; Anar və s.（red.）2008］。まず，数多くの定期刊行物のうち，とりわけ重要なものを簡単に紹介する。また，末尾には，確認できる限り全ての定期刊行物を一覧にした表35を付した。

① 『光 Ziyâ』，『カフカースの光 Ziyâ-yi Qâfqâziyə』

　1779年にティフリスで創刊された週刊新聞（表35: No. 2,3）。この新聞を主導したセイート・ウンスィーザーデについては，第6章第1節第2項を参照。
　『光』の誌面は，「政令（Dövlət sərəncamları）」，「国際機関からの告知（Beynəlxalq agentliklərin elanları）」，「海外ニュース（Xarici xəbərlər）」，「国内ニュース（Daxili xəbərlər）」，「地方ニュース（Yerli xəbərlər）」，「お知らせと告知（Məlumat göstəricisi və elanlar）」，「世相批評（Felyetonlar）」の7つの欄から構成されていた［Aşırlı 2009: 49］。
　1880年には，『カフカースの光』に改称。また，1883年には出版地がシャマフへと移転した。『光』時代に計76号が，『カフカースの光』時代に計107号（うち，シャマフで11号）が発行された。

② 『ロシアの東方 Şərq-i Rûs』

　シャーフタフティンスキーが編集長を務めたテュルク語新聞（No. 5）。発行地はティフリス。政治社会，経済，科学，文芸と多様な分野の情報を扱う。1903年3月30日から1905年1月15日までの間に合計392号が発行された。当初は週3回刊，後に日刊。
　この新聞に関わった人物としては，メンメドグルザーデ，サービル，ネーマーンザーデ，ヒュセイン・ジャーヴィト（Hüseyn Cavid, 1882–1941），オルドゥバーディーらの名前が挙げられる。

③『大志 Hümmət』

　最初の地下出版によるテュルク語新聞（No. 6）。誌名と同名の社会民主主義結社（原語の音写である「ヒュンメト」の名でも知られる）により，1904年10月から1905年2月までの間に6号が発行された。出版所はバクーにあった。1905年2月半ば，ロシアの官憲によって摘発され，廃刊。関係者の一部が逮捕された。

　「大志」の主要な参加者としては，スルタンメジート・エフェンディエフ（Sultanməcid Əfəndiyev, 1887-1938），アアオール，レスールザーデ，ネリマーノフ，メシェディー・ベイ・エズィーズベヨフ（Məşədi bəy Əzizbəyov, 1876-1918），ミール・エセドゥッラー・ミールガースモフ（Mir Əsədulla Mirqasımov, 1883-1958），イーサー・ベイ・アシュールベヨフ（İsa bəy Aşurbəyov, 1878-1938），ガラ・ベイ・ガラベヨフ（Qara bəy Qarabəyov, 1874-1953），メンメド・ハサン・ハジュンスキー（Məmməd Həsən Hacınski, 1875-1931）といった名が挙げられる。『大志』の廃刊の後，彼らの一部は合法的な出版活動に転じた。

　『大志』は，革命の最中の1917年6月に復刊された（No. 66）。編集長はネリマーノフが務め，1918年までの間に全113号が発行された。アゼルバイジャン人民共和国成立後の1919年5月から1920年5月までは出版所をアストラハンに移し，全44号を発行した。

④『暮らし Həyât』

　1905年6月7日に創刊された日刊新聞（No. 7）。1906年6月3日に廃刊となるまで，計325号が発行された。本誌の発行者はトプチュバショフであり，執筆陣にはアアオール，ゼルダービー，ヒュセインザーデ，ハージュベヨフ，ハッグヴェルディエフ，サービル，ネリマーノフ，ガニーザーデらの名があった。当初，編集長を務めたのはアアオールであったが，彼は第102号をもって『暮らし』と決別，後述の『導き』誌を創刊することとなった。以降，編集長としてこの新聞を主導したのは，ヒュセインザーデであった。

⑤『導き İrşâd』

　『暮らし』誌から離れたアアオールが1905年12月17日から発行を始めた新聞（No. 8）。イスラーム世界及びテュルク世界の「統一，平等，友愛」を謳った。アアオール自身の他，ハージュベヨフ，ハーシュム・ベイ・ヴェズィーロフ（Haşım bəy Vəzirov, 1868-1916），レスールザーデらが編集長を務めた時期もある。週3回刊行で，1908年6月25日に廃刊となるまでに536号が発行された。

　また，後にその名を継いだ日刊新聞『新たな導き Yeni irşâd』（No. 37）が刊行さ

れている。こちらは，1911 年から 1912 年の間に計 153 号が発行された。

⑥『恩寵 Füyûzât』

文芸・技術・政治・社会に関する絵入りの週刊雑誌（No. 14）。1906 年 11 月 1 日から 1907 年 11 月 1 日までに，バクーで計 32 号が発行された。出資者はターグエフ（233 頁参照）であり，編集長はヒュセインザーデが務めた。サァディーやハーフェズのペルシア語詩のテュルク語（アゼルバイジャン語）訳の他，ゲーテ（1749-1832）の『ファウスト』やシェイクスピアの『ジュリアス・シーザー』をはじめとするヨーロッパの文学作品のテュルク語への翻訳も掲載した。

1910 年から 1911 年には，後継誌と言える『新たな恩寵 Yeni füyûzât』（No. 31）が刊行されている。この『新たな恩寵』に関しては，現代アゼルバイジャン語への翻刻版が出版されている［Füyuzat］。

⑦『新しい暮らし Tâzə（Təzə）ḥəyât』

『導き』誌などに関わったハーシュム・ベイ・ヴェズィーロフによって 1907 年 4 月 1 日に創刊された日刊新聞（No. 17）。誌名は前年に廃刊となった『暮らし』誌にあやかったものと思われる。1908 年 10 月 7 日までの間に計 439 号が刊行された。

『新しい暮らし』誌が廃刊になった後，ハーシュム・ベイは新たな日刊新聞『同盟 İttifâq』（No. 20）を創刊，1908 年から 1909 年の間に計 251 号を刊行した。彼はその後も，『声 Sədâ』（No. 23），『祖国の声 Sədâ-yi vətən』（No. 35），『真実の声 Sədâ-yi haqq』（No. 42），『カフカースの声 Sədâ-yi Qâfqâz』（No. 55）といった新聞を発行している。

⑧『幸運 İqbâl』

バクーで発行された日刊新聞で，1912 年から 1915 年の間に計 1023 号が刊行された（No. 41）。編集長は何度か代わったが，最後の編集長を務めたのはレスールザーデであった（1914 年 10 月 9 日～1915 年 4 月 27 日）。

⑨『明白なる言葉 Açıq söz』

『幸運』誌の廃刊後，レスールザーデによって新たに創刊された，政治・社会・文芸を扱う日刊新聞（No. 58）。後にミュサーヴァート党の機関紙となった。創刊号は 1915 年 10 月 2 日発行。この新聞の最終号に関しては，704 号（1918 年 3 月 18 日付），718 号（1918 年 10 月 6 日付），724 号（発行年月日不詳），750 号（発行年月日不詳）など複数の説がある。

編集長は何度か交代しており，レスールザーデの他，ハージュベヨフやオルージュ・オルージョフ（Oruc Orucov, 1878-1932）らがその職を務めた。ネリマーノフ，アアオール，ジャーヴィト，チェメンゼミーンリ，ネジェフ・ベイ・ヴェズィーロフ，ハッグヴェルディエフ，ネーマーンザーデといった錚々たる顔ぶれが，この新聞に記事を寄せている。

⑩ 『連合 İttihâd』

ユゼイル・ハージュベヨフの弟であるジェイフーン・ベイ・ハージュベヨフ（Ceyhun bəy Hacıbəyov, 1891-1962）によって発行された日刊の政治・社会・文芸新聞（No. 67）。ただし，1919 年から廃刊となる 1920 年の間は，1ヶ月に 1〜2 号しか発行されなかったという。

表35 ロシア帝政期南東コーカサスにおけるテュルク語定期刊行物一覧

No.	雑誌・新聞名	中心人物	発行地	創刊号	最終号	刊行頻度	分野	備考
1	Əkinçi	Həsən bəy Zərdabi	バクー	1875. 7. 22	1877. 9. 29	隔週刊	[政治・社会・科学]	第5章を参照
2	Ziya	Səid Ünsizadə / Cəlal Ünsizadə	ティフリス	1879. 1. 16	1880	週刊	[政治・社会]	本文①を参照
3	Ziya-yi Qafqaziya	Səid Ünsizadə / Cəlal Ünsizadə	ティフリス シャマフ	1880. 12. 6	1884. 6. 1	週刊	文芸・社会・政治	本文①を参照
4	Kəşkül (Kaşkil)	Cəlal Ünsizadə	ティフリス	1875. 1	1877. 11. 18	月刊／週刊	政治・社会・技術・文芸	第6章を参照
5	Şərq-i Rûs	Mahommad ağa Şahtaxtinski	ティフリス	1903. 3. 30	1905. 1. 15	週3回刊／日刊	社会・文芸	本文②を参照
6	Hümmət	Sultan Məcid Əfəndiyev / M. Mirqasımov	バクー	1904. 10	1905. 2	月刊？	[社会主義]	本文③を参照
7	Həyat	Ahmet Ağaoğlu / Əli bəy Hüseynzadə / Əlimərdan bəy Topçubaşov	バクー	1905. 6. 7	1906. 9. 3	日刊	政治・社会・経済・文芸	本文④を参照
8	İrşad	Ahmet Ağaoğlu / Haşım bəy Vəzirov / Mahommad Əmin Rəsulzadə	バクー	1905. 12. 17	1908. 6. 25	週3回刊	文芸・政治・科学・経済・社会	本文⑤を参照
9	Də'vət-qoç	İsa bəy Aşurbəyov	バクー	1906. 3. 26	1906	週2回刊	社会民主主義	
10	Mollā Nasr ad-Dīn	Cəlil Məmmədquluzadə	ティフリス タブリーズ バクー	1906. 4. 6	1931. 1. 7	週刊	風刺	第8章を参照
11	Dəbistān	Əli İsgəndər Cəfərzadə / Mahəmmədhəsən Əfəndizadə	バクー	1906. 4. 16	1908. 3. 1	月2回刊	子供向け	
12	Bəhlūl	Əli Əsgər Əliyev	バクー	1906. 5. 19	1907. 11. 4	月2回刊	政治・技術・文芸・経済・社会	
13	Rəhbər	Haşım bəy Vəzirov	バクー	1906. 9. 24	1907. 1	月刊	文芸	
14	Füyūzāt	Əli bəy Hüseynzadə / Hacı Zeynalabdin Tağıyev	バクー	1906. 11. 1	1907. 11. 1	週刊	文芸・技術・政治・社会	本文⑥を参照
15	Təkāmül	Mahdi bəy Mahommad Əmin Rəsulzadə	バクー	1906. 12. 16	1907. 3. 26	週刊	政治・経済・文芸	
16	Vālideyna məxsūs varəqə	Əli İsgəndər Cəfərzadə / Mahəmmədhəsən Əfəndizadə	バクー	1906	1906	月刊	子供向け	Dəbistān の増刊号

付録2 ロシア帝政期南東コーカサスにおけるテュルク語定期刊行物

17	*Täzə (Tazə) həyât*	Haşım bəy Vəzirov / Hacı Zeynalabdin Tağıyev	バクー	1907. 4. 1	1908. 10. 7	日刊	政治・経済・社会	本文(7)を参照
18	*Yoldaş*	Abdulxalıq Axundov	バクー	1907	1907	週3回	政治・社会・経済・文芸	
19	*Tərəqqî*	Ahmet Ağaoğlu	バクー	1908. 6. 3	1909. 6. 28	日刊	政治・文芸・経済	
20	*İttifâq*	Haşım bəy Vəzirov	バクー	1908. 12. 1	1909. 10. 2	日刊	政治・技術・経済・社会	本文(7)を参照
21	*Məzhər*	Kamal Ünsizadə	ティフリス	1908	1917	週刊	[政治・社会]	
22	*Zənbûr*	Abdulxalıq Axundov / Rza bəy Səlimxanov Əzimzadə	バクー	1909. 3. 13	1910. 10. 15	週刊	風刺	
23	*Sədâ*	Haşım bəy Vəzirov	バクー	1909. 10. 12	1911. 8. 17	日刊	政治・技術・経済・社会	
24	*Həqîqət*	Oruc Orucov / Üzeyir bəy Hacıbəyov	バクー	1909. 12. 26	1910	日刊	政治・文芸・経済	
25	*Şəhâb-i səqib (sâgib)*	Əli Abbas Müznib	バクー	1910. 1. 22	1912. 2. 27	週刊	政治・文芸・技術・経済	
26	*Mir'at*	Əliabbas Tağızadə	バクー	1910. 6. 19	1910	週刊	風刺	
27	*Günəş*	Oruc Orucov	バクー	1910. 8. 24	1911. 1. 20	日刊	政治・文芸・経済	
28	*Hilâl*	Əli Abbas Müznib	バクー	1910. 12. 18	1912. 1. 29	週3回刊	文芸・技術・社会・経済	
29	*Arı*	Dadaş Bunyadzadə	バクー	1910	1911	週刊	風刺	
30	*Nicât*	Əli bəy Aşurbəyov	バクー	1910	1912	週刊	政治・文芸・社会	
31	*Yeni füyuzât*	Əli Paşa Hüseyzadə / Əhməd Kamal	バクー	1910	1911	週刊	文芸・政治・経済	本文⑥を参照
32	*Yeni həqîqət*	Oruc Orucov / Mirzə Cəlal Yusifzadə	バクー	1911. 1. 21	1911. 3. 11	日刊	政治・文芸・技術・社会・経済	
33	*Mə'lûmât*	Oruc Orucov / Hacı İbrahim Qasımov	バクー	1911. 7. 2	1911	週刊	政治・文芸・経済・技術	
34	*Məktəb*	Murtuza Mirzəzadə Əfəndizadə	バクー	1911. 11. 29	1920	月2回刊	文芸・科学	
35	*Sədâ-yi vətən*	Haşım bəy Vəzirov	バクー	1911. 12. 1	1912. 3	日刊	文芸・政治・社会	本文(7)を参照
36	*Həqq yolu*	Qara bəy Qarabəyov	バクー	1911. 12. 14	1912	週刊	政治・社会・科学・技術・経済	
37	*Yeni irşâd*	Yusif Əhmədov / Mehdi bəy Hacınski	バクー	1911	1912	日刊	文芸・科学・政治・経済	本文⑤を参照

38	Āsār-i ḥaqīqat	Mirzə Calal Yusifzadə	バクー	1911	1912	週刊	政治・文芸・社会・経済	各年1号のみ発行
39	Işıq	Xədicə xanım Əlibəyov Mustafa bəy Əlibəyov	バクー	1911	1912	週刊	文芸・医学	
40	Rūs-Īrān tüstu (dostu)	Əbdülmüttəlib Əli Əsgərov	バクー	1911	1911	週刊	商業・工芸	
41	İqbāl	Oruc Orucov Sənətulla İbrahimov	バクー	1912.3.6	1915.4.27	日刊	社会・経済・政治	本文⑧を参照
42	Ṣadā-yi ḥaqq	Haşım bəy Vəzirov	バクー	1912.3.12	1915.3.24	日刊	文芸・政治・技術・経済・社会	本文⑦を参照
43	Kalniyyət	Hacı İbrahim Qasımov Seyid Hüseyn Sadıq	バクー	1912.3.24	1913.2	週刊	風刺	
44	Ḥaqīqat-i afkār	Oruc Orucov Qədir Heydərov	バクー?	1912	1912	週刊	[不詳]	
45	Tāzə (Təzə) xəbər		バクー	1912	1913	日刊	文芸・経済・社会	
46	Bākū (Bakı) həyātı	Abdul Hüseyn Heybət oğlu	バクー	1912	1912	週刊	政治・技術・文芸・経済・科学	
47	Şəlālə	İsa bəy Aşurbəyli	バクー	1913.1.19	1914.3	週刊	文芸・社会・道徳・技術	
48	Bəṣīrət	Hacı İbrahim Qasımov	バクー	1914.4.14	1920.4.27	月2回刊	政治・社会・技術・経済	1918年3月から9月まで休刊
49	Dirilik	Əliabbas Müznib Əbülfəz Mətləbzadə	バクー	1914.9.16	1916	週刊	文芸・技術・道徳・社会・経済・歴史・政治	
50	Tūtī	Cəfər Bünyadzadə	バクー	1914.12.27	1917.5	週刊	政治・文芸・経済	
51	Məzəli	Haşım bəy Vəzirov	バクー	1914.12.27	1915.10.17	週刊	風刺	
52	Lək-lək	M. Mir Fətullayev	エレヴァン	1914	1914	週刊	風刺	
53	İqdām	Əli Muxtar Əkbərov Hacı İbrahim Qasımov	バクー	1914	1915	日刊	経済・政治・社会	
54	Qardaş köməyi	Mirzə Əsədüllayev	バクー		1915.3.11	1号のみ	[不詳]	
55	Ṣadā-yi Qāfqāz	Haşım bəy Vəzirov	バクー	1915.3.30	1916.5.30	日刊	文芸・政治・技術・経済・社会	本文⑦を参照
56	Baba-yi əmīr	Əli Abbas Mətləbzadə Əbülfəz Mətləbzadə	バクー	1915.4.21	1916	週刊	文芸・社会・経済	
57	Qurtuluş	Seyid Hüseyn Sadıq	バクー	1915.10.1	1920	隔週刊	文芸・社会・技術・経済	

付録2　ロシア帝政期南東コーカサスにおけるテュルク語定期刊行物

		中心人物					
58	Açıq söz	Məhəmməd Əmin Rəsulzadə	バクー	1915. 10. 2	1918	日刊	政治・社会・文芸	本文⑨を参照
59	Yeni iqbāl	Oruc Orucov Məhəmməd Əmin Rəsulzadə	バクー	1915	1917	日刊	社会・経済・文芸	
60	Son xəbər	Zaman bəy Abdullabəyov	バクー	1915	1916	週刊	社会・経済・政治	
61	Yeni iqdām	Əbdülmüttəlib Ali Əsgərov	バクー	1915	1915	日刊	政治・社会・政治	
62	Doğru söz	Yusif Əli Əliyev	バクー	1916	1917	週刊	政治・文芸・社会	
63	Sovqāt	Ağa Həsən Mirzəzadə	バクー	1916	1917	日刊	政治・文芸・社会	
64	Bürhān-i ḥaqīqat	Əli Hacı Zeynalabdinzadə Yusif Əli Əliyev	エレヴァン	1917. 1. 1	1917	週刊	文芸・政治・歴史・科学・技術	
65	İttifāq-i müəllimīn	Əbdül Əbdülzadə Ə. Vahabzadə	バクー	1917. 5. 6	1917	週刊	政治・社会・文芸・科学	
66	Hümmət	Nəriman Nərimanov	バクー アストラハン	1917. 6. 3	1920	日刊／週刊	社会主義	本文③を参照
67	İttiḥād	Ceyhun bəy Hacıbəyli	バクー	1917. 12. 4	1920	日刊	政治・社会・文芸	本文⑩を参照
68	Laṭāyif	Mir Zeynalabdin Təbrizi	ランケチャラーン	1917	1917	週刊	[不詳]	
69	Qardaş kömәyi	Məhəmməd Əmin Rəsulzadə	バクー		1917	1号のみ	政治・文芸・社会	
70	Gənclər sədāsı	Əbdülvəhhab Məhəmmədzadə Həmid Məhəmmədzadə		1917	1917	月2回刊	社会・文芸・政治	
71	Zəhmət sədāsı	[不詳]	バクー	1917	1917	週刊	社会主義	
72	Musāvāt	Məhəmməd Əmin Rəsulzadə	バクー	1917	1917	週刊	[政治・社会]	
73	Müsəlmānlıq	Ceyhun bəy Hacıbəyli	バクー	1917	1917	週刊	政治・社会・経済・技術	
74	Bayraq-i 'adālət	Ələddüllah Ğaffarzadə	バクー	1917	1917	週刊	政治・経済・社会・文芸	
75	Azərbaycān	[不詳]		[不詳]	1918	[不詳]	[不詳]	人民共和国独立後に創刊された同名の雑誌とは別
76	El ḥayātı	[不詳]	バクー	1918. 1. 14	1918	月2回刊	政治・文芸・社会・経済	
77	Əkinçi	Mir Həsən Vəzirov	バクー	1918. 5. 26	1918	週刊	社会主義	
78	Al bayraq	Əhməd Gövdət Pepinov	ティフリス バクー	1918	1920	週2回刊	社会・政治・文芸	
79	Əxbāri	Məhəmməd Hənifə Zeynallı	バクー	1918	1918	[不詳]	[不詳]	

※「中心人物」欄は、編集長や発行者を務めた、その定期刊行物の中心となった人物を示す

付録3　バキュハノフ『エラムの薔薇園』前文及び序章

　本書第3章では，19世紀前半の南東コーカサスにおける重要な知識人として，バキュハノフを紹介した。彼は，その後の南東コーカサス知識人の元祖ともいえる非常に重要な存在で，その歴史学に対する考え方，あるいは歴史認識・地理認識は，非常に重要である。これらは，彼の代表作である『エラムの薔薇園』の前文と序章に，非常に明確に表れている。ここではその日本語への全訳を掲載する。

（1）解題

1.『エラムの薔薇園』の写本

　『エラムの薔薇園』の写本は5種類が知られており，全てがアゼルバイジャン国立科学アカデミーのM・フズーリー記念写本研究所に保管されている。

　そのうちで最も古いのは，1260年サファル月22日／1844年3月13日に筆写されたM-49写本である［GE M-49］。大きさは17 × 20 cmで，121葉。アブド・アッ＝ラヒーム・バードクーベイー（'Abd al-Raḥīm b. Mollā Emām 'Alī Bādkūbe'ī）なる人物の筆によるこの写本は，比較的丁寧な字で書かれ，また一部に赤インクが使われている。アリーザーデが底本として用いたのは，この写本である。

　Б-2268写本は，18 × 23 cm，77葉であり，完成年や書写生の名は不明である［GE Б-2268］。欄外の書き込みが多く，他の写本に見られない文章が多く含まれる。しかし，この写本は末尾の10分の1ほどの部分が欠落している。

　他に3冊は，1844年4月18日にティフリスで筆写されたБ-2236写本，1850年5月26日完成のБ-2002写本，1866年3月17日完成のБ-19写本である。今回の翻訳に際しては，これら3写本は参照していないため，詳細は省略する。

2. 校定本と翻訳本

　筆者の知る限り，『エラムの薔薇園』には3種類の校定本が存在する。最初の版は1970年にバクーで出版され，長くこれが唯一の校定本であった［GE c］。その後，2003年から2004年にかけて，新しい版が相次いでテヘランから出版されている［GE a; GE b］。これらはいずれも，アリーザーデの校定によるものであり，本文の内容は基本的に同一である[1]。

第3章でも触れた通り，『エラムの薔薇園』には，バキュハノフ自身の手によるロシア語訳が存在する［GE（ru）］。また，現代アゼルバイジャン語への翻訳（一部は抄訳）もされており，ラテン文字表記のもの［Əskərli（tər.）2000］とキリル文字表記のもの［Əскəрли（тəр.）2001］が出版されている。また，2009年12月には，英語への全訳（底本はGE b）も出版された［Floor & Javadi（tr.）2009］。

3. 底本について

今回の翻訳に際しては，出版年が比較的新しく，より写本の表記に忠実で，丁寧な編集が行われているGE a を底本として利用した。また，ロシア語版，他の校訂本，各種翻訳も必要に応じて参照している。また，補助的にではあるが，M-49，Б-2268 の2冊の写本も利用した。

（2）翻訳

［1］　　　　　慈悲あまねく，慈愛深きアッラーの御名において

本書は，ダゲスターンの諸々の出来事に関する『エラムの薔薇園』である[2]

おお神よ，あなた様への賛美が，あなた様がご存知のごとくに〔表されますよう〕。あなた様への賞賛の言葉（vaṣf）が，あなた様がそれで十分とみなすほどに満ち溢れ〔ますよう〕。我らの賛美が理解力の及ぶ限り〔表され〕，あなた様への賞賛の言葉が想像力の〔及ぶ限り〕述べられていることが，我々から〔あなた様に〕伝わりますよう。

我々のうちで誰よりも完全な者（kālem-tarīn-e mā）とは，この点について，自らの至らなさを認める者である。〔真の〕学識ある人々は，知識を驚くほどに有しているものだ[3]。

四行詩
　あなた様を知ることは，難題の湧き出す泉

---

1) GE a はキャリーミーの編集となっているが，その本文はアリーザーデの校定テキストに拠っている。
2)「本書は……」以下の部分は，M-49 写本にのみ記されている［GE M-49: 1b］。各校訂本は，「Б-2268 写本にのみ存在」としているが，誤りである。
3)「我々のうちで……」以下の部分は，Б-2268 写本にのみ記されている［GE Б-2268: 1b］。

〔あなた様の〕性質を詳細に描くことは，〔その〕本性を明白とすること
我々は，無知のままでいることを告白したりはしない
なんとなれば，それ〔＝知識〕は，存在物の誉れの土台であるのだから[4]

　さて，そこで，歴史学（'elm-e tārīḫ）である。我々の本性は，何にも増して，それに傾倒している。実際の出来事の話（ḥekāyāt-e vāqe'ī）の他に，架空の話（afsāne）もまた，〔我々にとって〕好ましいものである。歴史学は，人々を，品行の方正さ（maḥāsen-e aḫlāq）と学識への通暁（ma'āref-āšnā），実生活における利益（maṣāleḥ-e ma'īšat）と慎み深い教養（modārā-dānā）へと導くのである。
　このような理由で，それ〔＝歴史学〕は高貴なる精神の諸学問（'olūm-e reyḥānī）の1つとみなされる。また，次のように言うこともできるだろう。〔歴史学とは，〕横暴や圧制を行わない支配者であり，人類の様々な階層の者がその命令に頭を下げる。その学び舎（dabestān-e ta'līm-aš）においては，世界中の教師たちすらも，向上心旺盛で活気に溢れた学童（ṭefl-e sabaq-ḫᵛān va ḥayāt-baḫšī）となる。
　〔また，歴史学は〕生気を吹き込む者[5]であり，数千年前の死者をも，一息で生き返らせる。そして，数々の時代の様々な集団たちのそれぞれを，あたかも復活の日〔における最後の審判〕のように，それぞれの服装，気質，習慣，また友好的であったか敵対的であったかという背景によって，一列ずつ，行いを記録した帳面（nāme-'e a'māl）を手にして等級づける。そして，[2] 偏見無しに譴責したり称揚したりすることで，彼ら自身の善行や悪行の報いを傍聴人たちに示すのだ。
　そしてまた，〔歴史学は〕もの言わぬ語り手（ḫānūš）でもあり，子孫たちに先祖たちの教訓を，あらゆる詳細や細部とともに語り，貧困と富裕の原因，進歩と後退の要因を理解せしめる。未来のあり様という身体（ṣūrat-e aḥvāl-e āyande）を，過去という衣に〔包み〕，教訓を導き出すのだ。
　さよう，過去の出来事の経緯（siyāq-e kār-e gozašte）こそ，未来への訓示。学問に基づいた行いは，永遠のものとなろう。なんとなれば，時代の変転に通暁せずに物事を始めることは，苦難に満ちた道無き荒野へと向かうことなのだから。自身の生涯の短い期間で〔多くの〕経験を積もうとする者は，それ〔＝歴史学〕から多大

---

4) 韻律はハザジュ体（− − ∪ ｜ ∪ − ∪ − ｜ ∪ − −）。
　　Dāneš be-to 'eyn-e moškelāt-ast / Ta'yīn-e Ṣefat beyān-e ẕāt-ast
　　'Eqrārᵃ be-jahrᵃ ham na-yārīm / Kān pāye-'e faḫr-e kāyenāt-ast
5) 原文では，「生気が無い者（bī-ḥayāt）」とあるが，このままでは意味が通らない。ロシア語版の該当箇所は，「新たな生命を吹き込む者のごとく（как новый жизнедатель），それ〔＝歴史学〕は我々の前に数千年前の死者たちを蘇らせる」となっており，そこから類推した［GE（ru）: 9］。

な利益を得ることになろう。歴史学は，世界〔中の人々〕の生涯の経験を，我々に見せてくれる。

　これ〔＝歴史学〕，とりわけ，そこで暮らす民のための，それぞれの地方の歴史よりも良いものが何かあるだろうか。なんとなれば，自身の民族の天性や特性 (ṭabī'at va ḫaṣāyeṣ-e mellat-e ḫᵛod) といった特徴を知らせ，近隣の諸集団の行いや様々な人々との結び付きの結果を伝えることは，利益と損失の原則を我々に明らかにするのだから。

　そういった訳で，欠くべからざる教導の探究において過ち多き小生こと，ゴドスィーの〔筆〕名で知られる，バクーのミールザー・モハンマド・ハーン 2 世の息子，アッバース・ゴリーは，シルヴァーン地方とダゲスターン地方，及びその周辺で生じた様々な時代の種々の出来事を収集し，ことの困難が想起されるにもかかわらず，〔この〕書物の執筆に取り掛かったのだ。真理をご存知の読者たちにおかれては，本書の不備や欠陥を，不十分な〔執筆〕時間や〔筆者の〕才覚の欠如，筆者の状況の混乱，そして何よりも，至らぬ点の多い者〔である小生〕の〔力〕不足へと帰していただき，その修正と訂正に努めていただければ幸いである。

本書の筆者による〔韻文作品〕
　他者の欠点を覆い隠すことは，素晴らしい行いである
　この立派な賜衣は，どんな人のいかなる欠点をも覆ってしまう[6]

　どの地方のものであれ，〔過去の〕情報を伝える書物や，〔過去の〕痕跡となっている遺物は，過去の諸々の出来事を，然るべき順序や区切り方 (tartīb va tafṣīlī ke šāyad) によって [3] 説明するという段階にまで至らしめることができない。種々の諸集団の出入や占有のために騒乱と混乱の地であり続け，多くの情報を伝える書物や書簡，建築物や遺物が，消滅〔してしまった品々を並べる〕展示場へと入ってしまったこの地方においては，とりわけ〔そうである〕。他の民族に関する書物もまた，誰の作品であれ，やはりその内容を望ましい形では叙述していないのだ。

　そうであるにもかかわらず，「あるものの全てを得ることが叶わなくとも，その全てが捨て去られることはない (mā lā yudraku kullu-hu, lā yutraku kullu-hu)」という警句に従い，この件〔＝シルヴァーン及びダゲスターン地方史の叙述〕に役立つ情報源 (asbāb-e īn kār) のうち，可能な限りのものを入手し，多様な内容を互いに関連付けた。そして，現存する遺物の数々 (āṣār-e mowjūde) を，それについて伝え

6）韻律はハザジュ体（－－∪｜∪－－∪｜∪－－∪｜∪－－）。
　 Pūšīdan-e 'eyb-ē degarān ḫaṣlat-e ḫūb-ast ／ 'Īn ḫel'at-e fāḫer hame-rā setr-e 'oyūb-ast

られるところの情報と照合した。

　そして，歴史の著述において屋台骨（'omde-'e lavāzem）となる以下のごとき作法を可能な限り実行した。すなわち，平易で簡潔な表現によって内容を記述すること，諸々の事件の前後関係（tadrīj va rabṭ-e vaqāye'）に留意すること，〔特定の〕民族に対する贔屓目や，〔特定の〕国に対する支持を避けること，信頼のおける言葉をそれぞれの内容の論拠とすること（esnād），様々な著作物，スルターンたちの勅令，貨幣の銘文（sekke-'e vojūh），建物の遺構，色々な人々の発言を主題へと結び付けること，などである。そして，相違が生じた箇所は，理性に基づいた類推と推論の力（qovvat-e qarāyen va eḥtemālāt-e 'aqlīye）に頼り，〔この〕書物の大枠を，序章と5つの章（ṭabaqe）と結びと定めた。

本書の筆者による〔韻文作品〕
　〔この作品〕自体の業（fann）によって，この写本〔の内容〕が説明されている
　本書は歴史書である。著述が完了した年の〔示すが〕ごとくに[7]
　私は，『エラムの薔薇園』をその名とした
　そう呼ばれるにふさわしい名を付けたのだ[8]

[4]
序章　　シルヴァーン地方とダゲスターン地方の境域と土地，〔土地や集団の〕名称の由来（sabab-e tasmiye），血統のあり様や諸言語，諸宗教に関する叙述
第1章　古代のシルヴァーンとダゲスターンの状況から，イスラームの王朝（dowlat-e Eslām）が出現しアラブの軍勢が到来するまでの記述
第2章　アラブの軍勢の到来開始から，モンゴル（Moġūl）の征服まで
第3章　モンゴルの征服からサファヴィー朝（Ṣafaviyān）の登場〔まで〕。シルヴァーンシャー王朝（Šīrvān-šāhān）の王権と系譜の状況
第4章　サファヴィー朝の登場から，ナーデル・シャーの死まで
第5章　ナーデル・シャーの死から，ゴレスターンの地におけるロシアとイランの両政府による和平の締結まで
終章　　シルヴァーン地方とその周辺の地域〔の人物〕のうち，著作を行っている

---

7)「本書は歴史書である（هي التاريخ / hiya al-tārīḫu）」に用いられている文字の数価を全て足すと，1257になるが，これは本書の執筆年にあたる（ヒジュラ暦1257年，すなわち西暦1841年）。

8) 韻律はハザジュ体（∪−−−｜∪−−−｜∪−−）。
　　Be-fenn-ē ḫʷod gereft īn nosḫe ta'rīf / Hiya-l-tārīḫu k(a)-āmad sāl-e ta'līf
　　Golestān-ē 'Eram nāmaš nehādan / Moṭābeq bar mosammā 'esmᵒ dādam

者や，その他の美点によって書き記すにふさわしい人物たちのあり様に関して[9]

序章
シルヴァーン地方とダゲスターン地方の境域と土地，〔土地や集団の〕名称の由来，血統のあり様や諸言語，諸宗教に関する叙述

シルヴァーン地方は，東側をハザルの海〔＝カスピ海〕によって，南西の方向をキュル川――この地をムガーンとアルメニア（Arman）の両地方から区切っている――によって，北西の方面をガヌフ（Qāneq）川によって，また，イリス（Īlīsū）地方とカフカースの高原地帯（pošte-'e boland-e Qāfqās）と山脈地帯――この山脈は，キュラ（Kūre）〔Ru. Кюра〕及びタバサラン地方を〔5〕カズィ・クムク（Ġāzī Qomūq），及びカイタク（Qeytāq）の王国から区分けている――からなる不明瞭な境界線（ḥaṭṭ-e ġeyr-mo'ayyan）によって，そして，そこからはダルヴァク（Darvāq）〔Ru. Дарваг〕川の川筋によって――その川がハザルの海に流れ込む場所に至るまで――囲まれている。大まかに言って，キュル川の河口からダルヴァク川の河口までが北緯39度から42度に，ガヌフ川の河口からアプシェロン岬（ra's al-jabal-e Afšarān）までが東経64度から68度にわたっている[10]。

〔緯度と経度の〕1度1度の距離は，直線にして約15地理マイル（mīl-e joġrāfī）である。1地理マイルは，7ヴェルスタ[11]，あるいは1ファルサング半である。1ファルサングは3ミール[12]であり，〔1〕ミールは9万6000アンゴシュト（angošt）である。〔1〕アンゴシュト〔の長さ〕は，平均的な大麦の粒を横にぴったり並べた場合[13]の6粒分である[14]。

このため，現在におけるシルヴァーンの諸王国は，サリヤーン，シェキ，バクー，グバ，デルベント，タバサラン，キュラ，サムール川流域（nāḥiye-'e Samūrīye）〔Az. Samur / Ru. Самур〕，下イリス（pāyīn-e Īlīsū）の一部がそこに含まれる。この一帯（diyār）の諸地方の中では，最も広大で，最も素晴らしい〔地方であ

---

9) Б-2268では，「終章　シルヴァーンのハーンが治める諸王国や，ダゲスターンの国々や諸集団の状況について」となっている〔GE Б-2268: 2b〕。しかし，この写本は第5章の途中で終わっており，終章にあたる部分は含まれていない。

10) ロシア語版では，「アプシェロン岬からガヌフ川の河口までが，東経64度から67度までである（а от Апшеронского мыса до устья реки Каныкмежду 64° и 67° в. д.）」となっており，数字に若干の差異が見られる〔GE（ru）: 11〕。なお，「アプシェロン岬」とは，アプシェロン半島の東端部を意味していると思われ，現在のスイティ岬（Suiti burnu）を指すと考えられる。現代の知識に基づけば，ガヌフ川の河口がおよそ東経46度50分，アプシェロン半島の東端がおよそ東経50度30分である。

る〕。また，カフカースの山々からなる大山脈は，この地において，南東へと方向を変える。〔この山脈には，〕過ごしやすい気候で牧草が生い茂った夏営地や，甘い水の泉，〔北と南の〕両方向に向かって流れる多くの川がある。主として，〔ハザルの〕海の沿岸とキュル川流域にある肥沃で広大空漠たる平原が，豊富な穀物や森林〔資源〕や果樹園〔の収穫物〕，その他の産物をもたらしている。また，〔ハザルの〕海の沿岸というこの地方そのものの位置のために，ロシアとイラン，あるいは，ダゲスターンの多種多様な諸集団の間における交易活動もまた，この地方では非常に盛んである。

『諸都市の評定』の著者は，「シルヴァーンは，サーサーン朝の公正なるアヌーシーラヴァーン（Anūšīravān-e 'Ādel-e Sāsānī)[15]が建設した。そのために，シルヴァーンの名で知られる[16]。『アヌー』の語は，多くの用例で省略される」と記す [cf. Abū al-Fidā': 397]。[6]「『ライオン（Šīr）の地』を意味する『シールヴァーンド（Šīrvānd）』であったものが，最終的にシルヴァーンに変化した」と言う者もいる。モヴセス・ホレナツィ〔Мовсес Хоренаци, 5 c.〕[17]の歴史書〔=『アルメニア史』〕や，『ザンド Zand』と『アヴェスター Avestā』の書[18]では，「シャルーヴァーンラー（Šarūvānrā?)[19]」として知られる。アミーン・アフマドは，『七気候帯』において，「シルヴァーンは，当初は町（bolde）の名であったが，その後，地方（velāyat）の名となった」と記す [cf. HE: 268]。チャムチヤン（Čāmčiyān）〔Микаэл Чамчян, 1738-1823〕は『アルメニア史（Tārīḫ-e Armanīye）』において，シルヴァーン地方を「アグヴァン（Aġvān）」と呼び，「同地方とアラン（Ālān），すなわちダゲスターンとの境界は，当初は『アルゴンの防壁（Sadd-e Ālġūn）』，後には『デルベントの防壁（Sadd-e Darband）』であった」とする。また，トゥルクマーン人（Torkmān）の帝王，スルターン・ヤァクーブ・ブン・ハサン（Solṭān Ya'qūb b. Ḥasan)[20]が〔ヒジュラ暦〕892年／〔西暦〕1487年にアルメニアの首長（ḫalīfe）であるシメオン（Semā'on)[21]に発した命令書において，シルヴァーンは「アグヴァン」と呼ばれている。

---

11) 原文では「ロシアのヴェルスタ（vers-e Rūsī）」。補論2の注9でも示したように，1ヴェルスタ ≒ 1.067 km。

12) 原文では，「イスラームのミール（マイル）（mīl-e eslāmī）」。

13) 原文を直訳すると，「ある粒の背を，別の粒の腹に隣接させたら（pošt-e yekī be-baṭan-e dīgarī molāṣeq bāšad）」となる。なお，本文の記述を総合すると1アンゴシュト ≒ 2 cm となるが，これはヒンツの度量衡に関する研究が提供する知識と一致する [Hinz 1970: 54, 62-3]。

14) 緯度と経度の意味について解説されたこの段落は，ロシア語版やБ-2268写本には存在しない。

ダゲスターン地方は，北緯42度から44度，東経63度から66度にわたっている。東側はハザルの海によって，北側はテレク（Tarak）川によって，西の方はチェルケス人（Čarkas）とオセット人（Ūs）の国によって，南西方面はグルジア（Gorjestān）によって，南東の方角はシルヴァーンによって囲まれている。その北東部は，程良い地勢（ḥosn-e makānīyat）と生活手段の豊富さによって知られ，とりわけ〔ハザルの〕海の沿岸部やテレク川流域では，川がたくさんあり，往来も多いため，農作物の収穫や交易による利益に恵まれている。その他の部分は山地であり，素晴らしい涸れ谷や夏営地の一部に産物をもたらす場所があるとはいえ，概して非常に困窮しており，そこでの生活は困難を極める。
　マスウーディーの言によると，ヒジュラ暦332年／〔西暦〕944年，この地方には3つの王国があった。それは，次の通りである［cf. MD: 184-215］。
　第1は，カイタクであり，デルベントの北側に位置する。その首邑（ḥokūmat-gāh）はサマンダル（Samandar），すなわちタルキ（Tārḫū）である。ヌーシーラヴァーンがそれを建設し，ハザルのハカン（ḫāqān）の首都（pāy-taḫt）とされていた。スライマーン・ブン・ラビーア（Soleymān b. Rabī'e）が［7］これを占領し，ハカンはその首都をイティル（Etel）に移した。サマンダルの住民は，主にハザル人であり，イスラーム教徒〔のハザル人〕もユダヤ教徒〔のハザル人〕もいる。イブン・ハウカルは，「ルス（Rūs）の一族は，ヒジュラ暦358年／〔西暦〕969年にサマンダルを占拠した。そこにあった多くの建造物や庭園を荒廃させた」と記している[22]。
　第2は，サリル（Sarīr）である。デルベントから3日行程（se manzelī）北西に〔位置し，その人口は〕1万2000家族である。サリルの王は，フィーラーンシャー（Fīlān-šāh）と呼ばれ，キリスト教に帰依している。一部の者の言によると，サーサーン朝のヤズデギルド[23]は，アラブ人たちに敗れてホラーサーンに逃げる際，自身の黄金の玉座を，その他の貴重品とともに，バフラーム・チュービーン

---

15) サーサーン朝君主ホスロウ1世のこと。130頁で既述。「ヌーシーラヴァーン（Nūšīravān）」とも表記され，『エラムの薔薇園』においても，両方の表記が用いられている。また，「ヌーシーラヴァーン・ブン・コバード（Nūšīravān b. Qobād）」とも呼ばれる。
16) 本書では，カタカナ転写の都合上「シルヴァーン」と「（アヌー）シーラヴァーン」という相違が生じているが，ペルシア語では，どちらも "شيروان" で，全く同一の綴りの語である。
17) このアルメニア人歴史家の名は，原文では「ムーサー・フーランスキー（Mūsā Xūranskī）」となっている。また，ロシア語版の表記は，「モイセイ・ホレンスキー（Моисей Хоренский）」である［GE (ru): 11］。ペルシア語版の「フーランスキー」は，このロシア語形の音写であろう。

(Bahrām-e Čūbīn)[24]の家系に連なる重臣の1人〔に託し〕,「勝利の山々 (Jebāl-e Fatḥ)」, すなわちカフカース〔山脈〕へと送った。その重臣は, 現在サリルと呼称されるところの国を占領し, 自身の子孫に〔その地位を〕譲った。一方, ニザーミーの言によると, その地名は, ケイホスロウの王冠と玉座 (taḫt) に由来する[25]。この地の, ある洞穴の中に〔その玉座と王冠が〕あったからである。この地域の支配者たちは, 黄金の玉座に座って統治を行っていた, という者もいる。サリルの首領 (amīr) は, 自身の民を自身の奴隷とみなしていた。そして, ハザル人たち〔の土地〕に向かっていっては, 掠奪を行っていた。山岳の民は平原の民よりも勇敢であったがためである。

サリルの近くには, ズィリフゲラン (Zerehgarān) の国がある。現在では, クバチ (Kūbačī)〔Ru. Кубачи〕という名であり, イスラーム教徒とキリスト教徒とユダヤ教徒がいる。

第3は, クムク (Qomūq) 山地である。サリルの北側, カイタクの西側にあり, キリスト教に帰依している。複数の長 (ro'asā) に服従しており, 彼らには〔唯一無二の〕王 (pādšāh) はいない。彼らは, この地から, 産物と収穫物に満ち満ちたアランの国へと行く。1羽の雄鶏が鳴くと, 〔村同士の距離の〕近さのために, すべての村々の雄鶏たちが鳴き声を上げる。アランの王は,「ギャルギャランダージュ (Gargarandāj)」, もしくは「キャルキャンダーチュ (Karkandāč)」という称号を, その妻は「マガス (maġaṣ)」という称号を与えられている。彼は, 3万人の騎兵軍を所有している。その祖先の1人は, アッバース朝統治期の最初の100年間に, キリスト教を受け入れた。それより以前には, 火を崇拝していた。しかし,〔ヒジュラ暦〕320年／〔西暦〕932年には,[8] この宗教を放棄し, ローマ皇帝が彼らのために派遣していた司祭たちを追放した。

アランと勝利の山々の間には, 1つの城がある。山の頂の川岸にあり, 橋がかかっている。これは,「アランの門の砦 (Ḥeṣn-e bāb-e Ālān)」と呼ばれる。山を越

---

18) Б-2268写本では,「『ザンド』と『アヴェスター』の書」の部分が「ゾロアスターによる『ザンド』の書 (ketāb-e Zand-e Zardoštī)」となっている [GE Б-2268: 3a]。

19) ロシア語版では「シェラヴァネル (Шераванер)」, アゼルバイジャン語訳では「シャロヴァネル (Şərovaner)」となっている [GE (ru): 11; Əskərli (tər.) 2000: 7]。英語訳では「シルヴァン (Shiruvan)」と転写されている [Floor & Javadi (tr.) 2009: 6]。

20) アクコユンル朝君主ヤァクーブ・ブン・ウズン・ハサン (r. 1479/80-1490/1)。

21) ロシア語版の表記は "Симеон" [GE (ru): 12]。

22) ただし, イブン・ハウカルによると, ヒジュラ358年は, 彼がゴルガーン (Jurjān) において, サマンダルに関する情報を得た年である。ルスのサマンダル襲撃が何年の出来事かは, 明記されていない [Ibn Ḥawqal: 393]。

えるには，ここを通るしかない。この砦は，堅固において並ぶもののない城であり，ペルシア詩人たちがよく題材にしている。エスファンディヤール（Esfandiyār）[26]の命令によって建設された。マスラマ・ブン・アブド・アル＝マリク（Maslame b. 'Abd al-Malek）は，カフカースの大部分の土地を服従させた時，アラブ人の衛兵をここに残した。現在に至るまで，彼らには，境界の町であるティフリスから俸給と必要な品々が送られている。「ラーズィカ門（bāb-e Lāzeqe）」もまた，グルジア地方にある。その王はイスラーム教徒である。

アランの西方には，偶像を崇拝するケシェク（Kašak）族がいる。ケシェクの国は，勝利の山々からポント（Pūnṭ）海，すなわち黒海にまで広がっている。彼らは，容姿端麗な集団である。「ターラー（tālā）」の名で知られる布地（qomāšī）がこの地で作られるが，この布地はエジプト（Meṣr）〔のもの〕よりはるかに上等である。彼らとトラブゾン（Ṭarabīzūn?）との間では，海路を通じた商人たちの往来がある。彼らは，海岸に多くの城を持ち，アランの襲撃の際には，〔そこに〕立てこもる。彼らは，数は多いがばらばらの集団である。もしも彼らがまとまれば，誰に対しても勝利するであろう。

彼らの国の向こう側には，サボゥ・ボルダーン（Sabo' Boldān）がある。また，筆者が思うに，「アランの門（Bāb-e Ālān〔= Bāb al-Lān〕）」とは，ダリヤル（Daryal）〔Ru. Дарьял〕のアラビア語における呼称であろう。高峻な場所に橋と城があり，現在でも残っている。これらの地に対するイラン人の支配は，〔以下に示す〕多くの類似の事例によって明白となる〔だろう〕。そもそも，ダリヤルそれ自体が古代ペルシア語である[27]。また，ケイシャーヴォル（Keyšāvor）山は，元来，シャープール（Šāpūr）あるいはケイシャーブール（Keyšābūr）山であり，パッサナーヴォル（Passanāvor）の地は，〔元来，〕パスィーン・アーヴァル（Pasīn-āvar）であった。

また，オセットの民は，古代ペルシア語の動詞や基本的な名詞のうちの多くの単語を若干変化させて，いまだに〔自分たちの〕話し言葉（esṭelāḥ dar zabān）としており，自分たちのことを「イールーニー（Īrūnī）」，オセット人の国を「イールーネスターン（Īrūnestān）」と呼んでいる。ペルシア人（ahl-e Fārs）が会話の中で，

23）サーサーン朝君主ヤズデギルド3世（r. 631-651）。
24）サーサーン朝君主バフラーム4世（r. 590-591）。
25）明示されていないが，「玉座（sarīr）」が語源ということであろう〔cf. Neẓāmī: 1028〕。
26）イラン神話に登場する英雄の1人で，カヤーニー朝の王子。ロスタム（本付録の注54参照）との戦いに敗れ，死亡した。
27）ロシア語版では，「ダリヤルは，パフラヴィー語で『英雄たちの門（Ворота героев）』を意味している」となっている〔GE（ru）: 13〕。

「イーラーニー（Īrānī）〔＝イラン人〕」を「イールーニー」というのと同じである。また，ケシェク族とは，チェルケス人のことである。昔のロシアの歴史家たちが彼らをカソグ（Kāsūk）[28]と，また現在でもオセットの民をカッサチ（Kāssāk?）[29]と呼んでいるのと同じである。［9］

　モハンマド・ラフィーウ・ブン・アブド・アッ＝ラヒーム・シールヴァーニー（Moḥammad Rafīʿ b. ʿAbd al-Raḥīm Šīrvānī）がその歴史書[30]で記したところによると，〔ダゲスターン地方には〕同様に 3 つの王国がある。1 つ目はデシュト（Dašt），2 つ目はズィリフゲランである。3 つ目はアヴァル（Āvār）であり，生活するにも通行するにも，最も困難な王国である。

　チャムチヤンは自身の歴史書で，この地方の中に 4 つの王国の名を挙げている。アラン，バスラス（Bāslās），ハプタグ（Hāptāq），フン（Hūn）である。

　『デルベントの書』の著者によると，エスファンディヤールとヌーシーラヴァーンの決定によって 4 つの王国に分割され，〔それは〕ゲルバフ（Galbāḫ），トゥマンシャー（Tūmānšāh）の国，カイタク，クムク山地である［cf. Derbend-Nâmeh: 7-8, 31-33］。

　この分割〔方法〕は，現在の状況とも完全に一致している。すなわち，第 1 の王国はアラン，もしくはゲルバフ，〔すなわち〕スラク〔川〕の向こう側のクムク（Qomūq-e ān ṭaraf-e Sūlāq）[31]であり，ミチキチ〔＝チェチェン〕（Mečekeč）や小カバルダ（Qabārtī-ye kūčak）に該当する。第 2 の王国は，トゥマンシャーの国，あるいはハプタグ，あるいは最初〔に挙げたマスウーディー〕の分割〔方法〕に従うならカイタクであり，シャムハル（šāmḫāl）の国，及びウスミ（ūsmī）[32]の国の下地区に該当する。第 3 の王国は，クムクの山岳地帯，あるいはフン，あるいはアヴァルであり，カズィ・クムクの国とアヴァル人の国（Āvārestān）に該当する。第 4 の王国はバスラス，あるいはズィリフゲラン，あるいはサリル，あるいは最後〔に挙げた『デルベントの書』〕の分割〔方法〕に従うならカイタクであり，カイタクの上手の諸地区とアクシャ（Āq-qūše）〔Ru. Акуша〕とシュルギ（Ṣūrḫī）〔Ru. Сюрги〕

---

28) ロシア語版の表記は，"Kacor"［GE (ru): 14］。

29) ロシア語版の表記は，"Кассачи"［GE (ru): 14］。

30) この人物とその歴史書に関しては，ミノルスキーの研究を参照［Minorsky 1958: 8-9］。

31)「向こう側」というのは，シルヴァーン地方やダゲスターン地方南部から見た向こう側，すなわち，スラク川の北西方面を意味している。この箇所は，ロシア語版でも，「スラク〔川〕の向こう側のクムク（Засулакский Кумук）」である［GE (ru): 14］。このことから，ロシア語版の対象読者が〈東コーカサス地方〉に居住するロシア語話者であった，という推測も成り立つだろう。

に該当する。

　バシュル（Bāšlī）〔Az. Başlı〕という町の名は，バスラスが変化したものである。また，クムクとは，プトレマイオス（Baṭlamyūs）の言によれば，カーム（Kām）族とキャマーク（Kamāk）族の末裔であり，彼らの名から，国〔の名〕が付けられた。また，『清浄の園』の著者やその他の人々が記すところによれば，彼らはヤーフェスの息子であるところのキャマーク，あるいはキャマーリー（Kamārī）の一族である［cf. RṢ: I. 68］。彼らは，彼の息子の名にちなんでバルガール（Balġār）と名付けられた場所に居住することとなった。小カバルダの国に存在するバルカル（Bālġār）〔Ru. Балкар〕という場所が，まさにそれであろう。チェゲム〔族〕（Čakam），バクサン〔族〕（Bāḫsān），ビゼンガ〔族〕（Bezangī）などといったバルガルとその周辺の住民たちは，いまだにテュルク語（zabān-e Torkī）のクムク方言（esṭelāḥ-e Qomūq）を話す。彼らは1つの集団であることが知られている。『諸伝記の伴侶』などの内容に従えば，アミール・ティムール（Amīr Teymūr）はトクタムシュ・ハーン（Toqtamš Ḫān）[33]を破った後，[10] ゴマーリー（Qomārī）川の河畔で軍の指揮官たちに褒賞を与えた。そして，ゴム渓谷（Būġāz-e Qom）において冬営した［cf. ḤS: III. 463-467］。キャマーリー〔族〕に〔名の由来が〕帰せられるこの川は，テレク川の付近にあったようで，現在でもテュルク語でそれをキュミ（Kūmī）[34]，ロシア語でクマ（Qūmā）[35]と呼んでいる。アリフ〔ا〕はヴァー〔و〕と〔発音が〕似ており，カーフ〔ك〕とガーフ〔گ〕とガイン〔غ〕とは，それぞれ〔発音が〕遠くない。

　また，カイタクとハプタクが同一のものを指しているか，同じものから変化したこと，あるいは〔これらの語に含まれる〕「タク（tāġ）」がダゲスターン〔の「ダグ（dāġ）」〕と全く同一のものであることも，想像することができよう[36]。シャムハルの国は，〔前述の「タク」に〕「全て」を意味する「ハプ（hap）」が付いてハプタクであり，ウスミの国は，カヤーニー朝（Kayān）の諸王との関係を示す，ある

---

32) シャムハル，ウスミともに，ダゲスターン各地の地方君主が伝統的に名乗った称号。17世紀後半から19世紀前半における彼らの状況に関しては，プールサファルの研究を参照［Pūrṣafar 1377š: 22-38, 71-82］。
33) キプチャク・ハーン国の君主（r. 1378-1395）。ティムールの支援を受け，1380年にキプチャク・ハーン国の統一を果たしたが，1880年代から両者は対立するようになった。1895年にテレク川河畔の戦いでティムールに敗れたトクタムシュは権力を失い，リトアニアに亡命した［中央ユーラシア："トクタムシュ"］。
34) 現代アゼルバイジャン語訳では，"Kumi" と表記されている［Əskərli (tər.) 2000: 8］。
35) ロシア語版での表記は，"Кума"［GE (ru): 15］。
36) 「タク」ないし「ダグ」は，テュルク語で「山」を意味する。

いは「大きくて高い」という意味の「カイ (ke)」が付いてカイタクなのだ，と言われている。ター〔ط〕の使用箇所がダール〔د〕に，カーフ〔ک〕やガイン〔غ〕の使用箇所がガーフ〔ق〕になったり，その逆に変化したりするのだ。

また，フン族 (ṭāyefe-'e Hūn) とは，まさしくグン人 (Ġūn) のことであろう。モヴセス・ホレナツィの言によれば，彼らは西暦5世紀，ハザルの海の西岸に居住していた [cf. Эмин (пер.) 1893: 131]。いまだにその位置が知られていないヴァルチャーン (Vārčān) という町が彼らの町々のうちで最大であった。この醜く，血に飢え，掠奪を生業とする，向こう見ずな集団は，古代に，中国 (Ḫatā) の境域からキプチャク (Qepčāq) 草原，またハザルの海と黒海の間〔の地域〕へとやって来て，多くの悪行を行った。彼らの王アッティラ (Āttelā)〔r. 434-453〕は，権勢と権威の絶頂にあり，貪欲さと怠け知らず〔の行動力〕に基づいた相次ぐ征服によって，ハンガリー[37]に至るまでの様々な集団を自身に従わせ，コンスタンティノープル (Qosṭanṭanīye) から〔も〕税 (ḫarāj) を徴収した。彼は〔西暦〕454年に死去し，グン人の政権は，彼の子孫たちの争いのために終焉した。

西暦4世紀の歴史家，アンミアヌス・マルケリヌス〔Ammianus Marcellinus, ca. 330-395〕[38]は，次のように言っている。「グン族は，あごひげが生えるようになるまでに，自分たちの顔にナイフで切れ目を入れている (pāre-pāre mī-konand)。彼らは概して醜く，首が太く，けだものに似ている。植物の葉や根，あるいは生肉を鞍の下で温めて食べる。家を持たず，〔そもそも〕持とうともしていない。彼らは，荒野や山や森で暮らしている。彼らの服は，亜麻とけだものの皮でできており，彼らの体に〔直に〕着けられる。彼らは，暑さや寒さ，空腹，喉の渇きに自身を慣れさせている。全体の打ち合わせ (mošāvere-'e jamā'at) の時に〔だけ〕，馬の背から降りる。[11] 彼らには，恥を知ることも品行の方正さもない。掠奪を生業とし，血に飢えており，無法者で，嘘つきで，不信心である。」

アッティラに謁見したローマの使節団の1人であったプリスクス〔Priscus, 5 c.〕[39]は次のように語っている。「我々は，野営地で彼と面会した。彼は，ローマ皇

---

37) 通例，ハンガリーを指す言葉として，ペルシア語では「マジャーレスターン (Majārestān)」，オスマン語では「エンギュリュス (Engürüs)」が使われる。しかし，ここでは，それらの語ではなく，「ヴァングリヤー (Vanġriyā?)」という語が使われている。これは，ロシア語名「ヴェングリヤ (Венгрия)」の音写形と考えられる。なお，現代アゼルバイジャン語では，ペルシア語名に由来する「マジャールスタン (Macarıstan)」が使われる。

38) ローマの歴史家。原文では，「アーンミヤーン・マールサッリーン (Āmmiyān Mārṣallīn)」。これは，ロシア語形「アンミアン・マルツェッリン (Аммиан Марцеллин)」の音写と考えられる。

帝（qeyṣar）からの贈り物を極めて高慢な態度で受け取り，ある町まで彼と同行して来るよう，我々に命じた。休息する時，彼はそこに滞在するという。白い長衣を着た娘たちが，彼の出迎えにやってきて，スキタイ（Asqīf?）の言葉で詩をいくつも詠んだ。彼は，木製の柵で囲まれ，高い場所にある木造の建物を所有していた。彼は毎朝，この家の門のところに座り，民衆の裁判（dīvān-e ḫalq）[40]を執り行っていた。昼には種々様々な集団の使節たちと面会し，夕には彼らと一緒に食事をとっていた。宴に集められた人々には，飲み食いするために銀製の器と黄金製の盃が，そして彼自身には木製〔の器と盃〕が差し出されるのだった。食事の後には，グン人の詩人たちがやって来て，彼の勝利の数々を謳った詩を詠んでいた。このようにして彼の兵隊たちが上機嫌に振舞っている一方で，老人たちは争いごとに疲れ果て，悲しみにくれて泣いていたものだ。」

アッティラは，常にしかめっ面をしており，考えこむことが多く，口数が少なかった。手を慰めるために，自身の幼い息子の頭をよく撫でていた。占星術師たちは，「〔我々の〕術によると，彼は父親の後継者となります」と言っていた。彼の〔軍の〕隊長たちの馬や武具や服は，黄金と宝石によって飾られていたが，彼自身〔の馬や武具や服に〕は，何も〔装飾が〕なかった。その公平さと偉大なる性格のために，彼は，グン族のみならず，彼に臣従する全ての集団に愛情を注いでいた。ローマ人の多くもまた，彼へと仕えるようになっていた。アッティラ自身はとりたてて醜悪というわけでもなく，男気にあふれ，大望の炎を燃やしていた。〔ある時，〕ローマの使節団のうちの1人が彼の殺害を考えた。アッティラはそれを知ったが，軽蔑して，彼の処刑は行わなかった。

イティル川〔＝ヴォルガ川〕は，アッティラから名付けられたか，あるいは〔アッティラが〕この川の名から名付けられたのだろう。

山岳地帯の人々にレズギの名が与えられたのは，彼らがラズ（LAZM?）[41]の民と混合したためだろう。ラズの民は，西暦3世紀後半に，コルヒダ（Kūlḫīdā）〔Ru. Колхида〕に定住していた。〔その後，〕サルマート（Sarmāt）の王がキプチャク草原からやって来て，彼らを打ち破った。〔西暦〕5世紀には，アルバニア人（Ālbāniyān）やイヴェル人（Īvariyān）とともに，ローマとイランの長きにわたる戦いに参戦した。〔西暦〕6, 7世紀には，彼らの政権は確固たるものとなった。彼らの王

---

39) 原文では，「プリースグ（Prīsq）」となっている。これは，ロシア語形「プリスク（Приск）」の音写であろう。

40) "dīvān" という語は様々な意味に解釈しうるが，ここでは，ほぼ確実に「裁判」の意味で用いられている。ロシア語版の該当箇所が「民と面会し，裁判（суд）を行っていた」となっているのが，その根拠である〔GE (ru): 16〕。

41) ロシア語版の表記 "лазы" に従った〔GE (ru): 16〕。

たちのうち，グーバーズ（Gūbāz）とフーリヤーン（Ḫūriyān）[42]は令名を馳せる者となった。今でも，この集団の末裔が黒海の南東岸に住んでおり，自分たちの名を[12] 書き下す上では，ラーゼギー（Lāzeqī）と書いている。

歴史家たちの大部分は，アルメニアとイヴェリア（Īvariyā）〔Ru. Иверия〕とコルヒダとアルバニア（Ālbāniyā）を正しく区別していない。そのために，いくつかの食い違いが生じている。数々の類似〔の言説〕を比較対照することで総合的に判断すれば（banābar-e taṭbīq-e qarāyen eḥtemāl-e kollī mī-ravad），キュル川の右〔岸〕側は，アラズ川との合流地点まで〔全て〕アルメニアであった，ということになろう。実際，〔大〕プリニウス[43]やプトレマイオスも，アルメニアの北の境界はキュル川によって引かれる，と記している。キュル〔川〕の右〔岸〕側──〔現在，〕ここには，ティフリス，ドゥマニス（Tūmānes）〔Ru. Дманис〕，ブリス（Būlīs）[44]などがある──は，「ソムヘティ（Sūmḫat）〔Ru. Сомхети〕」と名付けられている。これは，グルジア語で「アルメニア人の土地（Armanestān）」を意味し，現在でも，そこでは数においてグルジア人よりアルメニア人の方が多い。

『諸伝記の伴侶』の記述によると，ハビーブ・ブン・サルマ[45]は，ウスマーン〔r. 644-656〕のカリフ時代に，〔当時〕アルメニアに含まれていたティフリスを占拠した〔cf. ḤS: I. 500〕。〔それ以来，ティフリスは〕常にカリフたちの支配のもとにあった。実際，ティフリスでは，アラブ人によって打刻されたディルハム硬貨が知られている。

イヴェリアは，ダゲスターンの西側の山地にあり，〔現在における〕バシャチュク（Bāš āčūq）[46]の東部に当たる。実際，アルメニア人の歴史家たちは，古代グルジア（Gorj-e qadīme）を[47]「山岳地帯」を意味する「イヴロス（Īvruṣ）」と読んでいる。

ヤークートの記述によると，グルジア人たちは，ヒジュラ暦5世紀の後半から，イランの情勢の騒乱のために，キュル川の右岸において殺戮と掠奪を始めた。結局，セルジューク朝のスルターン・ムハンマド（Solṭān Moḥammad-e Saljūqī）の息子たちであるスルターン・マフムード（Solṭān Maḥmūd）とスルターン・マスウー

---

42) ロシア語版では，それぞれ「ゴバス（Гобаз）」，「ホリヤン（Хорьян）」と表記されている〔GE (ru): 16〕。

43) 原文では「プリーニー（Plīnī）」。ロシア語形「プリニー（Плиний）」の音写であろう。

44) ロシア語版では，「ブニス（Бунис）」となっている〔GE (ru): 17〕。

45) 原文では，"Ḥabīb b. Salmī (Sulamī)" となっているが，正しくは "Ḥabīb b. Salmah"。また，ハビーブ・ブン・マスラマ（Ḥabīb b. Maslamah）とも。

46) イメレティア（Имеретия）を指す〔cf. GE (ru): 17; Əskərli (tər.) 2000: 9〕。

ド（Solṭān Masʿūd）の間で争いが起こった時に，〔ティフリスは〕グルジア人たちの占有下に入った［cf. Yāqūt: I. 858-859］。

　バシャチュクとミングレリア（Mengraliyā）〔Ru. Мингрелия〕とグリア（Gūriyā）〔Ru. Гурия〕の平野部が，〔古代における〕コルヒダのこととみなしうる。また，シルヴァーンとダゲスターンは，まとめてアルバニアであった。

　また，アラン族に関しては，以下の程度のことが知られている。すなわち，彼らは，この一帯の住民であり，固有の王をいただいている。また，アランとアルバン（Ālbān）〔＝アルバニア〕という語の類似から，次のように想像されよう。すなわち，一方がもう一方から派生したものであるか，あるいは，アルバニアは「白」[48]〔を意味する言葉〕から派生したラテン語（esṭelāḥ-e Rūmī）であって，「自由」を隠喩しているか，である。そして，シルヴァーンとダゲスターンは，自由の民が住むところ（diyār-e āzādān）として知れ渡っている。

　アンミアヌス・マルケリヌスの言によると，アラン族は，古代のマサゲト（Māsaqaṭe）の末裔であり，最初はタターリスターン（Tātārestān）からやって来て，スキタイ族をハザルの海の東岸から駆逐し，［13］〔その地に〕居住するようになった。〔そのため，〕スキタイ族は，イティル川を渡って，ドン（Ton）川からドナウ（Ṭūnā）川までを占有した。彼らは，多種多様な諸部族〔の集団〕であり，勇猛かつ野蛮であり，遊牧民の特性を持っていた。南方の歴史家たち（movarreḥān-e jonūbī）は，この方面（ān aṭrāf）の古代の住民を，全て「スキタイ」と呼んでいる。ヘロドトス（Harodūt）が言うには，スキタイ〔族〕の若い男たちと，アマゾネス〔族〕の娘たちが混ざり合って，サルマート族が形成された。一方，ガッテレル〔Johann Christoph Gatterer, 1727-1799〕[49]は，以下のごとく論証している。サルマート族は，西暦紀元前80年にアジア（Āsiyā）からヨーロッパ（Orūpā）にやって来た。ドン川流域でスキタイ族と混合し，徐々にスキタイの名は消えていき，サルマートの名が知られるようになった。

　〔その後，〕アラン族がやって来て，サルマートを敗走させ，彼らの土地を占有下に置いた。アランの民は，剣を崇める信仰を有していた。それ〔＝剣〕を地面に突き刺して，跪拝するのだった。彼らの習慣の多くは，グン族のものと同じもので

47）校定本は，この部分を「歴史家たちは，古代グルジアのアルメニア人たちを（movarreḥān, Arāmene-ye Gorj-e qadīme）」と読んでいる。しかし，ロシア語版から，この読みが間違いであることが分かる［GE (ru): 17］。

48）GE a は，誤って"سغدی"としている。他の校定本に従い，"سفیدی"と読んだ［GE b: 11; GE c: 29］。

49）ドイツの歴史学者。原文の表記は「ガーッタラル（Ġāttarar?）」。ロシア語版の表記「ガッテレル（Гаттерер）」の音写であろう［GE (ru): 17］。

あった。プロコピオス〔Procopius, b. ca. 500〕[50]は,「アランの民はマサゲトの末裔であり, マサゲトはゲト (Qaṭ), あるいは,『大ゲト (Qaṭ-e bozorg)』を意味するゴトゥフ (Qūtf?) の末裔である」, と言っている。また,『エゼキエル書 ketāb-e Ḥezqīl-e nabī』第38章には,「マソグ人 (Māsūqiyān) は, ヤーフェス〔=ヤペテ〕の子マソグ (Māsūq) の末裔であり, 北東の諸集団の間では, 名を知られた集団である」〔, と記される〕[51]。また, マサゲトはこの〔集団の〕末裔であるか, マソグ族とゲト族の混合によって形成された, ということもありうる。また, ド・ギーニュ〔Joseph de Guignes, 1721-1800〕[52]は,「アランという語は,『山』を意味する『アーリーン (Ālīn)』から派生しており, 太古の時代, マサゲトの一派がアルタイ (Āltāy) の山々に居たという理由でこのように名付けられている」〔, と言っている〕。モヴセス・ホレナツィは,「アラン族はコーカサスの近く〔にいる〕」, と書き記している〔cf. Эмин (пер.) 1893: 98〕。彼らは, プトレマイオスの時代から,〔西暦〕14世紀まで, カフカース山地の北西側において, 名を知られてきた。

　マスウーディーの言によるなら,「アランの門」は, グルジアのダリヤルの地にあるはずである。しかし,『デルベントの書』の著者が言うには,「アランの門」は,「アルゴンの防壁」にあり, エスファンディヤールがそれを築き, ヌーシーラヴァーンが再建した〔cf. MḎ: 202-203; Derbend-Nâmeh: 32〕。前述の防壁の遺構と門の跡 (jā), 町の遺跡は, グバ〔地方〕のシャブラーン地区にあるギルヒン川 (rūd-e Kelhīn)〔Az. Gilhinçay〕の左岸にある。また, 砦の跡は, 今でも, この川の右岸にある丘の上に存在している。この防壁は, 海〔の中〕から始まり, アリハンル ('Alīḫānlū)〔Az. Əlixanlı〕——おそらく, 元来はアルゴンル (Ālġūnlū) であったのだろう——の村の上を通って, 前述の町の跡の近くに現れ, チラーグ (Čerāġ)〔Az. Çıraq〕城に連結している。そして, その地から, アタ (Ate)〔Az. Ata〕山——そこには大きな町の廃墟があることも知られている——を越えて, ゴナフケンディ (Qūnāq-kandī)〔Az. Qonaqkəndi〕村の上を通って, ババダグ山 (kūh-e Bābā-dāġī)〔Az. Baba dağı〕まで〔14〕行く。

　数々の言説を比較対照することで, 次のように想定することが可能である。すなわち,「アランの門」は, グルジアにもシルヴァーンにもあった。というのも, コーカサスの北側にいたアラン族は,〔グルジアとシルヴァーン〕どちらの方面を経由する襲撃ルートも有していたからである。アランの名は, 確かに, アルメニア人の多くの書物で名を知られ, コーカサスの東側のあちこちにいる山岳民全体のこととみなされ, ムガーン平原の北部にまで〔分布していた〕。ムガーン平原は, シ

---

　50) 東ローマ帝国の歴史家。原文の表記は「プラークーピー (Prākūpī)」。ロシア語形「プラコピー (Прокопий)」の音写であろう。

ルヴァーン地方の端に位置するとみなされ，また，古代の書物においては，アラン平原（ṣaḥrā-ye Ālān）として知られている。そして，アルバンの町は，歴史家たちがアルバヌス（Ālbānūs）川とカッス（Qāssī）川の間にあると記しているが，〔その〕位置関係や地勢を考慮すると（naẓar be-monāsebat va vaż'-e makān），〔現在の〕デルベントであるに違いない。アルバヌス川は〔現在の〕サムール川であり，カッス川は，タルキとブイナク（Būynāq）の間を流れるマナス〔川〕（Manāş）〔Ru. Манас〕であろう。

　この一帯の地名の一部は，年月の流れを経てもなお（morūr va dohūr nā-maḥṣūr），いまだ〔ほとんど〕変化していない。〔例えば，〕シャマフの町は，まさしく〔古代における〕キャマフ（Kamāḫī），あるいはクサマフ（Ksamaḫī?）である[53]。同じ場所にあるガバラは，プトレマイオスが言及しているところのハバラ（Ḫābālā）であると思われ，〔現在は〕グバの王国にある。また，アルパン（Ālpān）〔Az. Alpan〕は，アルバンから変化した村の名であろう。また，ある山の頂には，非常に古い城が存在するが，これは，エシュケブス（Aškabūs）〔Az. Əşkəbus〕城と呼ばれている。エシュケブス（アシュキャブース）とは，フェルドウスィーの言によると，『王書』におけるトルコ人の勇者であり，ハカンとの戦いにおいて，ロスタム（Rostam）[54]の手で殺された［cf. Ferdowsī: II. 831-835］。また，ハムドゥッラーが『諸都市辞典』で記している証拠の数々によるなら，ゼルグバート（Zarqobād）〔Az. Zərqubad〕村は，〔もともと〕フィールーズ・コバード（Fīrūz Qobād）という町である[55]。また，セーダーン（Sa'dān）〔Az. Sədan〕村は，サァダーネ・バークーイー（Sa'dān-e Bākūyī）という名に〔由来し〕，ヘズラギャーン（Ḥazragān）〔Az. Xəzrəgan〕地区とは，〔ニザーミーの〕『イスカンダルの書』で記されるところのハズラーン・クーフ（Ḥazrān Kūh）であろう［cf. Neẓāmī: 1097, 1100?］。また，グバにあるジャガタイ（Jaġatāy）〔Az. Cağatay〕村とダゲスターンにあるジェングタイ（Jangūtāy）〔Ru. Дженгтай〕は，〔元来〕モンゴル語であり，その地の古代の住民の名から〔ついた地名である〕。ミチキチにあるバヤン（Bāyān）〔Ru. Баян〕

51）マソグは，『旧約聖書』に見られる「メシェク」のことであろう。『エゼキエル書』第38章第1～3節には，「主の言葉が私に臨んだ。『人の子よ，マゴグの地のゴグ，すなわちメシェクとトバルの総首長に対して顔を向け，彼に預言して，言いなさい。主なる神はこう言われる。メシェクとトバルの総首長ゴグよ，わたしはお前に立ち向かう〔後略〕』」とあるが，メシェクの出自などは記されていない。メシェクの出自を記しているのは『創世記』第10章第2節で，「ヤフェトの子孫はゴメル，マゴグ，メディア，ヤワン，トバル，メシェク，ティラスであった」とある。また，『歴代誌（上）』1章5節にも同様の記述が見られる。なお，聖書の訳文は『新共同訳聖書』（日本聖書協会，2005年）に従った。

村は，著名なアヴァル人であるバヤン・カガン（Bāyān Ḫān）の名から名付けられている。〔現在の〕ヌハ（Noḫūy）の町は，名前の関連性とその地勢とを考えると，まさにナヒヤ（Nāḥiyā）あるいはナギヤ（Nāgiyā）であろうと言われ，古代の歴史書の数々において，シルヴァーンの国の一部と［15］みなされている。

　古代，カスピという名の集団が，〔ハザルの〕海の海岸沿い，キュル川の右岸に居住していた。ローマ人たちの間では，〔ハザルの〕海は，彼らの名に基づいて〔「カスピ海」と〕命名されている。イスラームの民の間では，その沿岸にある諸地域〔の名〕に結び付けられ，「ハザルの海」や「ゴルガーンの海（Baḥr-e Jorjān）」，「ギーラーンの海（Baḥr-e Gīlān）」，「シルヴァーンの海」として知られる。

　「カフカース」という語は，まさにこのカスピ族の名とカーフ山〔の名〕から合成されたものである。カーフ山は，『聖クルアーン』においても言及〔され〕，脅威に満ちた場所〔とされる〕。様々な空想物語の本（kotob-e afsāne-negār）においては，悪鬼たちと妖精たち（dīvān va pariyān）の安寧の地である。これらの本では，妖精たちの王は，「シャフバール（Šahbāl）」と呼ばれる。『デルベントの書』の著者は，アラブの軍勢がダゲスターン〔征服〕に任命した将軍を，シャフバールあるいはシャー・バアル（Šāh Ba'al）と呼んでいる［cf. Derbend-Nâmeh: 101］。現在でも，シャムハルの王国には，全ダゲスターンのうちで傑出して美しい人々が住む村々があり，その1つは，「ペルアウル（Par-awl）」という名を有する。〔元来〕これは，「パリー・アーヴォル（Parī-āvol）」，すなわち「妖精たちの村」である。

　「エラムの薔薇園（Golestān-e Eram）」は，この上ない歓楽と愉悦に満ち，様々な川と，実りの多い木々によって飾られ，カーフ〔山〕の近くにある，と〔書物に〕記されているが，グバのシャブラーンの清らかさに満ちた平野（faẓā）〔がそれに該当するもの〕であるかもしれない。実際，この説（soḫan）は，多くの人々の間でよく知られている。また，「エラムの薔薇園」とは，ガラバーグにあるゴレスターンという名の場所である，と言う者もいる。この地では，ロシアとイランの両政府の間で〔ヒジュラ暦〕1228年／〔西暦〕1813年にゴレスターン条約が結ばれている。また，ここより高所の山地にある夏営地は，現在でも「エラムの薔薇園」と呼ばれている。

　イスラームの歴史家たちの大半は，カフカースの山々のことを「アルボルズ〔=

---

52) フランスの東洋学者。原文の表記は「ダギーン（Dagīn）」。ロシア語版の表記「デギニ（Дегинь）」の音写であろう［GE (ru): 18］。

53) ロシア語版では，それぞれ「カマヒ（Камахи）」，「クサマヒ（Ксамахи）」となっている。

54) イラン神話に登場する英雄で，その冒険譚と活躍は『王書』の中心的な話題となっている。

エルブルス〕（Alborz）山」と呼んでいる。例えば，キャーティプ・チェレビーは，『世界の鏡』において，次のように言う。「アルボルズは，『諸門の門（Bāb al-abvāb）』，すなわちデルベントの西側にある。山脈に連なる山で，トルキスターン（Torkestān）からヒジャーズ（Hejāz）まで，1000ミールにわたって延びている。そのため，これこそカーフ山であると考えている者もいる。

デルベントの近くには，山地の中に2つの支脈（šoʻbe）があり，そのうちの1つが「大カーフ（Qāf-e bozorg）」，もう1つが「小カーフ（Qāf-e kūček）」と呼ばれている。アラブの古代の地理書では，この山脈は，まさしくそこで起こった諸々の戦いと勝利のために，「勝利の山々」として知られている」[cf. CN: 398]。

前述のもの以外の多くの類似〔の話〕もまた，[16] カーフ山がまさにこのカフカスの山々であることを示している。数々の物語に記されたその特徴のいくつかは，暗喩の類に属し，別の箇所で〔記された特徴〕は，全くの空想（ʻadam-e etteʻlāʻ）である。〔そうなってしまったのは，〕先人たちが，この驚異に満ちた山々の〔山〕中やその北の方面の様子を正しく把握していなかったためである。もしも，こういった事情で，その地を居住可能地域の最果て（āher-e maʻmūre）と考えたならば，この地の屈強な体格（qavī-heykal）で野蛮な性格の住民たち[56]を「悪鬼」と，その秀麗さと端正さを世界の端々（āfāq）で知られる〔この地の〕美しい人々を「妖精」と名付けた，〔という推測は，当たらずとも〕遠からずであろう。

数多くの旅行者たちが世界中の諸地域を繰り返し探査し，東西の大洋（moḥīṭ）を渡り，地球の裏側にあるアメリカ大陸（eqlīm-e Āmrīqā）さえも詳しく知られている現代において，〔依然〕カーフ山は，次のように説明されている。すなわち，それは，空想を紡ぎ出す純朴な人々（sāde-lowḥān-e vāheme-bāf）が考えたものであって，どこにも存在しないものなのだ，と。

未知なる古代の様々な時代から，数多くの種々様々な集団がこのコーカサスの地において，戦争や征服や，北から南，あるいはその逆の来来を行ってきた。また，

---

55) ハムドゥッラー・ムスタウフィー・カズヴィーニーは，その作品『心魂の歓喜』でフィールーズ・コバードに関する情報を記しており，その際，ヤークートの『諸都市辞典』から情報を引用している [NQ: 92; cf. Yāqūt: III. 929-930; Гейбуллаев 1986: 60]。『諸都市辞典』をハムドゥッラーの作品としているのは，バキュハノフの誤りであろう。これらの地理書やその著者たちについては，第2章第2節第1項を参照。

56) GE a は，この箇所を「犬たち（sagān）」と読んでおり，GE c でも同様である [GE c: 32]。一方，GE b では，"سكا" となっている [GE b: 14]。さらに，写本では，"ك" の上にシャッダが付されているように見える [GE M-49: 8a; GE Б-2268: 6b]。そのため，正しい読みは，「住民たち（sokkān）」であると考えられる。なお，ロシア語版の該当部分も，「住民たち（обитатели）」となっている [GE (ru): 20]。

この地の諸王国の多くを占有し，居住してきた。様々な民族の逃亡者や被虐者が，この地の通行困難な場所で，敵の追跡から心を安めてきた。イランの古代の王たち，とりわけ，ヤズデギルド・ブン・バフラーム・グール (Yazdgerd b. Bahrām-e Ġūr)[57]や，ヌーシーラヴァーン・ブン・コバードは，他の諸地方から多くの部族を連れてきて，多くの城や建物をこの境域に建設してきた。それらの廃墟の多くは，いまだに存在している。ギリシア人，ローマ人，ペルシア人，アルメニア人，グン人，アヴァル人，トルコ人，ルス人，ハザル人，アラブ人，モンゴル人，タタール人といった様々な集団が，この〔地方の〕諸々の土地を自らの占有下に置いてきた。とりわけ，シルヴァーン地方は，他のどの地方よりも騒乱の原因となることが多く，サファヴィー朝の時代には，イランとオスマン朝の軍勢が，何度も入れ替り立ち替り，この地を占有してきた。

この一帯の人々の血統は，様々な集団〔の血統〕の混合であることが知られている。実際，〔その〕なごり (āsār) や，〔古来の〕名前，言語，習慣を，彼らの多くが残している。住民たちの性質や能力の等級それ自体が，そのことに対する明瞭な証拠となっている。

しかし，それらを仔細に確定することは，不可能である。以下のことが言える程度であろう。つまり，タバサランの一部や，グバの西側部分，サムール川流域，キュラの人々は，主に，様々な諸集団と混ざり合った古代の血統に属している。そして，デルベントの近郊，タバサランの大半，グバの王国の東側部分，シェキ，バクー，シルヴァーン〔地域〕，[17]サリヤーンの住民は，ペルシア人，アラブ人，モンゴル人，タタール人〔の血統〕が混ざり合った人々である。〔この地で〕暮らしてきたアルメニア人やユダヤ人も，その大半が時代の経過とともにイスラーム教徒と混合した。彼らは，タバサランやデルベント，バクー，グバ，キュラの各王国に非常に少数，シルヴァーンとシェキには比較的多く居住し，固有の宗教と言語を有している。様々な人々が混合した血統が残っていることに対しては，多くの部族や村々が現在でも自身特有の名称や言語を有していることが明白な証拠である。

バクーの王国には，ズフ (Zīḫ)〔Az. Zıx〕の村があるが，ダゲスターンに〔も〕ズフの集団の末裔であるミヤトル (Miyāṭlū)〔族〕がいる。ミヤト (Miyāṭ) に関しては，〔大〕プリニウスやストラボンが彼らをこの一帯の古い住民の1つと記している。シェキやシルヴァーンやグバにいるウディル〔族〕(Ūdīlū) は，ウディ (Ūdī) の町の住民の一部であったのだろう。ウディは，西暦3世紀に，アルメニアの王たちの首邑であった。インディリ (Enderī?) には，トゥマンラル (Tūmānlar)〔Ru. Туманлар〕と名付けられた地区〔がある〕。彼らは，現在でもコイス〔川〕

---

57) サーサーン朝君主ヤズデギルド2世 (r. 438-457)。

（Qūysū）〔Ru. Койсу〕の右岸からテムルグユ（Teymūr-qūyī）〔Az. Темир-кую〕までの諸々の地所や河川を所有しているが，そもそも最初からこの地に居住していたのである。トゥマンラルの村と同様に，バシュルの近くに，トゥマンシャーの民の末裔であろう〔人々がいるが〕，ヌーシーラヴァーンが彼らを〔その地に〕住まわせたのである。クバチの民は，彼らの先祖たちの言葉によれば，ジェノヴァの民（ṭāyefe-ye Janavīz）とユダヤ人からなる集団で，交易のためにやって来て，その地に商館（kār-ḫāne）を建設した。そして，時の経過とともに，〔元とは〕異なる集団へと変わっていった。また，タバサランの人々の多くは，ヌーシーラヴァーンがタバリスターン（Ṭabarestān）とエスファハーンから連れてきたため，この地域の名前もまた，タバリスターン[58]から変化したものと考えられる。

　また，アラブ人は，グバの2つの村，デルベントの1つの村，シェキの2つの村〔に居住している〕。シルヴァーンには大きな部族がおり，そのうちの1分派は，自分たちの間で，現在でもアラビア語で会話をしている。また，タバサランのダルヴァグ村でも，アラビア語が用いられていたが，つい最近になって，放棄された。〔しかし，〕その村の老人たちの一部は，今でもその言語を覚えている。これらの諸王国に加えて，キュラ，タバサランといった王国や，サムール川流域では，ダゲスターン全域と同様，自分たちの書き言葉として（dar katb va taḥrīrāt-e ḫⱽodešān），アラビア文字とアラビア語を用いている。[18]

　グバのベルメク（Barmak）〔Az. Bərmək〕地区〔の人々〕は，ハールーン・アッ=ラシードの宰相であったバルマク家のジャアファル（Ja'far Barmakī）の一族である。彼らは，ジャアファルの処刑の後にやって来て，この地を避難先に選んだのである。ザンゲネ（Zangane）族とハリッリ（Ḥalīllū）族とケンゲルリ（Kangarlū）族はグバとシルヴァーンにおいて，ガラマンル（Qarāmānlū）族とテケリ（Takalū）族とシャームル（Šāmlū）族とチャケルリ（Čākarlū）族はシルヴァーンにおいて，オサッル（Ūṣāllū）族とアルシャリ（'Alšalu）族とウスタジャッル（Ūstājallū）族とガージャール（Qājār）族はグバにおいて，バヤート（Bayāt）部族はグバとデルベントとシルヴァーンにおいて，カラコユンル（Qarāqūyūnlū）族とハラジュ（Ḫalaj）族はシェキとシルヴァーンにおいて，彼ら以外にも多く〔の部族〕が〔様々な地方において〕知られている。彼らは，トゥルクマーン人のような様々なトルコ人の一派であり，残りの諸集団はイランやルームで居住するようになっている。グバ

---

58) 各校定本では，「タバサラン」となっているが，GE c で指摘されているように，「タバリスターン」と読むのが正しい［GE c: 33; cf. GE b: 15］。なお，写本では，正しく「タバリスターン」となっている［GE M-49: 8b; GE Б-2268: 7a］。ロシア語版の該当箇所も参照［GE（ru）: 21］。

のジャガタイ村〔の人々〕は，モンゴル人の末裔である。

　サムール川流域のミスキンジャ（Meskenje）〔Ru. Мискинджа〕村〔の住民〕は，アスタラーバード（Astarābād）の境域から〔来た人々〕で，サファヴィー朝のシャー・タフマースプ 1 世が連れてきたものである。かの地方における同じ〔名前の〕村は，シーア派に属している。ヘズレ〔村〕（Ḥaẓre）〔Az. Həzrə〕は，「御前（Ḥaẓrat）」から変化した〔地名〕であるが，そこの人々は，前述の帝王によってイランからグバの王国に連れてこられた。自分たちの祖先であるシェイフ・ジュナイド（Šeyḫ Joneyd）の墓の近くに居住している。現在，彼らは，スンナ派に属しているのだが，その〔村の〕一地区は，今でもシーア派住民の地区として知られている。

　サムール川流域にあるミクラフ（Mekrāġ）〔Ru. Микрах〕村の人々や，カズィ・クムクの人々の多くは，ルスの一族に属することで知られ，ハザル人による支配の時代にやって来た。彼らの外見的特徴（sīmā-ye ẓāherī）や習慣の多くがそれに対する証拠であるのに加え，カズィ・クムクの人々は，今でも，挨拶の際に，お互いに帽子を脱ぎ，「イズロフ（īzrūf）」[59]という。この語は，「イーズダルーフ（Īzdarūf?）」[60]が変化したものであろう。今でも，カズィ・クムクの町や，その周辺地域の一部——この大きな町よりも〔住民の血統が〕種々雑多になっている——には，3 つの集団が居住している。〔それは，〕ガッチ〔族〕（Ġāččī?），メチジェ〔族〕（Maččā?），クムク〔族〕である。推測だが，ガッチ〔族〕はグン人とスラヴ人（Slāvan）とアヴァル人と [19] ハザル人の血統に属しており，メチジェ〔族〕は，メッカから変化〔した語〕で，アラブのクライシュ族（ṭāyefe-ye Qorayš-e ‘Arab）の一員であり，クムク〔族〕は古代のキャマーク〔族の末裔〕であろう。

　この王国の人々の残りと，アクシャやカイタクの諸地区，スラク〔川〕の右〔岸〕側にあるシャムハルの国〔の人々〕は，主に古い血統に属しており，アルメニア人とペルシア人とアラブ人とトルコ人〔の血〕が混ざり合っている。スラク〔川〕の向こう側のクムクやミチキチ，アヴァル，〔その他の〕多数の人々は，純粋なる自由民（aḥrār-e maḥẓ）であり，古代の血統に属し，北方の様々な諸集団と混合している。

　つまるところ，この雄大さに満ちた山においては，理解できない固有の言語を

59）ロシア語版での表記は "изров" となっている〔GE（ru）: 22〕。

60）ロシア語で「ごきげんよう」を意味する「ズダローフ（здоров）」であろう。実際，ロシア語版の該当箇所も "здоров" となっている〔GE（ru）: 22〕。「イー」は，語頭における子音連続を嫌って，発音の都合上付された音であると思われる。あるいは，「イ・ズダローフ（и здоров）」の音写という可能性もある。その場合は，「やあ，ご機嫌よう」程度の意味になる。

持った未知の人々の1つ1つが古代の集団の末裔，ということもあり得るわけだ。時代という舞台の様々な年代において，彼らは，数々の征服〔事業〕によって，また巨大な権力によってよく知られている。〔だが，〕現在では，その痕跡が全く存在せず，〔ただ〕数々の歴史書において簡単に記されている〔だけである〕。

　カラムズィーンらの記述によると，アヴァル族は，トルキスターンの荒野において強勢であり，有名であった。中国の歴史家たちの言によると，彼らはグン人の血統に属し，彼ら〔中国人〕に隣接して〔暮らして〕いた。〔西暦〕2世紀にトルコ族に敗退し，南の方面へと行き，別の諸集団と混合〔した〕。彼らのハーンであるディーザーヴォル（Dīzāvol）は，アッティラのように絶大な権力を得た。アルタイの山中において，何枚もの絹の絨毯と数々の金の器で彩られたテントの中で，ローマ皇帝ユスティニアヌス[61]の使者と贈り物を受け入れた。そして，彼と和平し，イラン人を相手に善く戦った。ローマの歴史家たちの言葉によると，ディーザーヴォルの使者たちは，外見や性質が，自分たちの頭を剃らず，長い髪をしていたこと以外は，完全にグン族と類似していた。アッティラの時代〔のこと〕を知らされると，見物人たちの驚きは，いや増した。〔西暦〕568年，彼らは和平を求めてコンスタンティノープルにやって来て，ユスティニアヌス帝に，「勇敢で負け知らずのアヴァル族が，あなたとの友好を望み，褒賞や俸給，住み心地の良い土地をあなたに求めている」と言った。彼〔＝ユスティニアヌス〕は，彼らの要求のどれをも拒絶する勇気がなかった。

　アヴァルの血に飢えたカガン（Ḥān）であるバヤンは，ブルガール人たち（Bol-gāriyān）を破って，殺害や掠奪を怠らず行った。チェコ人（Ṭāyefe-'e Čah）やその他のスラヴ人が居住していたモラヴィア（Mūrāviyā）やボヘミア（Būġamiyā）を占有し，フランク王シギベルト[62]を敗退させ，ドナウ河畔まで[20]来て，ランゴバルド（Lūngabārd?）族と同盟し，ゲピド人たち（Ġabīdiyān）の王朝を混乱させた。そして，ハンガリーを占領下に置き，イタリア（Ītāliyā）征服の考えに至った。〔西暦〕568年，アヴァル人たちの国は，アルバー（rūd-e Albā?）川[63]からイティル川まで広がっていた。

　バヤン・カガンは，〔西暦〕580年，黒海の北東沿岸部をトルコ人の手から奪っ

---

61) 東ローマ皇帝ユスティニアヌス1世（r. 527-565）。原文では，「ユースタニヤーン（Yūstaniyān）」。ロシア語形「ユステニアン（Юстениан）」の音写であろう [GE (ru): 23]。

62) シギベルト1世（r. 561-575）。原文では，「フランクのガラール，スィーグバルト（Sīgbart, qarāl-e Farang）」。ロシア語版における表記「フランクの王〔＝カローリ〕，スィグベルト（Сигберт, король франков）」の音写であろう [GE (ru): 23]。

63) ロシア語版では「エルブルス（Эльбрус）」となっている [GE (ru): 23]。

た。翌年，6万の騎兵とともにやって来て，その時まで独立していたドナウ河畔のスラヴ族を，殺害と掠奪によって服従させた。年代記作者ネストル（Nastūr-e movarreḥ）〔ca. 1056-1114〕[64]の言によると，アヴァルのハーンは，〔西暦〕619 年，ローマ皇帝ヘラクレイオス（Herakl）[65]に敗北させた。ヘラクレイオスは，ようやく生き延び〔たものの〕，捕虜となってしまうほどであった。〔ヒジュラ暦〕4 年／〔西暦〕626 年，コンスタンティノープルを包囲したが，目的を達成できずに終わった。この集団は，その後，様々な土地で種々の部族と熾烈な戦いを行い，徐々に弱体化していき，〔西暦〕9 世紀初頭には名が聞かれなくなり，別の諸集団と混合した。彼らの墓から入手された多くの高価な物品から，彼らはそれほど野蛮ではなく，イランや中国やローマとの交易関係を有していたことが明らかとなっている。

彼らのうちの一集団は，現在でもコーカサスの山中におり，〔他とは〕異なる言語と固有の首領，自分たちの慣習を有している。このアヴァルのカガンは，「アヴァルのウスミ（ūsmī-ye Āvār）」とも呼ばれるが，〔ヒジュラ暦〕1140 年／〔西暦〕1727 年に，ロシアの軍営にやって来て，以下のごとく表明した。すなわち，国をその手から失った彼の祖先の 1 人がロシア皇帝の助力によって然るべき地位に任命された。彼の命令書（farmān）は，今でも存在している，と。そこでよく調べてみたところ，それはチンギス・ハーンの息子ジョチの息子バトゥ[66]による〔命令書〕であることが判明した。〔バトゥは，〕ヒジュラ暦 7 世紀にロシアの王国を占有下に置いた〔人物である〕。

グニブ（Gūneb?）〔Ru. Гуниб〕——しばしば，落ちることのあるバー〔ﺐ〕が加えられる——の村の住民は，醜い顔で野蛮な性質の集団である。グンあるいはフン〔の末裔〕であろう。アンダラル（'Andalal）〔Ru. Андалал〕地区にあるこの村は，多くの田畑や牧草地，河川，森を含んだ，非常に道の険しい山頂に存在し，およそ100 家族を有する。この村の住民は，性質の悪さで有名で，主に彼ら自身の間で争い，背は低く，顔は醜い。〔その性質の悪さは〕その地区の他の人々からとりわけ際立つ類のものである。

タバサランにある 8 つの村——すなわち，ジャルカン（Jalqān）〔Ru. Джалкан〕，ルケリ（Rūkāl）〔Ru. Рукель〕，[21] マガティル（Maqātīr）〔Ru. Магатир〕，カマ

---

64) ロシア語での呼称「年代記作者ネストル（Нестор Летописец）」の直訳。ただし，ロシア語版では単に「ネストル」となっている〔GE（ru）: 23〕。

65) 東ローマ皇帝ヘラクレイオス 1 世（r. 610-641）。

66) キプチャク・ハーン国の君主（r. 1227-56）。チンギス・ハーンの長男ジョチの次男に当たる。

フ（Kamāḫ）〔Ru. Камах〕，ズィドゥナン（Zīdiyān）〔Ru. Зиднан〕，グメイディ（Ḥomeydī）〔Ru. Гумейди〕，ムタギ（Moṭā'ī）〔Ru. Мутаги〕，ビルハディ（Bīlḥadī）〔Ru. Билхади〕——はアヌーシーラヴァーンがデルベントの壁に結合するように建設し，現在でもその遺構が知られている町の周辺にある。古代ペルシアの諸方言（esṭelāḥāt-e Fors-e qadīm）の1つであるタート語（zabān-e Tāt）を有している。彼ら〔この村々の住民〕は，ペルシアの民であり，その町の滅亡の後，前述の村々に居住するようになったことが知られている。ビルハディの村の付近にあるこの町には，驚くべき技巧が凝らされた門がいまだに存在している。推測するに，「鉄の門（バーブルハディード）（Bāb al-ḥadīd）」とは，まさにこれのことだろう。村の名はそれに由来し，多くの用例で「ビルハディ」となっている。〔これらの〕諸地区は，シャマフ地域と，いまでもグバの町にあるグディヤル（Qodiyāl）〔Az. Qudyal〕地域の間にある。

シルヴァーンにあるホウズ（Howẓ）〔Az. Hovz〕，ラフジュ（Lāhej）〔Az. Lahıc〕，ゴシュンル（Qošūnlū）〔Az. Qoşunlu〕や，グバにあるベルメク，シェシュパラ（Šašpāre?）[67]，ブドゥグ（Bodūq）〔Az. Buduq〕の下地区，6つのトゥルクマーン人の村を除くバクーの王国の全域では，このタート語を用いている。彼らの起源もまたペルシア人であることが知られている。

また，〔他とは〕異なる言語を持つフナルグ（Ḥenāleq?）〔Az. Xınalıq〕村を除いたグバの王国の西側，サムール川流域，キュラ，タバサランの2つの地区，すなわちデレ（Dare）〔Ru. Дере〕，アフミルル（Aḥmarlū）〔Ru. Ахмирлу〕は，固有の言語に属する様々な方言（esṭelāḥāt）を有している。テュルク語話者たち（ahālī-ye Torkī-zabān）は，〔その言語を〕「モンゴル語」と呼んでいる。『デルベントの書』や他の数々の類書の記述によると，この集団は，アランのマサゲトの血統である。バクーにあるメシュゲテ（Mašqata'）〔Az. Məşqətə〕村——スィーン〔س〕がシーン〔ش〕と変わ〔って，メスゲテと発音され〕ることもある——の人々もまた，この集団に属するのだろう。彼らは，バクーの住民の言語を受け入れたとはいえ，行儀や性質の点では，いまだにこの王国の人々とは異なる美点を有している。

タバサランの残りの諸地区には，また別の言語がある。〔前述の村や地区とは〕別の4つの村——すなわち，マガルティ（Maġārtī）〔Ru. Магарти〕，マグラガ（Marāġe）〔Ru. Marpara〕，フチュニ（Ḥūčnī）〔Ru. Хучни〕，チラーグ——や，デルベントの〔南北〕両側にあるウルチュ〔地区〕（Ulūs）〔Ru. Улуч〕やテレケメ〔地区〕（Tarākeme）〔Ru. Терекеме〕の全ての村々や，〔デルベントの〕町そのもの，

---

67) ロシア語版の表記は "Шешпара"。現代アゼルバイジャン語訳では，「シェムパラ（Şəmpara）」とされている〔GE（ru）: 24; Əskərli（tər.）2000: 12〕。

グバ〔地方〕のティプやミュスキュルやシャブラーンといった諸地区や，〔グバの〕町そのもの，シルヴァーンの残りの諸地区と〔シャマフの〕町は，サリヤーンや[22]バクーにあるトゥルクマーン人の6つの村，シェキの王国の全域と同じく，テュルク語を有している。〔その住民は，〕主にトゥルクマーン人やモンゴル人やタタール人の血統である。一部は，サファヴィー朝時代のオスマン朝とイランの軍勢による戦争の時に，〔また一部は〕それより後にやって来た。彼らの言語は，テュルク語に属し，アルメニア地方やアゼルバイジャン地方の全域，イランの大半に分布しているそれと同様のもので，オスマン方言，チャガタイ方言，クムク方言，ノガイ方言の中間である。しかし，それぞれの言語に必須となる綴り字や文法の規則（ẓābeṭe-'e taḥrīr va qavānīnī）は，いまだにこの〔言語〕のために確定していない。

ダゲスターンの多数の国々（emārāt）や数々の集団は，多くの言語と数えきれないほどの方言を有している。端的に言えば，一般的にそれらを5つの言語〔に分類するの〕が通例である。

第1に，テュルク語であり，クムク方言は，平野部（dašt）——すなわち，カイタクの下地区，シャムハルの国，クムク——において使用されている。他の諸地域の人々の多くもまた，この言語〔に属する別の方言〕を有している。

第2に，アヴァル語であり，アヴァル人の国の全域に広まっており，その地の無数の集団の大半が使用している。また，その他の多く〔の集団〕も用いている。

第3に，アクシャの5つの地区の言語であり，シュルギや，カイタクの上手の諸地区のうちの1つ，クバチ村では，多様であるのみならず〔他とは〕異なった諸方言をしゃべっている。

第4に，カズィ・クムクの言語であり，同王国に分布している。

第5に，ミチキチ語であり，例えば，シュブト（Šobūṭ）〔Ru. Шубут〕やジャルミ[68]などといった，この王国やその上手の地区に特有〔の言語〕である。

また，ズンタル（Zomṭāl），バクトゥラル（Baqtolāl），ジャマラル（Jamālāl），アンディブ（'Andeb），カプチャイ（Qāpūčāy），アンツフ（Anṣūḫ），ジニク（Janeq?），ザフル（Zāḫūr），アクバフ（Akvāḫ），カバラル（Qabālāl）といった集団や，カズィ・クムクに属しているクバチやアルチュプ（'Arčūb）〔Ru. Арчуб〕[69]の村や，それら以外の多く〔の集団や村〕は，種々様々な言語や方言を有している。

---

68) 各校定本では，"جارىلى"となっているが，写本では，むしろ"جارملى"と読める [GE M-49: 11a; GE Б-2268: 8b]。また，ロシア語版では"Джарми"となっており，カタカナ転写はこれに従った [GE (ru): 25]。

69) 各校定本では，"عرجوب"となっているが，写本に従い，"عرجوب"と読んだ [GE M-49: 11a; GE Б-2268: 8b; cf. GE (ru): 25]。

それらの分析は，また別の研究に拠る〔必要がある〕。

　アルメニア人やユダヤ人を除くシルヴァーン地方の住民は全員，イスラームの信仰を有しており，一部はシーア派，一部はスンナ派である。バクーの王国の全て，デルベントの大部分，シルヴァーンの半分，サリヤーンの全て，シェキとグバの一部は，シーア派である。シルヴァーンの半分，シェキとグバの大半，デルベントのごく一部，[23] タバサラン全体，キュラ，ミスキンジェを除いたサムール川流域，ダゲスターンの全域はスンナ派である。この宗派には，さらに2つの分派がある。1つはハナフィー派，もう1つはシャーフィイー派である。グバとシェキとシルヴァーンでは〔両派が〕混在しており，サムール川流域やタバサランのキュラ，デルベントのスンニ派地区は，ダゲスターン全体と同様，シャーフィイー派である。

　もし，この一帯における村々や諸部族，諸々の建築物，古代の遺構の数々の様子が仔細に検証されれば，それらの〔検証〕結果（āyene）の1つ1つが，〔この一帯の〕住民の血統に対する証拠となるだろう。

付録4　新聞・雑誌記事抄録

　本書の第6章では，19世紀の新聞記事をいくつか引用した。これらの利用は，特に我が国においては，非常に難しい。そこで，〈アゼルバイジャン人〉の創出に関わるとりわけ重要な記事4本を，ここに収録する。

　なお，テュルク語による記事3本は，アラビア文字による原文と，ラテン文字への翻刻を載せた。ラテン文字への翻刻においては，句読点を適切な場所に補っている。また，ロシア語の記事1本は，旧正書法のまま掲載している。

　なお，網掛けの部分は，印刷状態が悪く判読困難なために，想像で補った箇所を示す。[　]の中の数字は，原文の頁を示す。[......]は判読できなかった箇所である。

(1)『ケシュキュル』第1号（1883），4-6頁：ウンスィーザーデによる「序文」

【アラビア文字原文】

مقدمه [4]

مملکتمز قافقاسیه قطعه‌سنده سکونت ایدن مختلف ملتلردن روسلر و غیری ملتلر مخصوصی مطبعه‌لر آچمقده و نوع بنوع غزته و کتابلر نشر ایلمکده گوندن گونه تقدم و ترقی کسب ایتمکلری آخر الامر بزم مسلمانلری دخی او یولدن ملت و وطنه خدمت ایلمک شرفنه گتوردی.

بر نچه ایل بوندن اول بزم قافقاسیه مسلمانلرینگ ایش بلنلری ملتگ علم و معارف ایشلرینه گلن جزوی بر کومک ویرمک ایچون بر غزته چیخارتمق نیته‌ده دوشدیلر. بو گوزل نیتی اول دفعه میدانه جیخاردن زردابلی ملکزاده حسن بگ جنابلری ایدی مومی الیه هجرنگ ۱۲۹۲ تاریخنده یعنی باکو غمنازیا مکتبنده معلم اولدیغی زمان اوراده «اکنچی» [5] اسمنده ایکی هفته‌لک بر غزته احداث ایلدی مذکور تاریخدن ایکی ایل کچنه قدر «اکنچی» متصل نشر اولنور «۱۲۹٤» ده موجب تأسف عمومی لولمقله داهی ارتق نشر اولنمدی. «اکنچی»نک منقطع اولمقی باشلانان نیته مانع اولمیوب بر مدت صغره «۱۲۹٦ ده» تفلیسده «ضیای قافقاسیه» نامنده هفته‌لک تازه بر غزته محترم قرداشمز «انسی‌زاده حاجی سعید افدنی» طرفندن تأسیس اولندی.

ادبیات و مطبوعات ایشلرنده از و چوق تجربه‌سی اولان مذکور غزته صاحبی نچه ایللردن بری متعمل اولدیقی [......] و [......]ده جان و دلدن [......] و [......] اولمقمزله برابر طبع و نشر [............] اولدیقی «ضیانگ» [......] اوقومق ضیایاش و رونق بخش اولمقنی هرگاه باریدن [......] اولدقمز حالده بز دخی ملتمزگ مطبوعات و نشریات ایشلرینه الدن گلن جزوی بر کومک ویرمک عزمنده اولدق – یعنی آیلق بر جریده نشر ایتمک رخصتنی الدق.

بو جریده‌ده نه نوع مطلبلر یازیله‌جقنی بو گونکی نسخه‌نگ اعلانات صحیفه‌لرنده ذکر ایدرک اما

بوراده بونی دیمک استیورک که مجموعهنگ اصل دیلی و عبارهسی مملکتمز مسلمانلرینگ مفهومی اولان «ترکی آذربیجان» دیلندن عباره اولهجقدر. اما بونگله بیله عربی و فارسی دیلی سون مسلمان قرداشلرمز دخی بو جریده واسطهسیله فائده آلوب و فائده ویرمکلریچون ارهده بر مذکور دیللرده دخی احوالات و مقالات قبول و درج اولنهجقدر.

نه فنون مادی و علوم دنیوی تخملری مستحقه [......] ایتمکه قدرتی اولان «اکینچیلردن» اولدقمزدن [......]ده ظلمت ضلالت و چاه جهالتده قالمشلره ضیابخش اولمق قومنه [......] اولان «عرفاندن» حساب اولندقمزدن یعنی علوم ظاهری [6] و باطنی‌دن عاری بر فقیر درویش اولدقمز معلوم ایکن در عهده الدقمز [......] و عمل چانطهسی دخی کشکولدن عباره اولهجق بو سببدن طبع و نشرینه رخصت الدقمز جریده «کشکول» نامنی الور.

بزم تبرعات ادبیه و مطبعات مدنیه جمع ایتمکه مخصوص اولان درویش «کشکولمز» علمبخش و معارفنثار اولان اغنیا خرمنندن خوشه چین و بهرهیاب اولمق امیدیله دامن صحایفنی دائما اچق دونمکدن اصلا حجاب ایتمز. ایمدی ذوات مشار الیهنک لطف و عاطفتلرینه التجا ایلدکمز مقالده ایشه اقدام ایدرک و باالله التوثیق.

جلال الدین

【ラテン文字転写】
[4]　　　　　　　　　　　　　müqəddimə

　　　Məmləkətimiz Qâfqâsîyə qiṭʻəsinde sükûnət edən müxtəlif millətlərdən ruslar və qeyri millətlər məxṣûṣu məṭbəʻələr açmaqda və növ'bənöv' qəzetə və kitâblar nəşr eyləməkdə gündən günə təqəddüm və tərəqqî kəsb etmələri âxır əl-əmr bizim müsəlmânları dəxi o yoldan millət və vəṭənə xidmət eyləmək şərəfinə götürdü.

　　　Bir neçə il bundan əvvəl bizim Qâfqâsîyə müsəlmânlarının iş bilənləri millətin ʻelm və maʻârif işlərinə əldən gələn cüzvî（cüzi）bir kömək vermək üçün bir qəzetə çıxartmaq niyyətinə düşdülər. Bu gözəl niyyəti əvvəl dəfʻə meydâna çıxardan Zərdâblı Məlikzâdə Ḥəsən bəy cənâbları idi. Mûmâ-ileyhi Hicrinin 1292 târîxində yəʻnî Bâkû Gimnâziyâ məktəbində müʻəllim olduğu zamân orada «Əkinçi» [5] ismində iki həftəlik bir qəzetə ehdâs eylədi. Məzkûr târîxdən iki il keçənə qədər «Əkinçi» müttəṣəl nəşr olunur. «1294»-də mövcib təʻəssüf ʻumûmî olmaqla dahi（daha）artıq nəşr olunmadı. «Əkinçi»nin münqəṭəʻ olmağı başlanan niyyətə mâneʻ olmayıb bir müddət sonra «1296-da» Tiflîsdə «Żiyâ-yi Qâfqâsîyə» nâmində həftəlik tâzə（təzə）bir qəzetə mühtərəm qardaşımız «Ünsîzâdə Ḥâcı Səʻîd Əfəndi» tərəfindən təʻsîs olundu.

　　　Ədəbiyyât və məṭbûʻât işlərində az çox təcribəsi olan məzkûr qəzetə şâhibi neçə illərdən bəri mütəʻəmmil olduğu [......] və [......]də cân və dildən [......] və [......] olmağımızla bərâbər ṭəbʻ və nəşr [..........] olduğu «Żiyânın» [......] oxumaq ẓiyâ-pâş və rövnəq-bəxş olmağını hərgâh barıdan [......] olduğumuz ḥâlda biz dəxi millətimizin məṭbûʻât və nəşriyyât işlərinə əldən gələn cüzvî（cüzi）bir kömək vermək ʻəzmində olduq-yəʻnî aylıq bir cərîdə nəşr etmək rüxṣət（rüxsət）aldıq.

　　　Bu cərîdədə nə növʻ mətləblər yazılacağını bugünkü nüsxənin əʻlânât şəḥîfələrində zikr edirik. Ammâ burada bunu demək istəyirik ki məcmû'ənin 'əsl dili və 'ibârəsi məmlikətimiz müsəlmânlarının məfhûmu olan «türkî-Âzərbaycân» dilindən 'ibârə olacaqdır. Ammâ bununla belə 'ərəbî və fârsî dili son müsəlmân qardaşlarımız dəxî bu cərîdə vâsitəsilə fâ'ida (fayda) alıb və fâ'ida (fayda) verməklər üçün ərədə bir məzkûr dillərdə dəxî əḥvâlât və məqâlât qəbûl və dərc olunacaqdır. Nə fünûn-i mâddî və 'ulûm-i dünyəvî təxmlərin müstəḥəqqinə [......] etməyə qüdrəti olan «Əkinçilərdən» olduğumuzdan [......] də ẓülmət-i ẓəlâləti və çâh-ı cihâlətdə qalmışlara ẓiyâ-bəxş olmaq qövmünə [......] olan «'irfândan» ḥəsâb olunduğumuzdan yə'nî 'ulûm-i zâhirî [6] və bâṭinîdən 'ârî bir fəqîr-i dərvîş olduğumuz mə'lûm ikən dər 'əhdə aldığımız [......] və 'əməl çantası dəxî kəşkûldən (kəşküldən) 'ibârə olacaq bu səbəbdən ṭəb' və nəşrinə rüxşət (rüsxət) aldığımız cərîdə «Kəşkûl (Kəşkül)» nâmını olur.

Bizim tərəbbü'ât-ı ədəbiyyə və mətb[û']ât mədəniyyə cəm' etməyə məxṣûṣ olan dərvîş «kəşkûlümüz (kəşkülümüz)» 'elm-bəxş və ma'ârif-niṣâr olan 'əğniyâ xərmənindən xoşa çin və bəhrə-yâb olmaq omîdilə dâmən şəḥâ'ifini dâ'imən açıq donmaqdan 'əşlən ḥicâb etməz. İmdi zəvât-i müşâr-ileyhinin lüṭf və 'âṭifətlərinə iltîcâ eylədiyimiz məqâldə işə iqdâm ederik və bi-llâh əl-tövṣîq.

(2) 『ケシュキュル』第115号（1890年11月16日）、308-309面より

【アラビア文字原文】

[308] غزتەمزی اوقویانلردن بر قسمتی بعضی بیلنمسی لازم اولان مطالبه آشنا قیلمق نیتی اوزره «آذربیجانلو»نڭ قلمه الدیغی بر فقره بو گوندن اعتبارا بر وجه ذیل کشکوله درج اولنور.

عوام گزمک – یوخی یاتماق می دیدی؟

شلهپاپاق باشمده قارتی یاپنجی چکنمده آرشین یاریم خنجل [=خنجر] بودمده دورمشدم تفلیس واقزالنده ماشینی گوزلیوردیم واقزال دولیدی. هر ملت دیسون بوراده واریدی: روس ارمنی گورجی مسلمان. هر دل دیسون دانشردیلر. گوزیمه بر نیچه اجنبی ده گورندی: کیم بیلسون فرنگدی انگلسدی، انجق بونلاردن بریسی مگا چوخ دقت ایله تکدن تکدن باخردی. دوغریسی بونڭ باخماقی مگا هیچ خوش گلمردی. اوز اوزیمه دیردیم. ای فلانی نه تکیسن گوزگی یوزمه، یوخسا منی قولدور حساب ایدرسن؟

بردن زنگ ورلدی، گیردیک واغونه. من ایکمجی قلاسه مندم، ایله یڭی اوترمشدیم مگا باخان اجنبیده قارشیمده اگلشدی، بوڭ قونشلقی خوشمه گلمدی اولا اوڭ ایچون که مگا باخردی و ایکمجی اوزینگ ده سیری صفتی صاپیصاری باشی توکسز یوزی یاریم توکلی – دیەسن قرخلمش کیچیدر بورنینه چشمک گیدروبلر. استدیم دوروب ییاندن بر غیری یره اوتورم، انجق یرلرگ هاموسی دوتلمشیدی.

ماشین ترپندی. یابنجنی چخاردتم که اوزانوب اوستمه صالوب یاتام، بردن کیچی‌صقال اجنبی تمیز ترک دلیله منده صورشدی: «افندم، سز نریه بویورورسگز استدم جواب ویردیم نیه لازمدر نریه گیدرم – سن هارا من هارا» صگره فکر ایلمکه بی‌ادبلکده بر شی دگل و اونه گوره دیدم: «شمکور. و اورادن کندیمزه شلپاپاقیه گیدیورم».

– سز نه ملتدنسگز؟
– مسلمانم.
– خیر، من سورشدم نه ملتسگز؟
– مسلمان دیرم!
– افندم، ملت ایری، دین ایری. بلدم دینگز اسلامدر، انجق استردم بیلم ملتگز نه‌در؟
– بوسواله نه جواب ویرم؟ بیلورم می من هانکی ملتدنم؟ بیزم ملا یا بیزم آخوند گورمسن بیلورمی؟ کیچی‌صقال اجنبی کریدیکمی گوروب باشلادی.

– افندم عرب، فارس، ترک، هند، افغان و غیره بونلارک هاموسی اسلامدرلر انجق هر بریسنگ ملتی آیریدر. من اوزم قاطولق دیندنم، انجق ملتم ایتالیاندر. قاطولق دیننده نیچه نیچه ملت وار: فرنگ، اسپان، ماجار، لم[...] [=الماني]، پولیاک بونلارک هاموسی قاطولقدر اما هر بریسنگ ملتی آیریدر. هر ملت انسانینگ بر جنسی، هر جنسنگ طبیعتی، خاصیت عقلی بر جوره اولور. دین جنس ایله نه علاقه‌سی وار؟

– دوغری بیوررسگز افندم، انجق عیبه اولسه، گرک درست عرض ایدم، من بیلمرم که من نه ملتدنم.
– افندم دوغروسی انسان نه ملتدن اولدیغنی بیلممک بیوک عیبدر. بیله اولانده گرک بلمیه‌سن آتاگ کیمدر، آگاک کیمدر، بس سیزگ طایفه‌ده هیچ علم اوخویان یوخمی؟ هیچ بو غیری مملکته گیدن یوخمی؟ هیچ گورمرسگز که بو زمانده دولتلر آرمسنده اولان جنگلرگ هاموسی دوکوشیدر، تاجرلر آرمسنده اولان کشاکش – ملت دغولسیدر عالم آرمسنده اولان عداوت تعصبینگ عداوتیدر.

– خیر افندیم ملت سوزی بودر که سیزدن ایشدرم بز لفظی آغزمزه آلوب دانشمز [......] اولا بلمروک ملتمز کیم [309] و علاوه ملت قالمقالندن شله خبرمز یوخدر.

– خبری اولمامق عواملقندر. سیز او طایفه‌دگلمی‌سگز که سیزه روسلار «تاتار» دیرلر.
– بلی روسلر گورجیلر بزه تاتار دیرلر.
– ها! شمدی بلدم سیز نه ملتسگز. سیز تاتار دگلسگز سیزه تاتار دین غلط ایدر. تاتار قریمده قازانده اولان مسلمانلر درلر. سیزگ ملت آذربیجاندر. سیزگ دیلیگز عادتیگز خاصیتیگز تاتارلرنگندن باشقه‌در.
– صورشدوم افندم بزه نه ملت بویوردیگز؟
گوله گوله دیدی: آذربیجان ملتی عزیزیم! آذربیجان!

– حقیقت اول دفعه‌در ایشدرم که بزه آذربیجان دیرلر ایشتمشم که ایرانده، آرازگ او تایینده بر آذربیجان آدلو مملکت وار.

– بلی او مملکتگ طایفه‌سی سیز ایله برابر آذربیجان ملتیدر سز قدیم طایفه‌سگز سیزگ تاریخ ناممه‌رده نیچه نیچه حکایتلریگ وار! ... تعجبدر که سیزگ اوزیگزیگ بو احوالاتردن خبریگز یوخدر.

بو سوزلر مگا چوخ اثر ایلدی. فکر ایتدیم که ایندیدن صگره ملالری آخوندلری [......] ایده‌جگم. نیه بزی بو احوالاتدن گاه ایلمیورلر؟ بر از فکردن صگره دیدیم:

– افندم ملتی بلممک عواملقندر عوام گزمکدر.

- عوام گزمک یوخی یاتماقدر...
- عوام گزمک یوخی یاتقام می دیدگ؟
- بلی... بلی!...

آذربیجانلو

【ラテン文字転写】

[308] Qəzetəmizi oxuyanlardan bir qisməti bəʻzî bilinməsi lâzım olan mütâlibə âşnâ qılmaq niyyəti üzrə «Âzərbaycânlı»nın qələmə aldığı bir fəqərə bu gündən eʻtibârən bər vəch-i zeyl Kəşkûlə (Kəşkülə) dərc olunur.

ʻÂvâm gəzmək-yuxu yatmaq mı dədi?

Şələpapağ başımda, qartı yapıncı çiynimdə arşın yarım xəncər budumda dormuşdum. Tiflîs vâğzâlında maşın gözləyirdim. Vâğzâl doludu. Hər millət dəsin burada vardı: rûs, erməni, gürcü, müsəlmân. Hər dil dəsin danışırdılar. Gözümə bir neçə ecnəbî də göründü: kim bilsin firəngdi, inglisdi. Ancaq bunlardan birisi mənə çox diqqət ilə təkdən-təkdən baxırdı. Doğurusu, bunun baxmağı mənə heç xoş gəlmirdi. Öz-özümə dəyirdim: ay filânî, nə təkibsən (dəkibsən) gözünü üzümə, yoxsa məni quldur ḥəsâb edirsən?

Birdən zəng vuruldu. Girdik va ǵona. Mən ikimci (ikinci) qlâsa (klasa) mindim. Elə yeni oturmuşdum. Mənə baxan əcnəbî də qarşımda əyləşdi. Bunun qonşuluğu xoşuma gəlmədi. Əvvələn onun üçün ki, mənə baxırdı və ikimci (ikinci) özünün də sîrî-şifəti şap-şarı, başı tüksüz, üzü yarım tüklü-deyəsən, qırxılmış keçidir, burnuna çəşmək geydiriblər. İstədim durub, yanından bir qeyri-yerə oturum. Ancaq yerlərin hamısı dutulmuşdu (tutulmuşdu).

Maşın tərpəndi. Yapıncını çıxartdım ki uzanıb üstümə şalıb yatam, birdən kiçişaqqâl əcnəbî təmîz türk dililə məndə şoruşdu: «Əfəndim, siz nərəyə buyurursunuz. İstədim cavâb verdim, niyə lâzımdır nərəyə gedirim — sən hara mən hara.» Sonra fikir eyləməyə bî-ədəblikdə bir şey değil və ona görə dedim: «Şəmkûr (Şəmkir). Və oradan kəndimizə Şələpapağıya gediyorum (gedirəm).

— Siz nə millətdənsiniz?
— Müsəlmânam.
— Xeyir, mən soruşdum nə millətsiniz?
— Müsəlmân, deyirəm!
— Əfəndim, millət ayrı, din ayrı. Bildim dîniniz islâmdır. Ancaq istə[yi]rdim biləm millətiniz nədir?
— Bu suʼâla nə cabâb verim? Bilirəmmi mən hankı millətdənəm? Bizim mollâ, yâ bizim âxund görəsən bilirmi?

Keçişaqqâl əcnəbî kiridiyimi görüb başladı.

— Əfəndim, 'ərəb, fârs, türk, hind, əfqân və qeyri bunların hamısı islâmdırlar. Ancaq hər birisinin millət̃i ayrıdır. Mən özüm qatolıq (kotolik) dînindənəm. Ancaq millətim italiyandır. Qatolıq (Katolik) dînində neçə-neçə millət var: fürəng, ispan, macar, alman [?], polyak, bunların hamısı qatolıkdir (Katolikdir). Amma hər birisinin millət̃i ayrıdır. Hər millət insânının bir cinsi, hər cinsin təbî'əti, xâsiyyət-i 'aqlı bir cürə olur. Dîn cins ilə nə 'əlâqəsi var?

— Doğru buyurursunuz, əfəndim. Ancaq 'eyib də olsa, gərək dürüst 'ərz edim, Mən bilmirəm ki, mən nə millətdənəm.

— Əfəndim, doğrusu, insân nə millətdən olduğunu bilməmək böyük 'eyibdir. Belə olanda gərək bilməyəsən atan kimdir, anam kimdir. Bəs sizin ṭâ'ifada (ṭayfada) heç 'elm oxuyan yoxmu? Heç bir qeyri məmləkətə gedən yoxmu? Heç görmürsünüz ki, bu zamânədə dövlətlər arasında olan cənglərin hamısı döyüşüdür, tâcirlər arasında olan kəşâkəş — millət doğrusudur[?]. 'Âləm arasında olan 'ədâvət tə'əssübünün 'ədâvətidir.

— Xeyr, əfəndim, millət sözü budur ki, sizdən eşidirim, biz bu ləfẓi ağızımıza alıb danışmız [......] əvvələn bilmirək millətimiz kim [309] və 'əlâvə millət qalmaqalından şələ xəbərimiz yoxdur.

— Xəbəri olmamaq 'avâmlıqdandır. Siz o ṭâ'ifa (ṭayfa[dan]) deyilmisiniz ki, sizə rûslar «tâtâr» deyirlər.

— Bəli, rûslar, gürcülər bizə tâtâr deyirlər.

— Hə! Şimdi bildim siz nə millətsiniz. Siz tatar deyilsiniz. Sizə tatar dîn qələt edir. Tâtâr, Qırımda (Krımda), Qazanda olan müsəlmânlardırlar. Sizin millət Âzərbaycândır. Sizin diliniz 'âdətiniz, xâsiyyətiniz tâtârlarınından başqadır.

— Şoruşdum, əfəndim, bizə nə millət buyurdunuz?

— Gülə-gülə dedi: Âzərbaycân millət̃i 'əzîzim! Âzərbaycân!

— Ḥəqîqət, əvvəl dəf'ədir eşidirim ki, bizə Âzərbaycân deyirlər eşitmişəm ki Îrânda, Arazın o tayında bir Âzərbaycân adlı məmləkət var.

— Bəli, o məmləkətin ṭâ'ifası (ṭayfası) siz ilə bərâbər Âzərbaycân millətidir. Siz qədîm ṭâ'ifasınız (ṭayfasınız). Sizin târîxnâmələrdə neçə-neçə ḥəkâyətləriniz var! ... Tə'əccübdür ki, sizin özünüzün bu əḥvâlâtlərdən xəbəriniz yoxdur.

Bu sözlər mənə çox əsər eylədi. Fikir etdim ki, indidən sonra mollâları, âxundları [......] edəcəğəm. Niyə bizi bu əḥvâlâtlardan gâh eyləmiyorlar (eyləmirlər). Bir az fikirdən sonra dedim.

— Əfəndim, millət̃i bilməmək 'avâmlıqdandır 'avâm gəzməkdir.

— 'Avâm gəzmək yuxu yatmaqdır...

— 'Avâm gəzmək yuxu yatmaq mı dedin?
— Bəli... Bəli! ...

Âzərbaycânlı.

(3)『ケシュクュル』第 121 号（1891 年 7 月 13 日），334 面：スルターノフ「とある問答」

【アラビア文字原文】

بر سوال جواب

س: آقا، آدڭ ندر؟

ج: اغا مرجان.

س: هانسی ملتدنسن؟

ج: مسلمانم، ترکم.

س: عثمانلی‌سن؟

ج: خیر، بیجانلیٖیم.

س: بیجان هاره یرده؟

ج: اونی ده بیلمرسن: ارازک او طرفنه «اذر» دیرلر بو طرفنه «بیجان» ایکسنه بر یرده «اذربیجان» دیرلر ایندی بز بیجانلی اولمادقمی؟

س: بو تازه سوز اولدی بونی کم چخارتدی؟

ج: بزیم باش بیلنلرمز غزتەلرده احوالات یازانلرمز.

س: جانم دیلگ ترکی‌در. سن ترکسن.

ج: «یواشجه» اونه سوز یوق که ترکم ولیکن ترک بیجان.

س: ترک «بیجان» اولمقده ایسه بر دفعەلک «ترک آذربیجان» باشگی قورتار دا!

م. سلطانوف

【ラテン文字転写】

Bir su'âl və cavâb

S: Âğâ, adın nədir?

C: Âğâ Mərcân.

S: Hansı millətdənsən?

C: Müsəlmânam, türküm.

S: 'Oṣmânlısan?

C: Xeyr, Baycânlıyam（bî-cânlıyam）.

S: Baycân hara yerde?

C: Onu da bilmirsən: Arazın o tərəfinə «Azər» deyirlər, bu tərəfinə «Baycân». İkisinə bir yerdə «Azərbaycân» deyirlər. İndi biz Baycânlı (bî-cânlı) olmadığmı?

S: Bu tâzə (təzə) söz oldu. Bunu kim çıxartdı?

C: Bizim baş bilinlərməz. Qəzetələrdə (Qəzetlərdə) əhvâlât yazanlarmaz.

S: Cânım, dilin türkîdir. Sən türksən.

C: «Yavaşca» Ona söz yox ki, türküm, vəlîkən türk-i Baycân (bî-cân).

S: Türk-i «Baycân (bî-cân)» olmaqda isə bir dəfˤəlik «türk-i Âzərbaycân» başını qurtar da!

M. Sulṭânov

(4)『カスピ』1891年5月1日号，2面：シャーフタフティンスキー「ザカフカースのムスリムは，何と呼称すべきか」

Какъ называть закавказскихъ мусульманъ?

До недавняго премени на русскомъ языкѣ называли закавказское магометанское населеніе мусульманами, разумѣя подъ этимъ не вообще невѣдателей ислама, а говорящее на тюркскомъ языкѣ населеніе русскаго Закавказья. Подобное названіе народности по имени ея религіи заимствовано русскими отъ самихъ закавказскяхъ магометанъ, которые и понынѣ называютъ свою народность и свой языкъ только мусульманскими, потерянъ понятіе о языкѣ въ понятіи о религіи. На вопросы, какой онъ народности и на какомъ языкѣ говоритъ, закавказскій магометанянъ другого отвѣта не даетъ, кромѣ того, что онъ мусульманянъ и говоритъ по-мусульмански. Армяне-католики тоже называютъ свою народность и свой языкъ только католическими.

Желая дать закавказскимъ магометанамъ имя, исходящее не отъ ихъ вѣры, а отъ ихъ народности, за послѣднее время зачали на Кавказѣ на русскомъ языкѣ называть закавказскихъ магометанъ татарами. Нововведеніе это нельзя никоимъ образомъ назвать удачнымъ.

Языкъ, на которомъ говорятъ закавказскіе магометане не татарскій, а турецкій или, что одно и тоже, тюркскій, дѣлящійся на главные діалекты: османскій, сельджукскій и адербеджанскій.

Неудобство названія закавказскихъ мусульманъ татарами на практики чувствуется въ Баку. Здѣсь русскіе, лучше знакомые съ татарскимъ населеніемъ внутреннихъ губерній, скорѣе другихъ постигаютъ, какая большая разница существуетъ между закавказскимъ тюркомъ и татариномъ внутреннихъ губерній по языку, по виду, по нравамъ и обычаямъ. Оттого въ Баку, гдѣ тоже чувствуется потребность довать закавказскому магометаняну имя неходящее отъ его народности, называютъ мѣстныхъ правовѣрныхъ персіанами. Конечно и это названіе неудобно. Ибо если закавказскіе тюрки не татары, то они поданно не персіане. Народы отличаются другъ на друга по языку, а тюркскій и персидскій языки совершенно различны между собомъ.

Называть закавказскихъ мусульманъ татарами неудобно еще а къ тому, что эти мусульмане, которые никогда ни они сами ниже изъ ближайшіе сосѣди: персіане, оттомане, курды и армяне не называли этими именемъ не хотятъ и слышать о какомъ имени. Сказать правду, [......] ихъ просто оскорблаетъ. Со времями нашестнія Тамерлана имя татарина произносится не безъ изобы [......] во всей Азіи, которую такъ незабвенно опустошилъ дружный монгольскій завоеватель.

Удоьиѣе всего было-бы называть закавказскихъ мусульманъ адербеджанцами, а ихъ языкъ адербеджанскимъ. Провинція Адербеджана большая часть которой отошла изъ Персіи къ Россіи и составлиетъ нынѣшиее Закавказье-населено [......] исключительно этимъ тюркскымъ народомъ, который какъ восточные писатели, такъ и европейскіе географы и этнографы иначе и не называютъ, какъ адербеджанскими турками. Въ обиходной жизни неудобый называть народъ или языкъ двумя словами говори, напримеръ адербеджанскій турокъ или адербеджанский турецкій языкъ. Потому [......] сообразнѣе было-бы на русскому языкѣ закавказскихъ мусульманъ имѣсто татаръ, называть адербеджанцами, а закавказскій тюркскій языкъ имѣсто татарскаго-адербеджанскимъ.

参考文献

〈一次史料〉

1. 南東コーカサス史料

a) 写本

Adıgözəl bəy Б-1150: Mîrzə Adıgözəl bəy b. Ḥaqverdî bəy b. Adıgözəl ağa. *Qarâbâğnâmə*. Azərbaycan Milli Elmlər Akademiyası, M. Füzuli adına Əlyazmalar İnstitutu, Б-1150/ 8196.

Adıgözəl bəy M-87: Mîrzə Adıgözəl bəy b. Ḥaqverdî bəy b. Adıgözəl ağa, *Qarâbâğnâmə*. Azərbaycan Milli Elmlər Akademiyası, M. Füzuli adına Əlyazmalar İnstitutu, M-87/ 11669.

GE Б-2268: ʻAbbās Qolī Āqā Bākīḫānūf. *Golestān-e Eram*. Azərbaycan Milli Elmlər Akademiyası, M. Füzuli adına Əlyazmalar İnstitutu, Б-2268/ 2313.

GE M-49: ʻAbbās Qolī Āqā Bākīḫānūf. *Golestān-e Eram*. Azərbaycan Milli Elmlər Akademiyası, M. Füzuli adına Əlyazmalar İnstitutu, M-49/ 6258.

ḤN Б-3159: *Ḥekâyət-i əḥvâlât-i sâbiqə-yi xəvânîn-i Nûxû*. Azərbaycan Milli Elmlər Akademiyası, M. Füzuli adına Əlyazmalar İnstitutu, Б-3159/ 13840.

Jārī Б-1835: Mullā Muhammad al-Jārī. [*Car salmaməsi*]. Azərbaycan Milli Elmlər Akademiyası, M. Füzuli adına Əlyazmalar İnstitutu, Б-1835/ 3460.

JL Б-3049: Seyyed ʻAlī b. Kāẓem Beyg. *Javāher-nāme-ʼe Lankarān*. Azərbaycan Milli Elmlər Akademiyası, M. Füzuli adına Əlyazmalar İnstitutu, Б-3049/ 21449.

Mīrzā Jamāl Б-3050: Mīrzā Jamāl Javānšīr Qarābāğī. [*İran tarixi haqqında icmal*]. Azərbaycan Milli Elmlər Akademiyası, M. Füzuli adına Əlyazmalar İnstitutu, Б-3050/ 21461.

Reẓā Qolī Б-470: Reẓā Qolī b. Mīrzā Jamāl. [*Qarabāğ-nāme*]. Azərbaycan Milli Elmlər Akademiyası, M. Füzuli adına Əlyazmalar İnstitutu, Б-470/ 5224.

Xəzânî Б-518: Xəzânî Mîr Məhəmməd Məhdî b. Mîr Hâşim b. Mîrzə Məhəmmədbâğır Müsəvî Qarâbâğî. *Târîxi-Qarâbâğ*. Azərbaycan Milli Elmlər Akademiyası, M. Füzuli adına Əlyazmalar İnstitutu, Б-518/ 1160.

Xəzânî M-195: Xəzânî Mîr Məhəmməd Məhdî b. Mîr Hâşim b. Mîrzə Məhəmmədbâğır Müsəvî Qarâbâğî. *Târîxi-Qarâbâğ*. Azərbaycan Milli Elmlər Akademiyası, M. Füzuli adına Əlyazmalar İnstitutu, M-195/ 11603 II.

b) 定期刊行物

Açıq: *Açıq söz*. Bâkû.

Kəşkûl: *Kəşkûl*. Tiflîs.

Mollâ: *Mollâ Nəṣr əd-Dîn*. Tiflîs.

Şədâ: *Şədâ-yi Qâfqâz*. Bâkû.

Ẓiyâ: *Ẓiyâ-yi Qâfqâzîyə*. Tiflîs.

Каспий: *Каспий*. Баку.

c) 刊本・編纂史料

Aḫbār-nāme: Mīrzā Aḥmad Lankarānī. *Aḫbār-nāme: tārīḫ-e Ḫānāt-e Tāleš dar zamān-e jang-hā-ye Rūsīye ʿaleyh-e Īrān*. ʿAlī ʿAbdolī (ed.), Tehrān, 1387š.

APA: *Azərbaycan publisistikası antologiyası*. Cəlal Bəydili (red.), Bakı, 2007.

Axundzadə 1: *Мирзə Фəтəли Ахундов: Əсəрлəри*. 2-чи чилд. Һ. Мəммəдзадə (ред.), Бакы, 1961.

Axundzadə 2: *Mirzə Fətəli Axundzadə: Əsərləri*. 3 cilddə. H. Məmmədzadə (red.), Bakı, 2005.

Axundzadə 3: Mīrzā Fatḥ ʿAlī Āḫ^vondʾūf. *Alfbā-ye jadīd va maktūbāt*. Ḥamīd Moḥammadzāde (ed.), Bākū, 1963.

Axundzadə 4: Mīrzā Fatḥ ʿAlī Āḫ^vondzāde. *Maqālāt*. Baqer Moʾmenī (ed.), Tehrān, 1351š.

Bakıxanov: *Abbasqulu ağa Bakıxanov Qüdsi: seçilmiş əsərləri*. Məmmədağa Sultanova (red. və tər.), Bakı, 2005.

Bakıxanov (ru): *А.К. Бакиханов: сочинения, записки, письма*. З.М. Буниятов и др. (ред.), Баку, 1983.

Coğrâfiyâ: Ğafûr Rəşâd. *Coğrâfiyâ*. 1-ci qisim. Bakı, 1920.

Derbend-Nâmeh: *Derbend-Nâmeh, or the History of Derbend*. Mirza A. Kazem-Beg (ed.), St. Petersburg, 1851.

Əkinçi: *Əkinçi: 1875-1877 (tam mətni)*. Turan Həsənzadə (red.), Bakı, 2005.

Füyuzat: *«Yeni Füyuzat» jurnalı: 1910-1911-ci illər*. Hüseyn Həşimli (red.), Bakı, 2010.

GE a: ʿAbbās Qolī Āqā Qodsī. *Golestān-e Eram*. Mahdī Karīmī (ed.), Tehrān, 1382š.

GE b: ʿAbbās Qolī Āqā Bākīḫānūf. *Golestān-e Eram*. ʿAbd al-Karīm ʿAlīzāde (ed.), Bākū, 1970.

GE c: ʿAbbās Qolī Āqā Bākīḫānūf. *Golestān-e Eram: tārīḫ-e Šīrvān va Dāġestān az āġāz tā jang-hā-ye Īrān va Rūs*. ʿAbd al-Karīm ʿAlīzāde (ed.), Tehrān, 1383š.

GE (ru): Аббас-Кули-Ага Бакиханов. *Гюлистан-и ирам*. З.М. Буниятов а (ред.), Баку,

1991.

Haqverdiyev: *Əbdürrəhimbəy Haqverdiyev: seçilmiş əsərləri*. Elxan Rzayev (red.), Bakı, 2014.

Hophopnamə: Mirzə Ələkbər Sabir. *Hophopnamə*. Vaqif Sultanlı və Oqtay Hüseynli (red.), Bakı, 2002.

Hüseynzadə: *Əli bəy Hüseynzadə: seçilmiş əsərləri*. Ofeliya Bayramlı və Azər Turan (red.), Bakı, 2007.

Köçərli: *Firidun bəy Köçərlinin şəxsi arxivi*. Məmməd Adilov (red.), Bakı, 2006.

Lüğət: *Rusca-Türkcə Lüğət*. 2 cilddə. R. Axundov (red.), Bakı, 1928.

Məmmədquluzadə: *Cəlil Məmmədquluzadə: əsərləri*. 4 cilddə. İsa Həbibbəyli (red.), Bakı, 2004.

Mollâ (translit.): *Molla Nəsrəddin*. 8 cilddə. Əziz Mirəhmədov (red.), Bakı, 1996-2010.

Molla Cümə: *Molla Cümə: əsərləri*. Paşa Əfəndiyev (red.), Bakı, 2006.

Nemanzadə: *Ömər Faiq Nemanzadə: seçilmiş əsərləri*. Şamil Qurbanov (red.), Bakı, 2006.

Nərimanov: *Nəriman Nərimanov: seçilmiş əsərləri*. Teymur Əhmədov (red.), Bakı, 2004.

Nəvvab: *Mir Möhsün Nəvvab: seçilmiş əsərləri*. Əli Arif Ramazanov (red.), Bakı, 2006.

Poeziya (XIII-XVIII): *XIII-XVIII əsrlər Azərbaycan poeziyasından seçmələr*. Xəlil Yusifli (red.), Bakı, 2007.

Poeziya (XIX): *XIX əsr Azərbaycan şeri antologiyası*. Zaman Əsgərli (red.), Bakı, 2005.

Qadın: *Azərbaycan qadın şairləri antologiyası*. Əzizə Cəfərzadə (red.), Bakı, 2005.

Qarabağnamələr: *Qarabağnamələr*. 3 cilddə. Akif Fərzəliyev (red.), Bakı, 2006.

Rəsulzadə: *Məhəmməd Əmin Rəsulzadə: əsərləri*. 5 cilddə. 2-ci nəşr. Şirməmməd Hüseynov, Malik Qarayev (red.), Bakı, 2014.

Sabir: *Mirzə Ələkbər Sabir: seçilmiş əsərləri*. Xəlil Yusifli (red.), Bakı, 2007.

Sani Axundov: *Süleyman Sani Axundov: seçilmiş əsərləri*. Elxan Rzayev (red.), Bakı, 2014.

Şirvani: *Seyid Əzim Şirvani: seçilmiş əsərləlri*. 3 cilddə. Süleyman Rüstəmov (red.), Bakı, 2005.

ŞXT: *Şəki xanlığının tarixindən*. 2-ci nəşr, N. Hüseynova (red.), Bakı, 1993.

Tağıyev: Hacı Axund Molla Ruhullah Molla Məhəmməd. *Cənab Hacı Zeynalabdin Tağıyevin tərcümeyi-halı*. Bakı, 2006.

TQ: Mīrzā Jamāl Javānšīr Qarābāġī. *Tārīḫ-e Qarābāġ*. Ḥoseyn Aḥmadī (ed.), Tehrān, 1384š.

TṢ: Mīrzā Yūsof Qarābāġī. *Tārīḫ-e ṣāfī: tārīḫ-e Qarābāġ az ebtedā tā jang-hā-ye dowre-'e dovvom-e Rūs va Īrān*. Ḥoseyn Aḥmadī (ed.), Tehrān, 1390š.

Vaqif: *Molla Pənah Vaqif: əsərləri*. Həmid Araslı (red.), Bakı, 2004.

Vəzirov: *Nəcəf bəy Vəzirov: seçilmiş əsərləri*. Xeyrulla Məmmədov (red.), Bakı, 2002.

Vidadi və Vaqif: *Molla Vəli Vidadi və Molla Pənah Vaqif: səçilmiş əsərləri*. Xəlil Yusifli (red.), Bakı, 2007.

Zakir: *Qasım bəy Zakir: seçilmiş əsərləlri*. Xəlil Yusifli (red.), Bakı, 2007.

Zərdabi: *Гасан-бек Зардаби: избранные статьи и письма*. З.Б. Геюшов (ред.), Баку, 1962.

2. ペルシア語史書

AN: Moḥammad Kāẓem Marvī. *'Ālam-ārā-ye Nāderī*. 3 vols.. Moḥammad Amīn Riyāḥī (ed.), Tehrān, 1364š.

AŠE: *'Alam-ārā-ye Šāh Esmā'īl*. Aṣġar Montaẓar Ṣāḥeb (ed.), Tehrān, 1349š.

AT: Ḥasan Beyg Rūmlū. *Aḥsan al-Tavārīḫ*. 'Abd al-Ḥoseyn Navā'ī (ed.), Tehrān, 1970.

DN: Mīrzā Mahdī Ḫān Astarābādī. *Dorre-'e Nādere: tārīḫ-e 'aṣr-e Nāder šāh*. Seyyed Ja'far Šahīdī (ed.), Tehrān, 1341š.

DŠ: Moḥammad Ebrāhīm b. Zeyn al-'Ābedīn Naṣīrī. *Dastūr-e šahriyārān: sāl-hā-ye 1105 tā 1110 h.q. pādšāhī-ye Šāh Solṭān Ḥoseyn Ṣafavī*. Moḥammad Nāder Naṣīrī Moqaddam (ed.), Tehrān, 1373š.

FN: Ḥājj Mīrzā Ḥasan Ḥoseynī Fasā'ī. *Fārsnāme-'e Nāṣerī*. 2 vols.. Manṣūr Rastgār Fasā'ī (ed.), Tehrān, 1367š.

FṢ: Abū al-Ḥasan Qazvīnī. *Favāyed al-Ṣafavīye: tārīḫ-e salāṭīn va omarā-ye Ṣafavī pas az soqūṭ-e dowlat-e Ṣafavīye*. Maryam Mīr-Aḥmadī (ed.), Tehrān, 1367š.

FT: Reẓā Qolī Ḫān Hedāyat. *Fehres al-tavārīḫ*. 'Abd al-Ḥoseyn Navā'ī & Mīr Hāšem Moḥaddes̱ (eds.), Tehrān, 1373š.

GM: Abū al-Ḥasan Ġaffārī Kāšānī. *Golšan-e morād*. Ġolām Reẓā Ṭabāṭabā'ī Majd (ed.), Tehrān, 1369š.

ḤAN: Moḥammad Ja'far Ḫūrmūjī. *Ḥaqāyeq al-Aḫbār-e Nāṣerī: tārīḫ-e Qājār*. 2nd edition, Seyyed Ḥoseyn Ḫadīvjam (ed.), Tehrān, 1363š.

ḪB: Moḥammad Yūsof Vāle Eṣfahānī. *Ḫold-e barīn: Īrān dar rūzgār-e Ṣafavīyān*. Mīr Hāšem Moḥaddes̱ (ed.), Tehrān, 1372š.

ḪS: Ḫʷānd-amīr. *Tārīḫ-e ḥabīb al-siyar fī aḫbār-e afrād-e bašar*. 4 vols.. Jalāl al-Dīn Homā'ī (ed.), Tehrān, 1362š.

JN: Mīrzā Moḥammad Mahdī Astarābādī. *Tārīḫ-e jahāngošā-ye Nāderī: nosḫe-'e ḫaṭṭī-ye moṣavvar-e mota'alleq be 1171 h.q.*. Tehrān, 1370š.

JT: Rašīd al-Dīn Faẓl Allāh Hamadānī. *Jāme' al-tavārīḫ*. 4 vols.. Moḥammad Rowšan &

Moṣṭafā Mūsavī (eds.), Tehrān, 1373š.

MaT: Mīrzā Moḥammad Ḥalīl Marʿašī Ṣafavī. *Majmaʿ al-tavārīḫ*. ʿAbbās Eqbāl (ed.), Tehrān, 1328š.

MN: Eʿtemād al-Salṭane. *Tārīḫ-e montaẓem-e Nāṣerī*. 3 vols.. Moḥammad Esmāʿīl Reẓvānī (ed.), Tehrān, 1363–1367š.

MS: ʿAbd al-Razzāq Maftūn Donbolī. *Maʾāṣer-e solṭānīye: tārīḫ-e jang-hā-ye Irān va Rūs*. Ḥoseyn Ṣadrī Afšār (ed.), Tehrān, 1351š.

MT: Abū al-Ḥasan Moḥammad Amīn Golestāne. *Mojmal al-tavārīḫ*. Modarres Reẓavī (ed.), Tehrān, 1344š.

MTQ: *Mojmal al-tavārīḫ va al-qeṣaṣ*. Malek al-Šoʿarāʾ-e Bahār & Moḥammad Ramaẓānī (eds.), Tehrān, 1318š.

Nīšāpūrī: Ḫʷāje-ʾe Emām Ẓahīr al-Dīn Nīšābūrī. *Saljūq-nāme*. Tehrān, 1332š.

NT: Moḥammad Taqī Lesān al-Molk Sepehr. *Nāseḫ al-tavārīḫ: tārīḫ-e Qājārīye*. 3 vols.. Jamšīd Kiyānfar (ed.), Tehrān, 1377š.

QḤ: Valī Qolī b. Dāvūd Qolī Šāmlū. *Qeṣaṣ al-ḫāqānī*. 2 vols.. Seyyed Ḥasan Sādāt Nāṣerī (ed.), Tehrān, 1371š.

RṢ: Mīr-ḫʷānd. *Tārīḫ-e Rowẓat al-Ṣafā*. 7 vols.. [Qom], 1338–1339š.

RṢN: Reẓā Qolī Ḫān Hedāyat. *Tārīḫ-e rowẓat al-ṣafā-ye Nāṣerī*. Vol. 12–15. 2nd edition, Jamšīd Kiyānfar (ed.), Tehrān, 1385š.

RT: Moḥammad Hāšem Āṣef Rostam al-Ḥokmā. *Rostam al-tavārīḫ*. ʿAzīz Allāh ʿAlīzāde (ed.), Tehrān, 1379š.

ṢT: Moḥammad Ḥasan Ḫān Eʿtemād al-Salṭane. *Ṣadr al-tavārīḫ: yā tārīḫ-e ṣodūr-e Qājār, šarḥ-e ḥāl-e yāzdah nafar az ṣadr-e aʿẓam-hā-ye pādšāhān-e Qājār*. 2nd edition, Moḥammad Mošīrī (ed.), Tehrān, 1357š.

TʿA: ʿAżod al-Dowle Solṭān Aḥmad Mīrzā. *Tārīḫ-e ʿAżodī*. ʿAbd al-Ḥoseyn Navāʾī (ed.), [Tehrān], 2535 šāhānšāhī.

TAAb: Eskandar Beyg Monšī. *Tārīḫ-e ʿālam-ārā-ye ʿAbbāsī*. 3 vols.. Moḥammad Esmāʿīl Reẓvānī (ed.), Tehrān, 1377š.

TAAm: Fażl Allāh b. Rūzbehān Ḫonjī Eṣfahānī. *Tārīḫ-e ʿalam-ārā-ye Amīnī*. John E. Woods (ed.), Vladimir Minorsky (tr.), London, 1992.

TAb: Mollā Jalāl al-Dīn Moḥammad Monajjem Yazdī. *Tārīḫ-e ʿAbbāsī, yā rūznāme-ʾe Mollā Jalāl*. Seyf Allāh Vaḥīdniyā (ed.), [Tehrān], 1366š.

TAl: Qāżī Aḥmad Tattavī & Āṣef Ḫān Qazvīnī. *Tārīḫ-e alfī: tārīḫ-e Īrān va kešvar-hā-ye hamsāye dar sāl-hā-ye 850–984 h.*. Seyyed ʿAlī Āl-e Dāvūd (ed.), Tehrān, 1378š.

TB: Abū 'Alī Moḥammad b. Moḥammad Bal'amī. *Tārīḫ-e Bal'amī*. 2 vols.. Moḥammad Taqī Bahār & Moḥammad Parvīn Gonābābī (eds.), Tehrān, 1353š.

TG: Ḥamd Allāh Mostowfī Qazvīnī. *Tārīḫ-e gozīde*. 'Abd al-Ḥoseyn Navā'ī (ed.), Tehrān, 1362š.

TGg: Mīrzā Moḥammad Ṣādeq Mūsavī Nāmī Eṣfahānī. *Tārīḫ-e gītī-gošā*. Sa'īd Nafīsī (ed.), Tehrān, 1366š.

TJ: 'Alā' al-Dīn 'Aṭā Malek b. Bahā' al-Dīn Moḥammad b. Moḥammad al-Joveynī. *Ketāb-e tārīḫ-e jahān-gošāy*. 3 vols.. Moḥammad b. 'Abd al-Vahhāb Qazvīnī (ed.), Tehrān, 1367š.

TJA: Qāẓī Aḥmad Ġaffārī Qāzvīnī. *Tārīḫ-e jahān-ārā*. Mojtabā Mīnonī (ed.), Tehrān, 1343š.

TMḥ: Moḥammad Fatḥ Allāh b. Moḥammad Taqī Sāravī. *Tārīḫ-e Moḥammadī: aḥsan al-tavārīḫ*. Ġolām Reẓā Ṭabāṭabā'ī Majd (ed.), Tehrān, 1371š.

TN: Jahāngīr Mīrzā. *Tārīḫ-e now: šāmel-e ḥavādeṯ-e dowre-'e Qājārīye (az sāl-e 1240 tā 1247 qamarī)*. 'Abbās Eqbāl (ed.), Tehrān, 1386š.

ṮNṣ: al-Jūzjānī. *Ṭabaqāt-e Nāṣerī*. 2 vols.. 'Abd al-Ḥayy Ḥabībī (ed.), Kābol, 1342š.

TŠK: Mīr Muḥammad Sa'īd Mušīzī. *Taẕkere-'e Ṣafavīye-'e Kermān*. Bāstānī Pārīzī (ed.), Tehrān, 1369š.

TŠṬ: Šāh Ṭahmāsb b. Esmā'īl b. Ḥeydarī al-Ṣafavī. *Taẕkere-'e Šāh Ṭahmāsb*. Amr Allāh Ṣafavī (ed.), Tehrān, 1363š.

TẒQ: Mīrzā Faẓl Allāh Šīrāzī Ḫāvarī. *Tārīḫ-e Ẕū al-Qarneyn*. 2 vols.. Nāṣer Afšārfar (ed.), Tehrān, 1380š.

Vaṣṣāf: [Šaraf al-Dīn (Šehāb al-Dīn) 'Abd Allāh b. Faẓl Allāh Vaṣṣāf Šīrāzī]. *Ketāb-e Vaṣṣāf al-ḥażre dar aḥvāl-e salāṭīn-e Moġūl*. Moḥammad Mahdī Eṣfahānī (ed.), Tehrān, 1338h.

ZTḤ: Ḥāfeẓ Abrū. *Zobdat al-tavārīḫ*. 2 vols.. Seyyed Kamāl Ḥājj Seyyed Javādī (ed.), Tehrān, 1372š.

ZTK: Jamāl al-Dīn Abū al-Qāsem 'Abd Allāh b. 'Alī b. Moḥammad Kāšānī. *Zobdat al-tavārīḫ*. Moḥammad Taqī Dānešpažūh (ed.), Tehrān, 1366š.

ZTM: Moḥammad Moḥsen Mostowfī. *Zobdat al-tavārīḫ*. Behrūz Gūdarzī (ed.), Tehrān, 1375š.

Yazdī: Šaraf al-Dīn 'Alī Yazdī. *Ẓafar-nāme*. 'Aṣām al-Dīn Ūrūnbāyūf (ed.), Tāškand, 1972.

3. その他のアラビア語・ペルシア語史料

AA : Loṭf 'Alī Beyg b. Āqā Ḥān Beygdelī Šāmlū (Āẕar). *Āteškade*. Vol. 1. Ḥasan Sādāt Nāṣerī (ed.), [Tehrān], 1336š.

Abū al-Fidā': *Géographie d'Aboulféda*. Reinaud & Mac Guckin de Slane (eds.), Paris, 1840.

AM: Mīrzā 'Alī Naqī Naṣīrī. *Alqāb va mavājeb-e dowre-'e salāṭīn-e Ṣafavīye*. Yūsof Raḥīmlū (ed.), Mašhad, 1371š.

Bakrī: Abū 'Ubayd al-Bakrī. *Kitāb al-masālik wa-al-mamālik*. Vol. 1. Adrian van Leeuwen & André Ferré (eds.), [s.l.], 1992.

BJ: Moḥammad Karīm. *Borhān-e jāme'*. Tabrīz, 1260h.

BQ : Moḥammad Ḥoseyn b. Ḥalaf Tabrīzī. *Borhān-e qāṭe'*. 5 vols. Moḥammad Mo'īn (ed.), Tehrān, 1342š.

BS: Zeyn al-'Ābedīn Šīrvānī. *Bostān al-siyāḥe*. Ṭehrān, 1315h.

DM: Moḥammad Rafī' b. Ḥasan Mīrzā Rafī'ā. *Dastūr al-molūk-e Mīrzā Rafī'ā*. Muhammad Ismail Marcikowski (ed.), Alī Kordābādī (tr.), Tehrān, 1385š.

'Ezz: 'Ezz al-Dowle & Malkūnūf. *Safar-nāme-'e Īrān va Rūsīye*. Moḥammad Golbon & Farāmarz Ṭālebī (eds.), Tehrān, 1363š.

FA: Moḥammad Pādšāh. *Farhang-e ānandrāj*. 7 vols.. Moḥammad Dabīr Siyāqī (ed.), Tehrān, 1335š.

FAN: Reẓā Qolī Ḥān Hedāyat. *Farhang-e anjoman-ārā-ye Nāṣerī*. Tehrān, [n.d.].

Ferdowsī: Ḥakīm Abū al-Qāsem Ferdowsī. *Šāh-nāme*. 6 vols.. Muḥammad Dabīr Siyāqī (ed.), Tehrān, 1335š.

FJ: Mīr Jamāl al-Dīn Ḥoseyn b. Faḥr al-Dīn Ḥasan Enjū Šīrāzī. *Farhang-e jahāngīrī*. 3 vols.. Raḥīm 'Afīfī (ed.), Mašhad, 1351-1353š.

FR: 'Abd al-Rašīd b. 'Abd al-Ġafūr al-Ḥoseynī al-Madanī al-Tattavī. *Farhang-e Rašīdī*. 2 vols. Moḥammad 'Abbāsī (ed.), Ṭehrān, 1337š.

ĠL: Ġiyāṣ al-Dīn. *Ġiyāṣ al-loġāt*. Kānhūr, 1873.

ḤA: *Ḥodūd al-'ālam men al-mašreq elā al-maġreb*. Sotūde Manūčehr (ed.), Tehrān, 1340š.

HE: Amīn Aḥmad Rāzī. *Haft eqlīm*. 3 vols.. Javād Fāẓel (ed.), [s.l.], [n.d.].

Ibn al-Faqīh: Abū Bakr Aḥmad b. Muḥammad al-Hamaḏānī (Ibn al-Faqīh). *Muḥtaṣar kitāb al-buldān*. 2nd edition, M. J. de Goeje (ed.), Lugduni Batavorum, 1967.

Ibn Ḥawqal: Abū al-Qāsim b. Ḥawqal al-Nuṣaybī. *Kitāb ṣūrat al-'arḍ*. 2nd editon, M. J. de Goeje (ed.), Lugduni Batavorum, 1938-1939.

Ibn Ḥurdāḏbih: Ibn Ḥurdāḏbih. *Kitāb al-masālik al-mamālik*. 2nd edition, M. J. de Goeje (ed.), Lugduni Batavorum, 1967.

Ibn Rustah: Abū 'Alī Aḥmad b. 'Umar (Ibn Rustah) & Aḥmad b. Abī Ya'qūf (al-Ya'qūbī). *Kitāb al-a'lāq al-nafīsah. Kitāb al-buldān.* 2nd edition, M. J. de Goeje (ed.), Lugduni Batavorum, 1967, 1-229.

Idrīsī: al-Idrīsī. *Opus geographicum: sive "Liber ad eorum delectationem qui terras peragrare studeant".* Fasc. 7. E. Cerulli et al... (eds.), Lugduni Batavorum, 1977.

Iṣṭaḫrī: Abū Isḥāq Ibrāhīm b. Muḥammad al-Fārisī al-Iṣṭaḫrī. *Kitāb al-masālik al-mamālik.* 3rd edition, M. J. de Goeje (ed.), Lugduni Batavorum, 1967.

JḤA: Šehāb al-Dīn 'Abd Allāh Ḫʷāfī (Ḥāfeẓ-e Abrū). *Joġrāfiyā-ye Ḥāfeẓ-e Abrū: moštamel bar joġrāfiyā-ye tārīḫī-ye diyār-e 'Arab, Maġreb, Andals, Meṣr va Šām.* Vol. 1. Ṣādeq Sajjādī (ed.), Tehrān, 1375š.

MBN: E'temād al-Saltane. *Kitāb mer'āt al-boldān-e Nāṣerī.* 4 vols.. Lithography, [s.l.], 1294-1296h.

MḌ: Abū al-Ḥasan 'Alī b. al-Ḥasan b. 'Alī al-Mas'ūdī. *Murūj al-ḏahab wa-ma'ādin al-jawāhir.* Vol. 1. 'Abd al-Amīr 'Alī Muhannā (ed.), Bayrūt, 1991.

MF: Moḥammad Qāsem b. Ḥājjī Moḥammad Kāšānī (Sorūrī). *Farhang-e majma' al-Fors.* 3 vols.. Moḥammad Dabīr Siyāqī (ed.), Tehrān, 1338-1341š.

MSI: *Rūznāme-'e mellatī (Rūznāme-'e mellat-er sanīye-'e Īrān).* Seyyed Farīd Qasemī (ed.), Tehrān, 1372š.

Muqaddasī: Šams al-Dīn Abū 'Abd Allah Muḥammad b. Aḥmad b. Abī Bakr al-Bannā' al-Šāmī al-Muqaddasī. *Aḥsan al-taqāsim fī ma'rifat al-aqālīm.* 2nd edition, M. J. de Goeje (ed.), Lugduni Batavorum, 1967.

Neẓāmī: *Kollīyāt-e ḥamse-'e Ḥakīm Neẓāmī Ganje'ī.* Tehrān, 1351š.

NQ: Ḥamd Allāh Mostowfī Qazvīnī. *Ketāb-e nozhat al-qolūb.* Tehrān, 1362š.

RyS 1: Zeyn al-'Ābedīn Šīrvānī. *Riyāẓ al-Siyāḥe.* Eṣfahān, 1329h.

RyS 2: Хаджжи Зайн ал-'Абидин Ширвани. *Рийаз ас-сийахат: "Райские сады путешествия".* Т. 2, кн. 1-3. Агамир Кулиев (ред.), Москва, 1974.

RM: Muḥammad b. 'Abd al-Mun'im al-Ḥimyarī. *al-Rawḍ al-mi'ṭār fī ḫabar al-aqṭār: mu'jam juġrāfī ma'a fahāris šāmilah.* 2nd edition, Bayrūt, 1984.

ṢF: Moḥammad b. Hendūšāh Naḫjavānī. *Ṣaḥāḥ al-Fors: farhang-e loghāt-e Fārsī az qarn-e haštom-e hejrī.* 2nd edition, 'Abd al-'Alī Ṭā'atī (ed.), Tehrān, 2535 šāhānšāhī.

TI: Abū al-Ḥasan 'Alī b. al-Ḥusayn b. 'Alī al-Mas'ūdī. *Kitāb al-tanbīh wa-al-išrāf.* 2nd edition, M. J. de Goeje (ed.), Lugduni Batavorum, 1967.

TM: Anonym. *Taẓkerat al-molūk.* facsimile in *Tadhkirat al-Mulūk: a Manual of Ṣafavid Administration.* V. Minorsky (ed.), Cambridge, 1980.

Vaṣṣāf: Šehāb al-Dīn 'Abd Allāh Šaraf Šīrāzī. *Ketāb-e Mostaṭāb-e Vaṣṣāf al-ḥaẓrat.* [Tehrān], 1338h.

Ya'qūbī: Abū 'Alī Aḥmad b. 'Umar (Ibn Rustah) & Aḥmad b. Abī Ya'qūf (al-Ya'qūbī). *Kitāb al-a'lāq al-nafīsah. Kitāb al-buldān.* 2nd edition, M. J. de Goeje (ed.), Lugduni Batavorum, 1967, 231–373.

Yāqūt: Šihāb al-Dīn Abū 'Abd Allāh Yāqūt b. 'Abd Allāh al-Ḥamawī al-Rūmī al-Baġdādī. *Mu'jam al-buldān.* 7 vols.. 2nd edition, Farīd 'Abd al-'Azīz al-Jundī (ed.), Bayrūt, 1984.

4. その他

Baddeley: J. F. Baddeley. *The Russian conquest of the Caucasus.* replica edition (originally published in London, 1908), [s.l.], 2005.

Bell: John Bell. *Travels from St. Petersburg in Russia, to Divese Parts of Asia.* 2 vols.. Glasgow, 1763.

Bodenstedt: Friedrich Bodenstedt. *Die Völker des Kaukasus und ihre Freiheitskämpfe gegen die Russen: ein Beitrag zur neuesten Geschichte des Orients.* Frankfurt am Main, 1848.

Chardin: Jean Chardin. *Voyage de Paris à Ispahan.* 2 tomes. Paris, 1983.

CN: Kātib Çelebi. *Kitâb-ı cihân-nümâ.* Ḳosṭanṭiniyye, 1145h.

Cunynghame: Arthur Thurlow Cunynghame. *Travels in the Eastern Caucasus, on the Caspian and Black Seas, especially Dagestan, and on the frontiers of Persia and Turkey, during the Summer of 1871.* London, 1872.

Dapper: Olfert Dapper. *Asia, of naukeurige beschryving van het rijk des Grooten Mogols, en een groot gedeelte van Indiën.* Amsterdam, 1672.

Dorn: Bernhard Dorn. *Beiträge zur Geschichte der kaukasischen Länder und Völker, aus morgenländischen Quellen.* Rep. edition (originally published in St.-Pétersbourg, 1840), Leipzig, 1967.

Dumas: Alexandre Dumas. *Le Caucase: impressions de voyage.* Montréal, 2006.

Eichwald: Eduard Eichwald. *Reise auf dem caspischen Meere und in den Kaukasus: Unternommen in den Jahren 1825–1826.* Replica edition (originally published in Stuttgart, 1834), [s.l.], 2006.

Ellis: [George Ellis]. *Memoir of a Map of the Countries Comprehended between the Black Sea and the Caspian; with an Account of the Caucasian Nations, and vocabularies of their Languages.* London, 1788.

Erckert: R. von Erckert. *Der Kaukasus und seine Völker.* Leipzig, 1887.

Forster: George Forster. *A Journey from Bengal to England through the Northern Part of India, Kashmire, Afghanistan, and Persia, and into Russia by the Caspian Sea.* Vol. 2. Rep. edition, New Dehli, 1987.

Fraser: James B. Fraser. *An Historical and Descriptive Account of Persia, from the Earliest Ages to the Present Time : with a Detailed View of its Resources, Government, Population, Natural History, and the Character of its Inhabitants, Particularly of the Wandering Tribes : Including a Description of Afghanistan and Beloochistan.* Edinburgh, 1834.

Freygang: Frederika von Freygang. *Lettres sur le Caucase et la Géorgie suivies d'une rélation d'un voyage en Perse en 1812.* Hambourg, 1816.

Gmelin: Samuel Gottlieb Gmelin. *Reise durch Russland zur Untersuchung der drey Natur-Reiche*, T. 3-4. St. Petersburg, 1774-1784.

Kinneir: John Macdonald Kinneir. *A Geographical Memoir of the Persian Empire.* Rep. edition (originally published in London, 1813), New York, 2004.

Klaproth: Jules Klaproth. *Voyage au mont Caucase et en Géorgie.* 2 tomes. Paris, 1823.

Koechlin-Schwartz: A. Koechlin-Schwartz. *Un touriste au Caucase: Volga, Caspienne, Caucase.* Paris, [1881].

KM: *Kitâb-i müqəddəs, yə'nî 'Əhd-i cədîd.* Leypsiq, 1893.

Malcolm: John Malcolm. *The History of Persia, from the Most Early Period to the Present Time: Containing an Account of the Religion, Government, Usages and Character of the Inhabitants of that Kingdom.* 2 vols.. London, 1815.

Morier: James Morier. *A Second Journey through Persia, Armenia and Asia Minor, to Constantinople, between the Years 1810 and 1816.* London, 1818.

ODA: *Osmanlı devleti ile Azerbaycan Türk hanlıkları arasındaki münâsebetlere dâir arşiv belgeleri: Karabağ-Şuşa, Nahçıvan, Bakü, Gence, Şirvan, Şeki, Revan, Kuba, Hoy.* 2 cilt. Ankara, 1992-1993.

ODK: *Osmanlı devleti ile Kafkasya, Türkistan ve Kırım hanlıkları arasındaki münâsebetlere dâir arşiv belgeleri: 1687-1908 yılları arası.* Ankara, 1992.

Olearius: Adam Olearius. *Vermehrte Newe Beschreibung Der Muscowitischen und Persischen Reyse, So durch gelegenheit einer Holsteinischen Gesandtschafft an den Russischen Zaar und König in Persien geschehen.* Schleswig, 1656.

Olearuis (en): Adam Olearius. *The Voyages and Travells of the Ambassadors Sent by Frederick Duke of Holstein, to the Great Duke of Muscovy, and the King of Persia.* 2nd edition, John Davies (tr.), London, 1669.

Orsolle: E. Orsolle. *Le Caucase et la Perse.* Paris, 1885.

Porter: Robert Ker Porter. *Travels in Georgia, Persia, Armenia, Ancient Babylonia, & c. &c..* 2 vols. London, 1821-1822.

Reineggs: Jacob Reineggs. *Allgemeine historisch-topographische Beschreibung des Kaukasus.* 2 T.. Gotha, Hildesheim & St. Petersburg, 1795-1797.

Reineggs (en): Jacob Reineggs & Friedrich August Marschall von Bieberstein. *General, Historical, and Topographical Description of Mount Caucasus.* Vol. 1. Replica edition (originally published in London, 1807), Charles Wilkinson (tr.), [s.l.], 2005.

Ritter: Carl Ritter. *Comparative Geography.* William L. Gage (trans.), Philadelphia, 1865.

Rommel: C. Rommel. *Die Völker des Caucasus, nach den Berichten der Reisebeschreiber.* Weimar, 1808.

SN 1: Evliyâ Çelebi Meḥemmed Ẓıllî b. Dervîş. *Evliyâ Çelebi Seyâḥatnâmesi.* Cilt 1-4. Aḥmet Cevdet (ṭâbiʻi), Der-i Saʻâdet, 1314h.

SN 2: Evliyâ Çelebi b. Derviş Mehemmed Zıllî. *Evliyâ Çelebi Seyahatnâmesi.* Kitap 1-4. Robert Dankoff, Seyit Ali Kahraman, Yücel Dağlı (hazırlayanlar), İstanbul, 2011.

TS 1: Muṣṭafā Selānīkī. *Tārīḫ-i Selānīkī: Die Chronik des Selānīkī.* Freiburg, 1970.

TS 2: Selânikî Mustafa Efendi. *Tarih-i Selânikî.* Mehmet İpşirli (hazırlayan), İstanbul, 1989.

Wardrop: Oliver Wardrop. *The Kingdom of Georgia: Notes of Travel in a Land of Women, Wine, and Song.* London, 1888.

АКАК: *Акты, собранные Кавказской археографической комиссией.* 12 тт.. Тифлис, 1866-1904.

Березин: И. Березин. *Путешествие по Дагестану и Закавказью.* 3 чч.. Казан, 1850.

Бутков: П.Г. Бутков. *Материалы для новой истории Кавказа с 1722 по 1803 год.* 3 чч.. Санкт-Петербург, 1869.

Вейденбаум: Е. Вейденбаум. *Путеводитель по Кавказу.* Тифлис, 1888.

Величко: В.Л. Величко. *Полное собрание публицистических сочинений.* Т. 1. Санкт-Петербург, 1904.

ГСОГК: И.А. Гильденштедт. *Географическое и статистическое описание Грузии и Кавказа.* Санктпетербург, 1809.

Дубровин: Н. Дубровин. *История войны и владычества Русских на Кавказе.* 4 тт.. С-Петербург, 1871-1888.

Евецкий: Орест Евецкий. *Статистическое описание Закавказского края.* 2 чч.. Санкт-Петербург, 1835.

Зубов: П. Зубов. *Картина кавказского края.* 4 чч.. С.-Петербург, 1834-1835.

ИВ: С.М. Броневский. *Исторические выписки о сношениях России с Персией, Грузией и вообще с горскими народами в Кавказе, обитающими со времен Ивана Васильевича доныне.* И.К. Павлов (ред.), Санкт-Петербург, 1996.

ИГЭД: *История, география и этнография Дагестана XVIII-XIX вв.: архивные материалы.* М.О. Косвен и Х-М. Хашаев (ред.), Москва, 1958.

ИРИ: *Ислам в российской империи.* Д.Ю. Арапов (ред.), Москва, 2001.

ИРММ: *Императорская Россия и мусульманский мир: сборник статей.* Д.Ю. Арапов (ред.), Москва, 2006.

Казем-бек: *М. Казем-бек: избранные произвтдения.* З.М. Буниятов и А.К. Рзаев (ред.), Баку, 1985.

КГЖ: Н. Данилевский. *Кавказ и его горские жители в рырешнем их положении.* Москва, 1846.

НГИИК: С.М. Броневский. *Новейшие географические и исторические известия о Кавказе.* 2 чч.. Москва, 1823.

НЗОРВК: *Некоторыя замечания на книгу Обозрение Российских владений за Кавказом.* Санктпетербург, 1840.

ОГТ: Мирза А. Казем-бек. *Общая Грамматика турецко-татарского-языка.* Изд. 2-е, Казан, 1846.

ОК: *Описание Кавказа с кратким историческим и статистическим описанием Грузии.* Санктпетербург, 1805.

ОРВК: *Обозрение Российских владений за Кавказом, в статистическом, этнографическом, топографическом и финансовом отношениях.* 4 чч.. Санктпетербург, 1836.

ПСЗ: *Полное собрание законов Российской империи.*

Пушкин: Пушкин. *Полное собрание сочинений.* Т. 8: Романы и повести путешествия, ч. 1. Москва, 1948.

РДО: *Русско-Дагестанские отношения в XVIII-начале XIX в.: сборник документов.* В.Г. Гаджиев (ред.), Москва, 1988.

СВП: *Свод военных постановлений 1869 года.* К. 6: Комплектование войск и управлений, заведений и учреждений военного ведомства. Изд. 2-е, Санктпетербург, 1907.

УПВКТ: Мирза А. Казем-бек. *Учебные пособия временного курса турецкого языка с высочайшего разрешения императорской военной Академии.* С-Петербург, 1854.

фон Гакстгаузен: Август фон Гакстгаузен. *Закавказский край: заметки о семейной и общественной жизни.* Ч. 2. Санкт-Петербург, 1857.

〈二次文献〉

EI²: *Encyclopaedia of Islam*. New edition. 12 vols. Leiden, 1960–2004.

EIr: *Encyclopaedia Iranica*. London, 1982–.

İA: *Türkiye diyanet vakfı İslâm ansiklopedisi*. 44 cilt. İstanbul, 1988–2013.

ACE: *Азәрбајчан Совет Енсиклопедијасы*. 10 чилддә. Бакы, 1976–1987.

БСЭ¹: *Большая Советская Энциклопедия*. 66 тт.. Москва, 1926–1947.

БСЭ²: *Большая Советская Энциклопедия*. 2-е изд.. 51 тт.. 1949–1960.

БСЭ³: *Большая Советская Энциклопедия*. 3-е изд.. 30 тт.. Москва, 1970–1981.

岩波イスラーム: 大塚和夫ほか編『岩波イスラーム辞典』岩波書店，2002年.

中央ユーラシア: 小松久男ほか編『中央ユーラシアを知る事典』平凡社，2005年.

ロシア: 川端香男里ほか監修『新版 ロシアを知る事典』平凡社，2004年.

Abdullayev, Əlikram (red.) (2015) *Şamaxı ensiklopediyası*. Bakı.

Abdullazadə, Fatma (red.) (1998) *Azərbaycan*. Bakı.

Ādamīyat, Farīdūn (1349š) *Andīše-hā-ye Mīrzā Fatḥ 'Alī Āḫᵛondzāde*. Tehrān.

Aitchison, C. U. (1973) *A Collection of Treaties, Engagements and Sanads Relating to India and Neighbouring Countries*. Vol. 13. Rep. edition (originally published in Calcutta, 1933), Nendeln.

Aliyeva Kengerli, Aybeniz (2006) *Azerbaycanda romantik türkçülük*. Metin Özarslan (aktaran), İstanbul.

Allen, W. E. D. (1932) *A History of the Georgian People: from the Beginning Down to the Russian Conquest in the Nineteenth Century*. Reissued, London, 1971.

Altstadt, Audrey L. (1992) *The Azerbaijan Turks: Power and Identity under Russian Rule*. Stanford.

Anar və s. (red.) (2008) *Cəlil Məmmədquluzadə ensiklopediyası*. Bakı.

Aşırlı, Akif (2009) *Azərbaycan mətbuatı tarixi*. 1-ci hissə: 1875–1920. Bakı.

Aşırlı, Akif (2010) *Azərbaycan mətbuatı tarixi*. 2-ci hissə: 1920–1990. Bakı.

Atabaki, Touraj (2000) *Azerbaijan: Ethnicity and the Struggle for Power in Iran*. Revised editon (originally published in 1993), London.

Atabaki, Touraj & Sanjyot Mehendale (ed.) (2005) *Central Asia and the Caucasus: Transnationalism and Diaspora*. London.

Atkin, Muriel (1979) The Strange Death of Ibrahim Khalil Khan of Qarabagh. *Persian Studies*. 12-1/2, 79–107.

Atkin, Muriel (1980) *Russia and Iran, 1780–1828*. Minneapolis.

ATXK (Azərbaycan Respublikası Dövlət Torpaq və Xəritəçəkmə Komitəsi) (2007) *Azərbaycan tarixi atlası*. Bakı.

Axworthy, Michael (2006) *The Sword of Persia: Nader Shah, from Tribal Warrior to Conquering Tyrant*. London.

Avery, Peter, Gavin Hambly & Charles Melville (eds.) (1991) *The Cambridge History of Iran*. vol. 7: From Nadir Shah to the Islamic Republic. Cambridge.

Azərbaycan Tarixi Muzeyi, Azərbaycan Elmlər Akademiyası (2000) *Azərbaycanda dövlətçilik və onun rəmzləri*. Bakı.

Balayev, Xaqan (2002) *Azərbaycan dilinin dövlət dili kimi təşəkkül tarixindən: XVI-XX əsrlər*. Bakı.

Barthold, W. (1984) *An Historical Geography of Iran*. Svat Soucek (tr.), C. E. Bosworth (ed.), Princeton.

Bilge, M. Sadık (2005) *Osmanlı devleti ve Kafkasya: Osmanlı varlığı döneminde Kafkasya'nın siyasî-askerî tarihi ve idarî taksimâtı (1454-1829)*. İstanbul.

Bondarevsky, G. L. (ed.) (1996) *Proceedings of the Caucasian Archaeographical Commission 1866-1904: Contents Guide*. [Oxford].

Bournoutian, George A. (tr.) (1994) *A History of Qarabagh: an Annotated Translation of Mirza Jamal Javanshir Qarabaghi's Tarike-e Qarabagh*. Costa Mesa.

Bournoutian, George A. (tr.) (2001) *Armenians and Russia, 1626-1796: a Documentary Record*. Costa Mesa.

Bournoutian, George A. (tr.) (2004) *Two Chronicles on the History of Karabagh: Mirza Jamal Javanshir's Tarikh-e Karabagh and Mirza Adigözal Beg's Karabagh-name*. Costa Mesa.

Boyle, J. A. (ed.) (1968) *The Cambridge History of Iran*. vol. 5: The Saljuq and Mongol Periods. Cambridge.

Bünyadov, Teymur (red.) (2007) *Azərbaycan etnoqrafiyası*. 3 cilddə. Bakı.

Bünyadov, Z.M. və Y.B.Yusifov (red.) (2005) *Azərbaycan tarixi: ən qədim zamanlardan XX əsrədək*. Bakı.

Busse, Heribert (tr.) (1972) *History of Persia under Qājār Rule: Translated from the Persian of Ḥasan-e Fasā'ī's Fārsnāme-ye Nāṣeri*. New York.

Dadaşova, Rəhimə İ. (2003) *Səfəvilərin son dövrü: ingilisdilli tarixşünaslıqda*. Bakı.

Əfəndi, Rasim (2007) *Azərbaycan incəsənəti*. Bakı.

Əkbərov, Rahib A. (2009) *Azərbaycanın dövlət və hüquq tarixi*. Bakı.

Əlimirzəyev, Xalid (2007) *M.F. Axundovun ideal və sənət dünyası*. Bakı.

Əliyarlı, Süleyman (red.) (1996) *Azərbaycan tarixi: uzaq keçmişdən 1870-ci illərə qədər*.

Bakı.

Əliyarlı, Süleyman (red.) (2007) *Azərbaycan tarixi üzrə qaynaqlar*. 2-ci nəşr. Bakı.

Əliyev, İlqar və s. (red.) (2007) *Azərbaycan tarixi*. 7 cilddə. Bakı.

Əliyeva, Nərgiz (1999) *Azərbaycan Yaqut-əl Həməvinin əsərlərində*. Bakı.

Əliyev, Rüstəm (tər.) (2008) *Azərbaycan şairi Nizami*. 2-ci nəşr. Bakı.

Əliyeva, Rübabə (2007) *Azərbaycan toponimlerinin ensiklopedik lüğəti*. 2 cilddə. Bakı.

Əskərli, M. (tər.) (2000) A. Bakıxanov, *Gülüstani-İrəm*, Bakı.

Fatullaev-Figarov, Sh. S. (2013) *Architectural Encyclopedia of Baku*. Baku.

Floor, Willem & Hasan Javadi (tr.) (2009) *'Abbas Qoli Aqa Bakikhanov. The Heavenly Rose-Garden: a History of Shirvan & Daghestan*. Washington, D.C..

Gammer, Moshe (2004) *Muslim Resistance to the Tsar: Shamil and the conquest of Chechnia and Daghestan*. Rep. of 1994 edition, Oxford.

Giyasi, Jaffar (1994) *Azerbaijan: fortresses, castles*. Shaik Djabiroglu (tr.), Baku.

Haneda Masashi (1987) *Le châh et les Qizilbāš: le système militaire safavide*. Berlin.

Hinz, Walther (1970) *Islamische Masse und Gewichte: umgrechnet ins marische System*. Leiden.

Hüseynli, Asif (2009) *İran hökmdarları*. Bakı.

Hüseynzadə, Əli (tər.) (2009) Mirzə Əhməd Mirzə Xudaverdi oğlu. *Əxbarnamə: Talış xanlığı tarixindən*. Təkrar nəşri (1-ci nəşr 1975-ci ildə), Bakı.

İbrahimov, İrşad (2005) *Vətəndaş və tarix: tarixin olaylarında*. Əlavələrlə 2-ci nəşri, Bakı.

İmanov, Elmin (2011) *Azərbaycan tarixi: test bankı*. 1-ci hissə. 4-cü nəşr, Bakı.

İsmayılov, Xəyyam C. (2004) *XIX əsrdə Azərbaycanda məhkəmə sistemi*. Bakı.

İsrafiloğlu, Nazim Rza (2009) *Neft: qlobal münaqişələr mənbəyi*. Bakı.

İSTİİ (İctimai-Siyasi Tədqiqatlar İnformasiya İnstitutu, Azərbaycan Respublikası Elmlər Akademiyası) (1993) *Azərbaycan dövri mətbuatı (1875-1990): biblioqrafiya (ərəb əlifbası ilə, saxlanılmış nüsxələr əsasında)*. Bakı.

Javadi, Hasan & Willem Floor (tr.) (2010) *Evliya Chelebi. Travels in Iran and the Caucasus in 1647 and 1654*. Washington.

Kemper, Michael & Stephan Conermann (eds.) (2011) *The Heritage of Soviet Oriental Studies*. London.

Kemper, Michael, Raoul Motika & Stefan Reichmuth (eds.) (2010) *Islamic Education in the Soviet Union and its Successor States*. London.

Le Strange, G. (1905) *The Lands of the Eastern Caliphate: Mesopotamia, Persia and Central Asia from the Moslem Conquest to the Time of Timur*. Cambridge.

Mahmudov, Yaqub (red.) (2004) *Azərbaycan Xalq Cümhuriyyəti ensiklopediyası*. 1-ci cild. Bakı.

Mahmudov, Yaqub (red.) (2005) *Azərbaycan Xalq Cümhuriyyəti ensiklopediyası*. 2-ci cild. Bakı.

Mahmudov, Yaqub (2008) *Azərbaycanlılar: etnik-siyasi tarixə ümumi baxış*. Bakı.

Mahmudov, Yaqub (red.) (2010) *Azərbaycan tarixçiləri: biblioqrafik göstərici*. 1-ci hissə: kitabları. Bakı.

Mahmudov, Yaqub (red.) (2010) *Azərbaycan tarixçiləri: elmi əsərlərin biblioqrafik göstəricisi*. 2-ci hissə: məqalələr. Bakı.

Məlikov, Rauf və Nizami İbrahimov (2004) *Məktəblinin tarixi lüğəti*. Bakı.

Məmmədli, Hüseynqulu (2005) *Qafqazda islam və şeyxülislamlar*. Bakı.

Məmmədov, Zakir (2006) *Azərbaycan fəlsəfəsi tarixi*. Bakı.

Meyer, J. H. (2007) *Turkic Worlds: Community Representation and Collective Identity in the Russian and Ottoman Empires, 1870–1914*. Ph.D. diss., Brown University.

Meyer, James H. (2014) *Turks Across Empires: Marketing Muslim Identity in the Russian-Ottoman Borderlands, 1856–1914*. Oxford.

Minorsky, V. (tr.) (1937) *Ḥudūd al-'Ālam: the Regions of the World: a Persian Geography, 372 A.H.–982 A.D.*. London.

Minorsky, V. (1958) *A History of Sharvān and Darband in the 10th–11th Centuties*. Cambridge.

Mirfendereski, Guive (2001) *A Diplomatic History of the Caspian Sea: Treaties, Diaries, and Other Stories*. New York.

Mostashari, Firouzeh (2006) *On the Religious Frontier: Tsarist Russia and Islam in the Caucasus*. London.

Mustafazadə, Tofiq T. (2005) *Quba xanlığ*. Bakı.

Mustafazadə, Tofiq (2011) *Azərbaycan xanlıqlarının qısa tarixi*. Bakı.

Muxtarova, Əsməd (2010) *Türk xalqlarının tarixi: qədim dövr və orta əsrlər*. Bakı.

Naməlum (1946) *Şâh İsmâ'īl Xəṭâ'ī*. Bâkû.

Nərimanoğlu, Kamil Vəli (2006) *Azərbaycan dövlət dili siyasəti: dil-politika araşdırmaları*. Bakı.

Packson, Peter & Laurence Lockhart (eds.) (1986) *The Cambridge History of Iran*. vol. 6: The Timurid and Safavid Periods. Cambridge.

Parsinejad, Iraj (1988) *Mirza Fath Ali Akhunzadeh and Literary Criticism*. Tokyo.

Perry, John R. (1979) *Karim Khan Zand: a History of Iran, 1747–1779*. Chicago.

Piriyev, Vaqif (2006) *Azərbaycan tarixi-siyasi coğrafiyası*. Bakı.

Pūrşafar, 'Alī (1377š) *Ḥokūmat-hā-ye maḥallī-ye Qafqāz dar 'aṣr-e Qājār*. Tehrān.

Qaraoğlu, Fazil (2007) *Türk millətinin tarixi, qurduğu dövlətlər və ata-babaları*. Bakı.

Qarayev, Elçin (2005) *Azərbaycan XVIII əsr rus və qərbi Avropa səyyahlarının təsvirində*. Bakı.

Qeybullayev, Qiyasəddin (1994) *Azərbaycan türklərinin təşəkkülü tarixindən*. Bakı.

Qəribli, İslam (2009) *Məməmməd Hadi yaradıcılığının "Həyat" və "Füyuzat" mərhələsi*. Bakı.

Quliyev, Vasif (red.) (2004) *Qarabağ: biblioqrafiya*. Bakı.

Quliyeva, Nərgiz (2011) *XIX-XX əsrlərdə Bakı şəhər əhalisinin ailə və ailə məişəti*. Bakı.

Qurbanov, Rafiq (2008) *Qafqaz tarixi*. Əlavələrlə 2-ci nəşr, Bakı.

Raeff, Marc (1971) Patterns of Russian Imperial Policy toward the Nationalities. *Soviet Nationality Problems*. Edward Allworth (ed.), New York, 22-42.

Reẓā, 'Enāyat Allāh (1360š) *Āẕarbāyjān va Arrān: Ālbāniyā-ye Qafqāz*. [Tehrān].

Rüstəmov, İzzət (2012) *Həsən bəy Zərdabi*. Bakı.

Səlimbəyli, Şöhrət (2001) *Azərbaycanın dövlətçilik tarixində səfəvilər dövlətinin yeri: elmi-nəzəri konfransın materialları*. Bakı.

Seton-Watson, Hugh (1977) *Nations and States: an Enquiry into the Origins of Nations and the Politics of Nationalism*. London.

Shaffer, Brenda (2002) *Borders and Brethren: Iran and the Challenge of Azerbaijani Identity*. Cambridge.

Shissler, A. Holly (2003) *Between Two Empires: Ahmet Ağaoğlu and the New Turkey*. London.

Suny, Ronald Grigor (1994) *The Making of the Georgian Nation*. 2nd edition (1st edition published in 1988), Bloomington.

Swietochowski, Tadeusz (1985) *Russian Azerbaijan, 1905-1920: the Shaping of National Identity in a Muslim Community*. 1st paperback edition, Cambridge, 2004.

Swietochowski, Tadeusz (1995) *Russia and Azerbaijan: a Borderland in Transition*. New York.

Şahverdiyev, Akif (2006) *Azərbaycan mətbuatı tarixi: ali məktəb tələbələri üçün dərslik*. Bakı.

Tahirzadə, Ədalət (2005) *Nadir şah Əfşar: Tərcümeyi-hal oçerki*, 3-cü nəşr, Bakı (1-ci nəşr 2002-ci ildə).

Tapper, Richard (1997) *Frontier Nomads of Iran: a Political and Social History of the Shahsevan*. Cambridge.

Ulutürk, Xəlil Rza (tər.) (2004) Nizami Gəncəvi. *Sirlər xəzinəsi*. Bakı.

Umudlu, Vidadi (2004) *Şimali Azərbaycanin çar Ruisyası tərəfindən işğalı və müstəmləkəçilik əleyhimə mübarizə (1801–1828)*. Bakı.

Yaqublu, Nəsiman (2013) *Məhəmməd Əmin Rəsulzadə ensiklopediyası*. Bakı.

Yaqublu, Nəsiman (red.) (2013) *Azərbaycanın ilk qeyri-hökumət təşkilatları*. Bakı.

Yunusof, Arif (2004) *Azərbaycanda islam*. Bakı.

Xəlilli, Xəlilǝddin (2007) *Azərbaycan türklərinin etnogenezi və milli inkişaf tarixi*. Bakı.

Zenkovsky, Serge A. (1960) *Pan-Turkism and Islam in Russia*. Cambridge.

Zeynalzadə, Ağarəfi (2006) *Azərbaycan mətbuatı və çar senzurası: 1850–1905*. Bakı.

Абдуллаев, Гаси (1965) *Азербайджан в XVIII веке и взаимоотношения его с Россией*, Баку.

АКП (Азəрбајҹан ССР Китаб Палатасы) (ред.) (1963) *Азəрбајҹан китабы: библиография*. 1-чи чилд: 1780–1920. Бакы.

АКП (Азəрбајҹан ССР Китаб Палатасы) (ред.) (1982) *Азəрбајҹан китабы: библиография*. 2-чи чилд, 1-чи китаб: 1920–1940. Бакы.

Алиева, Ирада (2009) *Политическое и социально-экономическое положение азербайджанцев тифлисской губернии (1846–1917)*. Баку.

Алимова, Барият М. (2007) *Этнокультурные взаимодействия в материальной культуре южных Кумыков и дагестанских Азербайджанцев (XIX–XX вв.)*. Махачкала.

Алиярлы, Сулейман (ред.) (2009) *История Азербайджана: с древнейших времен до 70-х гг. XIX в.*. Изд. 2-е, Баку.

Арутюнов, С.А. и др. (ред.) (2002) *Народы Дагестана*. Москва.

Ашурбейли, Сара (1983) *Государство Ширваншахов: VI–XVI вв.*. Баку.

Ашурбейли, Сара (1992) *История города Баку: период средневековья*. Баку.

Бабаев, Ф. (пер.) (1959) Мирза Джамал Джеваншир Карабагский. *История Карабага*. Баку.

Байрамов, Фарман А. (1966) *Ҹ. Мəммəдгулузадə: библиографија (1866–1966)*. Бакы.

Балаев, Айдын (1998) *Азербайджанское национальное движение в 1917–1918 гг.*. Баку.

Балаев, Айдын (2005) *Этнояыковые процессы в Азербайджане в XVIII–XX вв.*. Баку.

Бартольд, В.В. (1963) Место прикаспийских областей в истории мусульманского мира. *Сочинения*. Т. 2, ч. 1. Москва, 649–772.

Буниятов, З.М. (ред.) (1987) *Историческая география Азербайджана*. Баку.

Велиханлы, Н.М. (1974) *IX–XII əср əрəб ҹоғрафијашүнас-сəјјаһлары Азəрбајҹан һаггында*. Бакы.

Влагова, Г.Ф. (2012) *История тюркологии в России: вторая половина XIX–начало*

XX в.. Москва.

Гаджиев, В.Г. (1979) *Сочинение И. Гербера «Описание стран и народов между Астраханью и рекою Курой находящихся».: как исторический источник по истории народов Кавказа*. Москва.

Гаджиев, М.Г. (ред.) (2004) *История Дагестана с древнейших времен до наших дней*. Москва.

Гасымзадə, Ф.С. (1960) *XIX əср Азəрбајҹан əдəбијјаты тарихинə даир тəдгигләр*. Бакы.

Гейбуллаев, Г.А. (1986) *Топонимия Азербайджана: историко-этнографическое исследование*. Баку.

Гусейнов, Гейдар (1958) *Из истории общественной и философской мусли в Азербайджане XIX века*. Изд. 2-е, Баку.

Гусейнов, И.А. и др. (1958) *История Азербайджана*. Т. 1. Баку.

Даниялов, Г.Д. и др. (ред.) (1967) *История Дагестана*. Т. 1. Москва.

Дубинский-Мухазе, И.М. (1978) *Нариманов*. Москва.

Әләкбәрли, Әзиз (1994) *Гәдим Түрк-Оғуз јурду — "Ермәнистан"*. Бакы.

Әскәрли, М. (тәр.) (2001) А. Бакиханов, *Күлүстани-ирәм*, [Бакы].

Зејналоғлу, Ҹаһанҝир (1992) *Мүхтәсәр Азәрбајҹан тарихи: елми-публ исистик вә тарихи китаб*. Маариф Тејмур (транслитерация), Бакы.

ИИ (Институт Истории, Азербайджанский филиал Академии Наук СССР) (1941) *История Азербайджана: кратний очерк*. Баку.

ИР (Академия Наук Азербайджана, Институт Рукописей имени Мухаммеда Физули) (2000) *Каталог персидских рукописей*. Баку.

Искендерова, Марзия (2009) *Азербайджано-русские отношения XVIII-начала XIX вв. в Азербайджанской и русской историографии: 20-80-е году XX века*. Баку.

Кадурова, Р. (2007) *Национальная идентичность Азербайджанских детей и подростков социально-исихологический анализ*. Баку.

Куликов, Анатолий и Валентин Рунов (2013) *Все Кавказские войны России: самая полная энциклопедия*. Москва.

Лисицына Г.Г. и Я.А. Гордин (изд.) (2001) *Россия и Кавказ: сквозь два столетия*. Санкт-Петербург.

Лордкипанидзе, М.Д. и Д.Л. Мусхелишвили (1988) *Очерки истории Грузии. Т. 2: Грузия в IV-X веках*. Тбилиси.

Мамедов, Надир (1982) *Реализм М.Ф. Ахундова: посвящается 170-летию со дня рождения М.Ф. Ахундова*. Баку.

Махмудов, Ягуб М. (1991) *Взаимоотношения государств Аккоюнлу и Сефевидов с заподноевропейскими странами: II половина XV–начало XVII века.* Баку.

Меликишвили, Г.А. и Д.Л. Лордкипанидзе (1989) *Очерки истории Грузии.* Т. 1: Грузия с древнейших времен до IV в.н.э.. Тбилиси.

Мильман, А.Ш. (1966) *Политический строй Азербайджана в XIX–начале XX в.: административнуй аппорат суд, форму и метду колониального управления.* Баку.

Мирзоев, М.А. (1992) *Имена на картах Каспия: из тстории изучения и освоения.* Изд. 2-е, Санкт-Петербург.

Мурадалиева, Э.Б. (1991) *Города северного Азербайджана во второй половине века: учебное пособие для студентов-историков высших учебных заведений.* Баку.

Мустафазаде, Т.Т. (1993) *Азербайджан и Русско-Турецкие отношения в первой трпти XVIII веке.* Баку.

Петрушевский, И.П. (1949) *Очерки по истории феодальных отношений в Азербайджане и Армении в XVI–начале XIX вв.* Ленинград.

Рафили, М. (1957) *М.Ф. Ахундов: жизнь и творчество.* Баку.

Рахмани, А.А. (1981) *Азербайджан в конце XVI и в XVII веке (1590–1700 годы).* Баку.

Рзагулузадә, М. (тәр.) (1941) Низами Кәнчәви. *Искәндәрнамә. II: Игбалнамә.* О. Сарывәлли вә С. Миргасымов (ред.), Бакı.

Рзаев, А. (1965) *Мирза Казем-Бек.* Баку.

Рзаев, А.К. (1986) *Азербайджанские востоковеду XIX века.* Баку.

Рүстәм, С. (тәр.) (1947) Низами Кәнчәви. *Сиррләр хәзинәси.* М. Раһим (ред.), Бакı.

РӘФ (Азәрбајчан ССР Әлмләр Академијасы, Республика Әлјазмалары Фонду) (ред.) (1963) *Әлјазмалары каталогу.* 1-чи чилд: тарих, чоғрафија, әдәбијјат нәзәријјәси, тәзкирәлир, бәдии әдәбијјат вә мүншәат. Бакы.

Саламзаде, Ә.Р. вә с. (1977) *Азәрбајчан ничәсәнәти.* Бакы.

Сунбатзаде, А.С. (1990) *Азербайджанцы: этногенез и формирование народа.* Баку.

Сүлејманова, Севда (1997) Молла Мәһәммәд әл-Чари. *Чар салнамәси.* Бакы.

Тагизаде, Самир (1991) *Мирза Фатали Ахундов и Европа.* Баку.

Фурман, Д.Е. (2001) *Азербайджан и Россия: общества и государства.* Москва.

Һәбибоғлу, Вәли (1992) *Аббасгулу Аға Бакыханов.* Бакы.

Һүсейнов, Исмайыл (1943) *Исмайыл Сәфәви.* Бакı.

Һүсејнов, Сабир (2000) *"Әкинчи"дән "Һәјат"а.* Бакы.

Һүсейнзадә, Әли (1967) *XIX әсрин икинчи јарысында Азәрбајчан тарихшунаслығы.* Бакы.

Чавадова, Есмира（1988）*Sətirlərdə döyünən ürək*. Бакы.

Шаиз, Абдулла（тəр.）（1941）Низами Кəнчəви. *Искəндəрнамə*. I: Шəрəфнамə. М.С. Ордубади вə Сүлейман Рустəм（ред.）, Баки.

Эмин, Н.О.（пер.）（1893）Моисей Хоренский. *История Армении*. Москва.

Эфендиев, Октай（1981）*Азербайджанское государство Сефевидов в XVI веке*. Баку.

青木保，内堀基光，梶原景昭，小松和彦，清水昭俊，中村伸浩，福井勝義，船曳健夫，山下晋司（編）（1997）『岩波講座 文化人類学 5 民族の生成と論理』岩波書店．

アンダーソン，ベネディクト（1991）『定本 想像の共同体――ナショナリズムの起源と流行』白石隆，白石さや（訳），書籍工房早山，2007 年（Benedict Anderson. *Imagined Communities: Reflections on the Origin and Spread of Nationalism*. Revised and expanded edition（1st edition published in 1983）, New York, 1991）．

イスラーム地理書・旅行記研究会（訳注）（1988）アブー・ドゥラフ『イラン旅行記』昭和堂印刷所．

飯尾都人（訳）（1994）ストラボン『ギリシア・ローマ世界地誌』第 2 巻．東京．

石原賢一（2005）「メフメット・エミーン・レスールザーデ――ある民族主義者の生涯と著作」『史学（慶應義塾大学）』74/1-2, 77-102.

伊藤順二（1997）「1905 年バクーの労働運動と民族衝突」『史林』80-3, 361-393.

上野雅由樹（2010）「ミッレト制研究とオスマン帝国下の非ムスリム共同体」『史学雑誌』119-11, 64-81.

鵜飼哲，大西雅一郎，細見和之，上野成利（訳）（1997）エルネスト・ルナン，ヨハン・ゴットリープ・フィヒテ，エチエンヌ・バリバール，ジョエル・ロマン，鵜飼哲『国民とは何か』インスクリプト．

エリクセン，トーマス・ハイランド（1993）『エスニシティとナショナリズム――人類学的視点から』鈴木清史（訳），明石書店，2002 年（Thomas Hylland Eriksen. *Ethnicity and Nationalism*. 2nd edition（1st edition published in 1993）, London, 2002）．

岡﨑正孝（1982）「カージャール朝期ペルシア語史料解題」『オリエント』25-2, 41-62.

加藤格（2001）『ロシア帝国の民主化と国家統合――二十世紀初頭の改革と革命』御茶の水書房．

川端香男里，米川哲夫（訳）（1973）『プーシキン全集 5 評論・歴史・紀行』河出書房新社．

北川誠一（1983）「ソヴィエト・アゼルバイジャンの中世史家たち」『オリエント』

26-1, 100-107.
北川誠一（1986）「オクタイ・アブドゥルケリムオグル・エフェンディエフ『アゼルバイジャン国家サファヴィー朝』，バクー，1981年」『オリエント』29-2, 150-155.
北川誠一（1990）「ザカフカースにおける歴史学と政治——アルバニア問題をめぐって」『ソ連研究』11, 106-130.
北川誠一（1998）「歴史記述における境界——エスノヒストリーとアゼルバイジャンの解体」『ザカフカースの民族問題と歴史記述』弘前大学, 147-170.
北川誠一（2000）「アゼルバイジャン人」『世界民族事典』弘文堂, 19-20.
北川誠一，前田弘毅，廣瀬陽子，吉村貴之（編）（2006）『コーカサスを知るための60章』明石書店.
木村暁（2008）「中央アジアとイラン——史料に見る地域認識」『講座 スラブ・ユーラシア学2 地域認識論——多民族空間の構造と表象』宇山智彦（編），講談社, 39-72.
ケドゥーリー，E（1993）『ナショナリズム』小林正之，栄田卓弘，奥村大作（訳），学文社, 2000年（Elie Kedourie. *Nationalism*. 4th, expanded edition (1st edtion published in London, 1960), Oxford, 1993）
ゲルナー，アーネスト（1983）『民族とナショナリズム』加藤節（訳），岩波書店, 2000年（Ernest Gellner. *Nations and Nationalism*. Oxford, 1983）.
小牧昌平（1987）「ザンド朝の成立過程について——18世紀イラン政治史上の諸問題」『上智アジア学』5, 28-48.
小牧昌平（1990）「18世紀末イランの諸群雄——ガージャール朝前史の基礎データ」『上智アジア学』8, 78-92.
小松久男（編）（2000）『新版世界各国史4 中央ユーラシア史』山川出版社.
酒井啓子（編）（2001）『民族主義とイスラーム——宗教とナショナリズムの相克と調和』アジア経済研究所.
酒井啓子，臼杵陽（編）（2005）『イスラーム地域の国家とナショナリズム』東京大学出版会.
坂本勉（2006）『トルコ民族の世界史』慶應義塾大学出版会.
佐々木康之，佐々木澄子（訳）（1993）シャルダン『ペルシア紀行』岩波書店.
佐藤真一（2009）『ヨーロッパ史学史——探求の軌跡』知泉書館.
佐藤信夫（編著）（1989）『ナゴルノ・カラバフ——ソ連邦の民族問題とアルメニア』泰流社.
佐野東生（2010）『近代イラン知識人の系譜——タキーザーデ・その生涯とナショナリズム』ミネルヴァ書房.

塩川伸明（2008）『民族とネイション——ナショナリズムという難問』岩波書店．
塩尻公明，木村健康（訳）（1971）J・S・ミル『自由論』岩波書店（John Stuart Mill. *On Liberty*. London, 1859）．
塩野崎信也（2010）「18 世紀におけるダルバンドの支配者と住民」『東洋史研究』68-4, 1-36.
シンメルペンニンク＝ファン＝デル＝オイェ，D（2010）『ロシアのオリエンタリズム——ロシアのアジア・イメージ，ピョートル大帝から亡命者まで』浜由樹子（訳），成文社，2013 年（D. Schimmelpenninck van der Oye. *Russian Orientalism: Asia in the Russian Mind from Peter the Great to the Emigration*. New York, 2010）．
スターリン全集刊行会（訳）（1952）『スターリン全集』第 2 巻．大月書店（И.В. Сталин. *Сочинения*. Т. 2. Москва, 1951）．
スミス，アンソニー・D（1986）『ネイションとエスニシティ』巣山靖司，高城和義，河野弥生，岡野内正，南野泰義，岡田新（訳），名古屋大学出版会，1999 年（Anthony D. Smith. *The Ethnic Origins of Nations*. Oxford, 1986）．
ゼンコーフスキイ，V（1955）『ロシヤ思想家とヨーロッパ——ロシヤ思想家のヨーロッパ文化批判』高野雅之（訳），現代思潮社，1973 年（В. Зеньковский. *Русские мыслители и Европа: критика европейской культуры у русских мыслителей*. Изд. 2-е, Париж, 1955）．
高田和夫（2012）『ロシア帝国論——19 世紀ロシアの国家・民族・歴史』平凡社．
高田和夫（2015）『帝政ロシアの国家構想——1877-78 年露土戦争とカフカース統合』山川出版社．
高橋一彦（2000）「「帝国」の司法秩序——1864 年 11 月 20 日法の施行過程」『神戸市外国語大学外国学研究所研究年報』37, 1-111.
高橋一彦（2001）『帝政ロシア司法制度史研究——司法改革とその時代』名古屋大学出版会．
髙橋清治（1990）『民族の問題とペレストロイカ』平凡社．
髙橋清治（1996）「ロシヤ帝国とカフカス総督府」『ロシヤ史研究』59, 36-53.
竹中浩（1999）『近代ロシアへの転換——大改革時代の自由主義思想』東京大学出版会．
竹村寧乃（2011）「ソ連初期南コーカサス史の研究に向けて——ザカフカス連邦（1922-1936）に関する先行研究と史料の概要」『ロシア・ユーラシアの経済と社会』947, 23-50.
田中克彦（1978）『言語からみた民族と国家』岩波書店．
谷栄一郎，上村健二（訳）（2003）クルティウス・ルフス『アレクサンドロス大王

伝』京都大学学術出版会.

谷川稔（編）（2003）『歴史としてのヨーロッパ・アイデンティティ』山川出版社.

豊川浩一（2006）『ロシア帝国民族統合史の研究——植民政策とバシキール人』北海道大学出版会.

中沢敦夫（訳）（2000）「『アファナーシイ・ニキーチンの三海渡航記』翻訳と注釈（1）」『人文科学研究』103, 43-65.

中嶌哲平（2009）「アゼルバイジャン近代におけるナショナリズムの展開——メフメト・エミーン・ラスールザーデ（1884-1955）を中心に」『社会文化史学』51, 57-82.

中島偉晴（2014）『コーカサスと黒海の資源・民族・紛争』明石書店.

中島偉晴, メラニア・バグダサリヤン（編）（2009）『アルメニアを知るための 65 章』明石書店.

永田雄三（編）（2002）『新版世界各国史 9 西アジア史 II——イラン・トルコ』山川出版社.

ナハイロ, ボフダン, ヴィクトル・スヴォボダ（1990）『ソ連邦民族・言語問題の全史』田中克彦（監修）, 高尾千津子, 土屋礼子（訳）, 1992 年, 明石書店（Bohdan Nahaylo & Victor Swoboda. Soviet Disunion.［Great Britain］, 1990）.

羽田正（1998）「サファヴィー朝の時代」『世界の歴史 15 成熟のイスラーム世界』永田雄三, 羽田正（著）, 中央公論社.

八尾師誠（1998）『イラン近代の原像英雄——サッタール・ハーンの革命』東京大学出版会.

藤井守男（1984）「ミールザー・ファテ・アリー・アーホンド・ザーデ Mīrzā FathʿAlī Ākhond-zāde（1812〜78）とイラン——文学史的側面から」『東京外国語大学論集』34, 217-234.

藤井守男（1986）「アーホンド・ザーデ Ākhond-zāde（1812-78）に見る「イラン・ナショナリズム」の諸相」『オリエント』29-2, 85-101.

藤波伸嘉（2011）『オスマン帝国と立憲政——青年トルコ革命における政治, 宗教, 共同体』名古屋大学出版会.

ブルヌティアン, ジョージ（2012）『アルメニア人の歴史——古代から現代まで』小牧昌平（監訳）, 渡辺大作（訳）, 藤原書店, 2016 年.

ボイス, メアリー（2010）『ゾロアスター教——3500 年の歴史』講談社.

ホブズボーム, E・J（1990）『ナショナリズムの歴史と現在』浜林正夫, 島田耕也, 庄司信（訳）, 大月書店, 2001 年（E. J. Hobsbawm. Nations and Nationalism since 1780. Cambridge, 1990）.

本田実信（1991）『モンゴル時代史研究』東京大学出版会.

マイネッケ，フリードリッヒ（1928）『世界市民主義と国民国家 I――ドイツ国民国家発生の研究』矢田俊隆（訳），1968年，岩波書店（Friedrich Meinecke. *Weltbürgertum und Nationalstaat: Studien zur Genesis des deutschen National-staates*. München, 1928）．

前田弘毅（2009）『イスラーム世界の奴隷軍人とその実像』明石書店．

前田弘毅（編著）（2009）『多様性と可能性のコーカサス――民族紛争を越えて』北海道大学出版会．

丸山敬一（1987）「スターリン『マルクス主義と民族問題』の理論的価値について」『中京法学』21-3/4, 1-25．

水田洋（訳）（1997）J・S・ミル『代議制統治論』岩波書店（John Stuart Mill. *Considerations on Representative Government*. London, 1861）．

守川知子（2007）「ロマンスからヒストリアへ――ビーソトゥーン碑文とイランにおける歴史認識」『上智アジア学』25, 1-48．

守川知子（2010）「「イラン史」の誕生」『歴史学研究』863, 12-21．

山内昌之（1986）『スルタンガリエフの夢――イスラム世界とロシア革命』東京大学出版会．

山本有造（2003）『帝国の研究――原理・類型・関係』名古屋大学出版会．

吉村貴之（2013）「連邦解体から地域紛争へ――ナゴルノ・カラバフ紛争を事例として」『地域紛争の構図』月村太郎（編著），晃洋書房．

歴史学研究会（編）（1995）『講座世界史 3 民族と国家――自覚と抵抗』東京大学出版会．

和田春樹（編）（2002）『新版世界各国史 22 ロシア史』山川出版社．

あとがき

　私とアゼルバイジャンとの出会いは，今から 20 年ほど前にまでさかのぼります。当時中学 3 年生であった私は，「BTC パイプライン」の建設計画を扱ったドキュメンタリー番組を見ました。番組は，アゼルバイジャンの首都バクーからトビリシを経て，トルコのジェイハンへと結ばれるこのパイプラインの国際的な重要性などについて話していたようにも思いますが，実のところ，私はその内容をほとんど覚えておりません。それよりも私の心を捉えて離さなかったのは，「アゼルバイジャン」なる国名の，何とも奇天烈な響きでした。私は，リズミカルでありながらも，どこか滑稽でもあるこの音の羅列に一瞬で夢中になってしまったのです。いわゆる，「笑いのツボ」にはまってしまったのでしょう。

　その後，私は歴史学を学ぼうと大学の文学部に進学，やがて専攻を選択する時がやって来ます。この時，私は全く悩みませんでした。「アゼルバイジャン」という言葉を頭の中で反芻しては，にやにやと思い出し笑いを繰り返す青春時代を送ってきた私にとって，アゼルバイジャン史をテーマに選ぶことは，もはや必然であったのです。その時点では，私はアゼルバイジャンの歴史についてほとんど何も知りませんでしたが，このテーマがやりがいのあるものになるであろうことは確信していました。これほどまでに面白おかしい名前を持つ国の歴史が，面白くないはずがないのです。

　この根拠のない確信は，結果としては正しかったようです。アゼルバイジャンは，非常に興味深い歴史を持つ国でした。しかし，同時に，これが非常に厄介なテーマであることに，やがて私は気付くことになります。

　まず，この国の歴史を知るためには，極めて多くの言語を扱う必要がありました。語学が得意でも好きでもない私にとって，これは大きな障害でありました。もう 1 つは，名称の問題です。私の知っているアゼルバイジャンは，もともとはアゼルバイジャンとは呼ばれておらず，本来のアゼルバイジャンとはイランにある別の地域であるらしい，ということが分かってきた

のです。

　「アゼルバイジャン」という名前に惹かれて研究を始めた私にとって，これは由々しき問題でありました。彼らが何故「アゼルバイジャン」と名乗っているのか，私はどうしても知らねばならなかったのです。そこで私はそれを調べ始めたのですが，これが想像以上に難問で，内容がどんどん膨れ上がっていったのでした。こうして出来上がったのが，2015 年度に京都大学大学院文学研究科に提出した博士学位請求論文「アゼルバイジャン人の誕生」です。本書は，この博士論文に加筆・修正を施したものです。

　なお，本書の各章には，以下に記す既発表論文の内容に基づく箇所があります。

　　「東コーカサス地方史『エラムの薔薇園』にみる歴史認識と地理認識」『西南アジア研究』73，2010 年，71-100 頁．――第 3 章，付録 3

　　「「タタール」から「アゼルバイジャン」へ」『オリエント』57-2，2015 年，41-62 頁．――第 3～7 章，補論 4

　　「ロシア帝国の「イラン民族主義者」アーフンドザーデの帰属意識」『内陸アジア研究』31，2016 年，49-72 頁．――第 4 章

　　「『種蒔く人』と民族名としての「カフカースのムスリム」」『西南アジア研究』84，2016 年，24-39 頁．――第 5 章

　博士論文の口頭試問の際には，井谷鋼造先生（京都大学大学院文学研究科），久保一之先生（京都大学大学院文学研究科），稲葉穣先生（京都大学人文科学研究所）に，多数の貴重なご意見，ご批判をいただきました。しかしながら，先生方のご指摘の全てにお応えすることができたわけではなく，それはひとえに私の力量不足故であります。

　また，特に記しておかねばならないのが，大学院修士課程時代の指導教官である濱田正美先生（現・龍谷大学文学部）の学恩です。先生の授業を通じて，「史料を読む」とはどういうことなのか，その真髄の一端に触れたように思います。また，先生がある時おっしゃった，「研究者に最も必要な能力は，自身の将来に対して楽観的であり続けることである」という趣意の言葉は，今でも私の心の支えになっています。呑気なことに関してだけは自信のあった私は，この言葉に勇気付けられてなお一層楽観的な性格となり，その

手のストレスからは無縁でいられたのでした。そのおかげで、ここまで何とかやってくることができています。

さて、私の最初のアゼルバイジャン訪問は 2006 年 2 月から 3 月にかけてのことで、これは、私のとって初めての海外旅行でもありました。この時は、バクー、ギャンジャ、シャマフ、シェキ、グバといった主要都市をめぐり、アゼルバイジャンが実際に面白い国であることを確認したのでした。また、当時は色濃く残っていたソヴィエト時代の雰囲気は、その後の 10 年余りで急速に変化していったように思います。

2009 年には、松下国際財団（現・松下幸之助記念財団）の研究助成を受け、アゼルバイジャン及びイランの調査を行い、多くの貴重な資料を収集することができました（研究テーマ「『アゼルバイジャン人』アイデンティティーの形成過程」）。また、アゼルバイジャン国立科学アカデミー歴史学研究所のトーフィグ・ムスタファザーデ Tofiq T. Mustafazadə 先生と面会できたことも、この時の大きな成果の 1 つです。ほとんど飛び込みのような形で押しかけてきた正体不明の日本人を、先生は非常に暖かく出迎えてくださり、さらに留学の際は指導教官となっていただけることを快諾してくださったのでした。

そして、実際に 2010 年から 2012 年にかけて、ムスタファザーデ先生の受け入れでアゼルバイジャン留学を行いました。これは、平和中島財団の日本人留学生奨学金によって実現したものです。シャーヒン・ファーズィル Şahin Fazil 先生、ニギャール・ギョゼロヴァ Nigar R. Gözəlova 先生、ナーイレ・バイラモヴァ Nailə Bayramova 先生をはじめとする多くの現地研究者のおかげもあり、アゼルバイジャンでの 2 年間は非常に充実したものになりました。タブリーズ大学のモハンマド・サルマースィーザーデ Moḥammad Salmāsīzāde 先生には、その後も継続的にお世話になっております。日々の研究活動以外では、留学中に 2 度、国際シンポジウムで発表をする機会を得ることができました（もしかしたら、私は、アゼルバイジャン語で学術的な口頭発表を行った最初の日本人かも知れません）。これらの発表準備に際しては、私のアゼルバイジャン語の先生であり、友人でもあるアリベイ・マムマドフ Əlibəy Məmmədov 氏に大変お世話になりました。

また、留学中は、バクー日本人会の方々にも大変お世話になりました。ア

ゼルバイジャンは在留邦人が 30 人程度，その半数以上が大使館員とそのご家族という状況でしたが，その人数の少なさ故に，日本人同士の結び付きは強固なものでした。月例の定例会のほか，旅行，スポーツ観戦，ホームパーティーなど，様々な楽しい思い出が今も心の中に残っています。また，当時日本人会会長を務めておられた藤野潤氏の計らいで，定例会においてアゼルバイジャンの歴史に関する連続数回にわたる講義を行う機会を得られたことは，非常に貴重な経験となりました。この時の講義の内容は，本書の第 1 章に活かされています。また，バクー国立大学 Bakı Dövlət Üniversitəsi に日本語講師として勤めていらっしゃった森勇樹先生には，2 年間で計 6 回，日本語学科の学生を対象にした特別講義を行う機会を与えていただきました。アゼルバイジャン人の学生とふれあう，貴重な機会となりました。

さて，本書が出版に至った直接のきっかけは，井谷鋼造先生が平成 28 年度京都大学総長裁量経費による出版助成制度を紹介してくださり，また応募に際して推薦していただいたことにあります。また，本書を担当してくださった鈴木哲也氏をはじめとする京都大学学術出版会の方々のお力添えがなければ，本書は完成には至りませんでした。デザイナーの上野かおる氏には，内容を的確に反映した，すばらしい装丁を施していただきました。特に，裏表紙の，示唆的でありつつも少しとぼけた雰囲気が大変気に入っております。

本書の出版にあたって，また日々の研究生活を送るにあたって，多くの先生がた，友人たちのお世話になっております。全員のお名前を挙げることができなかったことをお詫びするとともに，いつも支えていただいていることに心からお礼を申し上げます。最後に，自分勝手な生き方を許してくれている家族に深い感謝の意を表し，本書を締めくくらせていただきます。

2017 年 3 月　塩野﨑信也

索引（事項／人名／地名）

■事項索引

イラン世界　10-11, 29, 31, 36, 38, 63, 65, 70, 72, 88, 91, 95, 97-99, 101, 103, 107, 110, 112-114, 116, 119, 140, 142, 159, 181, 296, 298, 326-327

オスマン帝国（オスマン朝）　16-17, 36, 38, 48-49, 88, 102, 109-111, 115, 123, 126, 128, 154, 166, 170-173, 175, 177-178, 191, 200, 220, 226, 230-231, 236, 252, 254, 266, 281, 283, 300, 303-304, 322, 328, 368, 374

ガージャール朝　40, 42-43, 88, 91, 106, 123, 128, 156, 158, 161, 177, 181, 184, 250, 276, 317, 329-330, 335

カザン大学（カザン学派）　246, 249-251, 258, 321

『カスピ』　193-194, 231, 233, 383

『クルアーン』　133, 151, 219, 366

『ケシュキュル』　3-4, 158, 182, 216, 220, 222-227, 229-231, 233-237, 258, 259, 267-268, 279, 322, 344, 376-378, 382

ゴリ師範学校　217-218, 266, 269-273, 290

サファヴィー朝　33, 36-38, 59, 72, 83, 101-102, 110, 112-113, 134, 143, 161, 163, 173, 298-310, 312-318, 325-327, 352, 368, 370, 374

シーア派　5, 36, 44, 59, 126, 138, 177, 183, 201-202, 250, 304, 313, 326-327, 370, 375

シルヴァーンシャー王朝　30, 32, 35-36, 352

スンナ派　36, 44, 183, 201-202, 326-327, 370, 375

ゾロアスター教（拝火教）　27, 28, 59, 161

『種蒔く人』　191, 193-194, 196-197, 202-203, 205-206, 209-211, 216, 227, 263, 267-268, 322, 344, 376-377

拝火教→ゾロアスター教

汎イスラーム主義　48, 169, 290

汎テュルク主義　16-17, 48, 155, 266, 268, 290, 303

『モッラー・ネスレッディーン』　216, 263, 268-270, 273, 275-276, 279-280, 283, 288, 344

■人名索引

アアオール，アフメト（アーガーエフ）　17, 233, 268, 341, 343

アーフンドザーデ，ミールザー・フェテリー（アフンドフ）　17, 93, 125, 140, 144, 149-159, 163-185, 192-193, 195-196, 198, 200-201, 203, 206, 208, 211, 220, 246, 270, 272, 296, 323, 327

ヴェズィーロフ，ネジェフ・ベイ　192, 194-195, 282, 343

ウンスィーザーデ，セイート　217-219, 223, 340, 376-377

ウンスィーザーデ，ジェラール　215, 218-220, 222-224, 229, 231, 233, 236-237, 239, 253, 259, 286, 322, 376

オルドゥバーディー，メンメト・セイート　274, 340

カーゼム＝ベク，アレクサンドル　126, 239, 246-251, 253-256, 258-259, 321

キョチェルリ，フィリードゥーン・ベイ　220, 233, 267-268, 270-271

サービル，ミールザー・エレクベル　196, 274, 278, 340-341

シャー・イスマーイール（ハターイー）　36, 293, 298-300, 303-306, 313, 316, 318-319

シャーフタフティンスキー，メヘンメト・アーガー　231, 233, 237, 239, 253, 273, 340, 383

シルヴァーニー，セイト・エズィーム　196, 199, 202-203, 206-208, 210, 246, 274, 296

ゼルダービー，ハサン・ベイ　93, 144, 191-197, 200-203, 207, 210-211, 224, 246, 322-323, 341, 376-377

チェメンゼミーンリ，ユースィフ・ヴェズィール　266, 280, 343

トプチュバショフ，アリーメルダーン・ベイ　49, 233, 341

トルストイ, レフ　43-44, 251
ナリマノフ→ネリマーノフ
ニザーミー　32, 135, 171-172, 271, 293-298, 318, 356, 365
ネーマーンザーデ, オメル・ファーイグ　233, 269, 273, 274, 340, 343
ネリマーノフ（ナリマノフ）, ネリマーン　218, 266, 270, 274-275, 341, 343
ハージュベヨフ, ユゼイル　271, 275, 296, 341, 343
バキュハノフ, アッバースグル・アーガー　93, 123-124, 126-127, 129-131, 135, 137, 140-145, 149, 152, 159, 179-180, 184, 192-193, 206, 209, 211, 246, 257, 295, 323, 330, 348-349, 351, 367
ハターイー→シャー・イスマーイール
ハッグヴェルディエフ, エブドゥッレヒーム・ベイ　274, 341, 343
ヒュセインザーデ, アリー・ベイ　233, 265-266, 269, 279, 341-342
プーシキン, アレクサンドル　43, 44, 125, 152, 209
メンメドグルザーデ, ジェリール　218, 233, 263-264, 272-276, 278-284, 286, 288, 290, 340
レスールザーデ, メヘンメト・エミーン　17, 49, 275, 280, 284, 298, 341-343

■地名・民族名索引

アマゾネス　25, 135, 363
アルバニア（コーカサス・アルバニア）　25-27, 320, 362, 363
アルメニア　6, 10, 27, 49, 51, 54, 65-71, 74-80, 95, 97, 99, 111, 113, 135, 137-140, 142, 209, 254, 281, 305-306, 319, 335, 338, 353-354, 362, 374
イスタンブル　48, 49, 69, 125-126, 153, 156, 175, 219-220, 268, 332
キズィルバーシュ　36-37, 88, 163, 172, 255, 300-301, 306, 309, 313, 317
クリミア　17, 222, 228, 231, 379, 381
グルジア（ジョージア）　6, 10, 40, 48-49, 72-75, 77, 80-82, 87-90, 93, 99-100, 102, 104, 106, 109-110, 114-116, 118, 124, 135-137, 209, 241, 269-270, 334, 336, 355, 357, 362-364
コーカサス・アルバニア→アルバニア
ジョージア→グルジア
ダゲスターン（タゲスタン）　37-38, 40, 45, 92, 102, 111, 113-114, 118, 126, 136, 140-141, 144, 194, 196, 252, 255, 323, 349, 351-355, 358-359, 363, 365-366, 369, 374-375
タブリーズ　4, 16, 32, 36, 43, 65-66, 70-74, 78, 81, 83, 92-93, 100, 109, 111, 115, 125, 150, 254, 274, 276, 281, 283-284, 302, 306, 309, 344
ハザル人　29-30, 95, 139, 355, 370
ロシア　6-7, 16, 18-19, 37-38, 40, 42-45, 48, 60, 104-107, 109, 112, 116-117, 123, 128, 131, 136, 144, 149, 154, 172, 175, 179-181, 186, 192, 199-200, 202, 205-210, 222, 226, 228, 230, 232, 234, 236-237, 248, 250-252, 255-256, 263-264, 277-279, 281, 321-322, 325-326, 328, 330, 334, 340, 341, 352, 354, 358, 366, 372

Abstract

This book discusses the formation of the Azerbaijani national consciousness. Azerbaijanis are a Turkic ethnic group who live in the present-day Republic of Azerbaijan (hereinafter, this region called "Southeast Caucasus") and the northwestern part of the Islamic Republic of Iran (hereinafter, "Āzarbāyjān").

Originally, the geographical name "Azerbaijan" referred to just Āzarbāyjān, which lies on the south side of the Aras River. Meanwhile, the Southeast Caucasus was called "Arran (Qarabagh)" and "Shirvan". However, the area referred to as "Azerbaijan" gradually expanded to include the Southeast Caucasus. Firstly, the northern border of "Azerbaijan" moved from the Aras River to the Kura River in the 16th century. This meant that the region which had been referred to as "Arran" or "Qarabagh" was incorporated into "Azerbaijan". This geographical recognition was entrenched by the 17th century and can find this usage not only in Persian sources, but also in works written in the Ottoman Turkish and European languages. The remaining part of the Southeast Caucasus, the land of "Shirvan", which lies on the north side of the Kura River, was also incorporated into "Azerbaijan" in the 18th century. However, contemporaries who lived in the Southeast Caucasus did not consider their homeland to be "Azerbaijan".

In the Southeast Caucasus, Turkization of people and language had progressed since the 11th century. European people referred to the Turkic language used in the Southeast Caucasus by various names, such as "Turkish" or "Tatar". The first person to call this language "Azerbaijani" was Mirza Kazem-Bek (1802–1870), the founder of the Kazan School of Oriental Studies. We can find the oldest example of this usage in his work written in 1846. He used "Azerbaijani" to distinguish the language spoken and written in the Southeast Caucasus from other Turkic languages such as the Ottoman Turkish and Tatar languages. Since then, this linguistic name spread out mainly over academic circles in Russia.

Meanwhile, contemporaries in the Southeast Caucasus called their language "Turkish" in general. They recognized a difference between their language and other Turkic languages, but they did not give it a unique name to distinguish it from others. The first native people who adopted the linguistic name "Azerbaijani" were Turkic Muslim intellectuals living in Tiflis (present-day Tbilisi, the capital of Georgia) such as Jalal Unsizadeh (1854-unknown). This adoption happened in ca. 1883. They thought language was one of the most important elements that define a nation; therefore, they came to recognize themselves as the "Azerbaijani" nation because they spoke the "Azerbaijani" language. The first use of "Azerbaijani" as an autonym was found in the journal *Keshkul* issued in 1890.

Until then, "Azerbaijanis" were called "Tatars" or "Turkish people" by Russian and other European people. In that time, native people in the Southeast Caucasus called themselves "Caucasian Muslims". The term "Caucasian Muslim" was very important because it was the first name that put them in a single group. One of the first examples of this usage was in the newspaper *Ekinchi*, founded by Hasan bey Zardabi (1837-1907) in 1875.

Considering that the term "Caucasian Muslim" preceded "Azerbaijani", it can be said that the conquest of the Southeast Caucasus by Russia marked the beginning of the formation of their national identity. Because of the incorporation of the Province of Caucasus into the Russian Empire, and dispersing of "Caucasus" as a geographical name or recognition, native people could first imagine a clear outline of their nation. It is also an important factor that most of the intellectuals who lead enlightenment activities in the Southeast Caucasus were educated in Russian-style schools or worked as Russian bureaucrats.

"Mellat-e Eslām (Muslims)", a national name used by Mirza Fatali Akhundzadeh (1812-1878), would also affect the appearance of "Caucasian Muslim". He used "Mellat-e Eslām" to refer to inhabitants of Iran, the Ottoman Empire and the Southeast Caucasus. It is also noteworthy that his self-consciousness was complex and multi-layered. Depending on the context, he sometimes identified himself as an "Iranian", "Turkish" or "Tatar".

The self-consciousness of native intellectuals was very obscure before the appearance of the term "Caucasian Muslim". Another such example is the geographical recognition "Eastern Caucasus", which was proposed by Abbasqulu aga Bakikhanov (1794-1847). This geographical recognition is vividly aware of the unity of "Shirvan" and "Dagestan". On the other hand, the connection of "Shirvan" and "Arran (Qarabagh)" is not clear.

Most recent studies of national identity agree that a nation is not an essential existence but rather a product of specific historical circumstances. This concept likely fits the case of the Southeast Caucasus. Bakikhanov's "Eastern Caucasus", Akhundzadeh's "Mellat-e Eslām" and Zardabi's "Caucasian Muslim" indicate the possibility that a national consciousness different from "Azerbaijani" was formed. Present-day "Azerbaijanis" may perhaps call themselves "Iranian" or "East Caucasian", but in reality, "Azerbaijani", which developed from "Caucasian Muslim", survived.

Even after the appearance of "Azerbaijani", the self-consciousness of the inhabitants of the Southeast Caucasus was not concrete. "Azerbaijani" as a national and linguistic term was widely spread in the beginning of the 20th century; however, most native intellectuals had multi-layered identities. In 1918, they built a nation-state named the "Azerbaijan Democratic Republic" so that "Azerbaijan" as a geographical name to indicate the Southeast Caucasus became common, but they continued to call their nation and language "Turkic". It was only in 1936 that "Azerbaijani" became the official name of their nation and language. The unity of the terms for homeland, nation and language must have strengthened their nationalism. It is said that "Azerbaijanis" were truly born at that time.

The national identity of "Azerbaijanis" was formed through the process described above. Present-day Azerbaijanis recognize that even Āzarbāyjān is a part of their "homeland" and sometimes aim to "seize it back" from Iran. Based on historical facts, their territorial claim is not supported. "Azerbaijan" has never lost any lands, and has never been split into two parts because "Azerbaijan" in the modern meaning did not exist when the Russian Empire took over the Southeast

Caucasus.

Previous studies assume that the formation of the "Azerbaijani" nation was closely related to the unification of Āẕarbāyjān and the Southeast Caucasus; however, historical facts indicate the opposite. The formation of the "Azerbaijani" nation went through a step of separating the Southeast Caucasus from Iran (of course, it includes Āẕarbāyjān) and "Caucasian Muslims" from Iranians. Originally, the outline of the "Azerbaijani" nation was drawn based on a geographical administrative division "Caucasus" and the religion "Islam". It would be a consequence of the adoption of "Azerbaijani" as their national name that the nation came to include inhabitants of Āẕarbāyjān. Therefore, it is not true that "Azerbaijan" made "Azerbaijani", but "Azerbaijani" made "Azerbaijan".

［著者紹介］

塩野﨑　信也（しおのざき　しんや）

1982 年，長野県上田市生まれ。
京都大学文学部卒業。京都大学大学院文学研究科博士後期課程研究指導認定退学。現在，日本学術振興会特別研究員（PD）。
博士（文学）。

主な業績
「18 世紀におけるダルバンドの支配者と住民」『東洋史研究』第 68 巻第 4 号，2010 年。
ŞIONOZAKİ Şinya. Qubalı Fətəli xan və Dərbəndin əhalisi. *Azərbaycan Respublikası: uğurlar və perspektivlər.* Y.M. Mahmudov, T.T. Mustafazadə, E.Ə. Məhərrəmov (red.), Bakı, 2012.
Mullā Mīr Maḥmūd b. Mīr Rajab Dīvānī Begī Namangānī『Chahār Faṣl (Bidān) / Muhimmāt al-Muslimīn』濱田正美（解説），濱田正美，塩野﨑信也（校訂），京都大学大学院文学研究科，2010 年。

〈プリミエ・コレクション 77〉
〈アゼルバイジャン人〉の創出
──民族意識の形成とその基層　　　　© Shinya SHIONOZAKI 2017

2017 年 3 月 31 日　初版第一刷発行

著　者　　塩 野 﨑 信 也
発行人　　末 原 達 郎

発行所　　**京都大学学術出版会**

京都市左京区吉田近衛町 69 番地
京都大学吉田南構内（〒606-8315）
電　話（075）761-6182
FAX（075）761-6190
URL　http://www.kyoto-up.or.jp
振　替　01000-8-64677

ISBN 978-4-8140-0078-4　　　印刷・製本　亜細亜印刷株式会社
　　　　　　　　　　　　　　装幀　鷺草デザイン事務所
Printed in Japan　　　　　　　定価はカバーに表示してあります

本書のコピー，スキャン，デジタル化等の無断複製は著作権法上での例外を除き禁じられています。本書を代行業者等の第三者に依頼してスキャンやデジタル化することは，たとえ個人や家庭内での利用でも著作権法違反です。